마음과 도덕

윤리학과 인지과학

Mind and Morals:
Essays on Ethics and Cognitive Science

마음과 도덕

윤리학과 인지과학

래리 메이·매릴린 프리드먼·앤디 클라크 엮음 | 송영민 옮김

올력

마음과 도덕 윤리학과 인지과학

엮은이 | 래리 메이, 매럴린 프리드먼, 앤디 클라크
옮긴이 | 송영민
펴낸이 | 강동호
펴낸곳 | 도서출판 울력
1판 1쇄 | 2013년 1월 30일
등록번호 | 제10-1949호(2000. 4. 10)
주소 | 152-889 서울시 구로구 고척로 4길 15-67 (오류동)
전화 | (02) 2614-4054
FAX | (02) 2614-4055
E-mail | ulyuck@hanmail.net
값 | 24,000원

ISBN | 978-89-89485-96-7 93190

· 잘못된 책은 바꾸어 드립니다.
· 옮긴이와 협의하여 인지는 생략합니다

차례

제IV부 행위와 책임

일러두기

1. 이 책은 Larry May, Marilyn Friedman, Andy Clark가 엮은 *Mind and Morals: Essays on Ethics and Cognitive Science* (MIT Press, 1996)를 완역하였다.
2. 이 책의 체제는 원서를 따랐다. 단 주석만 원서와 달리 각주로 배치하였다. 그리고 옮긴이의 주는 본문 중이나 각주에서 옮긴이의 것임을 표시하였다.
3. 이 책에서 단행본이나 신문, 학술지 등은 『 』으로 표시하였고, 원어만 표기할 때는 이탤릭체로 나타냈다. 그리고 기사나 논문 등은 「 」으로 표시하였고, 원어만 표기할 때는 " "로 표시하였다.
4. 원서에서 이탤릭체로 강조한 것은 본문에서 고딕체로 표시하였다.

감사의 글

(페기 데스오텔즈의 논문을 제외한) 각 장의 논문들은 1994년 봄에 세인트루이스의 워싱턴 대학에서 개최된 마음과 도덕에 관한 학회에서 처음 발표되었다. 1992년 12월, 보스턴에서 개최된 전미심리학회 동부지구 저녁 만찬에서 마크 롤린스, 오언 플래너건, 매럴린 프리드먼, 래리 메이가 이 학회를 제안했다. 이어 학회 개최를 위한 기금이 확보되었다. 로저 깁슨의 노력으로 워싱턴 대학의 철학·신경과학·심리학 프로그램, 철학과, 문리 대학 학장이 지원했다. 북미와 유럽에서 수백 명의 교수와 대학원생이 학회에 참석했다. 윤리학과 인지과학의 교류에 관심 있는 철학자들이 처음으로 함께 모였다.

이처럼 성공적으로 학회를 개최하고 책을 편찬할 수 있도록 도와준 모든 교수와 학생에게 감사를 표한다. 특히 이 책의 표지에 사용된 작품을 찾고 고쳐준 제이슨 클리벤저에게 감사한다. 그리고 색인을 정리해 준 헨리 크립스, 존 피스터, 조 포스트롬, 맥 해럴, 애덤 매시, 로버트 스튜펠빔, 조세파 토리비오에게 감사한다. 또한 이 책에 먼저 관심을 보이고 출판의 시작 단계부터 도움을 준 테리 멘델슨에게도 감사한다. 그리고 이렇게 멋진 책을 출간해 준 MIT 출판부의 샌드러 밍키넌과 직원들에게도 감사한다.

필자 소개

- 마이클 브래트먼Michael Bratman은 스탠포드 대학 철학과 교수이며, 언어정보 연구소 수석 연구원이다. 그는 *Intention, Plans, and Practical Reason* (1987) 및 합리성과 지적 행위에 관한 논문을 썼다.

- 폴 처치랜드Paul Churchland는 캘리포니아 대학 샌디에이고 캠퍼스의 철학과 교수이다. 그는 *Matter and Consciousness* (1984), *A Neurocomputational Perspective* (1989), *The Engine of Reason, The Seat of the Soul* (1995)을 썼다.

- 앤디 클라크Andy Clark는 세인트루이스에 있는 워싱턴 대학 철학과 교수이며, 철학 · 심리학 프로그램의 책임자다. 그는 *Microcognition* (1989)과 *Associative Engines* (1993)를 썼다.

- 존 데이John Deigh는 노스웨스턴 대학에서 도덕철학과 정치철학을 가르치고 있다. 그는 *Ethics*의 편집위원이며 서평 편집자이다.

- 페기 데스오텔즈Peggy DesAutels는 사우스플로리다 대학 세인트피터스버그 캠퍼스의 윤리학 연구소의 박사후 연구원이다. 그녀는 최근 *Philosophical Psychology*와 *The Journal of Social Philosophy*에 논문을 발표했다.

- 오언 플래너건Owen Flanagan은 듀크 대학 철학과 교수이며 학과장이다. 그는 *The Science of the Mind* (1991, 2판), *The Varieties of Moral Personality* (1991), *Consciousness Revisited* (1992)를 썼다.

- 매럴린 프리드먼Marilyn Friedman은 세인트루이스에 있는 워싱턴 대학 철학과 부교수이다. 그녀는 *What are Friends For? Feminist Perspectives on Personal Relationships and Moral Theory* (1993)를 썼고, *Political Correctness: For and Against* (1995)를 공저했다.

- 앨빈 골드먼Alvin Goldman은 애리조나 대학 철학과 석좌 교수이며 인지과학 연구원이다. 그는 *Theory of Human Action* (1970), *Epistemology and Cognition* (1986), *Philosophy Applications of Cognitive Science* (1993) 등을 썼다.

- 로버트 고든Robert M. Gordon은 세인트루이스 미주리 대학 철학과 교수이다. 그는 *The Structure of the Emotions* (1987)를 썼다.

- 버지니아 헬드Virginia Held는 헌터 대학 철학 및 여성학과 교수이며, 뉴욕 시민대학 대학원 교수이다. 그녀는 *The Public Interest and Individual Interests* (1970), *Rights and Goods* (1984), *Feminist Morality* (1993) 등을 썼다.

- 마크 존슨Mark Johnson은 오리건 대학 교수이며 철학과 학과장이다. 그는 *Metaphors We Live By* (1980), *The Body in the Mind* (1987), *Moral Imagination* (1993)을 썼다.

- 수전 킨 조우Susan Khin Zaw는 영국 개방 대학에서 철학을 강의하고 있다. 그녀는 마음의 철학, 생물학의 철학, 도덕철학, 실천 윤리학, 그리고 여성사상사에 관한 논문을 발표했다.

- 헬렌 롱기노Helen E. Longino는 라이스 대학 철학과 교수이다. 그녀는 *Science as Social Knowledge* (1990) 및 과학철학과 여성론에 관한 논문을 썼다.

- 래리 메이Larry May는 세인트루이스에 있는 워싱턴 대학 철학과 교수이다. 그는 *The Morality of Groups* (1987), *Sharing Responsibility* (1992), *The Socially Responsive Self* (1996)를 썼다.

- 루스 밀리칸Ruth Millikan은 코네티컷 대학교(가을 학기)와 미시간 대학교(봄 학기) 철학과 교수이다. 그녀는 *Language, Thought, and other Biological Categories* (1984), *White Queen Psychology and Other Essays for Alice* (1993)를 썼다.

- 나오미 스키먼Naomi Scheman은 미네소타 대학 철학 및 여성학 교수이다. 그녀는 *Engenderings: Constructions of Knowledge, Authority and Privilege*(1993)와 여성주의 인식론에 관한 다수의 논문을 썼다.

- 제임스 스터바James P. Sterba는 노트르담 대학 철학과 교수이다. 그는 *The Demands of Justice* (1980), *How To Make People Just* (1988), *Contemporary Social and Political Philosophy* (1994)를 썼다.

1. 서론

래리 메이, 매럴린 프리드먼, 앤디 클라크

20세기 초에 무어G. E. Moore는 소위 자연주의의 오류(해야 하는 것과 실제로 하는 것을 혼동하는 오류)를 비판했다. 많은 철학자들이 무어에게 설득되었다. 그 결과, 철학의 한 분야인 윤리학은 심리학 및 사회학과 거의 단절되었다. 반면, 이 책에서 대부분의 필자들은 도덕철학자들이 심리학, 특히 최근의 인지심리학 연구에 주목해야 한다고 생각한다. 아마 그들의 논문은 후속 세대 윤리학자들이 연구해야 할 의제를 형성하는 데 기여할 것이다. 이 책의 각 장들은 최근 도덕철학의 연구와 인지과학의 연구가 어떻게 교류하는지를 인상 깊게 설명한다. 그리고 1994년 워싱턴 대학에서 개최된 마음과 도덕에 관한 학회에서 구체화된 그 연관성을 설명한다. 이 책은 그 학회의 산물이다.

무어에 의해 고무된 철학 연구처럼, 심리학의 연구는 대개 도덕 영역 밖에 있었다. 물론 피아제Piaget와 콜버그Kohlberg는 도덕 심리학에서 흥미로운 학제간 연구를 수행했다. 하지만 도덕 문제를 다루는 대부분의 사회심리학이 그렇듯, 주류 심리학에서는 그들의 기여를 대개 주변적인 것으로 간주했다. 그러나 최근 인지심리학과 발달심리학 분야에서는 도덕 추론에 대한 관심이 증가하고 있다. 도덕 추론은 가장 복잡하고 난해한 추론 형식 중 하나이기에, 아무리 확고한 추론 이론이라도 결국에는 도덕 추론에 직면한다. 마음이 어떻게 덧셈을 할 수 있는지를 보이는 것과 도덕적 갈등에서 어떻게 판단을 형성하는지를 보이는 것은 상당한 차이가 있는 문제이다. 실제 인간의 추론과 인지과학을 관런시키려는 시도는 인지과학자들에게 도덕철학에 대한 관심을 증가시켰다. 분명 이러한 관심은 앞으로도 늘어날 것이다.

새로운 도덕적 자연주의

『윤리학 원리*Principia Ethica*』에서, 윤리적 자연주의에 대한 무어의 주요 공격 대상 중 하나는 존 스튜어트 밀John Stuart Mill의 공리주의이다. 그 책에서 무어는 이렇게 말한다. "밀의 저서『공리주의*Utilitarianism*』의 전체적 목적은 **해야 하는 것**을 발견하는 것이다. 그러나 '당위'의 의미를 정의하려고 시도함으로써, 사실상 그 스스로 이 목적을 전혀 충족할 수 없도록 했다. 즉, 그 스스로 **하고 있는 것**에 대한 언급으로 제한했다"(*Principia Ethica*, 73, 필자 강조). 윤리학에 관한 무어의 영향력 있는 관점에서는 (하나는 윤리학이고 다른 하나는 심리학인) "해야 하는 것"과 "하고 있는 것"은 거의 혹은 전혀 관계없다는 것이 주요 전제 중 하나이다.

무어는 규범적인 것과 서술적인 것을 구별하지 못하는 사람은 "서술적인 것으로써 규범적인 것을 규정하면서, 별개인 두 자연적 대상을" 혼동하는 "자연주의의 오류"를 범한다고 주장했다. 무어의 문제 제기 이후 90년이 흘렀다. 많은 학자들, 그중에서 가장 저명한 윌리엄 프랑케나William Frankena와 존 설 John Searle은 단지 무어가 이 구분의 중요성을 혼동했을 뿐이라는 것을 보여 주었다(Frankena 1939, Searle 1964). 특정 사회에 근친상간 같은 관습이 있다고 말하는 것과 이 관습이 도덕적으로 좋다고 말하는 것은 분명히 다르다. 그렇지만 차이가 있다는 것이 두 주장 사이에 어떤 관계도 없으며, 없어야 한다는 것을 보여 주는 것은 아니다.

무어는 도덕적 실재론자였지만 도덕적 자연주의자는 아니었다. 도덕적 실재론자는 일련의 도덕적 사실들을 참조하면 보편적 도덕 진리 수립이 가능하다고 믿는다. 대개 이 사실들은 논리 및 추론의 본질과 관련된 무도덕적 사실에 근거한 것으로 생각되었다. 무어는 본래적 가치를 가진 속성을 분명히 "좋음"이라 부를 수 있다고 믿었다. 그리고 좋은 것에 관한 주장이 참인지는 타당한 관심을 가진 사람에게 자명하다고 믿었다. 그래서 그는 도덕적 실재론자로 보인다. 하지만 무어는 표준적인 도덕적 실재론자는 아니었다. 그는 비자연적이지만 분명히 무도덕적이지 않게 존재하는 속성을 '좋음'이라 부른다고 믿었다. 즉, 도덕적 직관에 의해 확인된 도덕적 사실을 배제하고 도덕적 참을 수립할 수 있는 사실은 없다고 믿었다. 심리학은 단지 무도덕적 사실만 고려하기 때문에, 무어에게 심리학은 도덕적 진리를 수립할 때 아무런 역할도 할 수 없는 것이다.

흔히 도덕적 자연주의자는 도덕적 실재론자와 혼동된다. 두 관점 모두 도덕적 주장의 정당성 수립을 위해 사실을 참조하기 때문이다. 그러나 무어에 관한 논의에서 제시된 바와 같이, 도덕적 자연주의에 공감하지 않으면서도 도덕적 실재론자가 될 수 있다. 나아가 (이 책에서 오언 플래너건이나 마크 존슨처럼)[1] 도덕적 자연주의자이지만 보편적 도덕 진리는 없다고 믿을 수도 있다. 최근 새로운 형식의 도덕적 자연주의자들은 도덕성과 심리학을 연결하려 한다. 그러나 하나를 다른 하나로 환원하거나 심리학적 사실에 근거하여 도덕적 주장을 참으로 만드는 방식은 아니다. 이런 의미에서 대부분의 새로운 도덕적 자연주의자들은 무어로부터 배웠다. 그들은 직접적 의미에서 자연주의의 오류를 범하지 않는다. 그들은 자연적인 것으로 도덕적 용어를 정의하지도 않으며, 경험적인 것에 근거하여 도덕 주장의 보편적 근거를 형성하지도 않기 때문이다. 그러나 실제 도덕 판단 방식을 이해하는 것은 좋은 도덕 판단의 본질을 이해하는 데 결정적이라고 주장한다.

이하 몇몇 장에서는 두 가지 형식의 새로운 도덕적 자연주의가 간단히 언급된다. 즉, 규범윤리적 자연주의와 메타윤리적 자연주의이다. 규범윤리적 자연주의는 해야 하는 것, 가치 있어야 하는 것, 되어야 하는 것의 문제에 답하려고 한다. 이때 실제로 행위하는 방식, 실제로 가치 있는 것, 실제로 된 사람의 종류

---

1. 이하에서, 괄호 속에 연도 없이 제시된 이름은 이 책의 각 장에서 인용한 것이다.

와 관련된 지식을 사용한다. 이처럼 급진적으로 자연화된 윤리학에서는 실제 도덕적 행위와 태도에 관한 경험적 지식을 통해 규범적인 윤리 문제에 적절하고 철저히 답할 수 있다고 주장한다. 바로 무어가 자연주의의 오류를 범했다고 비판한 관점이다.

반면 메타윤리적 자연주의는 해야 하는 것, 가치 있어야 하는 것, 되어야 하는 것에 관한 **신념에 도달하기** 위해 사용하는 방법의 문제에 답하려고 한다. 그리고 실제로 사람들이 도덕적으로 추론하는 방식에 관한 경험적 지식을 사용하여 이 문제에 답하려고 한다. 현대 도덕적 자연주의는 대체로 메타윤리적 자연주의다. 인간의 추론 및 사고에 초점을 맞추는 인지과학은 메타윤리적 자연주의 방식으로 윤리학을 형성하는 데 크게 기여했다.

오언 플래너건은 『도덕적 인성의 다양성 *Varieties of Moral Personality*』(1991)에서, 도덕철학자는 심리학을 진지하게 고려할 것을 요구하는 원칙을 수용해야 한다고 주장한다. 즉, "도덕 이론을 구성하거나 도덕적 이상을 제시할 때 인격, 의사 결정 과정, 규정된 행위가 우리 같은 생물에게 가능하거나, 가능한 것으로 지각되는지를 분명히 하라"(p. 32)는 원칙이다. 이 원칙은 도덕 영역을 구분하는 데 기여한다. 하지만, 그 영역에 타당하게 포함된 이상이나 규범을 어떻게 평가할지에 대해서는 어떤 입장도 취하지 않는다. 그래서 플래너건에 의해 제안된 그 원칙은 메타윤리적 자연주의에 해당한다.

여러 철학자들이 도덕성에 대한 심리학 및 기타 인지과학의 관련성을 보다 강하게 주장했다. 실제로 인지과학은 단지 도덕적으로 추론하는 방식만 설명하지는 않는다. 즉, 인지과학은 도덕적 선택에도 영향을 미칠 수 있다. 예를 들면, 폴 처치랜드와 페기 데스오텔즈는 시각의 여러 문제 해결에 인지과학이 기여했듯이, 실제 도덕적 곤경의 해결에도 기여할 수 있다고 믿었다. 처치랜드는 인성에 관한 특정 개념이 다른 개념보다 더 적절하다는 것을 인지과학이 보여줄 수 있다고 한다. 그것은 인지과학이 애매한 시각 대상에 관한 적절한 해석을 전해준 것과 마찬가지다. 그리고 데스오텔즈는 시각에서 게슈탈트 전환이 발생하듯, 인지과학은 도덕적 시나리오에 관한 더 나은 해석을 볼 수 있도록 한다고 말한다. 이러한 견해는 메타윤리적 자연주의와 규범윤리적 자연주의의 구분을 흐리게 한다.

　이러한 견해에 대해 많은 비판자가 있다. 이 책에서 버지니아 헬드와 제임스 스터바는 그 반대 입장을 충실히 제기한다. 대부분의 비판자들이 현대 인지과학 및 도덕 심리학의 경향에 상당히 공감한다는 것은 흥미롭다. 그렇지만 모든 도덕 문제를 심리학적 문제로 환원하여, 인지과학이 윤리학 분야를 적대적으로 합병하려고 시도하는 것을 우려한다(헬드). 혹은 특정 사회에 존재하는 규범이 얼마나 억압적인지를 무시하고 기존 규범을 고수하려는 도덕 심리학의 보수적 경향을 우려한다(스터바). 하지만 이러한 비판은 대체로 규범윤리적 자연주의에 대해 제기되는 것이지, 단지 도덕 판단의 개념이 실제 도덕 판단을 하는 방식에 적합한지를 묻는 자연주의 형식에 대해서는 아닌 듯하다.

　가장 흔히 듣는 비판이 있다. 새로운 도덕적 자연주의자들이 실제 도덕규범 및 가치의 영역으로 들어가서, 단지 무엇을 하는가가 아니라 무엇을 해야 하는가를 말하려고 시도하는 것이 윤리학임을 주목하지 못했다는 것이다. 뇌의 상태나 진화론적 생물학의 어떠한 조사도 사람들이 하려고 하거나 되려고 열망해야 하는 것을 전할 수 없다는 것이다. 이것은 무어의 망령이 현대에 더 설득력 있는 형식으로 부활한 것이다. 예를 들어, 인지과학자들이 실제 도덕 추론의 계산적computational 토대를 서술할 수 있다고 하더라도, 어떤 도덕 판단이 다른 판단보다 더 좋은지를 전혀 알려줄 수 없다는 것이다. 최선의 도덕 판단은 뇌에 의해서만 사고되는 것이 아니기 때문이다.

　이렇게 강력하고 중요한 비판에도 불구하고, 이 책에 게재된 모든 필자들은 인지과학자와 도덕철학자의 대화에 큰 가치를 부여한다. 윤리학은 항상 어떻게 그 이론을 실현할지 고려해 왔다. 그래서 흔히 윤리학을 간단히 실천철학이라고도 한다. 특별한 이유가 없다면, 이로 인해 도덕철학자는 윤리학에서 언급한 실천의 보다 좋은 모습을 제시하는 모든 분야의 탐구에 관심을 가져야 한다. 급격히 발전하고 있는 인지과학 분야는 분명히 도덕성의 실천에 새로운 아이디어를 찾을 수 있는 출발점이다.

인지과학 그리고 인지과학이 윤리학에 할 수 있는 기여

인지과학은 윤리적 영역에서 사고와 행위를 촉진하는 내적 상태 및 자원의 종류에 대해 진전된 관심을 갖도록 한다. 최근 수년간 이러한 내적 상태와 자원의 본질에 대한 전반적 이해는 급변하고 있다. 많은 인지과학자들은 마음을 준언어적 표상, 규칙, 행위 처방의 저장소로(소위 고전적 인지주의자의 이미지; Fodor 1975, 1987) 보지 않는다. 정보 저장의 매우 고차적(초언어적) 양식을 활용하는 정교한 형태-완성pattern-completion 장치로 마음을 본다. 윤리학과 도덕철학에서 이 대안적 관점에 관심을 가짐으로써 경험적으로 잘 정립된 도덕 추론의 개념을 위한 함의를 찾을 수 있다. (처치랜드, 클라크, 플래너건의 논문에서 조명된) 그 함의는 여러 세부 문제들과 관련된다. 예를 들어, 도덕적 지식, 논증, 전문 지식의 본질(처치랜드, 클라크, 플래너건, 스터바), 간략한 도덕 규칙과 준칙의 역할(처치랜드, 클라크), 도덕적 이해의 발달과 성장(처치랜드, 플래너건, 데이, 다소 관점이 다른 밀리칸)의 문제이다.

마음에 관한 이 대안적인 인지과학적 관점의 근원은 다양하지만, 주요한 기여는 두 가지이다. 그것은 개념 구조의 고전적 모형을 의심하는 일련의 인지 심리학의 탐구에 기여한다. 그리고 인간 인지의 고전적인 "규칙 및 상징" 환기 모형에 대해 상세한 실천적 대안을 개발한 일련의 계산적computational 연구에 기여한다. 인지 심리학적 연구는 개념과 범주에 관한 지식으로 소위 원형에 근거한 모형을 제시한다. 한편, 계산적 연구는 기본적인 내적 계산 자원에 관해 (신경망neural network 혹은 병렬 분산 처리parallel distributed processing로 알려진) 연결주의 모형을 제시한다. 또한 이 계산적 관점은 원형에 근거한 지식을 실제로 뇌에서 구현하는 정교한 수단으로 서술한다. 그래서 이 양자는 상호 발전을 지지하고 지원한다. 짧은 서문에서 어느 하나를 정당화할 수는 없지만, 그 배경을 이야기하는 것은 유익할 것이다.

고전적 모형에서, 개념 파악하기에는 개념 적용에 필요한 일련의 필요충분 조건을 (아마 무의식적으로) 아는 것이 포함된다고 설명한다. 그래서 일련의 필요충분조건에 의해 규정된 개념들은 명확한 적용 조건을 가져야 한다. 반면 일련의 인지 심리학의 탐구에서(Rosch 1973; Smith and Medin 1981), 대부분의 개념은 정도 차이가 있는 사례를 적용하여 판단되는 것으로 제시된다(소위 전형성 효과이다. 예를 들면, 개와 비둘기 모두 애완동물의 개념에 포함될 수 있지만, 개가 비둘기보다 더 좋은 애완동물로 판단된다). 준언어적 정의가 아니라 원형적 사례에 저장된 지식과 관련해서 지식이 조직된다면, 그러한 전형성 효과가 설명된다. 지식의 내적 표상에 관한 중추 양식으로 이 원형에 관한 아이디어는 도덕적 인지의 재개념화에 매우 중요하며(특히 처치랜드의 5장과 스터바와 플래너건의 비판적 논평 참조) 확장될 필요가 있다.

본보기exemplars, 전형stereotypes, 원형prototype은 주의 깊게 구별되어야 한다. 본보기는 훈련이나 학습 중에 접한 구체적 사례들이다. 전형은 개념 혹은 범주에 관한 "전형적" 본보기의 사회적으로 구성된 이미지다(예, 전형적인 간호사). (대부분의 인지과학 저술에서 사용되는) 원형은 개인적 체계에 노출된 본보기들의 상세한 집합으로부터 통계적 중심 경향성 정보의 추출 과정에서 내적으로 표상된 결과이다. 통계적 중심 경향성 정보는 일련의 본보기에서 가장 공통적인 특징에 관한 정보이다. "털로 덮인"은 "애완동물"의 중심 경향성 중 하나일 것이다. 그러므로 원형이라는 아이디어는 어떤 체계가 드러낸 본보기에서 통계적으로 가장 공통적인 특징으로 결합된 특성 체계이다. 원형은 고차적 공간(각 표상 특성을 위한 하나의 차원)의 요점이나 영역이다. 그리고 실제 본보기나 사회적으로 구성된 전형에 상응할 필요 없이 형성된 특성의 집합이다. 원형적 성인聖人은 실제 사람에게서 찾을 수 없는 일련의 특성을 포함한다. 그리고 우리가 원형을 갖는 사물, 과정, 혹은 사건의 종류에는 제한이 없다. 경제 동향에 관한 지식은 경제의 원형들(불경기, 경기 회복 등)과 관련해서 조직될 것이다. 그리고 우리는 매우 다양한 종류의 사회적, 법률적, 도덕적 원형을 가질 것이다(처치랜드).

연결주의적 계산 모형(McClelland, Rumelhart, and PDP 연구회 1986, vols. 1, 2; Churchland 1989; Clark 1989)은 원형적 형태의 지식이 실제 뇌에 표상되는 방식

에 관해 신경과학적으로 설득력 있는 일반적인 관점을 제시한다. 이 모형에 의하면, 지식은 간단한 처리 단위units와 포괄적 연결망을 점진적으로 채택하여 저장된다. 단위는 신호 전달 통로들("연결들connections")로 연결된다. 신호 전달 통로를 통해 활성화를 증가시키거나 억제함으로써 가중치weights가 부여된다. 그 통로를 통해서 대개 한 단위는 다른 단위들로부터 병렬적으로 입력을 받는다. 특별한 작용에 따라 그 입력들은 합해지거나 변형된다. 그리고 출력 병렬 연결 체계들을 통해 산출한 일련의 신호를 내보낸다. 그러므로 활성화는 연결에서 자극 가중치와 억제 가중치의 특정 형태에 따른다. 이러한 가중치는 대개 학습 중에 채택된다. 그래서 전체 체계는 특정한 입력-출력 작용을 수행한다.

그러한 단위와 가중치의 망은 원형에 근거한 지식 구조를 실행할 수 있도록 한다. 그 망은 (대체로) 본보기라는 광범위한 표본(대상 출력과 연관된 상세한 입력)에 노출된다. 자동 학습 연산 방식이 점진적으로 연결 가중치를 채택한다. 그래서 (처음에는 거의 가망이 없던) 망의 수행을 개선한다. 장기간의 훈련은 (모든 것이 잘 진행되면) 본보기 사례들에 관한 통계적 중심 경향성의 망을 추출한다. 좀 더 정확히 말하면, 그 망은 표상 자원을 (단위와 가중치를) 사용하여 체계적으로 조직된 고차적 공간을 만든다. 투입은 활성화를 유발하고, 그 공간에서 지점과 영역을 선별한다. 그러한 지점과 영역은 훈련받는 동안 현저하게 입증된 특정 특성 복합체(원형)를 부호화한다. 새로운 투입은 훈련 사례와의 유사성 정도에 따라 익숙한 영역에 동화된다. 이렇게 그 체계는 이전에 전혀 접해보지 못한 입력을 분별하는 출력을 하게 된다(더 상세한 언급은 Clark 1989 참조).

추론과 추리는 형태 완성과 형태 일반화라는 기본 능력을 연속해서 계산적으로 사용하는 이러한 연결주의적 패러다임에서 재구성된다. 결과적으로 도덕적 실패와 도덕적 통찰은 지각적 실패와 지각적 예민함의 보다 난해한 사례로 설명된다. 좋은 행위자는 일련의 발달된 도덕적 원형을 나타낸다. 도덕적 원형은 입력을 처리하는 방식을 조직한다. 더 심오한 의미에서 세상을 보는 방식을 조직한다(이 주제는 처치랜드와 데스오텔즈의 논문에서 전개된다).

나아가, 그러한 종류의 방법 알기는 분명 초언어적일 것이다. 성숙한 행위자에게 학습된 원형의 배열을 수용하는 내적 표상 공간은 거대한 규모라고 쉽게 추정할 수 있기 때문이다. 비교적 작은 단위와 가중치의 망조차도 고차원성 및 거대한 표현력으로 이루어진 표상 공간을 이용한다. 난해한 도덕적 전문 지식은 생물학적으로 실제적인 신경망에 의해 부호화된다. 모든 개연성을 고려할 때, 이것을 일련의 다루기 쉬운 간략한 원리나 도덕 규칙으로 압축하려는 것은 상당히 무모한 일이다. 이 관점에서, 도덕적 전문 지식도 일반적 전문 지식의 형태를 따르는 것으로 보인다. 장황한 서적으로도 전문 체스 선수의 지식 파악에는 참담하게 실패한다. 아마도 성공적인 도덕적 행위자의 지식은 그보다 복잡해서, 간단한 언어 형식으로 요약할 수는 없을 것이다(처치랜드, 플래너건, 클라크 참조).

　도덕적 지식에 관한 내적 표상의 본질이라는 주제는 밀리칸에 의해 다소 다른 각도에서 다루어진다. 밀리칸은 한 가지 특별한 (가정된) 종류의 하위 내적 표상에 초점을 맞춘다. 그녀가 "지시적-서술적pushmi-pullyu 표상"이라고 부른 이 하위 종은 생소한 것이다. 그 표상은 사건의 상태 서술하기 및 행위의 과정 규정하기에 모두 작용한다. 환경이 운동 및 행위 가능성 체계로 표상되는 것은 그러한 이중 목적 표상을 활용하기 때문이다. 객관적 믿음이나 소위 명제적 태도 같은 익숙한 구조보다는 지시적-서술적 표상이 진화론적으로 그리고 발달론적으로 보다 기본적이라고 밀리칸은 추측한다. 도덕적 영역에서, 지시적-서술적 표상은 순수하게 서술적인 것과 철저하게 규정적인 것 사이에서 매우 중요한 공간을 점유할 것이다. (밀리칸 자신이 이런 아이디어를 추구하지 않았지만) 간단한 연결주의적 망에 의해 학습된 기본 표상들이 그러한 이중적 성격을 나타내는 것에 주목할 가치가 있다. 즉, 이중적 성격은 범주화 절차와 행위 결정이 결합하여 세상에 관한 정보를 부호화하는 방식이다. 따라서 잘 알려진 음소-텍스트 전환 네트워크인 NETtalk(Sejnowski and Rosenberg 1987)는 문법상 "모음" 분류하기에 관한 지식을 부호화한다. 반면 이 지식은 특정 행위(이 경우에는 발화를 위한 부호의 생산)를 산출하기 위해 지식을 사용하는 통로 부분으로도 활용될 수 있다(기본적인 연결주의적 부호화라는 이 특성에 관한 논의는 Clark and

Karmiloff-Smith 1993, Clark 1993 참조).

수전 킨 조우 역시 도덕적 방법 알기와 추론이라는 주제를 다룬다. 그녀는 도덕적 합리성의 고전적 모형을 비판적으로 논의한다. 킨 조우는 실천적 행동 및 제한-만족 해결책 창안을 도덕적 이성의 핵심에 두고 도덕적 합리성의 재개념화를 주장한다. 그녀는 이 개념이 요구하는 정교하고 다양한 제한-만족 판단 및 지각을 인지과학이 추가로 탐구해야 할 적절한 대상이라고 생각한다. 그 탐구가 실천이성이 작용하는 방식을 이해하고 그 특성을 추가로 밝히는 데 기여할 수 있다고 생각한다.

내적 표상이라는 관점은 도덕철학에서 관심을 두는 보다 세부적인 여러 문제에 직접적 함의를 갖는다. 폴 처치랜드는 도덕 논증의 본질을 논의한다. 대체로 그는 도덕적 불일치를 명시적 도덕률의 참이나 거짓에 대한 불일치로 설명하지 않는다. 그는 불일치를 사건의 상태를 이해하기 위해 "합당한" 경로에서 제공된 대안적 원형들 사이의 경쟁(예를 들어, 낙태에 의해 제기된 도덕 문제를 이해하는 방식으로 "자력으로 살아갈 수 없는 태아"와 "사람"이라는 원형 사이의 경쟁)으로 설명한다(규칙과 원형 설명 사이에서 추정된 차이에 관한 비판적 논의는 스터바의 13장 참조).

또한 처치랜드는 도덕적 실재론과 도덕적 진보에 관한 문제를 제기한다. 처치랜드는 (성공적이고 실행 가능한 해결책을 위한) 물질계의 유용한 표상을 개발하기 위해 생물학적 뇌에 주목해야 한다는 압력은 사회적이고 도덕적인 영역에서도 마찬가지라고 한다. 따라서 보다 나은 수렴적인 과학적 이해를 향한 전반적 진보는 더 진보적이고 수렴적인 도덕적·사회적 이해와 조화될 것이다. 오언 플래너건은 도덕 이성의 내적 표상의 토대에 대한 처치랜드의 일반적 이미지를 수용한다. 반면 그는 "좋은 삶의 방식"에 관한 비수렴적인 다원성을 주장한다. 그의 주장에 의하면, 도덕적 다원주의는 도덕적 이해가 반응하는 세부조건의 (시간적이고 공간적인) 상대적 지역성에 의해 정당화된다. 플래너건은 이 지역화에는 기초 물리학과 뚜렷한 차이점이 있다고 여긴다. 대신 도덕적 이해와 인간생태학 사이의 병행이 요청된다고 믿는다. 플래너건은 일종의 도덕 생태학이 필요하다고 제안한다. 즉, 특수한 생태학적 영역에서 인간 집단의 복지에 기여하는 것에 관한 연구를 제안한다.

또한 플래너건은 도덕 지식의 발달에 있어 사회와 개인 간 교환의 역할이라는 중요한 문제도 제기한다. 이 주제는 클라크에 의해 채택되어, 도덕적 인지에서 협동적 추론의 역할을 강조한다. 클라크는 실천적 도덕 이성이 항상 대안적 원형에 근거한 이해들의 직접적 경쟁을 포함하는 것은 아니라고 한다(처치랜드와 비교해 보라). 그보다는 대개 다양한 관점들을 조정하여 실천 가능한 행위 과정을(킨 조우도 참조) 탐구하는 일이다. 클라크의 주장에 의하면, 도덕적 인지의 협동적 측면이 충분히 인식되면, 간략한 도덕 규칙과 준칙을 새로운 관점에서 볼 수 있다. 처치랜드 등의 제안처럼, 실제로 개인의 도덕적 지식은 "초언어적"일 것이다. 언어 형식으로 도덕 논쟁을 교환하는 간략한 정식들이 매우 복잡한 개인의 도덕적 방법 알기를 파악하기 위한 시도로 이해되기는 어렵다. 하지만, 실천적 도덕 문제의 협동적 대처에 필수적인 최소한의 상호 이해를 촉진하는 기본적인 안내와 이정표로 이해될 수 있다. 클라크는 그러한 협동적 노력의 기초에는 다양한 이차적 의사소통의 원형이 있다고 한다. 즉, 다른 행위자가 이미 알고 있는 것, 협동적 활동에 참여하기 위해 알아야 하는 것, 알 필요가 있는 것을 가장 잘 전달하는 방식에 관한 개념이다. 클라크는 연결주의에서 도덕적 인지의 문제를 충분히 밝힐 수 있다고 주장하기 전에, 그러한 이차적 지식에 관한 내적 표상이 언급되어야 한다고 주장한다.

마이클 브래트먼의 논문은 정교한 사회적 조정을 위한 핵심 능력을 조명한다. 즉, 계획을 짜고 (대개) 그것을 지속하는 능력을 조명한다. 그는 이 중요한 능력에 주목하는 것이 유혹의 본질을 밝히고 그것에 저항하기 위한 전략 제안에 기여한다고 주장한다.

인지과학적 관점에서 언급된 그 밖의 논제들은 다음과 같다. 도덕적 전문 지식의 특징(클라크, 처치랜드, 데스오텔즈, 플래너건), 도덕 병리 현상의 본질과 근원(처치랜드, 데이), 뇌의 특정 영역에서 도덕적 지식의 부호화(처치랜드, 롱기노), 도덕 추론에서 상상과 은유적 이해의 역할(존슨), 초기 도덕적 지식과 도덕교육의 본질(처치랜드, 데이, 스터바, 밀리칸), 도덕적 사고에서 가상 체험simulation과 감정이입의 역할이다. 마지막 주제는 골드먼, 고든, 데이 논문의 핵심이다. 골드먼에 의하면, 감정이입과 가상 체험은 도덕철학과 경제학의 특정 이론에서 요구되는 개인 간 유용성 비교의 정당성을 원칙적으로 지지한다. 그러나 실제로 그 능력이 그러한 비교를 정당화하는 지는 인지과학적 조사를 필요로 하는 경험적 문제라고 주장한다. 고든은 (충고하기와 행위 판단하기처럼) 도덕적으로 민감한 여러 상황에서 가상 체험의 역할을 조명한다. 그리고 그 경우 가상 체험은 판단하고 충고하는 행위자의 관점에서 평가할 여지를 두도록 다소 제한적이어야 한다고 주장한다(즉, 대상의 도덕적 · 정서적 모습을 단순히 모사하려고 해서는 안 된다). 마찬가지로 데이도 감정이입을 도덕적 이해의 핵심 요소로 설정한다. 그리고 특히 정신병적 사고에는 이 요소가 손상되어 있다고 주장한다.

윤리학이 인지과학에 할 수 있는 기여

존슨은 도덕 이론의 주요 역할을 "도덕적 이해의 심화와 함양"이라고 말한다. 그는 심리학과 인지과학의 경험적 탐구가 인간의 동기, 학습, 도덕 이성의 본질, 도덕 추론의 제약 등에 관한 사실을 제공함으로써 이러한 이해의 발달과 관련된다고 주장한다. 반면, 헬드는 실제로 인지과학이 도덕철학에 제공하는 것은 많지 않다고 주장한다. 도덕철학은 (인지과학 분야에서 주로 하는) 설명이 아니라 권고를 주로 다루기 때문이다. 헬드는 판단의 기저에 있는 인과적 기제의 이해가 규범적 권고의 정당화를 평가하는 데 기여하지 못할 것이라고 한다. 그래서 헬드는 골드먼, 처치랜드, 존슨의 논문에서 수행된 도덕적 사고에서 감정이입, 원형, 은유의 역할에 관한 연구를 비판적으로 논의한다.

분명히 인지과학은 윤리학의 자율성 및 도덕적 인지의 과학적 연구에 대한 윤리학의 기여 가능성 모두에 실질적 여지를 남겨둘 것이다. 첫째, 도덕적 인지의 본질에 관해 인지과학적 연구가 규범적 도덕 문제를 해결하더라도 그것은 미미하다. 둘째, 도덕적 인지에 관한 인지과학의 탐구는 선험적인 윤리적 개념과 가정에 다양한 방식에서 지속적으로 의존할 것이다. 셋째, 인지과학의 실천 자체에는 도덕철학자들이 유익하게 언급할 수 있는 규범적인 도덕 문제들이 제기된다. 이러한 관점들을 차례로 논의하고자 한다.

첫째, 도덕적 인지의 본질에 관해 인지과학적 이론이 규범적 도덕 문제를 해결하더라도, 그것은 미미하다. 인지과학이 도덕적으로 생각하는(혹은 할 수 없는) 방식을 신빙성 있게 설명한다고 가정해 보자. 그렇지만 그 설명이 반드시 특정 도덕 문제에서 유일한 규범적 결론을 지시하는 것은 아니다. 헬드가 강조한 바와 같이, 해야 하는 것, 가치 있어야 하는 것, 혹은 되어야 하는 것에 관한 문제와 하는 것, 가치 있는 것, 혹은 되는 것에 관한 결론에 도달해야 하는 방식에는 차이가 있다. 특정 방식의 도덕 추론이 도덕 추론을 특정 방향으로 제한하지만, 그것이 특정 신념 산출을 결정한다고 생각할 이유는 없다. 동일한 반성적 전략을 사용하는 사람도 동일한 문제에 대해 상이하거나 심지어 상반된 도덕적 결론에 설득력 있게 도달한다. 그렇다면 도덕 추론에 관한 인지과학적 설명이 반드시 규범적 도덕 내용의 문제를 결정하는 것은 아니다. 응용윤리학 교사들은 결과론과 의무론이라는 윤리 원리들이 동일한 인간 행위를 비판할 뿐 아니라 옹호하는 데도 사용될 수 있다는 것을 오랫동안 관찰했다. 이는 그 원리에 수반된 부가적인 개념적 혹은 경험적 가정에 의존하기 때문이다. 이 융통성은 오늘날 인지과학에서 선호되는 본보기에 근거한 도덕 추론 모형의 특징이기도 하다.

인지과학만으로는 다음 사례를 결정할 수 없다. 사형제가 도덕적으로 허용될 수 있다는 신념이 그렇지 않다는 신념보다 인지적으로 우월한지, 혹은 부유한 국가가 가난한 국가를 원조하기 위해 식량을 제공해야 한다는 신념이 그렇지 않다는 신념보다 인지적으로 우월한지 결정할 수 없다. 규범적 도덕 신념에 관한 논쟁은 인지과학에 의해 지지되는 메타윤리적 자연주의가 말할 수 있는 것을 넘어선다. 이런 점에서, 전반적으로 윤리적 문제들은 현대의 윤리적 자연주의 접근법에 의해 적절히 혹은 철저히 해결될 수 없을 것이다. 그러므로 윤리학에서 현대의 자연주의적 전환에는 주요한 한계가 있다. (이는 도덕철학자라는 직업을 위해서는 좋은 조짐이다!)

둘째, 도덕적 인지에 관한 인지과학의 탐구는 다양한 선험적인 윤리적 개념과 가정에 지속적으로 의존한다. 먼저, 인지과학자들은 도덕적 인지와 무도덕적 인지를 구별해야 한다. 인지과학자가 자신의 통속적인 심리학적 직관에 의존해서 도덕 추론의 사례로 간주할 수 있는 것을 식별할 수는 있다. 그러나 그러한 직관은 지나치게 제한적이다. 인지과학은 하나의 변종인 도덕 추론을 포함하여 모든 추론에 관해 통일된 이론을 제공함으로써 그 문제를 벗어날 수 있다. 그러나 그 경우 인지과학은 도덕 추론의 특별한 도덕적 본질을 설명할 수는 없다. 그러한 이해를 제공하기 위해서는 여전히 도덕철학이 필요하다.

또한 윤리학은 도덕적 사고의 다양성과 복잡성을 확인하여 도덕적 인지에 관한 인지과학의 연구에 기여할 수 있다. 서구 도덕철학의 다양한 규범적 이론과 메타윤리적 이론도 세계적으로 보면 광범위한 도덕적 변이의 작은 사례일 뿐이다. 아마 이러한 도덕적 다원주의는 인간의 도덕적 인지에 대한 다양한 가능성을 드러낼 것이다. 인간의 모든 도덕 개념은 반드시 본보기에 근거하는가? 인간의 모든 도덕 추론은 반드시 형태 완성과 형태 일반화의 문제인가?

모든 인간이 도덕 추론의 발달에서 동일한 단계의 계열을 거친다는 발달론 모형의 주장이 옳다고 하자. 그렇더라도, 여전히 동일한 인지적 도덕 정향을 가진 성인기에 해당 수준에 전혀 도달하지 못한 사람도 있다. 만약 성인의 도덕적 인지가 문화마다, 그리고 동일 문화에서 개인에 따라 다양하다면, 일부에게 인지적으로 불가능한 것이 다른 사람들에게 가능할 수도 있다. 그리고 일부에게 인지적으로 요구되는 것이 다른 사람들에게 불필요할 수도 있다. 만약 그러한 사례가 있다면, 인지과학은 도덕적 인지에서 요구되는 내적 상태 및 자원에 단일하고 일반화 가능한 설명을 제공할 수 없다. 광범위한 윤리적 다원성은 도덕성의 본질에 관한 단순한 개념 및 인간의 도덕적 인지를 설명하는 지나치게 단순한 이론 모두를 피하는 것이 중요하다는 것을 (일반적 과학 탐구인) 인지과학에 알려준다.

세계적인 도덕적 다원주의뿐 아니라, 서구 윤리학 내에서도 도덕 추론에는 광범위한 다양성이 있다. 분명 도덕철학은 최소한 그 다양성을 부분적으로 표현한다. 예를 들면, 도덕철학자들은 낙태 문제가 원하지 않은 임신을 어떻게 다루어야 하는가의 문제만은 아님을 알고 있다. 그것은 여성과 소녀가 원하지 않은 임신을 다루는 방식에 동의하지 않는 사람들로 구성된 사회를 지배하는 법률문제이기도 하다. 도덕철학자들은 사회 정책처럼 도덕규범이나 그 실행을 정당화하기 위해 요구되는 추론은 그것을 특정 사례에 적용하기 위해 요구되는 추론과는 다르다고 생각한다. 본보기에 근거한 도덕 추론의 설명은 이러한 차이를 설명할(혹은 해명할) 필요가 있다.

또한 도덕철학자들은 정언명법과 같은 상위의 윤리 원리와 살인을 금하는 규칙처럼 하위의 도덕 규칙을 구별한다. 한편으로 도덕적 권위로 간주되는 것을 가르쳐서 따르도록 하는 종교적으로 정향된 도덕 구조와, 다른 한편으로 상위 원리에 의해 안내된 개인적 반성을 통해 도덕 문제의 해결을 촉진하는 세속적 도덕 구조를 구별한다. 실제로 도덕철학자들은 의무와 결과, 보편화와 맥락적 특수성에 대한 관심, 규칙과 원리에 초점을 맞춘 도덕적 사고와 모범적인 인격의 덕에 초점을 맞춘 도덕적 사고를 구별한다. 인지과학이 도덕 추론의 본질에 관해 통일되고 전체를 포괄하는 설명을 제공하려면, 이처럼 상이한 도덕적 인지의 종류에 해당하는 사례들을 다루어야 할 것이다. 도덕철학자들은 인지과학자에게 그 광범위한 다양성을 유익하게 상기시킬 수 있다.

또한 현대 도덕 이론은 다음 문제를 제기한다. 만약 모든 도덕적 인지가 본보기에 근거한다고 해보자. 그렇다면 왜 칸트와 밀에 버금가는 지적 통찰력을 가졌으며, 아마 스스로는 본보기에 근거한 형식으로 추론한 도덕철학자들이 (타인뿐 아니라 자신의) 도덕적 인지의 본질을 그토록 잘못 오해했는가? 왜 그들은 도덕 추론의 본질을 규칙에 근거한 구조로 오인했는가(왜 그렇게 많은 철학자들이 일반적인 이 인지 구조에 주목하지 못했는가)? 규칙에 근거한 설명을 설득력 있게 만드는 어떤 도덕 추론의 현상이나 실천도 없는가?

근대 서구 윤리학에서 규칙에 근거한 이론이 그토록 우세했던 이유에 대한 설명을 요구하는 것은 합당하다. 여전히 칸트적 혹은 공리적 사고방식으로 도덕적 이해에 도달한다고 생각하는 많은 철학자들이 있다. 그들은 인지과학자들이 본보기에 근거한 모형을 탐구할 때 관심을 가져야 하는 주요한 반대 사례들을 제공한다. 그러므로 규칙에 근거한 윤리 이론과 그 지지자들은 인지과학이 윤리학에 제공한 도덕 추론에 관한 설명의 개연성을 평가하는 데 중요한 관점을 제공한다.

나아가, 윤리학과 사회학은 과학적 연구와 관련된 도덕 현상의 본질에 관한 중요한 방법론적·개념적 논쟁을 드러낸다. 예를 들어, 스키먼은 정서를 단지 개인의 내적 상태로 취급하는 심리학적 개인주의에 문제를 제기한다. 그러한 입장에서 그녀는 사고, 감정, 행위의 사회적으로 유의미한 형태로 정서를 설명하는 사회적 구성주의를 옹호한다. 또한 그녀의 옹호는 정서와 같은 도덕 현상이 지배받는 해석의 다원성을 환기시킨다. 특정한 정서(그리고 다른 모든 정신 현상)의 특성을 기술하는 용어는 관련 입장과 관점에 따라 다양할 수 있다. 실험 집단의 특정 정서를 분노보다는 편집증으로 규정하는 것은 관찰자의 우월적이고 지배적인 문화 상태를 잘 표현한다. 스키먼이 "충분히 민주적인 인식론적 공동체"라고 칭한 구성원 사이의 대화로 도덕적 어휘가 풍부해질 때까지, 인지과학자와 도덕철학자가 조사하고 있는 인지적 도덕 현상이 잘못 특징지어질 수도 있다. 윤리학과 사회학은 도덕적 다양성의 인식을 도덕적 인지에 관한 이론으로 통합하도록 돕는 도구와 자원을 제공한다.

끝으로, 셋째, 인지과학의 실천에서 제기되는 규범적인 도덕적 문제들이 있다. 도덕철학은 그 문제를 유익하게 언급할 수 있다. 구체적으로, 인지과학에서 진행되는 인간과 동물 실험은 심각한 윤리 문제를 제기한다. 실험 연구의 일부로 원숭이를 마취하지 않고 해부하는 실험을 해도 되는가? 참여를 요청받은 사람들에게 실험의 본질에 관해 틀린 정보를 주어도 되는가? 윤리학, 특히 생명의료윤리학은 연구 윤리에서 제기되는 그러한 문제를 언급할 것이다.

과학, 생명의료, 인지 등의 연구자들은 애석하게도 전문적 실천에서 이처럼 곤란한 윤리 문제에 대한 공적 논의를 회피하려는 공통적인 경향이 있다. 흔히 이러한 경향은 연구자의 과학적 과업에 대한 지나친 몰입과 그런 과업에 있어서 관대한 연구 규범으로 나타나고 있다. 도덕철학자들은 오늘날 연구 실천의 근본적인 도덕적 정당성을 제기하기도 한다. 과학자는 연구를 서두르면서, 그 러한 비판을 무시하려 한다. 실제로 과학자들은 이러한 비판을 과학의 자율성 에 대한 성가신 간섭으로 간주하기도 한다. 이 반응을 이해할 수 없는 것은 아 니지만, 애석한 일이다.

과학은 사회적 자원을 지원 받는 사회적 사업이다. 인간이나 동물을 대상으 로 하는 과학 실험은 유정적 생명체에게 고통을 주는 것과 같은 도덕적 문제를 제기한다. 거기에는 분명히 도덕적 특성이 포함된다. 과학자들은 생명체를 대 상으로 실험하면서 이러한 문제들을 간과해서는 안 된다. 동시에 그 주제에 대 한 도덕철학자들의 생각을 참조하지 않고 이 문제에 답하려고 시도한다면 통 속적인 윤리적 자원에 의존하게 될 것이다. 통속적인 윤리적 자원은 도덕철학 자의 연구보다는 정교하지 못할 것이다. 그리고 과학적 탐구 대상의 미묘한 차 이를 드러내지도 못할 것이다. 최근 과학철학자들은 그러한 논의에 상당한 관 심을 보이고 있다. 이러한 윤리적 검토는 윤리학이 인지과학에 제시해야 하는 또 다른 자원을 제공한다.

이런 점들을 고려할 때, 이 책에 제시된 논문들은 윤리학과 도덕철학의 주요 논제들을 조명하는 인지과학적 도구의 효력을 상세히 설명한다. 반면, 윤리학 과 도덕철학의 연구는 인지과학자들에게 익숙한 문제(예를 들어, 언어와 인지의 관계)를 새롭게 생각해 보도록 한다. 그리고 도덕 영역에 대한 주의는 인간 인지 에 관한 특정 개념(원형 활성화 모형 같은)의 일반성과 효력을 평가하도록 한다.

인지과학과 윤리 이론의 만족스러운 통합은 적어도 두 가지 미결 문제의 만 족할 만한 해결에 달려 있다. 즉, 개인적 인지 활동과 인간 지식 및 활동의 사회 적 측면 사이의 관계, 그리고 단순히 서술적인 것과 분명히 규범적인 것 사이 의 관계이다. 그 문제들은 이 책의 여러 논의에서 표면적으로 혹은 암시적으로 드러난다. 이 문제들과 관련된 생각들에 주목함으로써, 이 책의 논문들은 윤리 학과 인지과학 사이에서 나타나고 있는 협력의 새로운 토대를 개척한다.

참고 문헌

Churchland, P. M. 1989. *A Neurocomputational Perspective.* Cambridge, Mass.: MIT Press.

Clark, A. 1993. *Associative Engines: Connectionism, Concepts and Representational Change.* Cambridge, Mass.: MIT Press.

Clark, A. 1989. *Microcognition.* Cambridge, Mass.: MIT Press.

Clark, A., and Karmiloff-Smith, A. 1993. "The Cognizer's Innards: A Psychological and Philosophical Perspective on the Development of Thought." *Mind and Language* 8: 487-519.

Flanagan, Owen. 1991. *Varieties of Moral Personality.* Cambridge, Mass.: Harvard University Press.

Fodor, J. 1987, *Psychosemantics,* Cambridge, Mass.: MIT Press.

Fodor, J. 1975, *The Language of Thought.* New York: Crowell.

Frankena, William. 1939. "The Naturalistic Fallacy." *Mind* 48: 464-77. Reprinted in *Theories of Ethics,* edited by Philippa Foot, Oxford: Oxford University Press, 1967.

McClelland, J., Rumelhart, D., and the PDP Research Group. 1986. *Parallel Distributed Processing: Explorations in the Microstructure of Cognition.* Cambridge, Mass.: MIT Press.

Moore, G. E. 1903. *Principia Ethica.* Cambridge: Cambridge University Press.

Rosch, E. 1973. "On the Internal Structure of Perceptual and Semantic Categories." In T. Moore, ed., *Cognitive Development and the Acquisition of Language.* New York: Academic Press.

Searle, John. 1964. "How to Derive 'Ought' from 'Is.'" *Philosophical Review* 73: 43-58. Reprinted in *Theories of Ethics,* edited by Philippa Foot, Oxford: Oxford University Press, 1967.

Sejnowski, T., and Rosenberg, C. 1987. "Parallel Networks That Learn to Pronounce

English Text." *Complex Systems* 1: 145-68.

Smith, E., and Medin, D. 1981. *Categories and Concepts.* Cambridge, Mass.: Harvard University Press.

제I부

자연화된 윤리학이란?

2. 자연화된 윤리학
인간생태학으로서의 윤리학

오언 플래너건

윤리학: 근대적, 반근대적, 그리고 포스트모던적

윤리적 자연주의자와 비자연주의자를 구별하는 논제들(윤리학이 신학적 토대를 갖는지, 주의주의자(主意主義者, voluntarist)의 자유의지 개념이 적절한 도덕적 책임 개념에 필요한지 같은 논제들)이 있다. 비자연주의자와의 구별뿐 아니라, 자연주의자들을 서로 구분하는 논제들도 있다. 즉, 도덕적 삶의 목적(들), 도덕적 진술의 인지적 상태, 도덕적 속성의 존재, 상대주의, 수렴, 도덕적 진보에 관한 논제들이 그것이다.

이 장에서는 자연화된 윤리학이라는 특별한 개념을 개괄하고 옹호한다. 윤리학에서 심리학과 다른 인간과학의 역할을 설명한다. 그리고 윤리적 지식이 있음에도 불구하고, 일부 과학에서 이루어진 수렴이나 진보가 실제로 나타나지 않는 이유를 설명한다.

근대주의는 계몽적 낙관주의에 고무된 관점에 유용하게 붙여진 이름이다. 소위 합리성에 전념한 근대성은 인간의 지혜가 개입된 영역에서 수렴과 진보를 낳도록 예정되어 있다. 이는 옳은 일반 목적의 도덕 이론을 발견함으로써 부분적으로 달성될 것이다.

그리스 윤리학과 칸트적 윤리학을 대비한 버너드 윌리엄Bernard William의 최근 연구는 (반도덕 이론 연구로서) 반근대적이다.[1] 그리스의 수치심이라는 개념은 그것이 결합되어야 하는(소위 다른 사람의 눈에 나체로 보이는) 곳에 도덕성을 결합했다. 근대의 도덕적 '당위'는 타인으로부터 (종교적 초월론의 세속적 반복인) 이성이라는 신성한 영역으로 이동했다. 포스트모더니스트들의 계통은 산만하다. 그리고 포스트모던이 아니면서도 반근대적일 수 있다(윌리엄스Williams 와 매킨타이어MacIntyre의 방식은 상이하다). 그러나 자극 이상의 다른 이유가 없다면, 내가 추천하는 개념은 포스트모던이라 할 수 있다. 포스트모던은 시간, 이성, 경험의 결합이 도덕적 삶과 정치적 삶에서 신뢰할 수 있는 지식을 낳는다고 생각하지 않는다. 그리고 반反근대주의자에 의해 의문시되는 "이성"의 개념도 부분적으로 버린다. 오늘날 마음의 과학에서는 전통적으로 수립된 이성의 구조적 특성을 가진 기능이 없기 때문이다. 오늘날 마음의 과학에서 나타나는 마음의 구조는 근대적 대영박물관이 아니다. 심지어 초현대적인 뉴욕의 시그램 빌딩Seagram Building도 아니다. 그보다는 산타모니카에 있는 프랭크 게리 Frank Gehry의 포스트모던 주택에 가깝다.[2] 내가 이렇게 말하는 이유는 논의 과정에서 나타날 것이다.

---

1. B. A. William, *Shame and Necessity* (Berkeley: University of California Press, 1993) 참조. 반이론적 측면은 *Ethics and the Limits of Philosophy* (Cambridge: Harvard University Press, 1985) 에서 가장 분명히 제시된다. 나는 일반적 목적을 가진 도덕 이론 탐구는 시간 낭비라고 생각한다. 푸코, 들뢰즈, 리오타르 같은 프랑스 포스트모더니스트도 도덕 이론을 거부한다. 그러나 그들은 단일한 도덕 이론이 없다는 전제로부터 도덕적 담론을 회피해야 한다는 결론에 도달하는 실수를 범한다.

2. F. Jameson, *Postmodernism* (Durham, N. C.: Duke University Press, 1991). 지나친 상업주의와 포스트모던 건축 양식을 동일시하는 사람이 있다. 이때 트럼프 타워The Trump Tower는 완벽한 아이콘이다. 여기서 나는 관례적 공간은 없으며(분명히 순수이성을 위한 공간은 없으며), 기능에 관한 전통적 생각은 버리거나 재고되어야 한다는 생각에 이르기 위해 포스트모던을 사용하고 있다. 이것은 처음 20여 년간 인지과학을 지배해 온 순차적, 프로그램화 가능한, 추론적 모형과 비교해서, 정신작용을 생각하는 다른 방식을 찾을 때 생긴 것이다. 연구 중이어서 아직 충분히 이해하지는 못한 연결주의적 모형은 그 대체로서 어쨌든 나에게는 게리 하우스Gehry house와 같다.

자연화된 윤리학이 심리학화된 윤리학이 아닌 이유

콰인은 「자연화된 인식론Epistemology Naturalized」에서 인식론이 심리학에 동화된다고 했다.[3] 이 생각에는 분명 문제점이 있다. 일반적으로 심리학은 합리적 신념의 규범과 관련된 것이 아니다. 심리학은 정신적 실행, 그리고 정신적으로 매개된 실행 및 능력에 관한 서술이나 설명과 관련된다.

그러므로 "심리학의 한 장章"으로 자연화된 인식론을 생각하는 방식은 옳지 않다. 그보다는 자연화된 인식론을 두 요소를 가진 것으로 생각하는 것이 옳다. 즉, 서술적-계통적-법칙적descriptive-genealogical-nomological(d/g/n) 요소와 규범적 요소이다.[4] 나아가 d/g/n 요소도 순전히 심리학적 일반화로만 구성되지는 않을 것이다. 실제로 인식의 실천에 관한 많은 정보는 생물학, 인지신경학, 사회학, 인류학, 역사학에서(즉, 포괄적으로 해석된 인간과학에서) 도출되기 때문이다. 규범적 인식론이 심리학의 일부가 아니라는 것은 더욱 분명하다. 규범적 인식론에는 일상적 추론과 과학을 성공적으로 이끈 추리, 신념, 앎에 관한 규범 수집이 포함되기 때문이다. 그리고 귀납적 논리와 연역적 논리, 통계학과 확률 이론의 발달된 기준도 실제 인간 추론의 실천을 서술하지 못한다는 것은 분명하다. 이러한 기준들(예를 들어, 대표적 표집을 통제하고 결과 확인을 경고하는 원리들)은 실패한 인식적 실천에서 성공한 인식적 실천을 추상하여 도출된다. 소위 그 자료원은 인간성 관찰이지만, (적어도 표준적으로 실천된) 인간과학은 규범 추출을 포함하지 않는다. 그래서 자연화된 인식론은 심리학화된 인식론이 아니다.[5] 하지만 (정신적 · 신체적으로) 성공적 실천은 인식론적 지위에서 규범

---

3. W. V. Quine, "Epistemology Naturalized," in *Ontological Relativity and Other Essays* (New York: Columbia University Press, 1969), pp. 69-90.

4. 나는 윤리학과 관련된 인간 마음의 법칙이 있는지 확신할 수 없다. 하지만 그 여지를 주장하는 "법칙성"은 어느 정도 조사되어야 한다.

5. 최고의 자연화된 인식론 연구는 Alvin Goldman의 연구라고 생각한다. *Epistemology and Cognition* (Cambridge: Harvard Universtiy Press, 1986)와 *Liaisons: Philosophy Meets the Cognition* (Cambridge: MIT Press, 1992) 참조. 골드먼은 서술적 전제에서 규범적 결론을 이끌려 하지 않았다. 나아가, 그는 콰인이 강조하지 않았던 인식론의 역사적 측면과 사회적 측면을

이 분류되고 부각되거나 약화되는 기준이기 때문에, 실용주의가 지배한다.

자연주의 윤리학에도 같은 종류의 이야기가 해당된다. 자연주의 윤리학은 d/g/n 요소를 포함할 것이다. 그것은 **호모 사피엔스**_Homo sapiens_의 특정한 기본 능력과 성향을 상세화할 것이다. 예를 들어, 도덕적 삶과 관련된 공감, 감정이입, 이기주의 등이다. 그것은 실제로 사람들이 도덕 문제를 느끼고, 생각하고, 행동하는 방식을 설명할 것이다. 도덕적 학습, 참여, 반응에 정서가 얼마나, 어떤 방식으로 포함되는지 설명할 것이다. 도덕적 불일치가 무엇으로 구성되며, 왜 발생하는지 설명할 것이다. 그리고 서로의 신념, 행위, 실천, 제도를 시인하지 않으면서도, 관대해야 한다는 것에 동의하여 종종 불일치를 해결하는 이유를 설명할 것이다. 사람들이 규범적 판단을 할 때 수행하는 것을 알려줄 것이다. 그리고 최종적으로 혹은 이 모든 결과로, 젊은이를 교육하고, 도덕 풍조를 개선하고, 도덕 이론을 제안하려고 할 때 발생하는 것을 설명하려 할 것이다.

모든 위대한 도덕철학자들은 실제적인 규범적 제안을 주장할 때 특정한 d/g/n 요구를 제시했다. 그리고 이러한 요구들 대부분은 표본 추출 문제로 어려움을 겪었으며, 그 요구를 검토할 수 있는 인간과학이 존재하지 않았던 시대에 제안되었다. 그렇지만 그 요구들 대부분은 검토할 수 있으며, 실제로 일부는 검토되었다.[6] 예를 들어, 여기 윤리학사에서 익숙한 네 가지 요구가 있다. 이것은 규범윤리학과 관련하여 검토 가능한 가정들의 목록이다.

- 선을 아는 사람은 선을 행한다.
- (진정으로) 한 가지 덕을 가지면, 나머지 덕도 갖는다.
- 사회적 규제의 강도와 가시성이 와해되면, 대개 도덕성은 선형적으로 무너진다.
- 매우 풍족한 상황이라면, 선천적인 공감과 자선은 "10배로 증가"할 것이고,

지속적으로 강조한다.
6. Owen Flanagan, _Varieties of Moral Personality: Ethics and Psychological Realism_ (Cambridge: Harvard University Press, 1991) 참조.

"정의라는 신중히 경계하는 덕은 결코 생각되지 않을 것이다."

아마 규범적 이론에서는 d/g/n 요구를 어떻게 대우할 지가 문제될 것이다. 그리고 그 제안자에게 문제가 되었을 것이다. 그렇지만, 자연주의자든 비자연주의자든 모든 주요 도덕철학자는 단지 관련된 서술적 사실의 수집만으로 충실한 규범적 윤리 이론을 낳을 것이라고는 생각하지 않았다. 도덕은 단순한 서술이나 관찰에 의해서는 매우 불충분하게 결정되며, 과학 및 규범적 인식론 역시 마찬가지다. 세 영역 모두 확장적 일반화와 미결정적 규범이 가득한 탐구 영역이다.

현저하게 규범적인 윤리적 요소는 d/g/n 의제의 최종 측면을 연장한다. 그것은 (규범 선택을 통제하는 규범을 포함하여) 어떤 규범, 가치, 덕들이 다른 것에 비해 좋거나 더 좋은 이유를 설명한다. 규범이나 규범 체계를 선호하는 하나의 공통적 근거가 있다. 인간의 (동물적 본성이든 사회적으로 정치된 존재로서의 본성이든) 본성에 속하는 특성이나 능력을 수정하고, 억제하고, 변형하거나 확대하는 데 적합하다는 것이다. 규범적 요소는 도덕적 생물로서 인간이 열망해야 하는 감정, 삶, 존재 방식을 추상적 수준에서 체계화하려고 한다. 그러나 그 체계화가 좋은 생각인지는 실용적으로만 평가될 것이다.

대체로, 규범적 요소는 비평, 자기 진단 그리고/혹은 사회적 진단, 새롭거나 개선된 규범들의 형성, 가치들에 유익한 모든 출처에서 나온 정보의 상상적 전개를 포함한다. 즉, 도덕교육적 실천의 개선, 도덕적 민감성의 훈련 등의 개선을 위한 것이다. 이 출처에는 문학, 예술[7]뿐 아니라 심리학, 인지과학, 모든 인간과학, 특히 역사와 인류학이 포함된다. 그리고 개인, 집단, 공동체, 국가, 공

---

7. 리처드 로티Richard Rorty는 점진적 "상상력의 확장"에 비해 일반적 도덕원리의 정식이 자유주의 제도 발달에 유익하지 않았음을 설득력 있게 제시한다. 상상력의 확장을 가져온 연구로는 엥겔스Engels, 해리엇 테일러Harriet Taylor, 밀J. S. Mill, 해리엇 비처 스토Harriet Beecher Stowe, 말리노프스키Malinowski, 마틴 루터 킹Martin Luther King Jr., 알렉시스 드 토그빌Alexis de Tocqueville, 그리고 캐서린 매커넌Catherine MacKinnon과 같은 사람들의(을 통한) 연구가 있다(Rorty, "On Ethnocentrism," in *Philosophical Papers* (Cambridge: Cambridge University Press, 1991), 1: 207).

동체나 유정적 존재가 살아가는 방식의 평범한 일상적 관찰에 근거한 일상적 대화가 포함된다.[8]

서술적-계통적 윤리학은 자연화될 수 있지만 규범적 윤리학은 자연화될 수 없다는 것이 일반적 관점이다. 여기서 추정되는 하나의 난점은 어떠한 d/g/n 일반화 체계에서도 규범적인 것이 도출될 수 없다는 것이다. 다른 난점으로는, 자연주의는 전형적으로 상대주의를 이끌고, 수축적deflationary이며, 그리고/혹은 도덕적으로 순진하다는 것이다. 그것은 규범성을 힘(단지 계몽된 사회화의 강제력에 불과한 자비라는 힘, 혹은 어쩌면 파시스트나 나치 혹은 도덕적 열등생이 규범적 질서를 부과하는 힘)의 문제로 만든다.

자연주의적 규범윤리학에 대한 표준적인 관점과 불만이 향하는 것은 어떻게 살아야 잘 사는지를 찾는 것이 정말로 곤란하다는 것이다. 그리고 "**정말로 옳은**" 혹은 "**정말로 좋은**"을 생각하는 멋진 방식을 찾기 곤란하다는 것이다. 이러한 난점은 전적으로 도덕적 삶의(삶의, 시대의) 복잡성과 관련된 것이지, 형이상학적 주제인 윤리적 자연주의의 진리 **혹은** 진정으로 규범적이고 비판적인 윤리적 탐구를 추구하는 능력과는 무관하다.

---

8. 자연화된 윤리학에 대한 비판에서 흔히 지적되는 개념이 있다. "번영," "사람들이 살아가는 방식," "개인들, 집단들, 국가들, 세계 등에 작용하는 것" 같은 개념들이다. 이 개념들은 모호하며 논란이 없는 방식으로 확정하기는 사실상 불가능하다고 지적한다. 이는 옳다. 실용주의자는 규범적 판단이 대화와 논쟁으로 채워질 필요가 있다는 것을 수용한다. 번영, 작용하는 것 등의 기준은 초기 판단 그 자체만큼이나 비평의 여지가 있을 것이다. 그래서 그 비평이 하나라고 보기는 어렵다. 자연주의자는 규범적 요구의 대화적 정당화에 개방적이다. 제시된 배후의 기준이 비평과 재형성의 여지가 있음을 인정한다. 그리고 "작용하는 것"과 "번영에 공헌하는 것" 같은 말이 상위어superordinate임을 인정한다. 특수성은 구체적 문제에 대한 보다 정제된 논의에서 얻어진다. 그러나 자연주의자든 비자연주의자든 이제까지 알려진 윤리 이론은 추상적 개념에 의존했다. 엷은 개념이 짙은 개념을 낳기도 한다. 즉, "그것은 나쁘다." "왜?" "무례하기 때문이지." 여기에 그칠 수 있으며, 흔히 여기에 그친다. 그러나 몇 가지 방향으로 계속 진행할 수도 있다. "왜 그것이 무례하지?" "내가 왜 무례에 대해 관심을 가져야 하지?" 등.

윤리적 자연주의자를 위한 최소한의 신조

윤리적 자연주의자를 위한 최소한의 신조를 제시하는 것은 유익할 것이다. 첫째, 윤리적 자연주의자는 다음과 같은 측면에서 초월적이지 않다. 즉, 윤리적 자연주의는 도덕적 요구의 근거를 순수이성 기능의 선험적 명령(그러한 것은 없다)이나 신의 설계에 두지 않는다. 윤리적 자연주의는 비초월적이기 때문에, "오류 이론error theory"을 제시할 필요가 있다. "오류 이론"은 초월적 근거에 호소함을 설명하고, 초월적 근거가 실용적 근거보다 신뢰할 수 없는 이유를 설명한다. 아마 그 이유는 초월적 근거가 실용적 근거의 위장된 형식들이기 때문일 것이다. 둘째, 윤리적 자연주의는 개방된 질문 논증open question arguments 혹은 당위로부터의 오류 추론이라는 주장에 의해 전혀 무기력하게 되지 않을 것이다. 개방된 질문 논증과 관련해서, 자연화된 윤리학은 환원적일 필요가 없다. 그래서 "그렇다면 '선'이라고 말할 수 있는 것은 선인가?"라는 곤혹스러운 질문을 가능케 하는 단일한 방식으로 "선"을 규정하려고 시도할 필요가 없다. 분명히 몇몇 위대한 자연주의자들, 예를 들어 대부분의 공리주의자는 단일한 방식으로 선을 규정하려고 시도했다. 이것은 잘못된 연구로 판명되었다. 그 이유 중 일부는 우리가 추구하는 좋은 것들은 다원적이며 단일한 분석을 거부하기 때문이다. 하지만 두 번째 개방된 질문 논증의 영향력은 전반적인 동의어 부재의 발견(가장 흥미 있는 관점으로는 환원적 정의의 결여에 관한 발견)으로 사라졌다.

소위 사실-당위의 문제와 관련하여, 영민한 자연주의자는 도덕규범을 논증적으로 수립하려는 어떤 주장도 하지 않는다. 자연주의자는 특정 실천, 가치, 덕, 원리를 귀납적이고 귀추적인 추론에 근거하여 합당하다고 지적한다.

셋째, 윤리적 자연주의는 도덕적 실재론자, 반실재론자, 준실재론자에 의해 논의되는 의미에서 보편적인 도덕적 속성이 정말로 존재하는가라는 문제에 어떠한 입장도 취하지 않는다. 도덕적 주장이 합리적으로 지지될 수 있는 것이 중요한 것이지, 그 주장의 모든 요소들이 "실제" 대상을 언급하느냐 못하느냐는 중요하지 않다는 것이다. 넷째, 윤리적 자연주의는 소위 인지주의나 비인지주의와 선험적으로 양립할 수 있다. 자연주의는 도덕적 삶에서 "본능적 반응gut reactions"이 최선의 지침이라는 관점과 심오하고 신중한 반성이라는 대안적 관점 사이에서 중립적이다. 실제로, 윤리적 자연주의는 서술적 수준과 규범적 수준에서 상이한 답을 제시할 수 있다. 이모티비즘emotivism은 서술적인 사회 심리적 일반화로서 옳지만, 반면에 더 인지주의적인 관점도 규범적으로 선호될 수 있다.[9]

진보, 수렴, 지역적 지식

지금까지 나는 자연화된 인식론과 자연화된 윤리학이 단순히 심리학화된 분야가 아니라고 주장했다. 즉, "심리학의 한 장章"이 되지는 않을 것이다. 두 분야는 모든 인간과학에서 도출된 정보를 사용할 것이다. 그리고 윤리학의 경우 예술에서 나온 정보도 사용할 것이다. 예술은 인간 본성 및 가치와 값어치의 문제를 통찰력 있게 표현하는 방식이기 때문이다. 또한 예술은 (실제로 동시에 같은 이유에서) 앎의 방식이며 지식의 형식이다. 규범은 성공적 실천을 이끌거나 구성한 것에서 발전시킨 표준이라는 관점에서, 이 정보를 검토하여 산출될 것이다.

또한 나는 윤리적 자연주의자를 위한 간략한 신조를 개괄했다(최소한 윤리적 자연주의자로 간주되려면 관여할 필요가 있는 신조를 파악한 것이다. 그리고 그 신조는

---

9. 나와 마찬가지로 버너드 윌리엄스도 서술적인 것이 규범적인 것을 충분히 결정하지 못한다고 생각한다. 하지만 관련성이라는 관계는 있다. 수치 대 죄의식 문화와 연관된 긍정적 평가와 부정적 평가에 대해서는 그의 *Shame and Necessity* 참조. 이는 정교한 사회심리적-역사적 지식을 가진(실제로 자료원으로 요구되는) 연구이다. 최근 앨런 기버드Allan Gibbard의 연구는(*Wise Choices, Apt Feelings: A Theory of Normative Judgement* (Cambridge: Harvard University Press, 1990)) 서술적인 것과 규범적인 것을 연결한다. 기버드는 그의 "표현주의적 관점"을 비인지주의적으로 서술한다. 그러나 나는 그것을 규범적 제안으로, 인지주의적으로, 도덕적 능력에 포함된 것을 합리적으로 재구성한 것으로 생각하는 것이 더 유익하다는 것을 발견했다. 거기서는 경향의 관점, 생각하고 느끼고 믿는 것 등을 이해하는 관점에서 평가하여 입증된 규범에 대한 우리의 충성이 표현된다.

도덕적 실재론과 반실재론 그리고 인지주의와 비인지주의 문제에 대해 상이한 답을 가능하게 한다).[10]

지금까지 나는 자연화된 윤리학이 자연화된 인식론과 같은 길을 갈 수 있다는 제안을 다루었다. 그러나 많은 점이 유사하다고 모든 점이 유사한 것은 아니다. 콰인은 확고한, 자연화된 윤리학에 회의적이다. 윤리학은 과학에 비해 "방법론적으로 허약하다"고 주장한다.[11] 그리고 윤리학과 달리, 자연화된 인식론과 과학 모두 문제가 없으며, 논란이 되지 않는 결과, 진실, 예측(간단히 "서술적" 목표)을 갖는다고 주장한다.[12]

....

10. 실재론-반실재론의 경우와 인지주의적-비인지주의적 경우 모두, 서술적 수준과 규범적 수준에서 상이한 답이 제시될 수 있다. *Ethics: Inventing Right and Wrong* (New York: Penguin, 1977)에서 맥키J. L. Mackie는 일반인들이 가치에 관해 실재론 형식에 관여했지만 그것이 틀렸다고 생각하는 철학자이다. 그럼에도 불구하고, 맥키는 공리주의를 최고의 도덕 이론이라고 주장하는 것에는 별 문제가 없다고 보았다. 그런 의미에서 그는 인지주의자(소위 인지주의적 반실재론자)였다.

11. W. V. O. Quine, "On the Nature of Moral Values," *Critical Inquiry* 5 (1979): 471-80.

12. ("On the Nature of Moral Values" 에서) 방법론적 결함의 책임이 슬며시 삽입된다. 이후 논문에서(W. V. Quine, "Reply to Morton White," in *Philosophy of W. V. Quine*, ed. L. E. Hahn and P. A. Schilpp (La Salle, Ill.: Open Court, 1986)), 콰인은 "Epistemology Naturalized" 에서보다 더 자연화된 인식론이 보다 잘 작용하게 될 방식을 제시한다. 거기서는 심리학에 동화된 제안이 이루어진다. 그는 이렇게 서술한다. "이제 나에게 상태에 관한 말은 인식론적 가치에 관한 말이다. 인식론의 자연화는 규범성을 버리지 않는다. 그리고 진행 절차에 관한 무분별한 서술을 받아들이는 것도 아니다. 나에게 규범적 인식론은 공학의 한 분야이다. 인식론은 사실-탐구 기술이다. 혹은 보다 신중한 인식론적 용어로는 예측 기술이다. 다른 기술처럼, 그 목적에 적합한 모든 과학적 발견을 자유롭게 사용한다. 표준적 일탈과 개연적 실수를 계산하고, 도박자의 오류를 찾을 때 수학을 도입한다. 지각적 착각을 드러낼 때 실험심리학을 도입하고, 원하는 사고를 정찰할 때 인지심리학을 도입한다. 불가사의하거나 초심리적인 근거에서 증거를 무시할 때, 일반적으로 신경학과 물리학을 도입한다. 여기서는 도덕에서처럼, 궁극적 가치가 문제가 되지 않는다. 장래의 목적, 사실, 혹은 예측의 효력 문제이다. 다른 공학에서처럼, 여기서 규범적임은 최종 매개변수가 표현될 때 서술적이다. 도덕성을 천국에서의 보상을 겨냥한 것으로 본다면, 도덕성도 마찬가지라고 할 수 있다."

나는 어떻게 그 논증이 적용될 수 있는지 모르겠다. 사회적으로 강화된 이론은 분명 행복이나 복지 혹은 번영으로 구성된다. 이 이론이 인간 본성에 관한 관찰이나, 다른 기본적 사실로 환원될 수 없을 것이다. 그러나 콰인에 따르면, '비환원적인' 에서 '정당화되지 않는' 으로 하락하는 것은 잘못된 추론이다. 따라서 이것이 중요한 반론을 구성한 것으로 보기는 어렵다. 결국, "전자electrons가 있다" 는 것은 비환원적이지만, 그렇다고 정당화될 수 없는 것은 아니다. 게다가 비도구적이고 사회적으로 강화된 도덕 개념은 희박한 공기에서 추출되는 것 같지도 않

한편으로 윤리학의 상황을 특징짓고, 다른 한편으로 인식론 및 과학의 상황을 특징짓는 이러한 방식은 모두 부적절하다. 일단 과학을 하고 나서 우리가 하는 방식으로 과학을 하고, 그것을 이유로 과학을 하는 것에는 많은 규범적 관여가 포함된다. 그럼에도 불구하고, 흔히 관찰되는 것처럼 윤리적 지혜라는 것이 있다면, 그것은 인식론적 규범과 과학적 지식에서 이루어지는 방식으로 수렴에 도달하지 못한다는 사실을 나는 설명할 필요가 있다고 생각한다. 논의의 편의를 위해, 나는 "과학"을 해부학, 생리학, 무기 및 유기 화학, 일반 상대성이나 양자 물리학을 제외한 물리학 같은 분야를 의미하는 것으로 한정한다. 오랫동안 인식론과 과학에서 수렴은 더 자세히 탐색하여 "증거를 수집하고 활용하는 옳은 방식" 및 "대상이 존재하는 방식에 관한 진리"와 연관된 것으로 생각되었다. 그래서 거기에는 수렴도 있고 진보도 있다.

이 장의 나머지에서, 윤리 문제에 수렴이 결여되어 있다면, 그 수렴이 결여된 이유를 설명한다. 도덕적 지식에 진보 개념을 적용하기 어렵다는 것을 받아들여야 하는 이유를 설명한다. 그리고 그것이 자연주의적 과업에도, 윤리적 지식이 있거나 있을 수 있다는 생각에도 해가 되지 않음을 설명할 것이다. 나는 몇몇 유사성을 강조하겠지만, 결국 한편으로는 자연화된 인식론 및 과학과,

다. 먼저, 아마 상당한 거리는 있겠지만, 도덕 개념들은 항상 기본적 욕구 및 혐오와 관련된다. 둘째, 궁극적 가치를 다른 것으로 환원할 수 없더라도, 정당하다고 생각하는 가치에 관해 적지 않은 것을 말할 수 있다. 예를 들어, 새롭게 발견된 좋음이 선이 되는 방식을 말할 수 있다. 이는 특정 좋음의 본질에 관한 특성 상세화에 해당하는 도구적 환원을 포함할 필요가 없다. 셋째, 고통처럼 간단히 나쁘다는 말 이상으로 할 말이 거의 없는 특정 대상이 있음을 찾더라도, 이것이 정당화 결여를 발생케 하는 것은 아니다(마찬가지로, 빈약한 사실에서 과학의 출발도 이에 근거한 것으로 특히 콰인에 의해 간주되기 때문이다). 아는 바와 같이, 과학과 규범적 인식론을 안내하는 가치는 문제가 없는 "장래의 목적"이라고(신이 있다면 신에 의해 가치들이 상세화되는 방식으로 자연에 의해 상세화된 종류의 "서술적인 궁극적 변수"라고) 제안하는 것도 단지 규정적이다. 우리는 과학과 인식론을 사회적으로 특정한 가치에 의해 유도된 신호를 보여 주는 방식으로 한다. 나아가, 최소한으로 탈문화적인 "알려는 욕구"에 근거할 수 있다면, 잘 살려는(사회적 세계에서 윤리적 구성을 이끌 수도 있는 특성) 기본 욕구뿐 아니라 인식론적으로 가능한 생물학적 유기체로서 인간의 기본 특성에 근거할 수도 있다. 과학과 인식론을 안내하는 진리와 예측이라는 문제가 없는 장래의 목적과 "비환원적이고 그래서 정당화되게" 설정된 궁극적 윤리 가치를 구분하려는 시도는 구분이 없는 곳에 구분을 표시하려는 시도이다. 그리고 실증주의적 신조의 또 다른 잔존물이다.

다른 한편으로는 윤리학 사이의 부조화를 주장할 것이다.

나의 일반적인 생각을 진술하는 방식은 다음과 같다. 즉, 어떤 탐구와 그 탐구가 산출하는 수렴 그리고/혹은 진보 사이의 연결은 대부분 대상 영역이 나타내는 우연성 및 맥락 의존성 정도에 의해 결정된다. 그리고 탐구의 목적 혹은 목적들이 형성되는 방식에 의해 결정된다. 기초 과학은 그 목적의 단일성과 일관성, 그리고 전형적으로 과학이 추구하는 지혜의 비지역적 본질로 인해, 보다 수렴적이고 진전된 증거를 제시한다. 윤리학은 그렇지 않다. 윤리학의 목적은 다양하며, 종종 서로 상충하기도 한다. 그리고 윤리학에서 추구하는 지식은 흔히 지역적(지리적으로 지역적이고 시간적으로 지역적)인 지식이다. 설명은 이 사실과 관련되어야 한다. 그래서 수렴이 처음부터 배제된다. 실제로, 동일한 지리적·시간적 위치에서, 그 위치를 차지한 상이한 집단은 상이한 규범과 가치를 유지할 것이다. 그리고 이 지역적 수렴의 결여는 단지 참을 만한 것이 아니라 좋은 것으로 생각하는 것이 현명하다.[13]

일부 자연주의자들은 시간의 경과에 따른 도덕적 지식의 정교화와 성장을 (개인 및 문화에서) 아주 당연한 것으로 받아들인다. 예를 들면, 대부분의 신新피아제주의 모형에서는 시간의 경과에 따른 도덕적 지식의 정교화를 설명할 때, 사회도덕적 동화-조절 기제인 보이지 않는 손을 강조한다. 다른 모형에서는 전례 집성이라는 가시적 과정, 전례에 의한 제한, 사회도덕적 삶을 특징짓는 집단적 토의와 논증을 강조한다. 그래서 도덕적 지식은 사고 없이 존재하고, 시간의 경과에 따라 자연스럽게 성장하고, 인간사의 과정에서 양적·질적으로 증가한다고 믿는다.

---

13. 그리고 비록 그 장소에서 공유된 가치가 있더라도, 일정한 영역에서의 도덕적 지식이다. 이것은 버지니아 헬드의 *Rights and Goods* (Minneapolis: University of Minnesota Press, 1984), *Michael Walzer, Spheres of Justice* (New York: Basic Books, 1983), 그리고 플래너건의 *Varieties*에서 상이한 방식으로 표현된 아이디어이다.

도덕 망 이론

이러한 관점들을 설명하는 최선의 방법은 도덕 학습에 관한 상세한 설명을 논의하는 것이다. 그것은 동료이자 실용주의자이며 자연주의자인 폴 처치랜드에 의해 최근 제안되었다.[14] 나는 처치랜드의 관점을 "도덕 망 이론moral network theory"이라 부른다.[15] 첫째, 나는 도덕 망 이론의 d/g/n 요소를 간단히 재구성하여 제시할 것이다. 그리고 도덕 학습, 습관과 지각 형성, 도덕적 상상의 신뢰할 수 있는 모형인 도덕 망 이론으로 추정할 수 있는 난해한 문제들을 언급할 것이다. 그리고 그 과정이 수렴을 낳고, 진보를 이끌고, 객관적 지식과 현재 실용적으로 이해되는 지식을 낳는다는 결론을 추론할 것이다. 이어서 내가 제기한 고민이 자연주의자에게는 좋은 것과 옳은 것을 판단하는 근거나 관점이 전혀 없다고 생각하는 사람들에게 어떤 위안도 주지 않는다는 것을 주장할 것이다.

도덕 망 이론에 따르면, 지식의 습득은 "주로 방법을 학습하는 과정이다. 즉, 매우 광범위하고 복잡한 상황을 인식하는 방법과 그것에 적절히 반응하는 방법이다. (대화를 포함하여) 상황에 대한 노출을 통해 도덕적 지각, 인식, 반응이 발달되고 정교화된다. 도덕 망 이론에 따르면, 기뢰와 바위를 구별하기 위해 학습이 필요한 잠수함의 수중음파탐지기가 수행 능력을 획득하는 방식과 인간이 도덕적 민감성과 감수성을 획득하는 방식에는 직접적 유사성이 있다.

기뢰-바위 장치를 가르치는 방식 중 하나는 기뢰와 바위의 필요충분 특징을 상술한 규칙을 단순히 언급하는 것이다. 문제는 이러한 특징들을 모른다는 것이다(실제로 기뢰를 가능한 물리적으로 구분되지 않게 만드는 것이 기뢰 제작자가 하는 일의 일부이다). 이렇게 위장하려는 노력에도 불구하고, 기뢰와 바위를 구별하

---

14. Paul M. Churchland, *A Neurocomputational Perspective: The Nature of Mind and the Structure of Science* (Cambridge: MIT Press, 1989). 또한 Mark Johnson, *Moral Imagination: Implications of Cognitive Science for Ethics* (Chicago University Press, 1993) 참조.
15. Owen Flanagan, "The Moral Network," in *The Churchlands and Their Critics*, ed. R. McCauley (London: Basil Blackwell, in press).

는 미묘한 특성들이 있다(혹은 그렇기를 바란다). 그 장치는 처음에 기뢰와 바위를 추측하고 나서 그 추측의 정확성에 단서를 주는 상황에서 훈련 받아, 바위와 기뢰를 인식하는 프로필을 개발하는 것이 좋다. 실제로 이것은 연결주의적 망에 의해 수행될 수 있다(그림 2.1). 결국 기뢰-바위 탐지기는 (물론, 이 일을 완벽히 할 수는 없지만) 소수의 특징에 근거해서 매우 신속히 그 종류를 판단하고, 그에 따라 반응한다. 일부가 은폐된 장난감이나 동물을 어떤 종류의 장난감이나 동물인지 인식하는 학습에 포함된 기술 습득과 비교할 수 있다(그림 2.2).

도덕 망 이론에 따르면, 도덕 학습의 경우도 기본 과정은 마찬가지다. 아이들은 특정한 사회적 상황을 원형적 종류로 인식하는 것을 학습한다. 그리고 각 상황에서 원형적으로 요구되거나 금지된 행위를 산출하거나 회피하도록 학습한다. "아이들은 상품의 특정한 분배를 **공정** 혹은 **불공정한 분배**로 **보게** 된다. 아이들은 발견된 대상이 누군가의 소유물이며, 결과적으로 그 접근에 제한됨을 인식하도록 학습한다. 아이들은 **정당한 이유 없는 잔인한 행위**를 식별하는 것을 학습한다. 그리고 위반자에 대한 벌과 피해자에 대한 위로를 요구하거나 기대하는 것을 학습한다. 아이들은 **약속 위반***breach of promise*을 인식하도록 배우고, 큰 소리로 항의하는 것을 배운다. 아이들은 이처럼 수많은 원형적인 사회적/도덕적 상황을 인식하는 것을 학습한다. 그리고 일반적으로 소속된 사회가 그러한 상황에 반응하고 그들에게 반응하도록 기대하는 방식을 학습한다."[16]

여기서 그 관찰은 **비가 올 것 같다, 복숭아가 아직 익지 않았다, 에어컨 소리가 이상하다, 제인이 수줍어한다, 팬들이 격앙되었다, 밥은 성급하다**는 판단만큼이나(비록 더 복잡하더라도) 확장적*ampliative*이다. 이러한 것들은 쉽게 학습할 수 있는 일종의 차이 판단이지, 그중 어떤 것도 관찰문은 아니다.

단지 한 영역에서 아이들이 직면한 문제를 학습하는 것이 얼마나 복잡한지를 지적하기 위해서, 진실 말하기 학습(소위 정직이 최선의 방책이라는 학습)을 고

---

16. Churchland, *Neurocomputational Perspective*, p. 209.

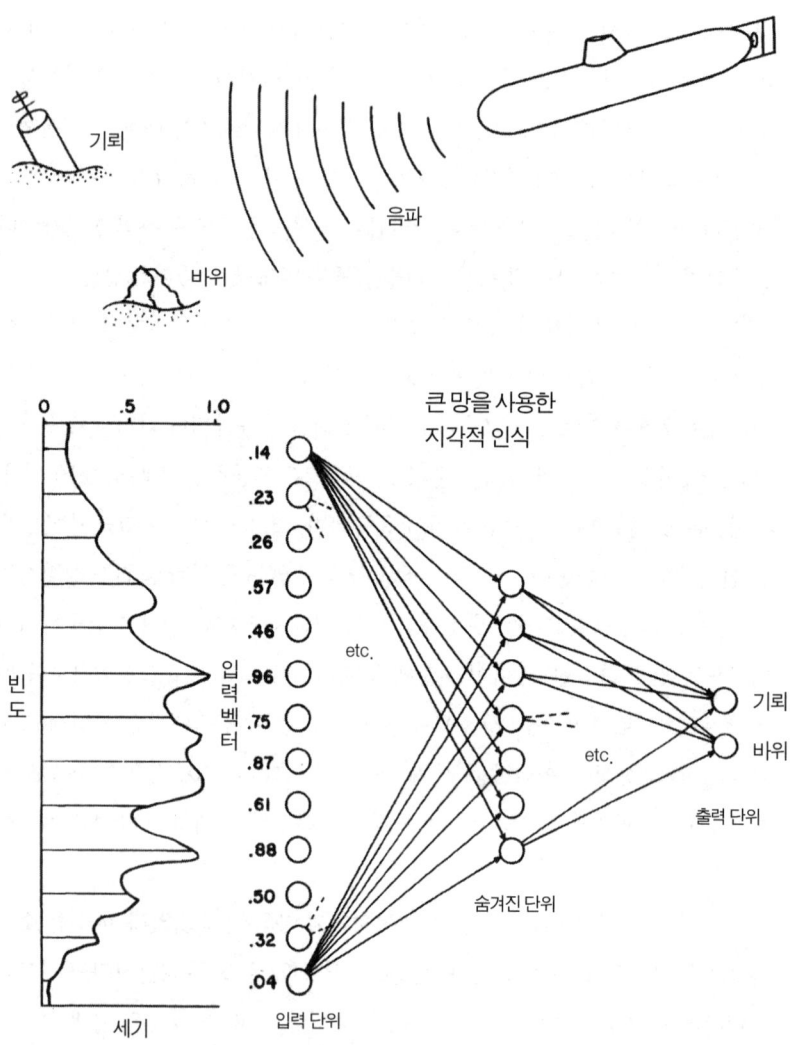

그림 2.1 기뢰-바위 탐지기와 그물망

출처: P. M. Churchland, *Matter and Consciousness*, rev. ed. (Cambridge, Mass.: MIT Press, 1988).

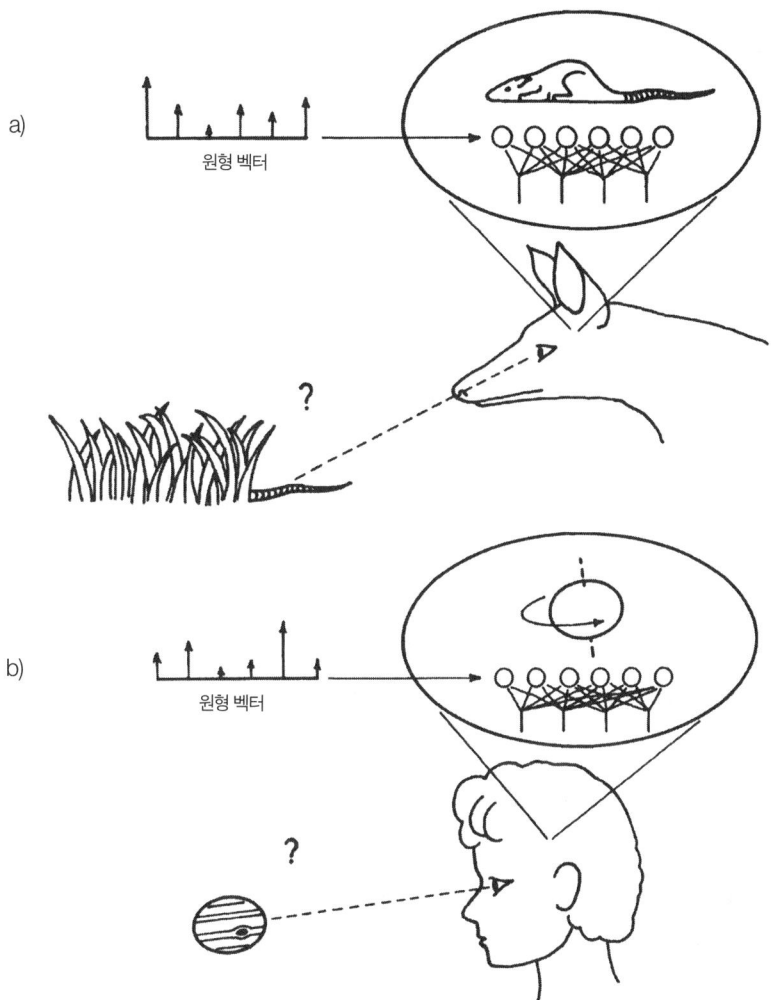

그림 2.2 확장적인 지각적 인식

출처: P. M. Churchland, *A Neurocomputational Perspective: The Nature of Mind and the Structure of Science* (Cambridge, Mass.: MIT Press, 1988).

려해 보자. 분명히 "진실을 말할 수 있을 때는 언제나 진실을 말하라"는 정언적 책무가 있다는 것을 아이들에게 가르치지도 않았고, 가르치려고 하지도 않았다는 것만은 확실히 알고 있다.

진실 말하기와 관련하여 아이는 다음을 학습할 필요가 있다.

1. 진실을 말하는 것이란 무엇인가(왜 농담과 동화는 거짓이 아닌가).
2. 진실을 말해야 하는 상황
3. 진실을 말하는 방법

아마도 이것은 단순하게 들릴 것이다. 결국 그것은 간단한 목록이다. 그러나 초보자는 진실 말하기를 요청하는 상황과 전혀 그렇지 않은 상황(혹은 동일한 방식으로 요청하지 않는 상황)을 구별하는 것을 중요하게 생각한다는 사실을 고려해야 한다. 네 가지 종류의 상황과 식별 및 반응이라는 관점에서 그 상황이 요구하는 것을 고려해 보자.

1. **직접적으로 진실 말하기를 요청하는 상황**: "벤, 그 쿠키는 후식이었는데, 그걸 전부 먹었니?"
2. **재치를 요구하는 상황**: "그래, 벤, 학교생활이 즐겁지, 그렇지 않니?"(부모 앞에서 교사가 아이에게 말하는 상황).
3. **허언/선의의 거짓말을 요구하는 상황**: "케이트, 나 오늘 밤 파티를 위해 머리를 새로 했어, 마음에 드니?"(한 어린이가 다른 어린이에게). "케이트, 내 축구 실력이 좀 나아졌다고 생각하지 않니?"(팀 동료가 다른 동료에게 말하는 상황 — 그리고 케이트는 에밀리가 시즌 내내 조금도 나아지지 않았다고 생각하는 상황을 가정해 보자).
4. **누가 묻는가에 따라서, 거짓말/틀린 정보를 요청하는 상황**: "꼬마야, 주소가 어디니?"(낯선 사람이 물어보는 상황).

아이나 성인이 새로운 도덕적 상황에 얼마나 정확히 반응하는지는 "그 상황이 활성화한 많은 원형들 중에서 특정 원형의 작용일 것이다. 그리고 이것은 훈련된 다양한 원형과 새로운 상황의 상대적 유사성 문제일 것이다." 때때로 상황은 애매할 것이고, 불일치가 발생할 수 있다. "어떤 아이에게는 정당한 이유 없는 잔인한 행위가 다른 아이에게는 정당한 보복 사례가 될 수도 있다."[17] 도덕적 애매성은 반성, 논의, 논증을 이끄는 다양한 종류의 정신적 경련을 일으킨다. 마치 사람들 사이에서 특정 행위나 상황을 어떻게 서술할지에 대해 불일치할 때와 같다. 이는 원형을 재조정하도록 한다.

더 진행하기 전에 두 가지 언급할 것이 있다. 첫째, 명백하지는 않지만, 도덕망 이론가는 원칙적 의미에서 매우 포괄적으로 원형 개념을 사용하고 있다는 것이 강조되어야 한다. 실제로, 처치랜드는 원형 활성화 모형이 지각적 인식과 과학적 설명을 하는 데 충분히 일반적이라고 주장한다(예를 들어, 최선의 설명을 위한 추론은 (대개) 제시된 증거의 "가장 적합한 원형 벡터"의 활성화이다).[18] 그러므로 원형은 방법 알기와 내용 알기 모두를 포괄한다. 그리고 처치랜드는 "**사회적-상호작용**의 원형은 **윤리적**, **법률적**, 그리고 **사회적-에티켓**의 설명을 보증한다"[19]고 말한다.

예를 들어, 우리는 체코공화국에 착한 사마리아인 법률(특정 상황에 적용될 수 있는 규칙)이 있다는 것을 설명함으로써 바퀴가 펑크 난 사람을 돕기 위해 체코 운전자가 멈춘 이유를 설명한다. 역으로, 그러한 법률의 표현과 관련된 사회적 기대의 존재는 체코인이 타이어가 펑크 난 사람을 도움이 필요한 사람으로 보는 이유를 설명한다. 그리고 도움을 주어야 하는 것으로 보는 이유를 설명한다(아마 사려 깊은 이유에서, 사마리아주의가 깊이 스며 있기 때문이다). 그러한 사회도덕적 학습은 체코공화국에서는 발생하지만, (대체로) 미국에서는 발생하지 않는다. 그것은 체코 운전자는 길가에 멈춰 선 사람을 돕기 위해 반드시 정지하

---

17. Ibid., p. 300.
18. Ibid., p. 218.
19. Ibid., p. 216.

며, 길가에 멈춰 선 운전자를 볼 때 어떤 감정을 갖는다는 것이다(만약 목격하였
지만 멈추지 않은 사람이라면 법률의 두려움을 느낀다. 혹은 만약 깊이 스며 있는 성향에
진정한 동정심이나 동료감이 포함된다면 도우려는 도덕적 충동을 느낀다).

　두 번째로 언급할 것은, 도덕 학습을 설명하기 위해 의도된 원형 활성화 모
형은 도덕성 개념 자체를 설명한다는 것이다. 도덕성은 자연적 종류에서 골라
낸 것이 아니다. 도덕적, 관습적, 인간적 등으로 고려되는 것은 복합적인 실천
체계에 의존한다. 그 실천 체계는 특정 용어 사용을 수반하는 실천을 포함하
며, 그 용어는 상이한 공동체에서 시대에 따라 변한다. 누군가 우리 문화에서
"도덕"의 정의를 묻는다면, 그 정의는 우선 다른 사람에게 해를 끼치지 않도록
고안된 규칙의 관점에서 갈등 회피와 해결의 관점에서 형성될 것이다. 그러나
만약 칭송하는 실천 및 더 복합적 종류의 용어 조사에 반응하여 그 의미가 드
러나는 것을 본다면, 도덕을 개인내적 요소도 가진 것으로 생각한다는 것을 발
견할 것이다. 즉, 개인의 선, 개선, 완성을 지배하는 규범이 있다. 뿐만 아니라
자존과 자부심을 지배하는 규범도 있다. 그것은 개인 간의 도덕규범으로 적절
히 환원될 수 없다.[20] 이 관점은 이후 나의 언급에서 중요하다.[21]

　지금까지 나는 서술적-계통적-법칙적 이론으로서 도덕 망 이론을 개괄했다.
도덕 망 이론은 신뢰할 만하며, 아마 옳은 이론일 것이다. 실제로, 그 관점에는
내가 특히 강력하고 풍부하다고 생각하는 두 측면이 있다. 첫째, 도덕적 반응

---

20. Flanagan, *Varieties*.
21. 내가 여기서 강조하지는 않았지만, 인용한 책에서 길게 논의된 논제는 인성 발달 방식에 관
한 것이다. 우리는 망 이론의 한 가지 문제점을 생각할 수 있다. 인격이 단지 원형의 뒤범벅이
라는 방식으로 도덕적 원형 습득을 설명할 것이라는 점이다. 나는 이것이 도덕 망 이론의 결과
라고 생각하지 않는다. 한 가지 아이디어로, 인간 유기체는 사회 공동체에 의해 강화된 계속성
과 연관성에 관한 자연적 감각을 갖는다는 사실을 강조하는 것이다. 자아, 즉 인간은 형성 중에
있다. 공동체는 개인의 발달을 공동체의 보전이라는 의미, 공동체를 행위의 창시자로 본다는
의미, 의도와 계획을 수행할 수 있다는 의미, 공동체의 행위에 책임을 지운다는 의미로 간주한
다. 결국 공동체는 사람을 뜻하는 복합적 모습으로 조장된다. 그리고 대체로 도덕규범의 만족
을 이 모습과 연관시킨다. 정체성은 규범을 포함하며, 자아는 이 규범을 충족시키도록 정향된
다. 이는 수치, 죄의식, 자존이 도덕성에 갖는 강력한 연결을 설명한다. 도덕성은 규범 충족과
선하게 잘 사는 것을 고려하는 지속적 정체성을 가진 사람들에 의해 획득된다.

은 (보통) 특별히 의도된 모든 문제, 그리고 오직 그 문제에만 개별적으로 적용되는 특별한-목적 규칙 혹은 연산 체제의 전개를 포함하지 않는다. 또한 도덕적 반응은 대개 공리의 원리 혹은 정언명법 같이 모든 도덕 문제를 하나도 빠뜨리지 않고 다루기 위해 의도된 단일한 일반-목적 규칙이나 연산의 전개를 포함하지도 않는다. 도덕 문제는 이질적인 종류이다. 그리고 도덕 공동체는 다양한 영역(흔히 복합적인 조합과 배치)에 적합한 포괄적인 도덕 능력을 소유하도록 우리를 슬기롭게 훈련시킨다. 그 능력은 실제로 그리고 이론적으로 특별한 목적을 가진 규칙 체계, 혹은 단일한 일반 목적을 가진 규칙이나 원리로의 통일을 거부한다. 이는 앞에서 내가 마음의 현대적 모형은 분명 이성의 전통적 기능, 혹은 그 문제에 대해 전통적으로 간주된 합리적 규칙 지배 과정의 여지는 없다고 했을 때 의미한 바이다. 인지 구조는 근대적 기능주의 심리학의 구조가 아니다. 또한 초근대적, 규칙 지배적, 연속적 산술논리처리기(von Neumann device)의 구조도 아니다. 연결주의자에게 "추론," 신경망 "추론"은 기껏해야 말장난일 뿐이다. 실제로 그 체계가 할 수 있는 모든 것은 형태 인식과 반응에 근거하기 때문이다. 망은 소위 형태 인식을 수행한다. 망은 전통적 의미에서 "추론"하지 않는다. 마음의 구조는 포스트모던적이다.

내가 선호하는 그 관점의 두 번째 특징은 다음과 같다. 즉, 그 이론은 소위 도덕 망 이론이지만, 전체 망은 개별적 개인이 소유한 도덕적 지식을 담은 신경망 이상을 의미한다. 신경망이 도덕적 지식의 어떤 부분을 예시하든(혹은 표현하도록 배치되든), 그렇게 하는 것은 오직 공동체에 의해 "훈련" 받았기 때문이다. 공동체 자체는 인간 행위자에게 계속적인 피드백을 제공하는 망이다.

도덕적 지각, 사고, 행위의 토대가 되는 신경망은 특정한 자연적 환경 및 사회적 환경과 관련해서 만들어지고, 유지되고, 수정된다. 도덕 망은 특정 개인의 신경망에 저장된 성향적 상태를 포함하지만, 그것만으로는 철저히 규명되지 않는다.

규범성

이제는 (자연주의자에 의해 d/g/n 이론류의 본보기로 제안될 것 같은) 도덕 망 이론이 어떻게 규범적 논제를 다룰 수 있는지를 살펴볼 차례이다. 처치랜드 스스로 그 고민을 생생하게 표명한다.

이 과정이 진정한 도덕적 진리의 학습에 해당하는지, 혹은 단순한 사회화에 해당하는지가 문제이다. 다양한 형태의 사회조직에 대한 도덕적 비평이 가능하다면, 그것을 구별할 수 있다. 이 가능성을 옹호하려고 한다. 왜냐하면… 위에서 서술된 사회화는 종종 독단적이고 어리석은 삶의 형식을 비겁하게 묵인할 수 있기 때문이다. 우리는 어떤 상황이 그 이상일 것이라고 상세화할 수 있을까?[22]

처치랜드는 "정확히 이에 상응하는 문제는 과학적 진리 학습과 관련해서도 제기된다"고 주장한다. 왜냐하면 거의 모든 과학 학습은 직접적이지 않으며, 나아가 특정한 정향, 방법 체계 등을 사용하는 연구 전통 내에서 발생하기 때문이다. 그럼에도 특정 과학 사상가와 고집스러운 형이상학적 실재론자에 의해 주장되는 과학적 진리와 실재의 대응이라는 오만한 견해가 있다. 처치랜드는 "개인 및 제도적 과학의 집단적 과업에서 예시되듯, 정상적 학습과정이 세상에 관한 정보의 양과 질에서 신뢰할 수 있으며 극적인 증가를 포함하는 것으로 생각할 충분한 이유가 있다"고 주장한다.[23] 그리고 그는 도덕적 지식의 옳음도 마찬가지라고 주장한다.

그러한 인간의 유력한 학습 망은 사회적 세계를 가장 잘 지각하는 방식, 사회적 세계에서 자신의 일을 가장 잘 수행하는 방식이라는 문제에 직면한다. 이때, 그 학습 과정은 다른 학습 과제에서 보여준 것에 상응하는 완전한 모습을 보여줄 것이다. 그리

22. Churchland, *Neurocomputational Perspective*, p. 300.
23. Ibid., p. 301.

고 다른 모든 곳에서 생산된 것만큼 확고한 인지적 성취를 산출할 것이다. 그것을 기대해도 좋은 이유가 있다. 만약 "과학적" 지식의 경우처럼 학습 과정이 집단적이고 그 결과가 세대에서 세대로 전해진다면, 특히 이 기대는 적절하다. 그 경우, 우리는 사회적·도덕적 지각의 범주 정교화, 전형적 반응과 예상 수정을 계속해서 압박하는 지속적인 사회를 갖는다. 성공적인 사회는 이를 체계적 토대에서 수행한다.[24]

그리고 처치랜드는 묻는다.

정확히 그 사회의 구성원이 학습하는 것은 무엇인가? 그들은 집단적·개인적 일을 조직하고 관리하는 최선의 방법을 학습한다. 도덕적 지각의 전형적 범주 및 행동반응의 전형적 형태에서 변화와 개선을 유발하는 요인은 무엇인가? 즉, 어떤 요인이 도덕 학습을 유발하는가? 그 요인은 많고 다양하다. 그러나 일반적으로 기존의 도덕 구조 속에서 삶을 살아가는 지속적인 사회적 경험에서 발생한다. 즉, 이론 과학이 실

---

24. Ibid., pp. 301-2. 처치랜드는 이어서 다음에 인용된 문장을 말한다. 즉, "입법 체계는 계속적인 추가, 삭제, 수정으로 축적된다. 판례 체계가 축적된다. 그리고 관련 선례들을(물론 **원형적인**) 찾고 인용하는 기법은 법률 논쟁을 판결하는 핵심 특성이다." 법률은 이전 결정이 가중치 제한을 산출하고 규범이 축적되는, 잘 통제된 규범적인 영역의 좋은 사례이다. 그러나 법률과 도덕성 모두 규범적이지만, 이 측면에서 유사한지는 불분명하다. 법률에서는 공표, 선례, 안정성이 높게 평가된다. 실제로 그것은 법률의 일부를 구성한다. 선례가 있는 공적이고 안정된 규범은 좋은 것으로 생각된다. 그리고 법률에 의해 다루어지는 삶의 단편들에서 성공적이고 신뢰할 수 있는 협상을 위해 핵심적으로 생각된다. 하지만 안정성, 공공성 등의 장점이 비합리적 혹은 비도덕적 법칙과도 전적으로 양립할 수 있다고 인정된다. 그래서 법률의 목적은 윤리학의 목적과 다르다는 것이 한 관점이다(법률의 무지는 옹호되지 않는다. 윤리적 무지는 옹호될 수 있다). 다른 논제는 인용된 문장의 첫 부분에서 제시된다. 거기서 처치랜드는 "어떻게 사회적 세계를 가장 잘 지각할 수 있는가, 그리고 그 안에서 어떻게 자신의 일을 가장 잘 수행할 수 있는가"에 직면한 논제를 구성한다. 나는 이는 그 문제를 보는 옳은 방식이라고 생각한다. 하지만 차이를 말할 수 있다. 예를 들어, 법률적 실제의 학습이나 그 세계의 인과적, 시간적, 공간적 구조를 가장 잘 지각하는 방식과 이(들) 세계(들)에서 일을 수행하는 방식의 차이다. 그 차이는 간단하다. 즉, 이러한 법률적 구조는 세계의 도덕적 구조보다 상대적으로 보다 안정적이고 세계적이다. 이것은 피아제적 발달 이론이 공간, 시간, 인과성, 보존, 수를 사용하여 성공을 거둔 이유 중 하나이다. 반면, 도덕 영역에서 콜버그Kohlberg에 의한 피아제Piaget 모형의 확장이 참담한 실패로, 많은 진정한 신봉자에도 불구하고 그 탐구 프로그램을 완전히 퇴화시킨 것으로 판명되는 이유이다.

험에 의해 수행되듯, 도덕 학습은 흔히 길고 힘든 사회적 경험에 의해 수행된다. 그러므로 도덕적 지식은 다른 종류의 경험적 지식과 마찬가지로 객관성에 대한 진정한 요구를 갖는다. 합리적인 사람이 거북한 사회적 경험에 직면했을 때, 그들의 도덕 개념을 조정하는 원리는 무엇인가? 그 원리는 과학 혹은 다른 분야에서 개념의 재조정을 유발하는 "원리들"과 정확히 같다. 그리고 그것은 경험적 두뇌가 실제로 어떻게 학습하는지를 이해할 때 드러날 것이다.[25]

그 핵심 주장은 이렇다. 즉, 도덕적 지식은 복잡한 사회화 과정의 결과이다. 도덕적 사회화가 "단순한" 사회화가 되지 않도록 하는 것은 사회도덕적(그리고 과학적) 삶의 특성들과 관련된다. "단순한" 사회화는 어떠한 비판적 태도도 취하지 않도록 하는 사회화이다. 거기에는 적응, 수정, 정교화를 이끄는 어떠한 합리적 기제도 없기 때문이다. 도덕적 사회화가 "단순한" 사회화가 아닌(혹은 그럴 필요가 없는) 이유는 도덕 학습의 평가와 적응을 지배하는 제약이 있다는 사실과 관련된다. 우리는 "집단적이고 개인적인 일을 조직하고 관리하는 최선의 방법"을 학습하기 위해 노력한다. 사회적 경험은 행위 방식에 피드백을 제공한다. 그리고 신뢰할 만한 인지 기제들은 이 피드백을 검토하고 평가하는 역할을 한다. 그래서 목적, 이 목적 달성을 위한 행동, 그 목적 달성에 성공했는지에 관한 피드백이 있다. 그리고 그 피드백의 의미를 평가하고 행동을 수정하기 위해 고안된 신뢰할 만한 인지 기제들이 있다.

이러한 신뢰할 만한 인지 기제에는 개인적 반성과 집단적 반성 및 대화가 포함된다. 여기서 반성적 실천이 존재론적이라는 것을 이해하는 것이 중요하다. 반성적 실천은 순수하게 탈문화적으로 기능하는 이성의 전개를 포함하지 않는다. 듀이Dewey는 그것을 가장 잘 표현했다. 즉, "반성적 성향은 자생적인 것도 아니고 신의 선물도 아니다. 그것은 사회적 관습을 벗어난 예외적 상황에서 발생한다… 그것이 발생했을 때, 새로운 관습을 수립한다."[26] 반성적 실천

25. Ibid., p. 302.
26. John Dewey, *Human Nature and Conduct* (Carbonate: Southern Illinois University Press,

자체는 자연적 발달이라는 것을 인식할 필요가 있다. 그것은 대개 유용했기 때문에 나타난다.[27] 개인적 반성부터 집단적 대화와 논쟁에 이르는 반성적 실천 자체는 관습이다. 그 관습은 "관습을 고칠 때 실험적 진취성과 창조적 고안을" 허용한다.[28] 선택은 "관습 밖의 도덕 권위와 관습 안의 도덕 권위 사이에 있는 것이 아니다. 그것은 대개 이해할 만한 주요한 관습들에서 채택한다."[29]

나는 이러한 듀이적 관점은 도덕 지식에 관한 도덕 망 이론의 일반적 노선의 확장이라고 생각한다.[30] 그러나 합리적,[31] 자의식적, 비판적으로 되는 것은

1988), p. 56.

27. 아마 반성 능력은 유사성과 차이 모두에 조화되는 체계 구조에 근거할 것이다. 차이는 원형적·반성을 포함한 다양한 종류의 인지적 적응을 낳는다.

28. Dewey, *Human Nature*, p. 56.

29. Ibid., p. 58. 도덕 이론가들은 인간의 본성, 행위, 역사의 공간을 넘어서, 오직 이성의 관점에서만 옳고 그름을 판단한다고 선언한다. 그것은 아마 필연은 아니지만, 그들이 역사적으로 저지르기 쉬운 환상이다. 이것은 어리석은 생각이다. 성공적인 규범적 자연주의의 핵심은 사회적으로 정치된 마음/뇌의 자연적 능력인 인지 회로에서 "추론"을 생각하는 것이다. 그리고 도덕적 지식을 성취하고 도덕적 분위기를 개선하는 특정 방법들의 우월성을 주장하는 것이다. 특정 방법들과 특정 규범들의 우월성에 대한 주장은 인간 번영에 관한 주장 및 관련 자료에서 나온 증거에 근거할 필요가 있다.

30. 또한 우리는 *Wise Choices*에서 앨런 기버드의 규범적인 표현주의적 관점에서 유포된 관점과 비교할 수 있다. 기버드에게 규범은 느끼고, 생각하고, 행위하는 것을 이해하는 판단을 표현한다. 규범 표현은 고전적 이모티비즘처럼, 승인을 포함한다. 그러나 그 승인은 관계자들 사이에서 합리적으로 논의될 수 있다(하버마스적인 전개로 제시하자면, 승인은 "추론적으로 회수" 될 수 있다)(p. 195). 한편, 일반적으로 규범적 발화(그리고 구체적으로 규범적인 도덕적 발화)의 문자적 옳음이나 거짓을 언급할 때, 특정 규범적 요구의 합리성이나 민감성에 관해 많은 것이 언급되어야 한다. 직면하게 되는 대화적 도전, 관심을 기울여야 하는 사실, 나타내야 하는 일관성과 관련성, 그 장면에 소환되어야 하는 다른 규범의 수용을 지배하는 상위 수준의 규범이 있다. 우리가 시인한 규범이 특정 행동을 금지하고, 그것을 요구하는지 혹은 단순히 그것을 허용하는지 설명할 필요가 있다. 그리고 우리는 모든 규범의 이면에 있는 그러한 관점의 설명을 요청 받을 것이다.

기버드에게, 도덕성은 제일 먼저 개인 간의 조정과 사회의 안정성과 관련된다. 언어 능력 때문에, 조정에 대한 필요는 실제로 규범적 영향을 지배하는 대화 규범, 특정한 규범적 판단의 정당화 등으로 이끌 것이다. 조정이 목적이라면, 그러한 규범을 개발하는 것은 의미 있다. 우리는 동료 담론자가 신념과 태도에서 일관되기를 기대한다. 그래서 어떻게 그들의 규범 체계가 일관되는지를 합리적으로 제시하기를 요청할 수 있다. 그 근거를 알 수 있도록 어떤 규범적 판단에 관해 더 많은 것 말하기를 요청할 수 있다. 신뢰할 수 있는 규범적 판단 등으로 진지하게 그것을 채택한 더 심오한 근거나 추론을 제공하기를 요청할 수 있다. "추론"은 어떤 신념, 가치, 혹은 규범을 선호하여(그것을 선호하는 가중치의 고려) 말할 수 있다. 거의 모든 측면에서 언급

자연적 능력의 발달이며, 단순히 우리가 가지고 있는 초월적 능력이 아니라 그 렇게 되고 그렇게 하도록 배워야 하는 것이라는 생각은 여전히 잘 이해되지 않 거나 광범위하게 수용되지 않고 있다. 그러나 그것은 사실이다. 비판적 합리성 은 특정 방식으로(놀랍지만 형이상학적으로 신비로운 것이 아닌) 사회화된 호모 사 피엔스에게 나타나는 전적으로 자연적인 능력이다.

지금까지 나는 구조와 내용에서 사회적으로 획득되고 공적으로 제한된 원 형 활성화와 합리적 실천 자체를 어떻게 설명할 수 있는지 제시했다. 이를 통 해 도덕 망 이론의 입장에서 도덕 학습 모형을 확장하려고 했다.

도덕적 진보와 도덕적 수렴

여기서는 처치랜드가 도덕 망 이론이라는 이름으로 묘사한 규범성의 모습과 관련된 두 가지 우려를 언급한다. 첫째 우려는 소위 과학적 지식과 윤리적 지 식 획득 사이의 강한 유사성과 관련된다. 둘째 도덕적 객관성, 수렴, 진보를 지 나치게 정연하게 유추하여 문제가 된 관점과 관련된다. 주요 단서는 양질의 도 덕적 지식에 도달하는 도덕 공동체의 능력에 대한 처치랜드의 지나치게 낙관 적인 태도와 관련된다.[32] 그리고 많은 도덕적 지식의 지역적 본질을 충분히 강 조하지 못한 것과 관련된다.

첫째, 도덕적 진보에 대한 지나치게 낙관적인 태도이다. 처치랜드와 나는 모두 실용주의자이다. 그래서 "지식의 질은 내적 문장과 외적 사실의 단일 대 응에 의해 측정되는 것이 아니며, 계속적인 수행의 질에 의해 측정된다"는 그

될 수 있는 것이 무한히 큰 부류를 구성하기 때문에, 추론은 규범적 삶에 가득하다. 어떤 추론 체계도 회의적인 사람 혹은 우리와 동떨어진 삶의 형식을 가진 사람에게 확신을 낳지는 않는 다. 그러나 이것이 규범적 삶과 다른 삶을 구별하는 방식은 아니다.
31. 나는 여기서부터 "합리적," "합리성," 그리고 그 쌍을 눈살 찌푸리게 하는 인용부호 없이 사용한다. 나는 그것을 포스트모던적인 연결주의적 정신 구조라는 관점에서 이해할 필요가 있 는 것으로 사용하고 있다는 것을 설명하고자 하기 때문이다.
32. 이러한 태도는 처치랜드의 네 번째 책인 *The Engine of Reason, the Seat of the Soul* (MIT, 1995)에서도 드러난다.

의 말에 전적으로 동의한다.[33] 또한 그의 사회도덕적 지식 습득에 관한 서술에도 동의한다. 즉, "이 과정에서 아이가 배우는 것은 **사회적 공간 구조와 그것을 통과하는 최선의 방법**이다. 아이가 학습하는 것은 실천적 지혜이다. 즉, 복잡한 사회 환경 속에서 실천적 사건에 대한 현명한 관리이다. 이것은 흔히 볼 수 있는 객관적 실재의 학습 사례만큼이나 진정한 것이다. 그것은 기본적으로 인격 및 개인적 삶의 질을 위해서도 중요하다. 하지만 관련된 복잡성을 숙달할 때 모든 사람이 똑같이 성공하는 것은 아니다."[34]

여기에 난점이 있다. 즉, 아이가 "실천적인 일의 현명한 관리"를 배우는 것에는 도덕적 지식, 사회적 분별, 사려 깊은 지혜가 복잡하게 얽혀 있다. 이들은 주요 방식에서 중첩된다. 그러나 모든 측면에서 겹치는 것은 아니기 때문에, 구별할 가치는 있다. 일단 그것이 구별되면, 대체로 상호 간의 긴장을 쉽게 찾아볼 수 있다. 사회적 성공과 신중함의 요구는 서로 경쟁할 수 있으며, 도덕성의 요구와도 경쟁할 수 있다. 만약 대부분의 지식이 "방법" 알기라면, 사회도덕적 공동체는 그러한 갈등을 해결하는 방식을 가르쳐야 한다. 소유욕이 강한 개인주의자로 구성된 공동체가 어떤 형식이든 해결책을 학습하겠지만, 그 해결책은 테레사Teresa 수녀회와는 다른 것이다. 두 공동체에서 모두 나름의 실천적 성공이 이루어질 수 있다. 그러나 두 공동체에서 도덕적 숙고가 동등하게 개선되거나 발달되기는 어렵다. 대체로 그럴 것이다. 그러나 처치랜드는 "사회적 지각과 도덕적 지각의 범주를 정교화하고, 그 전형적 반응과 기대를 수정하라고 계속 압박하는 지속적인 사회가 있다"고 했다. 이때 **"정교화하라고 계속 압박하는"** 것이 도덕적 분위기에서 우선적으로 작용한다고 생각하지 않는 것이 중요하다. 그렇게 생각하지 말아야 하는 이유는 단순하다. 사회도덕적 반응을 통제하려고 다투는 도덕적 관심들 이외에도 경쟁하는 관심들이 너무나 많기 때문이다. 즉, 단순한 자기이익, 이해타산, 경제적, 사회적, 성적 성공에

---

33. Churchland, *Neurocomputational Perspective*. Owen Flanagan, "Quinean Ethics," *Ethics* 93 (1982): 56-74도 참조.
34. Ibid., p. 300.

대한 고려 등 많은 것들이 있다. 더욱이 서로 다른 개인과 사회집단의 이익에서, 잘 사는 것과 잘 하는 것은 규범에 대한 순응을 포함한다고 믿도록(그리고 심지어는 그 관점에서 실현하도록) 다른 사람을 훈련시킨다. 그 규범은 훈련시키는 사람을 위한 편향된 좋음을 낳는 것이다.

상이하지만 관련된 관점이 윤리학의 목적에 대한 반성에서 도출된다. 나는 분명히 과학의 목적이 단순하거나 명백하다고 생각하지 않는다. 윤리학의 목적에서 나타나는 본래적 긴장이 과학의 목적에 나타나지 않는다는 것을 의심한다. 나의 생각은 윤리학의 두 측면에 관한 나의 논평으로 되돌아간다. 즉, 사회적 안정성, 조정, 해악 금지 등에 관심을 가지는 개인 간의 측면 그리고 개인의 번영, 개인적 좋음 등에 관심을 가지는 개인내적 측면이다. 공평한 도덕적 요구와 개인의 번영에 기여하는 것 사이의 긴장은 도처에 있다. 도덕적 애매성은 일상적인 도덕적 삶의 첫 단계부터 지역적이다. 우리는 세계의 많은 지역에 절대적 빈곤이 존재함에도, 많은 사치품의 소비가 어떻게 정당화되는지 의아해한다. 최근 많은 철학적 관심은 우리가 접한 도덕성의 보다 공평한 요구 그리고 우리가 학습한 개인적 자유, 선택, 성실이라는 좋음들 사이의 긴장에 있다.[35] 그 긴장을 제거하기 위해 생각할 수 있는 방법이 있다. 도덕성 개념을 수립하는 방식에서 도덕적 삶의 이중 목적 중 하나를 제거하는 것이다. 그러나 이는 호소력 없는 생각인 것 같다. 아마도 그 긴장을 그대로 두는 것이 최선일 것이다. 단지 그것을 규정하여 없애기보다는 끊임없이 직면하는 것이 실제적이며, 더 좋은 것이다. 그러나 도덕적 애매성의 원인을 남겨두면 결과적으로 옳은 것을 했다고 확신하지 못하는 느낌을 낳을 수 있다. 이는, 적어도 도덕적 측면에서는, 우리가 흔히 근거해야 할 확고한 지식이 없는 상황에 처한다는 것을 나타낸다.

윤리학의 목적 자체에 긴장이 있다는 사실은 다음 결과와 관련된다. 즉, 개인 간 윤리학은 규범의 망을 넓게 던져 조정 기제와 해악을 구성하는 것에 관

---

35. 롤스Rawls의 *Political Liberalism* (New York: Columbia University, 1993)에서는 정치학과 윤리학의 목적 사이의 긴장으로 보지만, 기본 관점은 같다.

한 동의의 추구를 요구한다. 개인내적 윤리학의 요구는 그 망을 협소하게 던지라는 압력을 낳는다. 상이한 사람들이 상이한 방식으로 선을 찾는 것은 좋다고 생각한다. 아만파Amish[현재에도 문명 사회에서 벗어나 엄격한 규율에 따라 18세기 말 경처럼 집단적으로 생활하는 보수적인 프로테스탄트 교파: 옮긴이]가 그들이 행하는 방식으로 그들의 덕을 수립하는 것은 좋은 것이다. 그리고 어떤 공동체는 자비심이 가장 중요한 개인적 덕이라고 생각하고, 반면에 다른 공동체는 마음의 겸양과 평화라고 생각하는 것은 좋은 것이다. 흔히 발생하는 다음과 같은 문제가 있는데, 이러한 모습이 우리의 이해를 돕기도 한다. 즉, 미국의 낙태법처럼, 넓은 망 정책은 개인 및 집단이 윤리적 의미를 찾는 방식과 갈등할 수 있다. 또한 더 큰 문화와 그 집단의 가치에 대한 복잡한 관여로 인해 그 자체의 본래 의미를 붕괴시킬 수도 있다.

보다 넓게 망을 던질 때, 개인 간의 측면은 상대적으로 전 지구적인 도덕적 지식을 낳을 수 있다. 즉, 자기방어를 제외하고 누군가를 죽이는 것은 분명 잘못이다.[36] 그러나 상이한 개인은 상이한 방식으로 선을 찾는다는 생각은 많은, 아마 대부분의 윤리적 지식이 지역적 지식임을 인정할 것을 요구한다. 윤리적 지식은 특정 집단(가톨릭, 아만파, 세속적 인도주의자, 힌두교, 이슬람교)에 의해 소유된 지식이다. 그리고 그들이 보기에 덕스럽게 사는 집단 구성원의 삶의 특성과 대단히 관련된다.[37]

포스트모던적 정신 구조를 사용하는 도덕 망 이론은 도덕적 진보와 수렴에 관해 순진한 계몽적 낙관주의와는 불화한다. 진보와 수렴은 우리의 방식에서 나오는 것이지, (역시 계몽적 의미에서 생각된) 이성과 경험의 자연적인 변증법적 방식에서 나오지는 않을 것이다. 그 망은 분명히 "집단적 사건 및 개인적 사

---

36. 스탠리 하우어워즈Stanley Hauerwas는 나에게 이 예가 '신을 위해 희생되고 있을 때를 제외하고, 어떤 사람을 죽이는 것은 잘못이다' 라는 예보다 경험적으로 설득력이 적다고 지적했다.
37. 물론, 많은 과학, 화학, 생물학, 그리고 물리학까지도 지역적이다. 생태학은 매우 지역적이다. 적도 지역과 극 지역에서 참인 일반화에 관심을 가질 만한 공통성은 없을 것이다. 먼저 공통성 중에서 소수가 비지역적 일반화를 지향할 것이고, 그것은 지역적으로 참일 것이다. 그래서 만약 주변에 어떤 빛이 있다면, 그 빛은 **그** 속도의 빛으로 이동한다.

건”을 “조직하고 관리하기” 위해 작용하는 방식을 낳을 것이다. 그러나 내가 제시한 이유에서, 이 “작용 가능한 방식”이 막연히 도덕적으로 작용될 것이라고 신뢰할 만한 보장은 없다. 실용주의자는 “작용하는 것”에 관한 상이하고 상충하는 의미에 민감할 필요가 있다.

결론적으로, 나는 “도덕 과학은 단절된 분야가 아니다. 그것은 인간 활동을 조명하고 안내하는 인간적 맥락에 정치된 물리적, 생물학적, 역사적 지식이다”라는 듀이의 통찰을 언급한다.[38] 우리가 아는 모든 것, 관심을 가지고 윤리적 대화에 소환할 수 있는 모든 것이 윤리적 반성과 관련된다. 즉, 인간과학, 역사, 문학과 다른 예술에서 나온 자료, 상상 속에서 가능한 세상과의 놀이, 일상적 사건에 관한 일상적 언급에서 나온 자료이다. 비판은 관점적이지, 탈문화적이거나 중립적이지 않다. 역사적 장소와 시간이라는 관점으로부터의 반성에서 기원한다.[39]

그 반성이 가르쳐주는 한 가지 교훈이 있다. 윤리학이 과학과 같거나 과학의 일부라면, 그것은 인간생태학의 일부라는 점이다. 인간생태학은 특정한 자연적·사회적 환경에서 인간, 인간 집단, 인간 개인의 복지에 기여하는 것을 언급한다.[40]

---

38. Dewey, *Human Nature*, pp. 204-5.
39. 포스트모던적 부르주아 자유주의자들은 더 이상 중심적 신념과 욕구를 ‘필수적’ 혹은 ‘자연적’이라 부르지 않고, 주변적 신념과 욕구를 ‘우연적’ 혹은 ‘문화적’이라 부르지 않는다. 부분적으로 그 이유는 **인류학자, 소설가, 역사학자들이** 다양하게 추정된 필요들의 일관성을 잘 드러냈기 때문이다… (그리고) 콰인, 비트겐슈타인, 데리다 같은 철학자들이 필연-우연의 구분이라는 생각을 경계하도록 했기 때문이다. 이러한 철학자들은 삶을 신념과 욕구 망의 계속적 재조직이라는 은유로 서술한다. Rorty, “On Ethnocentrism,” 1: 208.
40. 왜 자연화된 윤리학을 인간생태학의 분파로 생각하는가? 내가 *Varieties*에서 주장하듯, 최소 심리적 실재론 원리(PMPR)가 옳은 이론을 정하기에는 불충분하다. 더 많은 이론과 인간-유형이 더 좋은 것을 실현할 수 있기 때문이다. 그리고 좋은 것이 여전히 많이 실현되어야 하기 때문이다. 도덕 이론과 도덕 인성은 특별한 환경 및 생태학적 지위와 관련해서 정해진다(그리고 대개 평가된다). 그것은 변하고, 겹친다. 그러므로 윤리학을 인간생태학의 일부로 생각하는 것이 최선이다(특정 철학 분야도 아니고 특정 인간과학의 일부도 아니다). 모든 삶의 방식이 괜찮은가? 유일한 합법적 비평 기준은 ‘내적’인가?아니다가 답이다. 좋은 것은 특정 공동체를 위해 좋은 것에 크게 의존한다. 그러나 그 공동체가 다른 공동체와 상호작용할 때는, 이것이 목소리를 낸다. 나아가, 모든 역사, 인류학, 심리학, 철학, 문학이 소환될 때, 좋은 실천 혹은 이상으로

내가 지지하는 관점에 근거한 비판은 기대하듯이 급진적일 수 있다.[41] 그것은 분명히 관점적일 것이다. 그것은 지금 여기에서 기인하는 것이지, 어떤 중립적, 탈문화적, 혹은 초월적 관점에서 기인하는 것은 아니다. (우리 전통 내에서 혹은 다른 문화로부터) 다른 도덕적 근원을 살펴보며 자기이해와 자기비평 과업에 참여할 때, 분명 우리는 스스로 자기이해의 양식에 도전한다. 존재나 행위의 대안적 방식을 비판할 때, 자신의 존재와 행위 방식은 변증법적 비판 속에서 변화된다는 것은 불확실하지만 당연한 것이다. 하지만 모든 비판은 내재적이다. **그 의미와 결과는 근거에 달려 있다.**[42]

규범윤리적 지식을 특정한 생태적 지위와 관련된 인간의 좋음에서 수집된 것이라고 생각해 보자. 이 생각은 인간이 좋음을 추구할 때, 여러 수준에서 작용하는 많은 종류의 영향력이 있음을 잘 보여 준다. 개인적 인간의 좋음은 인간 집단 및 비인격적인 체제의 좋음과 경쟁할 수 있다. 결국, 단지 일부 윤리적 지식만이 전 지구적일 뿐이며, 대부분은 지역적이고, 지역적으로 적절하다.

보였던 것은 그렇게 좋은 이상이 아닌 것을 시도했고 검토했던 것으로 판명될 수 있다. 그러므로 내가 생각하듯이, 만약 윤리학이 인간생태학의 일부라면, 실천과 이상의 평가를 지배하는 규범은 가능한 넓어야 할 것이다. 이상을 판단하는 것, 그것은 건강한 사람과 건강한 공동체가 지금 여기서 그것에 의해 도움을 받고 있는지를 단순히 살펴보는 것이 아니다. 우리는 현재의 "건강한health"이 (노예, 인종주의, 선정주의 같은) 관습을 통합하지 않고 소환되기를 요구한다. 이러한 관습은 이전에는 주목되지 않았고, 번영하는 것을 막을 수 있고, 결국 인간관계에 해를 끼칠 수 있다. 당장은 아니라도 최소한 가까운 세대에게 그럴 수 있다.

41. 자연주의가 보수적으로 될 것이라는 것은 공통적인 우려인 것 같다. 도덕성의 자기-수정적 측면이라는 개념에 지나치게 의존하는 것이 이러한 우려를 키웠음을 알 수 있다. 이것은 내가 자기-수정, 진보적 아이디어 거부를 권고하는 이유 중 하나이다. 그것은 순진하게 극단적으로 낙천적이다.

42. 도덕적 비판의 관점적 본질에 관한 이 견해는 철학계에서 광범위하게 인정된다. 예를 들어, 알래스데어 매킨타이어와 리처드 로티의 최근 연구 전체, 테일러C. Taylor의 "Understanding and Ethnocentrism," *Philosophical Papers II* (Cambridge: Cambridge University Press, 1985) 참조. 힐러리 푸트남은 이렇게 서술한다. "우리가 우리 자신의 전통 내에서 작동한다면, 단지 더 좋은 도덕성 개념 산출을 희망할 수 있을 뿐이다." H. Putnam, *Reason Truth and History* (Cambridge: Cambridge University Press, 1981), p. 216. 이는 작동을 위한 다른 전통은 없으며, 도덕적 비판 과업을 시작하고 참여할 때 채택하는 다른 관점은 없음을 지적한다. 물론, 출발이 된 도덕적 자료는 비판적 과정에서 변경된다. 그리고 사람들은 다른 개인 혹은 집단의 확신을 채택함으로써 자료를 수정할 수 있다.

그것은 불필요한 곳에서 윤리적 일치를 찾도록 강요하는 것을 줄일 것이다. 물론, 이 말은 어떤 상대주의 형식을 확인하는 것이 된다. 나는 이 결론을 의도하고 환영한다. 그러나 자연화된 윤리학을 옹호할 때, 여기서는 인간생태학의 일부로 고려되는 실용적 윤리학으로 충분한 것 같다. 그래서 당분간 내가 선호하는 상대주의의 정식과 그에 대한 옹호를 보류할 것이다.[43]

---

43. 나는 (다른 시간과 장소로 미루려고 했던) 이에 대해 로스앤젤레스와 세인트루이스에서 계속 질문을 받았다. 그래서 그 논증이 어떻게 진행될지 궁금해 하는 독자를 위해, 여기서 앞의 각주에 따른 개요를 제시한다. 전체 논증은 규범적 상대주의 형식에 관한 옹호로 구성된 것으로 읽는 것이 타당하다. 정체성, 의미, 도덕은 모두 철저히 우연적이다. 그리고 현재 딜레마는 이러한 우연성에 직면해서 채택한 태도 혹은 태도들이다. 이 생각은 당연히 상대적이다. 계속 제기되는 문제는 어떻게 상대주의자가 신뢰할 만한 가치 판단을 할 수 있는가이다. 상대주의자는 특정 규범, 가치, 태도를 채택하여 다른 사람에게 영향을 미치려 할 것이다. 그러나 상대주의자는 합리성을 믿지 않기 때문에, 이를 합리적으로 수행할 수 없다. 이것은 진부하며, 반상대주의자가 이길 수 없는 논쟁이다. 상대주의자를 반대하는 비난은 옹호할 수 없으며, 항상 상상력이 부족하다. 상대주의자가 악에 관해(예를 들어, 히틀러에 관해) 전혀 언급하지 않을 수 있음을 상상해야 한다. 여기서 나는 단지 상세한 분석이 필요한 두 갈래의 논증에 한정하여 의견을 표시할 것이다. 첫 번째 갈래에서 상대주의에는 어떤 것이 다른 것에 상대적이라는 입장을 강조하는 것이 포함된다. "키 큰 사람"은 상대적이다. 무엇에 상대적인가? 분명히 모든 것에 대해서는 아니다. 그것은 사람의 평균 키에 비해서이다. 중국의 차 가격에 비해서도 아니고, 파리의 쥐 숫자에 비해서도 아니고, 지구 중심의 온도에 비해서도 아니고, 낙태에 관한 법률에 비해서도 아니다. 상대주의자는 문제가 된 관계에 조율되고, 다루고 있는 문제와 관련성을 가진 관계에 조율된다. 비록 일부 철학자들이 생각하는 것처럼 "초월적 합리성" 같은 것은 없다 하더라도, 문제를 분석하고, 해결책을 제안하고, 태도를 권고하는 완전히 합리적인 방식은 있다. 이것이 실용주의의 핵심이다. 실용주의는 합리성 이론이다.

그 논증의 두 번째 갈래는 방어에서 공격으로 이동한다. 여기서 그 전략은 소중히 생각하는 가치의 우연성을 강조한다. 동시에 이 우연성을 소중히 생각하고 의미 구성적으로 생각해야 할 이유가 있음을 강조한다. 삶의 우연성에 관한 의식이 자신감, 자존심을 약화시키고, 모든 것이 우연성에 대해 취하는 태도에 달려 있다는 것이 옳다고 해보자. 그러면 "우연성의 의식"을 강조하는 편에서 새롭게 언급해야 할 것이 있다. 우연성의 인식은 역사적으로, 사회학적으로, 인류학적으로, 심리학적으로 실제적 장점이 있다. 실재론은 신뢰성의 한 형식이고, 신뢰성은 실재론에 유리하게 언급할 것이 많다. 나아가, 우연성의 인식은 인간의 다양성에 대한 존중을 발생시킨다. 그것은 관용적 태도를 발생시킨다. 이는 일반적으로 긍정적인 정치적 결과를 갖는다. 나아가, 인간 다양성에 대한 존중과 관용적 태도는 전적으로 대안적 존재 방식의 질과 가치를 판단할 때, 비판 능력의 전개와 충분히 부합된다. 특정 방식으로 살아가는 사람의 질과 가치에서 이루어지는 판단이 있다. 그리고 현재의 방식은 아니지만 특정 존재의 방식을 채택해야 하는지에 관한 평가가 있다. 우연성, 다원적 가치, 가능한 인성의 광범위한 배열에 대한 조정은 중요하며, 충분히 활용되지 못한 인간 능력의 사용 방식에 개방적이다. 즉, 그 능력은 비

감사의 글

이 논문의 초고는 1994년 3월과 4월에 로스앤젤레스의 전미 철학회 및 세인트 루이스의 워싱턴 대학의 마음과 도덕에 관한 학회, 그리고 6월에 호주 멜버른의 모나쉬 대학에서 발표되었다. 유익한 논평과 비평을 해준 많은 분들에게 감사드린다.

판적 반성, 존재와 삶의 대안적 방식에 관한 깊은 이해의 추구, 자아를 수정하기 위한 행위 능력의 전개, 정체성 실험에의 참여, 동료에 의해 시도되었고 시도되고 있는 넓은 가능성 공간 내에서 의미 있는 위치에 있다. 사람이 생각하고, 살고, 존재하는 단 하나의 옳은 방식을 발견하려고 노력해야 한다는 것은 무익하지만 분명히 확고한 태도이다. 그러나 거대한 실험이 진행되고 있다. 거기에는 다양한 대안적 가능성, (다른 것보다 더 좋고 합리적인 관점에서 확실히 경이로운) 삶의 여러 방식에 관한 탐구가 포함된다. 상대주의자는 삶의 대안적 방식을 존중하는 데 기여하는 태도를 가진다는 것이 요점이다. 그리고 자아, 자기 개선에 대한 반성적 연구라는 특별히 인간적인 과제에서 이 방향을 사용하는 방식의 끈질긴 탐구에 기여하는 태도를 가진다. 반성적 상대주의자, 실용적 다원주의자는 옳은 태도를 가진다(유익한 의사소통과 정치는 존중과 관용을 요구하는 세상에서 옳다. 그러나 존중할 만하고 관용적인 사람 혹은 정책이 악이 존재하는 곳에서 악을 확인하고 저항하는 능력을 상실하리라고 기대하지 않는 세상에서 옳다. 그리고 공감적 이해의 능력 발달, 예리한 판단, 자아 수정, 급진적 변화라는 관점에서 옳다).

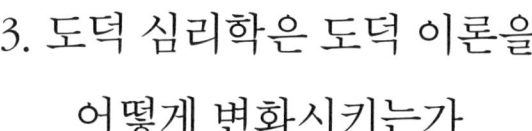

3. 도덕 심리학은 도덕 이론을 어떻게 변화시키는가

마크 존슨

도덕철학 대 도덕 심리학의 분리

많은 철학자들은 도덕철학이 도덕 심리학에 크게 주목할 필요가 없다고 생각한다. 그들은 대체로 도덕 심리학이 도덕 이론과 무관하다고 생각한다. 혹은 도덕 심리학의 경험적 연구에 의지하지 않고, 합리적 자기반성만으로도 적합한 심리학적 가정을 낳을 수 있다고 믿는다. 이러한 도덕 순수주의자들은 도덕 이론과 도덕 심리학을 구분하는 넓은 간극이 있다는 환상을 가지고 연구한다. 그들은 "순수" 도덕철학을 오직 어떻게 추론하고 행동해야 하는지와, 도덕성의 기본원리들을 정당화하는 것에만 관련된 것으로 간주한다. 그런 후에 이를 도덕 심리학과 뚜렷이 대비한다. 도덕 심리학은 단지 사람들이 실제로 동기화되는 방식, 도덕 추론에 영향을 미치는 대상과 사실을 이해하는 방식만 서술하는 경험적 분야라고 단언한다. 도덕 이론과 도덕 심리학 사이에 이렇게 광대한 구분으로 무장하고, 사실-당위 구분과 사실-가치 이분법을 가정한다. 아주 편협한 도덕철학 개념을 옹호하는 사람들은 도덕 심리학을 복잡하고 번잡한 관심이라며 무시한다. 도덕 심리학이 도덕 이론의 과업과 무관하거나 거의 관계 없는 것으로 간주한다.

도덕 이론과 도덕 심리학의 관련성을 부인하는 사람들은 대개 도덕 심리학에 관해 극단적으로 협소하고 사소한 개념으로 가정하여 논증하려 한다. 도덕 심리학을 단지 특정 상황에서 구체적 숙고와 결정에 영향을 미치는 심리적 조건에만 관련된 것으로 본다. 예를 들어, 이런저런 개인이나 집단이 특정 방식으로 추론하고 행위하는 이유를 아는 것이, 실제로 도덕적으로 칭찬받을 만한 방식으로 행동했는지 알려주지 않는다는 것이다. 그토록 많은 사람들이 나치즘의 가치와 사회 제도에 매혹된 이유를 아는 것이 실제로 그 가치와 제도가 좋거나 나쁜지를 알려주지 않는다는 것이다. 결국, 도덕 심리학의 개념이 이렇게 폄하되면, 마치 심리학은 도덕 이론과 아무런 중요한 관계도 갖지 않는 것처럼 될 수 있다.

그러나 도덕 심리학은 이러한 협의의 심리학이 아니다. 오히려, 도덕 심리학은 소위 인간의 도덕적 이해에 관한 심리학으로 넓게 이해되어야 한다. 거기에는 도덕 추론의 토대가 되는 개념 체계에 대한 경험적 탐구가 포함된다. 도덕적 이해의 심리학은 기본적 도덕 개념의 기원, 본질, 구조에 대한 심오한 통찰을 제시할 수 있다. 그리고 그 개념을 사용하여 추론하는 방식에 관한 통찰을 제시할 수 있다. 도덕 개념에 관한 그러한 지식과 특정한 도덕 규칙(나치즘이 비도덕적인 이유를 알려주는 규칙 같은) 사이에 직접적이고 연역적인 연결부는 없다. 도덕 심리학이 도덕적 삶을 위한 상세한 규정 체계를 제시하지 못하는 이유는 바로 이 때문이다. 그러나 도덕 심리학은 도덕 판단하기에 포함된 것을 전할 것이다. 그래서 인간 이해의 본질과 한계에 관한 지식에서 도출되는 특정한 지식을 함양하도록 할 것이다(그 지식은 도덕적으로 통찰력 있고 민감한 삶을 살도록 할 것이다).

1970년대 초에 내가 대학원 학생일 때, 다른 세대의 철학도와 마찬가지로 이처럼 도덕 심리학을 폄하하는 관점을 배웠다. 그리고 또한 도덕철학의 본질에 관해 극히 제한적인 개념을 배웠다. 일부는 계몽주의적 인식론에 근거했고, 일부는 윤리학의 본질에 관한 무어의 영향력 있는 선언에 근거했다. 전수받은 관점에서는, 윤리학 분야를 공동으로 구성하면서도 엄격히 구분되는 세 가지 기획이 주장되었다.

1. **서술적 윤리학**. 이는 단지 시대와 문화에 따른 도덕 표준과 실천에 관한 경험적 조사로 생각되었다. 단지 서술적인 것으로, "규정적" 힘을 갖지 않는 것으로 간주되었다. 즉, 직접적으로 어떻게 행위해야 하는지를 결정하려는 철학적 시도를 하지 않는다.

2. **규범적 윤리학**. 이는 행위, 의지, 그리고 행위 및 사람에 대한 도덕적 평가를 안내하는 규정적 도덕 원리를 제시하려는 시도로 간주되었다.

3. **메타윤리학**. 이는 다양한 도덕 개념의 인지적 지위와 의미론적 내용에 관한 개념 분석 형식으로 생각되었다. 무어의 『윤리학 원리*principia ethica*』는 도덕철학을 주로 선, 옳음, 의무, 규칙 같은 기본적인 도덕 개념의 명료화 및 분석과 관련된 것으로 규정하는 데 크게 기여했다. 훌륭한 개념 분석이 규범윤리학과 관련된 몇 가지 논제를 명료하게 할 것이라는 시사는 있었다. 하지만, 메타윤리학 자체가 규정적 혹은 규범적 활동으로 생각되지는 않았다.

영미 철학에서는 메타윤리학에 주어진 거의 독점적인 집중이 적어도 20세기의 처음 60여 년을 특징짓는다. 그것은 분명히 도덕 이론의 절망 상태였다. 이렇게 도덕 이론이 황폐화된 상태는, 1960년대 말과 1970년대 초에 존 롤스 John Rawls의 연구를 처음 접했을 때, 그토록 많은 사람들이 대단한 흥분과 해방감을 느낀 이유를 설명해 준다. 롤스는 지배적이던 메타윤리적 문제를 벗어나 도덕 이론과 정치 이론의 진정한 규범적 관심으로 곧장 나아갔다. 그의 정교한 비정초주의적 인식론nonfoundationalist epistemology은 규범윤리학을 다시 한 번 가능하게 만든 것 같았다. 그러나 이 새로운 건설적 도덕 이론의 물결에도 불구하고, 도덕철학과 도덕 심리학 사이의 단절은 전혀 진지하게 제기되지 않았다. 롤스는 단지 어떤 적절한 도덕 이론은 가장 신뢰할 수 있는 도덕 심리학 이론과 일반적으로 조화되어야 한다고 말했을 뿐이다. 하지만 그는 도덕 심리학의 질문에 핵심적인 역할을 부여하지 않았다. 이로 인해 도덕 이론 대 도덕 심리학이라는 이분법은 지난 사반세기 동안 상대적으로 손대지 않은 채 남아 있었다.

여기서 분명히 제기되는 문제는 도덕 이론과 도덕 심리학의 분할이 20세기 도덕철학에서 그토록 깊이 지속된 이유이다. 내 생각에 그 답은 도덕철학이 삶에서 수행해야 하는 역할에 관한 전통적 개념과 불가피하게 연관된다. 사람들은 삶을 위한 도덕적 안내를 도덕철학에서 제시해 주기를 압도적으로 원하는 경향이 있다. 전형적으로 접하는 상황에서 어떻게 행위해야 하는지를 결정하기 위한 합리적 방식(방법)을 원한다. 이 때문에, 행위를 위한 규정을 분명하게 직접적으로 이끌지 않는 도덕 이론은 결코 도덕 이론이 되지 못했다.

인간 경험의 복잡성과 비결정성으로 인해, 이러한 도덕 지침에 대한 욕구는 매우 자연스러운 것으로 이해할 수 있다. 그러나 만족스러운 도덕 이론은 소위 "지배governance" 이론이어야 한다는 주장은 도덕 지침에 대한 이러한 합리적 욕구에서 비롯된 성급한 실수이다. 즉, 그 이론은 구체적 상황에서 어떻게 행위해야 하는가를 상세화하는 도덕 규칙 체계를 제시한다. 현대 이론에서, 앨런 도너건Alan Donagan은 원형적인 지배 개념을 분명히 했다. 거기서 도덕성은 "실제적이고 가능한 관습 체계가 판단되는 표준이며, 이웃의 관습과 상관없이 모든 사람이 살아가야 하는 표준"으로 정의된다. 이러한 관점에서, 도덕 이론은 "법칙과 교훈의 체계, 합리적 생물에 대한 구속, 인간 이성으로 확인 가능한 내용에 관한 이론"이다.[1]

도너건의 이론은 철저히 지배 이론이다. 현대 삶의 복잡한 도덕 문제를 어떻게 다루어야 하는지 상세화하는 명확한 도덕 규칙의 설정을 주장한다. 롤스와 대부분의 중요한 현대 도덕 이론가처럼, 도너건 역시 명백히 잘못된 인간 심리학의 관점을 전제하는 도덕 이론은 수용될 수 없다고 분명히 생각했다. 오늘날 대다수의 사람들은 적어도 도덕철학 하기에서 도덕 심리학을 무시할 수 없다고 말한다.

하지만 많은 도덕철학자들은 도덕 심리학 및 일반적으로 인지과학에서 진

---

1. Alan Donagan, *The Theory of Morality* (Chicago: University of Chicago Press, 1977), pp. 1, 7.

행되고 있는 것을 무시한다. 이론 이성을 위해서 혹은 철학자에 의해 심리학이 단지 계속 무시되기 때문에, 여전히 도덕 이론 대 도덕 심리학의 단절이 나타난다는 것은 우울한 사실이다. 20세기에 도덕철학이 황폐화된 상태는 오언 플래너건의 『도덕적 인성의 다양성 *Varieties of Moral Personality*』 같은 책을 너무도 절실히 필요로 했던 사실에서도 나타난다. 그 책에서는 도덕 이론이 실제적인 인간 심리학과 통합되어야 한다는 명제를 옹호하는 데만 400쪽을 할애한다. 플래너건은 적절한 도덕 이론의 일반적 특질을 설정하는 데 처음으로 주요한 조치를 취했다. 소위 최소 심리적 실재론 원리 Principle of Minimal Psychological Realism를 만족시킨 것이다. 즉, "도덕 이론을 수립하거나 도덕적 이상을 투사할 때, 규정되는 인격, 의사 결정 과정, 행위가 우리 같은 생물에게 가능하거나, 혹은 가능하게 지각된다는 것을 확실히 해야 한다."[2] 환언하면, 최근에야 플래너건은 도덕 심리학에 안전한 세상을 만들기 위해 주요한 공세를 취할 필요가 있다는 것을 알아냈다. 그것은 훌륭하고 중요한 책이다. 그러나 그는 심리학적으로 실제적인 도덕 이론의 필요성을 상기시키는 데 너무 많은 정력을 소비해야만 했다.

보다 최근에, 새뮤얼 셰플러 Samuel Scheffler는 "도덕철학에서 인간 동기의 심리학에 관한 어느 정도 건전한 실제적 이해의 중요성"을 강조했다. 그는 "도덕철학의 중심 문제에 관한 논의는 오직 심리학적 실제에 대한 더 진지한 관심으로부터 이익을 얻을 수 있다"고 설명한다.[3] 안타깝게도, 셰플러는 그의 논증과 관련될 수 있는 도덕 심리학 연구의 커다란 체제를 대부분 간과했다. 여성주의 도덕철학자들도 10년 이상 심리학적으로 실제적인 도덕 이론을 주장해 왔다. 그들은 도덕 이론의 지배적 개념의 기저에서 가정하는 망을 드러냈다. 그것은 기본적 이분법과 젠더화된 gendered 개념을 모두 사용한다. 그리고 물론 실제적 도덕 이론의 토대를 제공한 확고한 도덕 심리학을 위해서 제임스 James와 듀이

---

2. Owen Flanagan, *Varieties of Moral Personality* (Cambridge, Mass.: Harvard University Press, 1991), p. 32.

3. Samuel Scheffler, *Human Morality* (Oxford: Oxford University Press, 1992), p. 8.

Dewey 같은 철학자로 돌아갈 수도 있다.

　지금까지 내가 주장한 것은 다음과 같다. 많은 철학자들은 도덕철학 대 도덕 심리학의 분리에 완고하게 집착하고 있다. 이는 도덕성의 지배 이론 및 도덕철학이 도덕 지침을 제공할 수 있다는 생각을 보호하는 유일한 방식이라고 생각하기 때문이다. 그들은 도덕 심리학에 착수하는 것이 단지 행위하는 방식과 이유는 가르쳐줄 수는 있지만, 행위해야 하는 것을 명확히 알려줄 수는 없다고 우려한다.

　나는 도덕 이론의 중심 목적은 도덕적 이해를 풍부하게 하고 함양하는 것이 되어야 한다고 주장할 것이다. 그리고 도덕 심리학은 도덕적 이해의 발달에 핵심적이라고 주장할 것이다. 그러므로 도덕 심리학은 적절한 도덕 이론의 핵심이다. 그렇게 해석된 도덕 이론에는 도덕 지침이 있을 것이다. 그러나 그 지침은 도덕률의 적용에서 도출된 종류라기보다는 복잡한 상황과 인성에 대한 도덕적 통찰에서 도출된 종류일 경우이다. 이것이 우리가 가질 수 있는 지침의 전부이며, 우리가 가졌던 전부이며, 그리고 우리가 필요로 하는 전부이다.

왜 도덕 심리학의 통합이 필요한가?

왜 도덕 이론이 건실한 도덕 심리학을 필요로 하는가라는 문제에 대한 답은 다음과 같다. 우리의 도덕성은 인간의 도덕성이다. 그래서 우리 같은 인간 생물에 의해 실현될 수 있고, 삶에서 직면하는 문제 상황에 적용할 수 있는 인간의 고려를 안내하는 도덕성이 되어야 한다. 이는 인간의 동기, 자아의 본질, 인간 개념의 본질, 이성이 작용하는 방식, 사회적으로 구성되는 방식, 인간의 본질과 마음이 작용하는 방식에 관한 다른 수많은 사실의 엄청난 양을 알지 않고서는 훌륭한 도덕 이론을 제시할 수 없음을 의미한다. 나아가, 정신 활동에 관해 상세히 알지 못하면, 최선의 행위 방식을 알 수 없다. 정신 활동이란 개념이 형성되는 방식, 그 구조의 본질, 추론을 제한하는 것, 주어진 상황을 이해하는 방식의 한계, 도덕 문제를 형성하는 방식 등이다. 이러한 지식이 없으면, 바보 혹은 폭군의 도덕성이라고 비난받게 된다. 마음, 동기, 의미, 의사소통 등에 관한 지식을 결여하여 어리석은 실수를 한다면, 바보가 될 것이다. 혹은 사람들이 실제로 그러한 표준에 따라 살 수 있는지, 실제 상황에 그 표준을 적용할 수 있는지, 그것으로 삶을 개선할 수 있는지에 주목하지 않는다면, 자신과 타인에게 부과하는 절대적 표준이라는 폭군적 도덕성으로 고통받게 될 것이다.

70여 년 전, 존 듀이는 도덕 이론의 경험적 특징에 관한 사례를 제시했다. 그는 도덕성에는 가능한 행위 과정에 관한 숙고가 포함되기 때문에, 행위, 욕구, 추론에 관한 광범위한 경험적 지식이 도덕철학에 핵심적으로 관련된다고 주장한다.

그러나 실제로 도덕은 모든 주제들 중에서 가장 인문적인 것이다. 그것은 인간의 본질과 가장 밀접한 것이다. 그것은 뿌리 깊게 경험적이다. 신학적인 것도 형이상학적인 것도 수학적인 것도 아니다. 그것은 인간의 본질을 직접적으로 고려하기 때문에, 인간의 마음과 몸에 관해 생리학, 의학, 인류학, 심리학에서 전할 수 있는 모든 것은 도덕적 탐구에 적절하다… 물리학, 화학, 역사, 통계학, 공학은 정리된 도덕 지식의 일부이다. 즉, 인간이 살아가는 조건과 행위를 이해하도록 하고, 그에 따라 계획을 수립하고 실행하는 것을 이해하도록 한다면, 그것은 도덕 지식의 일부이다. 도덕 과학은 분리된 어떤 분야가 아니다. 그것은 인간 행위를 밝히고 안내하는 인간적 맥락에 정치된 물리적, 생물학적, 역사적 지식이다.[4]

나는 도덕철학에서 건실한 도덕 심리학을 배제하는 것은 진정한 도덕적 이해와 통찰 과정을 직접적으로 저해하게 된다고 주장할 것이다. 일단 이러한 기본적 이분법에 도전하면, 도덕철학의 본질과 목적에 대한 재평가가 필요하다. 도덕철학은 도덕적 이해의 이론이 되어야 한다는 것이 기본 노선이다. 그 노선

---

4. John Dewey, *Human Nature and Conduct* (1992), in Jo Ann Boydsten, ed., *The Middle Works of John Dewey*, 1899-1924 (Carbondale: Southern Illinois University Press, 1988), pp. 204-5.

은 필히 도덕 심리학과 인지과학의 연구에서 도출된 경험적 결과를 통합한다. 포괄적인 도덕 심리학은 적어도 다음과 같은 탐구 형태를 포함할 것이다.

1. **개인의 정체성.** 개인이 자아-정체성의 진전된 의미를 발달시키는 데 사용하는 형성 과정의 인지적, 정서적, 사회적 측면은 무엇인가?

2. **인간의 목적과 동기.** 목표와 목적을 개발하는 동기 구조는 무엇인가? "목적"은 어디에서 도출되는가? 무엇이 다양한 좋음의 개념을 발생시키는가?

3. **도덕적 발달.** 성숙한 도덕의식으로 간주되는 것을 발달시킬 때 사람들이 정상적으로 거치는 단계는 있는가? 이러한 단계는 보편적인가 혹은 인종, 성, 문화적 차이에 따라 다양한가?

4. **개념화.** 인간 개념의 의미론적 구조는 무엇인가? 개념은 어디에서 도출되며, 어떻게 새로운 경험을 다루도록 확장되는가? 개념은 필요충분조건에 의해 정의되는가, 혹은 보다 개방적이고, 다채롭고, 상상적인 내적 구조를 가지는가?

5. **추론.** 도덕적 숙고의 본질은 무엇인가? 그것은 연역적, 귀납적 탐구인가, 아니면 실제 행위를 위한 가능성의 상상적 탐구인가? 그것은 어떤 식으로든 제한되는가, 아니면 극단적으로 주관적이고 상대적인가?

6. **정동**情動. 정서란 무엇인가? 정동은 개념화, 반성, 추론과 분리되는가? 아니면 모든 경험의 조직에 불가피하게 얽혀 있는가? 경험의 정서적 측면에는 인지적이며 추론적인 구조가 있는가?

이는 단지 적합한 도덕 이론의 부분으로 고려되어야 하는 도덕 심리학과 인지과학에 속한 기본 영역의 일부 목록일 뿐이다. 많은 사람들은 인지과학이 도덕성에 어떤 함의를 갖는다고 생각하지 않는다. 그들은 두 가지 기본적인 이유에서 이러한 편견을 주장한다. 첫째, 그들은 사실 대 가치라는 이분법적 해석을 주장하기 때문에, "경험적"인 것에 대해 편견을 가지고 있다. 둘째, 형식주의자, 환원주의자, 비인간적이라는 극히 협소한 인지과학의 개념을 가지고 있다.

그러나 실제로 인지과학은 지난 10년간 상당히 발전했다. 제2세대 인지과학은 환원주의적인 것도 아니고 지나치게 형식주의적인 것도 아니었다. 전통적인 제1세대 인지과학은 인공지능, 정보 처리 심리학, 생성 언어학, 형식 모형 이론으로 정의되었다. 그것은 '컴퓨터 프로그램으로서의 마음MIND AS COMPUTER PROGRAM' 이라는 은유를 아주 진지하게 수용했다. 사실상 도덕성, 정치학, 사회 이론, 사회적 관계를 전혀 언급하지 않았다(그리고 않는다). 반면, 새롭게 나타난 제2세대 인지과학에서는 인간의 모든 개념화와 추론의 신체적이며 상상적인 특성을 인정한다. 인간 경험과 이해의 사회적, 상호작용적, 진화적 특성에 초점을 맞춘다. 인간 인지를 성장하는 생물학적 유기체에서 신체화된 것으로 본다. 성장하는 유기체는 물리적, 사회적, 도덕적 환경과 상호작용하고 함께 진화한다. 이러한 종류의 인지과학은 도덕성에 관해 할 말이 많다. 그리고 그것은 도덕적 이해를 이루는 데 중요하게 기여한다.

분명히 도덕 이론에 직접적으로 영향을 미친 인지과학의 경험적 결과 전부를 조사하는 것은 불가능하다. 나는 여기서 도덕 이론의 본질에 관한 관점을 변화시킨 제2세대 인지과학이 이룬 새로운 발견의 단편이라도 고려할 것을 제안한다. 특히, 나는 대부분의 기본적 도덕 개념의 은유적 본질에 주목하고, 이 사실이 도덕 경험의 이해 및 도덕 이론의 개념 모두에 대한 재평가를 요청하는지를 질문할 것이다.

도덕적 이해의 은유적 본질

지난 수년 동안, 마음에 관한 가장 확고하고 가능성 있는 혁명적 연구 결과 중 하나는 인간 개념 체계가 근본적으로 그리고 불가피하게 은유적이라는 발견이다. 광범위하게 급격히 증가한 많은 연구들은 실제로 인간 경험의 모든 측면에서 기본 개념이 은유 체계로 규정됨을 제시했다.[5] 개념적 은유는 근원 영역의 개념 구조를 작성한다. 근원 영역은 대체로 구체적인 신체적 경험의 어떤 측면이며, 더 추상적이거나 분명하지 않은 대상 영역에 투사된다. 개념적 은유는 개념적이라는 것을 명심하는 것이 중요하다. 그것은 개념 체계 속의 구조이지, 단순한 명제나 언어적 실제가 아니다. 그것은 개념 구조, 은유에서 도출한 추론 근거를 포함한다. 그러므로 근원 영역의 내용과 논리는 대상 영역의 이해를 결정한다. 환언하면, 대상 영역에 관해 수행하는 추론은 근원 영역의 신체화된 몸의 논리에 근거한다. 이렇게, 체계적인 개념적 은유는 상이한 두 영역의 기존 구조를 단순히 밝히는 것이 아니다. 오히려, 근원 영역에 속한 구조와 지식은 부분적으로 대상 영역의 지식을 구성한다.

도덕 이론에 대한 도덕 심리학의 가치와 중요성의 예로, 나는 기본적 도덕 개념의 은유적 본질에 관한 최근의 일부 연구에 초점을 맞춘다.[6] 우리의 가치, 목적, 행위, 원리, 도덕 경험의 다른 모든 측면을 체계적 은유의 복합적 망으로 규정함으로써 검토를 시작할 것이다. 나아가, 도덕 개념들이 은유 체계에 의해 정의되기 때문에, 도덕 추론은 이러한 은유의 논리에 근거한다.

에이미 탄Amy Tan의 『조이 럭 클럽The Joy Luck Club』에서 하나의 사건은 도덕성의 은유에 해당하는 구체적 사례를 제공한다. 잉잉Ying-Ying은 제2차 세계대전 전에는 부유한 가정에서 사치스럽고 근심 없이 살던 아름답고 세련된 여자였다. 그녀는 기억한다. "내가 어린 소녀였을 때 우시Wushi에 살았다. 나는 사납고lihai, 거칠고 고집스러웠다. 내 얼굴에는 비웃음이 있었다. 듣기 좋은 말을 많이 들었다. 나는 작고 귀여웠다. 작은 발은 나를 매우 우쭐하게 만들었다… 나는 머리를 풀어 헤치곤 했다." 그녀는 16살 때 다른 마을에서 온 나이 많은

---

5. 인간 개념 체계의 은유적 본질에 관한 이러한 수많은 연구들은 다음에서 논의되고 있다. Geroge Lakoff, *Women, Fire, and Dangerous Things: What Categories Reveal about the Mind* (Chicago: University of Chicago Press, 1987). 그리고 Mark Johnson, *The Body in the Mind: The Bodily Basis of Meaning, Imagination, and Reason* (Chicago: University of Chicago Press, 1987).

6. 도덕 개념의 은유적 본질과 관련된 대부분의 연구는 Mark Johnson, *Moral Imagination: Implications of Cognitive Science for Ethics* (Chicago: University of Chicago Press, 1993), 특히 2장에 요약되어 있다.

남자에게 왠지 끌리게 된다. 6개월 만에 결혼하고 나서야 그녀는 실제로 그 남자를 사랑하게 되었음을 깨닫는다.

결혼 후 얼마 지나지 않아 남편이 바람둥이에 술주정뱅이라는 것을 깨닫는다. 남편은 그녀를 정서적으로 학대하고, 임신시키고, 일련의 간통 사건을 일으킨다. 결국 오페라 가수 때문에 그녀를 버린다. 이러한 공공연한 간통은 그녀를 욕보이고, 부끄럽게 하고, 파멸시킨다. 남편은 그녀의 영혼을 빼앗고 원망만 남겨 준다.

> 그럼 레나에게 나의 수치를 말해야겠네요. 그때 나는 부자였고 예뻤어요. 나는 한 남자를 너무 좋아했어요. 그 좋은 것들이 다 사라졌어요. 18살에 나의 아름다움이 볼에서 사라졌다고 말해야겠지요. 그때 수치심을 가진 다른 여자들처럼 호수에 투신하려고 생각했어요. 그리고 이 남자를 증오했기 때문에 죽인 아이에 대해 말해야겠네요.
> 그 아이가 태어나기 전에 낙태를 했어요. 당시 중국에서는 태어나기 전에 아기를 지우는 것은 나쁜 짓이 아니었어요. 그러나 당시에 나는 그것이 나쁜 짓이라고 생각했어요. 왜냐하면 내게서 이 남자의 첫째 아이의 체액이 쏟아졌듯이, 내 몸에는 지독한 복수심이 흐르고 있었기 때문이지요.

이 고통받은 무고한 여자가 그녀의 아기를 죽인 논리를 어떻게 이해해야 하는가? 그녀의 마음에서, 그것은 복수 행위다. 그러나 복수의 논리는 무엇인가? 간단히, 잉잉의 남편은 그녀의 가장 소중한 소유물을 빼앗았다. 즉, 그녀의 정신, 그녀의 자유(chi), 그녀의 명예를 빼앗았다. 그녀는 "체면을 잃었고" 수치스러웠다. 잉잉은 남편에게서 뺏을 수 있는 가장 소중한 소유물은 택하여 복수한다. 바로 그의 첫 번째 아들이다. "간호사가 죽은 아기를 어떻게 할지 물었을 때, 나는 신문을 집어 던졌어요. 물고기처럼 싸서, 호수에 던지라고 했지요" 그녀는 수치심을 느낀 여자가 호수에 투신하듯이, 상징적으로 그 아기를 호수에 던졌다.

이 비극적 행위의 논리는 다른 곳에서 내가 '도덕적 회계MORAL ACCOUNT'

은유라고 부른 것에 기인한다. 그 은유는 우리가 다른 사람의 복지 증진을 위해 빚진 것과, 반대로 다른 사람이 우리에게 빚진 것이 주로 관련된다. 기본적으로 다음과 같은 개념적 사상mapping에 따라, 도덕적 상호작용은 경제적 거래의 일종으로 은유적으로 이해된다.

도덕적 회계 은유The MORAL ACCOUNTING Metaphor

상품 거래	도덕적 상호작용
대상, 상품	행동들(행위들), 상태들
대상의 유용성 혹은 가치	행위의 도덕적 가치
부	복지
상품의 축적	복지의 증가
상품을 증가시키는 원인	도덕=복지를 증가시키는 원인
상품을 감소시키는 원인	부도덕=복지를 감소시키는 원인
돈을 주기/받기	도덕적 수행/비도덕적 행위
거래의 회계	도덕적 회계
회계의 균형	행위의 도덕적 균형
부채	도덕적 부채=다른 사람에게 좋은 것을 빚짐
채권	도덕적 채권=다른 사람이 당신에게 좋은 것을 빚짐
공정한 교환/지불	정의

이러한 개념적 사상은 윤리적 행위를 평가할 때 끌어들이는 수많은 추론에 경험적 근거를 제공한다. 도덕적 상호작용이라는 대상 영역에서 상황을 도덕적으로 추론하기 위해 근원 영역(경제적 거래)의 기본 지식을 사용한다. 예를 들어, 부에 관한 지식 및 그 지식이 '복지는 부 은유the WELL-BEING IS WEALTH metaphor'를 통해 도덕성에 관한 추론을 낳는 방식을 고려해 보자. 복지는 재산(토지, 상품) 혹은 그 대체인 돈을 소유함으로써 축적된다. 대개 부는 노동의 산

물이다. 비록 상속 같은 다른 수단에 의해 부를 얻을 수도 있지만, 사람들은 노동에 의해 부를 얻는다고 한다. 부유하게 되는 것은 대개 사람들이 갖고자 하는 것을 더 많이 가질 수 있도록 한다. 그리고 그들이 하고자 하는 것을 더 할 수 있도록 한다. 그것은 사람들의 욕구와 욕망을 만족시킬 수 있도록 하고, 그들의 삶의 질을 향상시킨다. 세상에서 이용 가능한 부의 양은 제한되어 있으며, 많은 사람들 사이에서 분배되어야 한다. 공정한 교환은 각자에게 해당하는 몫을 준다.

그러므로 '도덕적 회계 은유'의 맥락에서, 다음과 같은 사상에 따라 도덕적 복지를 부로서 이해하게 된다.

복지는 부 은유 The WELL-BEING IS WEALTH Metaphor

재정적 영역	도덕적 영역
부	복지
상품의 축적	복지의 증가
이익이 있는=부의 증가 유발	도덕=복지의 증가 유발
손해가 있는=부의 감소 유발	비도덕=복지의 감소 유발

'부 은유The WEALTH metaphor'는 우리가 가진 도덕적 복지에 관한 두세 가지 가장 중요한 개념 중 하나이다. 그것은 우리가 복지에 관해 생각하고 말하는 방식을 보여 준다. 예를 들면,

그녀는 과분하게 **풍족한** 삶을 살았다She has had an undeservedly *rich* life.

세상에 대한 냉소가 삶을 **황폐하게** 했다The cynics of the world lead *impoverished* lives.

재해 구조 작업을 하는 것이 세러의 삶을 헤아릴 수 없이 **풍요롭게** 했다Doing disaster relief work has *enriched* Sarah's life immeasurably.

찰스 왕자는 더 공주와의 관계가 **득이 되었다.** 이제 그는 분명히 더 좋은 사람이다

Prince Charles *profited* from his relationship with Princess Di. He is certainly a better person now.

나는 삶에서 행복이라는 **재산**을 가졌다I've had a *wealth* of happiness in my life.

가정, 친구, 그리고 사랑하는 사람의 **풍요**와 비교할 수 있는 것은 아무것도 없다

Nothing can compare to the *riches* of family, friends, and loved ones.

'도덕적 회계 은유' 속에서 '복지는 부 은유' 는 도덕적 책무에 관한 한정된 추론을 낳는다. 즉, 그 은유에 근거해서 추론한다. 근원 영역으로부터 대상 영역으로의 개념적 사상 및 근원 영역에 관한 지식에 근거한다. 그래서 대상 영역에서 상응하는 지식을 개발하고 적합한 추론을 이끈다. 도덕적 복지는 자기 노력의 결과로서 주어진 것이며, 다른 사람의 선행에 의해 주어진 것이다. 도덕적 복지는 축적될 수도 있고 줄어들 수도 있다. 더 많은 복지를 가질수록 더 좋은 사람이다. 비도덕적 행위는 복지를 감소시킨다. 결과적으로, 다른 사람에 대한 도덕적 행위(복지를 증가시키는 행위)는 그들에게 당신에 대한 도덕적 부채를 지도록 한다. 그래서 당신에게는 도덕적 채권을 준다. 당신은 준 것에 상응하는 동등한 복지의 양을 받을 자격이 있다.

그래서 '도덕적 회계 은유' 는 의무, 권리, 책임에 관한 추론 형태를 낳는다. 이 은유에 근거해서 공정한 것을 추론한다. 그리고 도덕적 논의는 이러한 기본적인 개념적 은유 체계를 드러낸다. 만약 당신이 나의 복지를 줄인다면, 당신은 나에게 빚진 것이다. 도덕적으로 말하자면, 당신이 가져간 것을 "나에게 갚기" 가 기대되기 때문이다. 당신이 숭고한 행위를 수행했을 때, 당신은 도덕적 채권을 쌓은 것이다. 그러므로 다음과 같이 말한다.

친절에 대한 **보답**으로, 그녀는 **우리에게** 슬픔만 **주었다**In *return* for our kindness, she *gave us* nothing but grief.

그를 판단할 때, 그가 행한 모든 좋은 것들을 **고려해라**In judging him, *take into account* all the good things he has done.

나는 당신이 그녀의 고통에 **책임이 있다고** 생각하고 있다I'm holding you *accountable* for her suffering.

그가 비난 받는 행위와 그의 친절을 비교할 때, 그것은 단순 **합산은** 아니다When you compare his kindness with what he is accused of doing, it just *doesn't add up*.

타인에 대한 그녀의 모든 희생은 그녀가 한 나쁜 것에 **필적한다**All her sacrifices for others surely *balance* out the bad things she did.

그의 숭고한 행위는 그의 죄보다 **훨씬 가치 있다**His noble deeds *far outweigh* his sins.

메리는 그녀의 모범적 행위로 **신뢰 받을 가치가 있다**Mary certainly *deserves credit* for her exemplary acts.

나는 당신에게 생명을 **빚지고 있다**I *owe* you my life!

나는 당신의 친절을 **갚을 수 없다**I couldn't possibly *repay* your kindness.

밀켄은 그의 악행으로 사회에 **큰 빚을 지고 있다**Milken *owes a great debt* to society for his evil doings.

당신은 당신의 이기심에 대한 대가를 **치러야** 한다You must *pay* for your selfishness.

다른 곳에서 나는 '도덕적 회계' 은유가 적어도 다섯 가지 기본적 도식 체계를 제기하는 방식을 보였다. 그것은 다양한 행위의 도덕적 장점을 평가하고, 다른 사람에게 빚지고 있는 것뿐 아니라 마땅히 받아야 할 것을 결정하기 위해 사용된다. 세러 타우브Sarah Taub는 교환reciprocation, 응보retribution, 복수revenge, 배상restitution, 이타주의altruism에 관한 도식을 개괄한다. 도덕적 채권을 가진 사람을 결정할 때, '도덕적 회계 은유' 에서 그 도식을 사용하여 추론을 이끈다. 예를 들어 '복수REVENGE' 도식을 택해 보자. 당신이 나에게 나쁜 것을 했고, 그로 인해 나의 복지를 감소시켰다고 해보자. 이 의미에서, 당신은 나에게서 어떤 것(나의 복지)을 가져갔다. '도덕적 회계' 은유를 통해 당신은 이제 나에게 어떤 것을 빚진 것이다. 당신이 가져간 것을 보충해야 나의 복지를 증가시킬 것이다. 그러나 당신은 나에게 빚지고 있는 복지의 양을 돌려주지 않을 것이다. 그러므로 **나는 당신의** 복지에서 동등한 양을 취하여 당신의 도덕적 부를 감소시킴으로써 도덕적 복지 장부에 균형을 맞춘다. 그것이 바로 누군가에게 복수해야 한다고 말하는 이유이다. 즉, 우리는 그 사람에게서 좋은 것을 취한다. 그러므로 '복수' 도식은 다음의 구조를 가진다.

'**복수 도식**The REVENGE Schema'
사건: A는 B에게 나쁜 것을 준다(한다).
판단: A는 B에게 좋은 것을 빚진다.
분규: A는 B에게 좋은 것을 주지 않으려 한다.
기대: B는 A로부터 좋은 것을 빼앗어야 한다.
도덕적 추론: A는 B에게 좋은 것을 주어야 하는 책무가 있다.
　　　　　　　B는 A로부터 좋은 것을 받을 권리를 갖는다.
금전적 추론: B는 A로부터 지불을 요구한다.

예를 들면,

복수는 "눈에는 눈"이다Revenge is "an eye for an eye."
캐리는 반 친구에 대한 복수를 택했다Carry *took revenge* on her classmates.
"나는 당신이 한 짓의 대가를 치르도록 할 것이다I'll *make you pay* for what you did!."
"나는 당신에게 그것을 치르게 하겠다I'll *take it out of your hide*."
"그는 이에 대해 당신에게 똑같이 할 것이다He'll *get even* with you for this."
"제인은 그것에 대해 당신에게 한 가지 빚이 있다Jane *owes you* one for that." (그녀가 빚진 것은 당신의 복지를 감소시키는 나쁜 것이다What she owes is something bad that diminishes your well-being.)

우리는 이제 잉잉이 그렇게 한 이유를 찾을 수 있는 입장에 있다. 그녀의 추론 논리를 이해할 수 있다. 그것은 '도덕적 회계' 은유를 해석한 '복수' 도식에 근거한다. '도덕적 회계' 은유의 형식적 구조에 더하여, 그녀는 두 가지 부가적 은유를 사용한다.

1. 얼굴은(명예는) 소중한 재산이다.
2. 아이는 소중한 재산이다.

잉잉의 남편은 그녀의 영혼을 빼앗았다. 그녀는 명예를 잃었고 수치스러웠다. 그녀는 남편의 첫 번째 아들의 영혼을 빼앗는다. 그녀에게 떠나지 않은 원망이라는 망령을 그치게 한 것은 공허한 복수이다.

나는 호수의 여인처럼 되었지요. 침실 거울 위로 흰 옷을 던져 나의 슬픔을 보지 않으려 했지요. 나는 기운이 없었어요. 머리에 핀을 꽂기 위해 손을 들 수도 없었어요. 시어머니의 집에서 나와 떠돌다가 가족에게 돌아갈 때까지, 물 위의 낙엽처럼 떠돌아 다녔어요.

타우브가 확인한 '복수' 도식 및 다른 도식들은 모두 기대, 평가, 추론 양식이다. 그 양식은 '도덕적 회계' 은유가 복지 및 다른 종류의 행위에 관한 다양한 개념들로 채워지는 여러 방식에서 도출된다. 그것은 다른 사람들에게 기대하는 것과 다른 사람들을 어떻게 취급해야 하는지를 결정하려고 할 때, 행하는 대부분의 도덕적 추론을 구성한다.

『조이 럭 클럽』은 도덕 판단에 작용하는 적어도 두 가지 수준의 개념적 은유가 있다는 것을 중요하게 드러낸다. 첫 번째("상위") 수준은 '도덕적 회계' 은유처럼 일반적으로 도덕적 상호작용을 위한 은유를 구성한다. 그것은 받아야 하는 것과 다른 사람에게 빚지고 있는 것에 관한 판단 변수를 설정한다. 이 수준에서 은유는 도덕적 구조와 기본적 도덕 개념을 정의한다. 그러나 실제 상황에 적용되는 도덕적 구조를 위해서는, 그 상황을 개념화하기 위한 두 번째 수준의 은유가 필요하다. 예를 들어, '복수' 도식은 '소중한 재산으로서의 아기 BABY AS VALUABLE POSSESSION'와 '소중한 재산으로서의 체면FACE AS VALUABLE POSSESSION'이라는 은유 없이는 공허하다. 그것은 도식에 내용을 부여하여 잉잉의 상황에 적용할 수 있도록 한다. 요컨대, 대체로 도덕 추론은 이 두 가지 기본적 수준에서 사용 가능한 은유에 의존한다. 두 가지 기본적 수준은 (1) 상호 작용을 위해 특정하게 은유적으로 정의된 구조 채택하기, 그리고 (2) 그것을 특정 상황('소중한 재산으로서의 아기'로 이해하는지 같은)과 연결시키기는 은유를 사용하여 그 구조를 채우기이다. 이러한 두 수준은 구체적 도덕 추론을 제시하기 위해서 서로 맞아야 한다. 여기서 도덕적 비판이 이 수준 중 하나 혹은 모두를 향할 수 있다는 것도 도출된다. 일반적인 도덕적 틀짜기 및 상황의 제 측면을 이해하기 위해 사용하는 보다 구체적 은유를 모두 비판할 수 있기 때문이다.

도덕성을 위한 기본 은유들

'도덕적 회계'는 단지 첫 번째 상위 수준에서 도덕적 이해와 추론을 규정하는 몇 가지 기본 은유들 중 하나일 뿐이다. 지금까지 우리는 도덕성을 이루는 여러 부분에 대해 소수의 다른 기본 은유 체계들을 발견했다. 비록 이 목록이 완전한 것은 아니지만, 가장 기본적인 도덕 개념을 설정하고, 그것으로부터 추론하는 방식을 보여 준다. 일반적으로 도덕성을 이해하는 은유 목록이 있다.

1. **도덕적 회계.** 선한 행동은 다른 사람의 도덕적 복지를 증가시킨다('복지는 부'를 통해서). 그것은 우리에게 도덕적 **채권**credit을 갖도록 한다. 다른 사람이 우리에게 좋은 것을 했을 때, 우리는 다른 사람에게 **빚진다**owe. 우리는 그들의 친절에 **보답해야**repay 한다. 우리의 악한 행동은 일반적으로 다른 사람과 사회에 **부채**debt을 낳는다.

추론 형태: 부는 축척되고, 획득되고, 소비되고, 도둑맞고, 공정한 교환이라는 기준에 따라 사라지는 가치 있는 상품이다. 그러므로 도덕적 상호작용은 도덕적 교환 양식으로 간주된다. 거기서 복지는 축적되고 상실된다. 그리고 사람들은 도덕적 채권을 쌓고, 그들의 행위로 도덕적 부채를 낳는다.

2. **도덕성은 건강이다/부도덕성은 병이다.** 건강은 청결, 운동, 적절한 식사, 휴식을 요구한다. 도덕적 복지가 건강으로 이해되면, 거기서 모든 형태의 도덕

적 질병은 나쁜 것이다. 나쁜 행동은 **병든***sick* 것이다. 도덕적 **오염***pollution*은 정신적 질병을 낳는다. 우리는 **더러운 행동***dirty deeds*, 도덕적 **불결***filth*, **부패***corruption*, 부도덕한 사람으로부터의 **감염***infection*을 피하면서 **청결***purity*하려고 노력해야 한다.

추론 형태: 아픈 사람은 병을 전염시킨다. 그래서 그들과 거리를 두면서 질병에 저항할 수 있도록 청결과 신체 상태를 유지하려고 노력한다. 그러므로 만약 도덕적 악이 질병이라면, 우리는 (그들을 검열하고 그 집단을 피함으로써) 부도덕한 사람들을 격리한다. 그래서 그들의 영향이 노출되지 않도록 한다. 우리는 자신을 청결하고 순수하게 유지해서 도덕적 감염으로부터 보호한다.

3. 도덕적 상태는 곧은 상태이다BEING MORAL IS BEING UPRIGHT. 우리가 건강하고 힘이 있을 때, 어지럽거나 드러눕게 하는 질병과 자연적 힘에 맞서 곧게 선다. 우리는 힘과 통제력을 가진다. 이와 동일한 논리가 도덕적으로 **곧은***upright* 상태에도 적용된다. (죄와 사악함이라는) "타락The Fall"은 악의 **힘***force*에 의해 유발된다.

추론 형태: 자연적 힘은 우리를 어지럽게 해서 통제력을 잃고 성공적으로 기능할 수 없게 할 수 있다. 도덕적 악은 옳은 것을 하는 통제력과 능력을 상실하게 할 수 있는 '**항상 존재하는***ever-present*' 힘이다. 그러므로 도덕성은 도덕적 곧음, 균형, 통제력을 유지하기 위해서 노력한다.

도덕적으로 곧은 상태에는 두 가지 기본 측면이 있다.

3A. 도덕적 힘. 도덕적으로 **강할***strong* 때는, **하위***lower* 자아(욕구, 열정, 그리고 정서)에 통제력을 갖는다. 도덕성은 **상위***higher* 도덕적 자아와 신체적 자아의 **힘***forces* 사이의 **투쟁***struggle*이다. **의지력***willpower*은 열정과 **더 기본적인***baser* 욕구의 적절한 **통제***control*를 유지하기 위해 핵심적이다.

추론 형태: 통제를 유지하는 것은 당신에게 작용하는 자연적 힘을 다루기 위한 힘을 요구한다. 도덕적 통제에서, 동물적 본능과 욕망을 추구하도록 이끄는 욕구와 열정의 우세한 힘을 다스리려면, 도덕적 의지가 강해야 한다.

3B. 도덕적 균형. 곧은 자세로 균형을 잡고 있다면, 쉽게 넘어지지 않는다.

내적으로 균형 잡혀 있을 때, 모든 기관은 건강과 복지를 위해 작용한다. 도덕적 **균형**_balance_은 도덕적 **건강**_health_을 위해 핵심적이다. 사람의 각 부분은 적절한 도덕적 작용을 수행해야 하며, 악의 길로 **타락하지**_fall_ 않도록 해야 한다.

추론 형태: 균형 잡힌 자세를 유지하는 것은 환경 속에서 통제된 기능을 와해시키는 자연의 힘을 다루기 위해 본질적이다. 그러므로 도덕적 이성이 요구하는 것처럼 행위하는 능력에 대한 통제력을 유지하려면, 도덕적 균형은 필수적이다.

4. **도덕적 상태는 정상**正常 **위치에 있는 것이다.** 사건 구조 은유라고 부르는, 인간 행위에 널리 퍼져 있는 은유에 따르면, 행위는 목적지(목표)를 향해 경로를 따라가는 자기 추진적 움직임이다. 목적(목적지)은 도덕적 **목적**_ends_이다. 그것은 행위를 통해 실현해야 하는 목적이다. 도덕적 경로는 **곧고 협소하다** _straight and narrow_. 도덕적 **일탈**_deviance_은 정도에서 **벗어난**_straying_ 것이다. **다른 사람의 영역을 침범하는 것은**_Violating other people's boundaries_ 비도덕적이다.

추론 형태: 경로를 따라가는 움직임은 당신이 바라는 목적지에 도달하도록 한다. 의도적 행위에서, 목적 혹은 목표는 이러한 움직임-경로 상의 은유적 목적지이다. 도덕적 "목적"은 도달하기 위해 애써야 하는 은유적 장소이다. 그리고 그것은 사회적으로, 종교적으로, 도덕적으로 수립된 장소이다. 도덕적 상태는 사회에 의해 설정된 경로를 따라, 가야 할 곳으로 가고 있는 것이다. 일탈은 비도덕적이다. 왜냐하면 다른 사람과 더불어 당신이 있어야 하는 영역에서 멀어지거나 벗어나도록 하기 때문이다. 일탈은 다른 사람에게 길을 잃게 할 수 있다. 그래서 그것은 도덕 공동체에 대한 위협으로 감지된다.

5. **도덕성은 복종이다.** 부모는 수용 가능한 행위 규칙을 제시한다. 그리고 벌과 보상 같은 제재로 규칙을 강요한다. 도덕적 **복종**_obedience_은 어떻게 행위해야 하는지를 말하는 **규칙에 따를 것**_follow rules_(도덕 규칙에 복종하기)을 요구한다. 이성은 복종해야 할 의무가 있는 도덕적 **명령**_commandments_을 **제기한다** _issues_.

추론 형태: (권위자로서) 부모는 진심으로 우리에게 가장 이로운 것을 생각하

면서 이득을 주기 위해 행위한다. 또한 부모는 자식인 우리에게 무엇이 최선인지 아는 것으로 가정된다. 그래서 문화적으로 도덕적 권위자들은 당신에게 최선을 아는 것으로 가정되는 사람, 당신의 도덕적 복지를 고려하여 행위하는 사람으로 지정된다. 이러한 권위자에게 복종하는 것은 도덕적으로 해야 할 옳은 것이다. 도덕적 권위자는 실제 사람(**교황**the pope, 종교 지도자, 현명한 사람)이 될 수 있거나, 혹은 은유적으로 의인화(이성, 법칙, 국가)될 수 있다.

6. **도덕적 질서.** (그 위치에서) 적절한 질서를 가진 대상은 성공적 작용을 위해 필요하다. 사회는 체계(은유적 기계, 사람, 건물, 유기체)이다. 거기서 살아가고 번영하려면, 모든 것은 **질서**in order가 있어야 한다. 바로 이것이 **법과 질서**law and order가 필요한 이유이다. 도덕적 **혼돈**chaos은 광범위한 **고장**breakdown, **분열** disintegration, **오작동**malfunction을 초래하여, 사회를 파괴할 위험이 있다.

추론 형태: 모든 종류의 체계가 적절히 작용하려면, 기계적 혹은 유기체적 대상에 "질서"가 있어야 한다. 대상에는 작용 질서가 있어야 한다. 만약 모든 것에 "질서"가 없다면, 도덕적으로 사회는 붕괴하고 그 작용을 멈출 것이다. 그러므로 무질서하고 혼란스러운 활동은 사회와 인간 복지에 대한 심각한 위협으로 감지된다.

7. **도덕성은 밝음이다/비도덕성은 어둠이다.** 어둠은 두렵고 위험하다. 어둠 속에서는 볼 수도 없고 활동할 수도 없다. 우리는 어둠을 나쁜 것이 발생하는 전조로 간주하는 경향이 있다. 도덕적 **어둠**darkness은 우리의 기본적 복지를 위협한다. **어두운 측면**dark side은 우리 안의 밝음을 압도하려고 위협한다. 악은 **어둠의 힘**dark force이다. **악마**the Prince of Darkness는 모든 존재 중에서 가장 악한 것이다.

추론 형태: 어두워지면, 대상을 볼 수 없다. 주위를 더듬거리고, 길을 잃고, 효과적으로 활동할 수 없다. 은유적으로, '이해는 보는 것UNDERSTANDING IS SEEING'이다. 그래서 악의 어둠은 좋은 것을 보지 못하게 하고, 옳고 그름을 알지 못하게 한다. 도덕적 방향을 잃고, 비틀거리고, 가야 할 곳(당신의 도덕적 목적)에 이르지 못하게 할 수 있다. 도덕적 어둠은 불행을 초래한다.

8. **도덕적 투사.** 인간의 지각은 불가피하게 관점적이다. 항상 특정한 관점으로 대상을 경험한다. 그리고 대상에서 채택할 수 있는 관점이 많으면 많을수록, 고려된 지식은 보다 객관적이다. "다른 사람이 보는 것처럼 대상을 봄"으로써, 우리는 대상을 보는 방식의 한계를 넘어선다. 도덕적으로, 대상을 경험하는 다른 사람의 방식에 자신을 투사하는 것은 보다 인간적으로 행위하도록 자신의 편견을 극복하는 데 기여한다.

추론 형태: 지각적 지식이 가능한 객관적이기를 바란다면, 가능한 많은 관점을 취하려고 노력해야 한다. 만약 객관적 도덕 지식을 원한다면, **도덕적 관점**("일반적으로 도덕적인 사람"의 관점)을 취해야 한다. 이는 편견을 제거할 수 있어야 하며, 어떻게 행동해야 하는지를 결정하는 이상적 도덕 판단자의 입장을 취할 수 있어야 한다는 것을 의미한다. 이상적 도덕 판단자는 단지 이런저런 특정인을 위해서가 아니라, 모든 사람을 위한 주장에 근거하여 결정하는 사람이다. 도덕적 감정이입은 자신을 다른 사람의 입장에 두는 형식이다. 합리적인 도덕적 행위자를 토대로 수립된 모든 도덕 이론은 투사된 자아(예를 들어, 롤스, 이상적 관찰자, 보편적 관점의 이론) 은유를 요구한다.

도덕성에 관한 이러한 기본적 은유들의 목록은 부분적이며, 보다 광범위한 분석이 요구된다. 예를 들어, 각 은유에 대한 근원 영역의 구조 설정하기, 특정한 근원 영역이 사용되는 이유를 설명하기, 근원 영역에서 대상 영역으로의 개념적 사상을 배열하기, 이러한 사상이 도덕 추론을 제한하는 방식 제시하기가 요구된다. 그러나 이 간단한 목록에서도 도덕적 이해의 은유적 본질에 관한 두 가지 매우 중요한 관점이 제시된다. 첫째, "당위ought"와 "해야 한다should" 같은 기본적인 도덕 용어들은 실제 상황을 개념화하는 이차적 은유와 함께, 하나 이상의 상위 은유를 통해서만 진정으로 의미 있는 도덕 추론을 이끈다는 것이다. 이에 주목하는 것이 매우 중요하다. '도덕적 회계' 은유의 맥락에서 "당위"는 특정 대상을 의미하고 매우 상세한 도덕 추론을 지원한다. '도덕은 건강' 은유와 관련해서 발생하는 매우 상이한 추론 체계와 비교된다. 예를 들어, '도덕적 회계' 은유에 따라, "당위"는 공정한 거래, 채권, 부채라는 경제적 상호작용의 관점에서 분석된다. 반면 '도덕성은 건강'은 도덕적 질병과 싸우도록 하고, 개인과 공동체 내에서 특정한 도덕적 번영 상태를 촉진하는 명령을 수립한다. 그러므로 "당위"는 은유적으로 정의된 도덕적 구조 내에서의 역할에 의해 그 내용과 구체적 적용 가능성을 갖는다.[7]

둘째, 도덕적 은유를 위한 기본적인 근원 영역은 극히 소수라는 것이 두드러진다. 왜 다른 근원 영역이 아닌 이 근원 영역을 가져야 하는가? 지금까지 나의 연구에서 다음의 일반적인 대답을 제시한다. 첫째, 이러한 근원 영역은 인간 경험에서 보편적으로 나타난다. 왜냐하면 그것은 우리 신체의 본성과 우리가 거주하는 환경 유형과의 전형적인 상호작용에 의존하기 때문이다. 둘째, 이 근원 영역은 특히 개인적이고 공동체적인 복지, 성장, 만족의 의미와 연관된다. 그것은 도덕성 은유를 위한 적당한 근원 영역이 된다. 건강, 균형, 힘, 장소로의 이동, 복종, 밝음/어둠과 같은 근원 영역이 인간 번영의 의미와 밀접하게 연관되는 것은 우연이 아니다. 그래서 그것은 도덕성의 보편적 은유를 위한 주된 후보자이다. 실제로 이것이 보편적 근원 영역인지는 경험적 연구의 문제이다. 그러나 비록 그것이 각 문화에서 꼭 같은 방식으로 정교화되지는 않지만, 모든 문화에서 발견된다고 생각할 만한 증거는 있다.

은유와 도덕적 추론

우리의 기본적 도덕 개념은 은유로 나타난다. 이 사실의 가장 중요한 인식론적 함의 및 도덕적 함의는 이 은유에 근거하여 어떻게 행위해야 하며 어떤 사람이 되어야 하는지를 추론한다는 점이다. 대상 영역에 사상되는 근원 영역의 논리는 도덕성이라는 대상 영역에 대한 추론을 제약한다. 이미 '도덕적 회계' 은유 구조 속에서 '복수' 도식이 판단과 행위를 유도하는 방식을 살펴보았다. 각 은

---

7. Ibid., 3장에서 나는 칸트의 정언명법의 여러 정식처럼 추상적이고 형식적인 도덕원리들이 실제로 상이한 개념적 은유에 근거하는 방식을 제시했다. 그렇지 않으면, 도덕법칙을 구체적 상황에 적용할 수 없다.

유가 그 자체의 논리를 가지며 대상 영역(여기서는 도덕성의 어떤 부분)에 대한 인식론적 수반을 낳는다는 점이 중요하다.

　이러한 은유들이 도덕 추론을 얼마나 강하게 제약하는지를 살펴보기 위해, '도덕성은 건강MORALITY IS HEALTH' 은유를 고려해 보자. 관련된 개념적 사상寫像은 다음과 같다.

도덕성은 건강 은유

신체적 건강Physical Health	도덕적 행위Moral Behavior
건강	복지
질병	도덕적 타락
오염	악의 원인
병에 걸림	도덕적으로 타락함
신체적 운동	도덕적 훈련
성장	도덕적 개선

　근원 영역의 논리(신체적 건강)가 대상 영역의 논리를 결정하고 추론을 제약하는 매우 강한 방식에 주목해 보자. 당신을 건강하지 않게 만드는 것은 무엇인가? 어떤 질병의 원인(감염, 전염병, 오염, 오물, 그리고 일반적으로 혐오스러운 것이)이 답이다. 건강을 촉진하는 것은 무엇인가? 운동, 먹는 것에 주의하기, 병든 사람을 피하기, 청결하게 유지하기 등이 답이다. 근원 영역으로부터의 이러한 지식은 직접적으로 도덕성에 관한 추론을 수행한다. 우리는 도덕적이고 사회적인 **질병**diseases, **병든**sick 행위, 사람의 마음을 **오염시키는**pollute 더러운dirty 모습, **오물**filth과 **얼룩**smut, **역거운**disgusting 행위, 사회적 **암**cancer을 언급한다. 병든 사람은 질병을 퍼뜨린다. 결과적으로, 자신이 병드는 것을 피하기 위해, 그들과 거리를 두고, 그들을 격리시키고, 병을 없애기 위해 노력하고, 자신을 깨끗이 하려고 한다. 그래서 도덕적으로 부도덕한 사람들은 그들의 악으로 다

른 사람을 **감염시킬**infect 수 있다. 우리는 부도덕성의 원인과 부도덕하다고 간주되는 사람으로부터 우리 자신과 아이들을 떨어트려 놓기 위해서는 어떤 일이든 한다. 우리는 학교와 마을을 **깨끗이 하기**clean up 위해 노력한다. 우리는 불법적인 약물을 사회에 대한 **전염병**plague으로 취급한다. 우리는 부도덕한 행위를 하는 사람과의 모임이나 접촉이 **병든**diseased 마음을 낳을 수 있다고 생각한다.

요컨대, 은유의 **논리**logic가 기대, 추론, 행위를 결정한다. '건강' 은유는 도덕 판단에 사용되는 매우 다양한 표현에서 입증된다. 예를 들면,

비록 잘 작용하지는 않았지만, 그의 의도는 **순수했다**His intentions were *pure*, even if things didn't work out well.

그녀는 어떤 도덕적 **오점**도 없었다She has no moral *blemishes*.

"…죄의 **오점**도 없이…without *spot* of sin."

"신이여, 내 안에 **순수한** 마음을 낳으소서O Lord, create a *pure* heart within me."

"얼마나 **역겹고, 천하고, 더러운** 속임수인가, 이 야비하고 비열한 녀석What a *stinking, low-down, dirty trick,* you miserable rat!"

스칼렛은 그녀의 죄를 **씻게** 되었다Scarlett was washed *clean* of her sin.

포르노그래피는 마음과 영혼을 **오염시킨다**Pornography *pollutes* the mind and soul.

우리는 학교의 **오염**을 막아야 한다We must keep that *filth* out of our schools.

범죄는 우리 모두를 **감염시키는** 전염병이다Crime is a plague that *infects* us all.

그는 코카인에 **빠져** 산다He lives in a cocaine *sewer*.

그렇게 하는 것은 얼마나 **병들고, 역겨운** 것인가What a *sick, disgusting* thing to do.

이러한 개념적 은유는 단지 도덕성을 언급하는 선택 가능한 방식이 아니다. 개념적 은유에 선택의 여지는 없으며, 단순히 용어의 문제도 아니다. 그것은 우리의 도덕 개념을 규정하는 수단이다. 물론 우리는 특정 개념에 대해 단 하나의 유일한 은유 체계에 제한되지 않는다(예를 들어, '복지는 부이다' 와 '복지는

건강이다'를 모두 갖는다). 하지만 은유를 사용하지 않을 수는 없다. 특히 이는 의식적 선택의 여지가 거의 없으며, 활용 가능한 은유 영역이 상대적으로 작기 때문이다. 근원 영역의 본질과 구조가 대상 영역인 도덕성의 측면에 관한 추론을 제약한다는 것이 가장 중요하다. 환언하면, 은유는 어떻게 행위해야 하며, 다른 사람을 어떻게 간주해야 하는지에 관한 추론에 한계를 설정한다. 예를 들어, 도덕적 복지를 '부'로 이해한다면, 그것을 '건강'으로 이해하는 것과 상당히 다르게 행위하고 추론할 것이다. '부' 은유의 논리는 공정한 교환, 정량화, 균형의 개념을 포함한다. 반면 도덕적 '건강' 은유의 논리는 부도덕한 사람을 피하고, 순수하게 유지하고, 도덕적 질병과 싸우고, 도덕적 규율을 유지하는 것을 강조한다.

인지과학은 윤리학을 어떻게 변화시키는가

도덕적 이해를 규정하는 몇몇 기본 은유들을 조사할 때, 그것이 무슨 상관인가라는 성가신 질문이 제기된다. 도덕 선험주의자는 "그래서 무슨 상관이 있는가?'라고 물을 것이다. "사람들이 경험을 이해하기 위해 전형적으로 은유를 사용한다는 것을 안다고 무엇이 달라지는가? 우리가 알고자 하는 것은 사람들이 어떻게 추론**해야 하는**가이지, 어떻게 추론하는지가 아니다."

이 질문에 대한 대답은 분명하고 간단하다. 대답할 때, 나는 일반적으로 인지과학의 경험적 연구가 도덕성과 도덕 이론에 어떻게 관련되는지를 제시한다. 그 일반적인 대답은, 우리의 도덕성은 **인간의** 도덕성이라는 것이고, 인간의 도덕성은 우리처럼 이해하고, 생각하고, 행위하는 사람들에게 작용해야 한다는 것이다. 결국 도덕 이론이 유토피아적 이상의 무의미한 탐구를 넘어서야한다면, 그것은 인간 심리학에 근거해야 한다.

도덕 순수주의자는 도덕성의 엄격한 지배 이론이라는 허황된 이상을 추구한다. 그들은 도덕적 이해와 도덕적으로 옳게 행위하는 것 사이에 존재하지 않는 직접적 연결을 요구한다. 도덕 순수주의자가 허용할 유일한 답은, 도덕성의 은유적 구조에 관한 연구가 어떻게 행위해야 하는지를 알려주는 규칙을 단계적으로 직접 유도하는지를 보여 주는 것이다. 그러나 이것은 아주 명백하고, 진부하고, 문제가 되지 않는 사례에서도 불가능하다. '도덕적 회계' 은유의 본질과 함의를 아는 것이 특정 상황에서 '도덕적 회계'가 도덕적 상호작용의 좋은 형식인지를 알려주지는 않는다. 그러나 '도덕적 회계' 은유에 관해 가능한 잘 아는 것은 이 특정 은유에 근거한 행위의 개연적 결과에 대해 식견 있는 판단을 하도록 돕는다.

인지과학과 도덕 심리학이 도덕 이론에 어떤 직접적 함의도 갖지 않는다는 도덕 순수주의자의 비난은 허황된 사실-가치 이분법에 근거한다. 그 이분법 자체는 두 가지 중요한 오류를 나타낸다.

1. **사실의 독립성 오류**: 사실은 그것에 할당된 모든 가치와 독립적이다.
2. **경험의 무관성 오류**: 사실은 그것에 어떤 가치가 할당되는지를 알려주지 않는다.

독립성 가설은 과학철학의 논증에 의해 가장 현저히 분쇄되었다. 과학철학의 논증에서는 모든 "사실"이 관심, 목적, 중요성의 기준, 혹은 모형처럼 우리가 가진 가치에 의존한다는 것을 보여 준다. 무관성 이론은 논파하기가 더 어렵다. 왜냐하면 그것은 진실의 핵심을 담고 있기 때문이다. 즉, 이러저러한 사람이나 공동체가 특정 방식으로 추론하거나 행위하는 이유를 단순히 서술한 것으로 도덕 심리학을 이해한다면, 실제로 이는 어떻게 추론하고 행위해야 하는지 알려주지 않을 것이다. 이러한 서술이 도덕적 비판을 위한 근거를 제공하지 않는다.

그렇지만 도덕 판단에 규범적 함의를 갖는 도덕 심리학과 인지과학의 훨씬 더 깊은 의미를 소개한다면, 무관성 가설이 오류임을 제시할 수 있다. 도덕 이론에 적용하면, 더 풍부한 의미에서 인지과학은 가치를 개념화하고 추론하는 방식에 관한 경험적 연구이다. 도덕 심리학의 이러한 측면은 규범적이고 비판적인 함의를 **분명히** 갖는다. 도덕 가치의 본질과 도덕 문제의 추론을 제약하는 방식에 대한 통찰을 제공하기 때문이다. 예를 들어, 도덕적 개념 체계의 경험적 연구는 도덕 구조를 규정하는 은유를 드러낸다. 그리고 도덕성에 대한 이러저러한 은유의 한계점을 볼 수 있도록 한다. 우리의 은유가 부각시키는 것과 은폐하는 것을 보여 준다. 은유적 개념화와 각 은유에 근거한 추론의 본질을 일부 드러낸다. 그리고 주어진 상황에 열려 있는 가능성의 전 영역을 식별하기 위해 다양한 개념화가 필요하다는 것을 보여 준다. 이러한 종류의 지식은 판단과 행위에 영향을 미치는 지식이다. 그것은 앞에서 도덕적 이해의 심리학이라고 부른 것에서 도출되는 지식이다. 나는 폄하된 도덕 심리학, 즉 눈가리개를 한 도덕 심리학과 대비했다. 도덕적 이해에 관해 풍부한 심리학은 단지 신념과 동기만 보는 것이 아니다. 특별히 거기서 도출된 가장 깊이 있는 도덕 개념과 추론을 살펴본다.

　은유적 개념에 관한 지식에서 도덕 판단을 이끄는 규칙이 없다는 것은 애석한 일이 아니다. 그것은 인간의 도덕적 이해의 복잡성에 관한 사실일 뿐이며, 윤리학에서 다음과 같은 소중한 함의를 갖는 매우 중요한 사실이다.

개념의 분석

만약 기본적인 도덕 개념이 은유적이라면, 개념의 분석은 분석의 토대로 은유의 본질에 관한 몇몇 관점을 전제해야 한다. 도덕 개념의 은유적 본질을 인식하지 못한 도덕 이론은 부적절하고, 아마도 아주 유해할 것이다. 나아가, 그 이론의 타당성은 은유 이론의 타당성에 달려 있을 것이다. 만약 도덕성에 대한 통찰을 얻으려 한다면, 이해와 추론에서 은유의 핵심 역할을 인정하는 관점이 필요하다. 그러므로 "메타윤리학"이 남아 있다면, 그것은 은유 분석을 실행하는 데 중요하다는 정도이다.

도덕 추론

만약 기본적인 도덕 개념이 은유적이고, 우리가 숙고하고 있는 상황의 틀을 짜기 위해 은유를 사용한다면, 도덕 추론은 주로 우리가 살아가는 현실에서 은유가 함의하는 것을 탐구하는 것이다. 그러므로 도덕 추론은 대부분 연역적이 아니다. 그리고 구체적 상황에 보편적 도덕 원리나 규칙을 우선적으로 적용하는 문제도 아니다. 나는 그 모형이 현재의 우리와 같은 존재 및 우리가 직면하는 상황에서 작동할 수 없는 이유를 제시했다. 바로 전통적 연역 모형에는 은유적 개념의 여지 혹은 고전적(즉, 필요충분조건) 구조를 갖지 않는 개념의 여지가 없기 때문이다.[8]

부분적 이해

도덕 개념 및 추론의 상상적 본질에서 어떤 이해도 모든 것을 망라하거나 포괄적이지 않다는 것이 도출된다. 인간의 도덕적 이해는 은유적 체계의 복잡한 덩어리이다. 그 일부는 서로 상반되지만, 우리는 여전히 은유 체계에 의해 살아가면서 삶을 도모한다.

절대주의를 넘어

우리의 도덕적 이해는 반드시 부분적이다. 그래서 도덕성은 절대적이고 보편적인 규칙 체계가 아니라 계속적인 실험 과정이다. 행위를 위한 새로운 가능성, 인간 번영의 새로운 개념, 끊임없이 변하는 조건에 적응하고 조정하는 인간 존재의 상호작용의 새로운 형식을 계속 실험해야 한다. 우리와 전체 생태학적 상황이 진화하는 한, 도덕성은 실험적인 것으로 남아 있어야 한다. 이러한 절차를 최종적인 방법이나 절대적 원리로 부호화하려는 모든 시도는 도덕적 고착과 둔감함을 위한 처방이다.

근거 있는 도덕 이론

도덕적 이해의 부분적, 비절대적 특성은 급진적이게도 도덕성을 역사적으로,

---

8. Ibid.

문화적으로 우연한 것으로 생각하게 한다. 규범적 도덕 이론 수립을 시도할 관점이 전혀 없는 것으로 보일 수 있다. 이것은 잘못된 견해이다. 도덕성에 대한 은유의 가장 기본적 근원 영역은 신체적 경험의 본질에 근거한다. 처음에는 유아로, 그리고 발달 중인 도덕 행위자로서 생존하고 번영하는 것을 가능하게 만든 경험과 연관된다. 이러한 기본 영역이 보편적인지는 더 많은 상호문화적 조사가 필요한, 논의의 여지가 있는 문제이다. 그러나 만약 어떤 것이 보편적이라면, 그러한 것들이 구조가 될 것이라고 생각할 타당한 이유는 있다. 나는 이러한 체험적 근원 영역이 적절한 도덕 이론뿐 아니라 심리학적으로 실제적인 도덕성이 될 수 있는 일반적 제약을 제공할 것으로 믿는다. 오언 플래너건이 충분히 주장한 것처럼, 그러한 제약의 일반적 본질은 항상 인간 번영에 적합한 다원적 개념이 있음을 제시한다. 그리고 그 좋음의 개념을 실현하는, 가능한 방식의 범위를 제시한다. 비록 이러한 제약이 보편적 지배 이론을 보증하지는 않지만, 수용가능한 대안의 범위는 설정한다.

도덕적 상상력

도덕적 숙고는 상상적 과업이다. 거기서 현재 그리고 예상되는 조건과 문제에 직면하여 인간 존재의 질을 함양하기 위한 가능성을 탐구한다. 주어진 상황에서 할 수 있는 최선의 것을 그리기 위해 노력할 때, 우리는 어떻게 행위해야 하는가에 수반되는 다양한 은유의 함의를 추적한다. 개연적 결과를 결정하기 위해 가능한 행위 투사하기, 영향을 받을 수 있는 다른 사람의 입장 채택하기, 특정 상황과 관련된 측면을 민감하게 읽기는 모두 상상적 활동 형식이다.

　인간 이해의 상상적이고 정동적인 측면을 강조하는 사람들은 비합리주의자 그리고 주관주의자라고 오도되어 비난 받는다. 이렇게 심각한 오해는 지각, 상상, 감정 같은 능력과 이성 사이의 전통적인 엄격한 구분에 지속적으로 집착한 결과이다. 도덕적 이해의 상상적 본질을 강조하는 것은 어떤 식으로도 도덕성의 합리성을 비난하지 않는다. 나는 여기서 근본적으로 상상적인 것으로서 인간 이성의 풍부한 개념을 주장하고 있다. 도덕 추론은 실천이성에 관한 전통적인 계몽주의적 설명으로 파악되어 온 것보다 훨씬 풍부하고, 훨씬 복잡하고, 훨씬 유연한 능력이라는 것이 나의 관점이다. 도덕 추론은 추론이다. 그러나 그것은 철저하게 상상적 특성이 있는 추론이다.

도덕성 이론은 무엇이 되어야 하는가?

도덕성 이론은 도덕적 이해에 관한 이론이 되어야 한다. 그 목적은 자신, 타인, 인간 존재의 복잡성에 관해 깊고 풍부한 이해에서 도출된 도덕적 통찰과 안내와 방향이 되어야 한다. 도덕 추론의 핵심은 다른 사람과 함께 잘 살 수 있도록 더 포괄적이고 총괄적인 목적을 형성하고 실현하는 능력이다. 그것은 변화하는 경험을 다루고 지적으로 새로운 우연성을 접하기에 충분히 융통성 있는 상상적 이성의 확장된 형식을 포함한다. 도덕적 지성의 핵심은 주어진 상황에서 행위 가능성을 상상적으로 파악하고, 의미와 복지를 최대한 함양할 수 있는 것을 식별하는 것이다.

　도덕 이론을 규칙과 원리를 통한 지배를 제시하는 것으로 생각하는 것은 근본적으로 잘못이다. 실제로, 그것은 경험의 변화하는 특성을 간과하고 행위와 반응의 새로운 가능성을 창조적으로 보지 못하게 할 만큼 비생산적이다. 듀이가 보았듯이, 우리가 가진 도덕 원리는 기술적 규칙이 아니다. 오히려 그것은 "이전 행위 판단이 실천적으로 작용했던 방식을 경험적으로 일반화한 것이다."[9] 이전에 접했던 종류의 상황에서 다소 유용하게 입증된 전략의 요약이다. 그러나 그것이 절대적 규칙으로 굳어지도록 허용되어서는 안 된다. 그러면 도덕적 성장과 진보의 기회가 무너지기 때문이다.

　내가 왜 도덕 이론과 도덕 심리학 사이에 주장된 단절을 믿을 수 없을 뿐 아니라 건전한 도덕철학에 유해하다고 생각하는지 분명해졌을 것이다. 도덕 심리학과 도덕철학의 목적은 모두 이해와 해방이어야 한다. 도덕철학은 도덕적

---

9. Dewey, *Human Nature*, p. 165.

이해, 비판적 지성, 도덕적 상상의 함양에서 도출된 안내를 제시할 것이다. 그 것이 무엇을 해야 하는지는 알려주지 않겠지만, 주어진 상황에서 더 나쁜 가능성으로부터 더 좋은 가능성을 식별하기 위해 노력하도록 할 것이다. 도덕철학은 적절한 도덕적 지배 이론을 제시할 수도 없고 제시하지도 않았다. 이러한 환상에서 해방된다면, 칸트의 준칙(항상 스스로 생각하라)을 계속적이고, 식견 있고, 비판적이고, 상상적인 도덕적 실험이라는 성숙한 태도를 요구하는 것으로 해석할 수 있다. 그리고 지속적인 공동체의 도덕적 실험에서, 도덕적 상상의 함양과 결부된 인지과학이 그 길을 이끌 것이다.

4. 누구의 의제인가? 윤리학 대 인지과학

버지니아 헬드

윤리학과 과학

나는 인지과학이 윤리학에 제안하는 바가 거의 없으며, 도덕철학의 의제에 결정적이기보다는 보조적이어야 한다고 주장할 것이다. 흔히 도덕철학자들은 행위와 도덕적 신념에 관한 과학적 설명이나 기타 설명, 또는 과학이 목표로 하는 예측과 통제에 대해 도덕철학의 우선적 관심이 없음을 출발에서부터 분명히 한다. 도덕철학자의 주된 관심은 설명이 아니라 권고이다. 나는 이 입장에서 시작한다. 즉, 윤리학은 서술적이기보다는 규범적이다.

가장 일반적 형식의 윤리학과 더불어, 윤리적 고려가 우리를 안내해야 하는 보다 세부적인 모든 영역을 탐구할 필요가 있다. 우리는 도덕적 권고를 실행 가능하게 하거나 불가능하게 하는 자연인의 경향성과 경험적 실제를 인식할 필요가 있다. 특정 유형의 사례에 대한 규범적 권고, 가르치고 연습하기에 알맞은 가치 등을 상세히 할 필요가 있다. 그래서 우리는 소위 도덕 사회학, 도덕 심리학, 도덕 경제학, 도덕 정치학, 도덕 보건학 등을 탐구해야 한다(Held 1984).

이러한 영역에는 규범적인 것과 서술적인 것이 혼재되어 있을 것이다. 그러나 이를 전부 합한 것(윤리학과 도덕 사회학 등을 더한 것)을 "자연화된 윤리학"으로 생각하는 것은 현명하지 못하다. 한 가지 이유는 이러한 분야들을 오도할 수 있기 때문이다. 또 다른 이유는 우리가 살고 활동하는 문화 속에서, 규범적인 것이 경험적인 것에 의해 잠식될 지속적인 위험이 있기 때문이다. 사회과학뿐 아니라 철학에도 있다. 비록 아주 오래 전부터 도덕적 가정이 불가피하게 사회과학에 슬며시 스며들어 있다 하더라도, 도덕 경제학, 도덕 사회학 등과 같은 영역은 학문 "분야"로 존재하지도 않는다. 많은 정치학과에 정치 이론의 도덕적 규범에 관심 있는 정치학자는 있을 수 있다. 그러나 경제학 영역에서 도덕 이론의 탐구에 종사하는 학자가 있는 경제학과는 얼마나 될까? 우리의 탐구 관점을 유지하기 위해, 윤리학을 학문적으로 인정하는 수와 경험적 사회과학과 심리학의 결합을 인정하는 수를 비교해야 한다. 이렇게 다른 영역과 비교할 때, 도덕철학의 주요 과제는 특히 규범적인 것을 잘 살리는 것이다.

분명히 도덕철학은 인지과학을 무시해서는 안 된다. 도덕철학이 경제학, 사회학, 인류학에 관심을 가져야 하듯이, 심리학적 발견에도 관심을 기울일 필요가 있다. 그러나 심리학을 특별히 높이 평가해서는 안 된다. 윤리학이 고유하게 본래적으로 해야 하는 것은 규범적이고 평가적인 의제라는 시각을 잃어서는 안 된다. 윤리학은 계속해서 그 의제를 언급해야 한다.

순수 합리적 개념의 규범윤리학(인지과학이 윤리학에 기여할 수 있는 것에 열중한 많은 사람들이 비난하는 종류의 이론)을 주장하는 것은 아니다. 오늘날 주로 경험적 의제로 제한된 여러 영역으로, 진정한 규범적 도덕철학이 복합적이지만 의미 있고 중요하게 확장될 것을 주장하는 것이다. 도덕철학은 이 모든 영역에서 경험적 실제들을 이해할 필요가 있다. 그러나 자체의 목적을 설정해야 한다. 그리고 이 다양한 분야에서 설명되어야 할 모든 것에는 규범적 요소가 포함되며, 규범적 목적에 우선성을 부여할 것을 권고해야 한다. 우선적으로 추구되는 것이 인과적 설명인지 아니면 도덕적 지침인지가 핵심이다.

대체로 인과적 설명을 위한 탐구가 인지과학 및 도덕 심리학을 지배한다. 그것이 도덕철학까지도 지배하려는 다양한 시도를 이끌었다. 만약 도덕 심리학에 관심 있는 사람들이 진정으로 규범적이기를 바란다면(일부가 하듯이), 우리의 입장은 크게 동떨어진 것이 아니다. 그러나 인지과학에 영향을 받은 도덕 심리학 종사자들이 규범적인 것에 대해 보이는 대부분의 관심은 도덕적 주장의 타당성이 아니라, 도덕적 신념을 설명하는 역할이다.

도덕 심리학이 도덕적 판단하기와 도덕적 태도 계발하기에 관한 심리학이라면, 도덕 심리학은 이를 인과적 방식으로 설명하려 한다. 여기서 도달한 입장이 도덕적으로 정당화될 수 있는가라는 규범적 문제는 언급하지 않는다. 반면, 도덕 심리학이 옳은 도덕적 태도와 경향성을 어떻게 함양해야 하는지, 도덕적으로 최선의 결과를 어떻게 성취해야 하는지, 인간의 삶에서 도덕적으로 가장 훌륭한 방식을 어떻게 표현해야 하는지를 다룬다면, 그것은 도덕철학의 한 분과이다. 그것은 특별한 종류의 도덕철학이다. 소위 경제적 삶을 조직하고 정치적 제도를 형성하는 영역과는 구별된다. 심리학적 특성과 반응 그리고 학습이라는 특정 영역에서 권고하는 것이다. 하지만 그것은 규범적 의제에 우선성을 둔다.

이 논제는 이론과 실천의 관계와는 다르다. 도덕 이론과 도덕 실천의 관계를 단순히 실천을 위해 이론을 적용하는 연역적 문제로 생각해서는 안 된다. 나는 윤리학에서 이론은 실천을 안내하며, 실천은 이론을 안내해야 한다고 상세히 주장했다(Held 1984, 1993). 이것은 윤리학과 인지과학 모두에서 주장될 수 있는 논제이다. 윤리학에서는 규범적 이론과 규범적 실천을 적용하고, 인지과학에서는 경험적 이론과 경험적 실천을 적용한다. 그 둘이 혼동되기도 하지만, 이 장에서 나는 상이한 논제로 다룬다.

인지과학이 도덕적 탐구를 크게 발전시킬 수 있다는 견해를 주장하는 사람들은 보통 사실-가치의 구분을 잘못된 것으로 거부한다(Johnson 1993, 184; Flanagan 1984, 245). 사실과 가치 사이의 경계선은 분명한 것도 아니고 안정적인 것도 아니라는 것에는 동의할 수 있다. 그러나 여전히 명백한 사실 사례와 명백한 가치 사례 사이에는 중요한 차이가 있다고 주장할 수 있다. 아이가 생존하기 위해 하루에 섭취해야 하는 열량을 아는 것과 도덕적으로 이 열량을 제공해야 하는가를 결정하는 것은 다르다. 그 구분을 주장할 타당한 이유가 있다고 생각한다. 합리성의 규범을 논의하면서, 앨런 기바드Allan Gibbard는 그것이 "서술적 분석"으로 만족될 수 없다고 한다. "서술적 분석은 어떤 것을 '합리적' 이라 부르는 주요한 관점을 간과한다. 즉, 그 말은 승인을 내포한다"(Gibbard 1990, 10). 이는 합리성의 규범보다 도덕성의 규범에서 더 분명해진다.

우리 중 일부는 20세기에 미국과 영국에서 대부분의 지배적 철학이 그토록 과학을 추종한 이유에 관해 만족할 만한 설명을 찾고 싶어 한다. 이러한 설명은 지식의 사회학과 심리학적 설명이라는 관점에서 이루어질 것이다. 그것은 탐구의 정치학과 교육의 정치학에 관한 이해를 요구할 것이다. 그토록 많은 철학자들이 정신상태, 인간 경험, 도덕적 선택과 평가에 대해 말하려고 한 모든 것을 왜 스스로 과학적 서술과 설명의 틀에 맞추려고 애썼는지를 묻게 될 것이다. 이러한 탐구는 왜 철학이 지식에 관한 과학적 관점의 지배에 저항하지 않고 수용했는지를 물을 것이다. 토머스 네이글Thomas Nagel은 이렇게 서술한다. "오늘날 철학은 현대의 지적 삶의 전반적 경향성, 즉 과학주의에 감염되었다. 과학주의는 실제로 이상주의의 특별한 형식이다. 왜냐하면 과학주의는 인간 이해의 한 형태를 보편성 및 보편성에 관해 언급할 수 있는 것으로 설정하기 때문이다. 가장 근시안적으로는, 존재하는 모든 것이 현재까지 개발된 것 같은 과학 이론들을 채택하여 이해될 수 있어야 한다고 가정한다"(Nagel 1986, 9). 그러나 과학적 관점은 단지 오래된 일련의 역사적 관점 중 하나일 뿐이고, 네이글의 관점에서는, "이제 공격당할 때가 되었다"(Nagel, 1986).

윤리적 자연주의는 최근 등장한 인지과학에 호의적인 관점이다. 도덕규범이나 규범적 속성 같은 형이상학적으로 특유한 실재를 회피한다. 윤리적 자연주의에서는 과학과 형이상학적 유물론에 부합하는 것을 큰 장점으로 취급하는 것 같다. 그러나 진 햄프턴Jean Hampton이 유익하게 상기시키듯, 그것을 새로운 관점으로 보기는 어렵다. 이미 그것의 웅변적 옹호자로는 홉스Hobbes가 있다. 홉스조차 "그의 이론에서 가치와 추론의 규범적 기준을 피할 수 없었다"고 그녀는 제시한다(Hampton 1992, 350). 그리고 현대의 자연론자는 도구적 합리성 및 정합적이고 건전한 선호 같은 문제에 대해 객관적인 규범적 기준을 채택한다. 그렇기 때문에 그녀는, 자연주의자는 객관적 도덕규범을 무시할 타당한 근거가 없다고 주장한다.

많은 윤리 이론가들과 연구자들은 도덕적인 것을 자연적인 것으로 만든 홉스의 자연론적 환원에서 벗어나야 하는 이유를 인식하고 있다. 그래서 윤리적 자연주의의 현대적 해석에도 유사한 논증이 적용되는 방식을 볼 수 있다는 추가적 반대도 가능하다. 마음의 철학과 언어의 철학이라는 보다 정교한 장치가 홉스적 전제를 가진 윤리적 자연주의를 구성하기 위해 사용된다면, 그 결과는 실질적으로 이 전제를 채용한 홉스의 구성처럼 비판 받기 쉽다.

도덕적 경험

칸트적 이율배반이라는 다른 갈래에서 시작해 보자. 즉, 한편으로 도덕적 책임을 이해하기 위해 가정해야 하는 자유와, 자연의 인과율 관점에서의 설명과 예측이다. 그러면 먼저 도덕철학은 도덕적 주체라는 관찰자보다는 도덕적 주체에게 나타나는 도덕적 경험과 그것의 정신적 상태를 위한 여지를 만들어야 한다.

분명히 경험이란 경험적 관찰에 제한되지 않는다. 철학에서도 그렇게 보았다. 도덕적 경험에는 숙고, 선택, 행위에 대한 책임이 포함된다. 거기에는 도덕적 태도의 선택, 자신과 다른 사람의 행위와 그 결과에 대한 도덕 판단, 자신과 다른 사람이 가지고 있고 열망하는 인격과 삶에 대한 평가가 포함된다. 그리고 이에 대한 주관적 경험이 포함된다(Held 1984, 1993).

도덕적 경험에는 무엇을 할지를 결정하는 것이 포함된다. 그것은 대안들 사이에서 선택할 수 있다는 가정을 요구한다. 그 방식이 심리학적이든, 생물학적이든, 생태학적이든 선험적으로 과학적 설명에 포섭되는 것으로 기대되어서는 안 된다.[1] 나는 도덕적 경험에 관해 칸트와 다른 관점을 가진다. 그러나 도덕적 경험이 현재까지 이해된 인과적 설명으로 충족될 수 없다는 가정을 요구

---

1. 양립불가론의 옹호에 대해서, van Inwagen(1983) 참조.

한다는 관점은 공유한다. 그리고 수용하거나 거부할 수 있는 권고와 수행의 설명 사이에 구분을 포기하도록 하지 않는다는 관점도 공유한다.

도덕적 경험은 행위의 이유를 제시하는 도덕적 권고를 숙고하게 한다. 그리고 행위한 다음에는 행위한 것이 정당화되는지를 반성하도록 한다. 이런저런 방식으로 다른 사람의 행위를 평가하는 주장의 경중을 찾도록 한다. 자신과 타인이 포함되어 발생할 수 있는 사건의 상태를 평가하도록 한다. 자신과 타인이 밝히고 드러낸 특성과 실천에 관한 긍정이나 부정을 찾도록 한다.

몇몇 측면에서 도덕 인식론에 관한 나의 견해는 여러 윤리적 자연주의자와 상당히 유사하다. 즉, 윤리학에서 지속되는 불일치와 진보의 결여에 대비되는 과학의 수렴과 진보라는 모습은 왜곡되었다는 것에 동의한다(Flanagan 1994, Churchland 1989). 도덕적 탐구 영역에는 관찰 진술로 생각할 수 있는 것이 있다. 즉, 개별적 도덕 판단의 수용은 도덕원리를 "검사test"하도록 한다. 거기서 원리는 가설에 해당하는 것으로 간주될 수 있다. 그러므로 도덕적 탐구와 과학적 탐구 사이에는 어느 정도 병치되는 것이 있다. 그러나 그 외의 방식에서 도덕적 탐구와 과학적 탐구는 근본적으로 다르다. 즉, 우리가 타당한 것으로 생각하는 객관적 도덕규범은 "자연적" 실체나 사건에 관한 것이 아니다. 우리는 관찰 진술을 사용하여 세상이 관찰하도록 한 것을 기록하고자 한다. 반면, 도덕 판단을 사용하여 세상에서 그리고 세상에 대해 어떻게 행위할 것인지를 선택하려고 한다(Held 1982, 1984, 4, 15장; 1993, 2장).

우리는 도덕적 경험, 도덕적 선택, 도덕적 평가를 이해하도록 하는 마음의 개념을 필요로 한다. 인지과학과 이에 부합하는 개념화는 철학에 크게 영향을 미쳤다. 현재 마음의 철학에서 많은 부분은 인지과학과 조화되는 마음의 개념을 구성하는 일에 바쳐지고 있다. 그러나 윤리학에 관심이 있는 사람들은 우리의 의제를 추구할 것을 주장해야 한다. 즉, 우리가 이해한 것과 도덕적 경험에 관해 신뢰할 좋은 이유를 가진 것에 부합하는 마음의 개념을 찾는 것이다. 만약 이러한 마음의 개념이 인지과학과 불일치한다면, 인지과학이 그만큼 잘못된 것이다. 윤리학에도 그만큼 잘못된 것이 있다면, 그것은 윤리학에 거의 관심이 없거나 부차적인 관심만 있는 사람들이 그 의제를 설정하도록 했기 때문이다. 그러므로 나는 토머스 네이글의 권고에 찬성한다. 주관적 관점과 객관적 관점이 "만족스럽게 통합될 수 없을 때… 어느 한 관점에 승리를 할당하는 것이 아니라 나머지 요소를 억압하지 않으면서 마음속에 그 반대를 분명히 유지하는 것이 옳은 과정이다"(Nagel 1986, 6).

마음의 철학과 같은 종류의 프로그램은 정신현상의 인과적 역할을 연구하는 인지과학에서 성장했거나 혹은 그것에 부합한다. 아마도 정신현상에서 연구된 것은 도덕적 신념, 의도, 선호일 것이다. 그러나 다른 정신현상과 행위의 설명으로 인과적 역할을 보려는 것이 목적이다. 앨빈 골드먼의 유익한 요약에서, 행동주의와 마찬가지로, 기능주의에서는 "행동주의의 함정에 빠지지 않으면서도 궁극적으로 외적 사건(자극과 행위)이라는 관점에서 정신적 표현의 의미를 설명하려고 한다. 행동주의와 달리, 기능주의에서는 정신 상태를 "내적" 상태로 인정한다. 그러나 그것은 정신 상태의 본질을 이루는 내적 상태의 **본래적** 특성이 아니다. 그보다는 상태의 **인과적 관계**이다. 첫째, 자극 입력과 행동 출력 같은 외적 사건에 대한 관계이고, 둘째, 그것은 다른 내적 상태에 대한 관계이다"(Goldman 1993b, 72).

이러한 종류의 마음의 철학에서는 "정신" 및 "내적" 상태를 언급한다. 그러나 그것은 주관적 의미에서의 정신이 아니다. 예를 들어, 데이비드 루이스 David Lewis는 내적 상태를 숫자 맞춤 자물쇠가 "풀린" 상태로 서술한다. 분명히 자물쇠가 마음이 작용하는 주관적 관점을 갖지는 않겠지만, 마음의 내적 상태가 이 유비에 의해 논의될 수 있다면 그렇다는 것이다(Lewis 1966, 17-25). 마음의 기능적 설명에서는 전형적으로 소위 정신 상태가 다른 정신 상태와 어떻게 관련되는지에 관한 서술이 포함된다. 그러나 골드먼이 서술하듯, 내적 상태의 개념이 "외적 사건과 서로 간의 (인과적) 관계라는 관점에서 연계되어 설명된다"(Goldman 1993b, 73).

마음의 철학에서 다른 많은 사람들은 주관성을 제거하려고까지 한다. 그들은 신경적 사건과 신경적 속성만이 마음에 있는 것이라고 주장한다. 최근 보고

에 의하면, 인지과학자들은 도덕적 신념과 숙고에 사용되는 뇌의 영역을 이해
하는 데 굉장한 진전을 이루었다. 이 노선을 따른 최근 발견은 퍼트리셔 처치
랜드Patricia Churchland에 의해 환영 받았다. 즉, "도덕적 인격, 감정이입, 그름보
다는 옳음을 선택하는 결정인자"를 생각하는 것이 "엄청나게 중요하다"(*New
York Times* 1994, C1). 그러나 왜 그 발견을 윤리학에서 중요한 것으로 생각해야
하는가? 우리는 이미 눈이 어떻게 작용하며 시각이 어떻게 발생하는지, 시력
의 신체적 위치에 관해 상당히 알고 있다. 그러나 이 모든 지식도 어떤 색이 미
적 특성을 가지며 어떤 것이 갖지 않는지에 관해서 아무것도 알려주지 않는다.
우리는 이미 도덕적 신념을 갖기 위해서는 뇌가 필요하다는 것을 알고 있다.
그리고 만약 뇌 손상이 있다면, 이는 우리가 책임져야 한다고 생각하는 정도를
줄인다는 것도 알고 있다. 그러나 책임져야 하는 사람이 해야 한다고 생각하는
것은 규범적 문제이다. 뇌의 작용 방식에 관한 더 많은 지식이 그것을 알려줄
수는 없다. 그리고 눈의 작용 방식과 시각의 발생 방식에 관해 아는 것이 붉은
사과를 느끼고, 보고 있다는 의식적인 인식을 하도록 하거나 미적 판단의 타당
성을 이해하도록 하지는 않는다. 이와 마찬가지로, 뇌에서 도덕적 숙고가 어디
서 발생하는지를 아는 것과 포함된 인과적 기제를 설명하는 것이 도덕적 숙고
에 관여하는 의식적 경험을 느끼도록 하지 않으며, 규범적 권고의 타당성을 이
해하도록 하지도 않는다.

　토머스 네이글의 결론은 "(주관적) 관점과 분리된 객관적 관점으로 세상에
대한 완전한 설명을 제시하려는 시도는 불가피하게 명백히 실제적 현상이 존
재한다는 잘못된 환원 혹은 철저한 부인을 이끌게 된다"(Nagel 1986, 7)는 것이
다. 그는 "이러한 객관적 맹목의 형태"를 "마음의 철학에서 가장 특징적인 것
으로 본다. 거기서는 물리주의에서 기능주의까지, 정신의 이러저러한 외적 이
론이 광범위하게 주장된다." 그는 "의식의 주관성은 실제의 환원 불가능한 특
성이다(그것이 없다면 물리학 혹은 인지과학을 포함한 다른 어떤 것도 할 수 없다)." 그
리고 과학에 의해 인식된 실제와 마찬가지로 "의식의 주관성은 신뢰할 수 있
는 세상의 관점으로 기본적 위치를 차지해야 한다"(Nagel 1986, 7-8). 나는 이러

한 관점이 윤리학에 전제되어야 한다고 믿는다.

힐러리 푸트남Hillary Putnam이 인지과학은 사회 물리학이라는 콩트Comte의 꿈으로 가게 될 것이라고 예언했을 때, 우리는 그의 견해를 공유하는 많은 사람들과는 다른 이유에서 동의했을 것이다. 푸트남은 기능주의 프로그램에 대해 유토피아적이며, 본래적으로 경험적 증명을 할 수 없다고 생각한다(Putnam 1993). 우리는 인간 경험을 과학적 설명으로 환원시키려 해서는 안 된다고 생각한다. 반대로, 윤리학에서는 설명보다는 권고를 찾고 있다는 확신을 주장해야 한다. 그리고 마음의 철학에서 과학적 객관성 및 인과적 설명에 부합하는 마음의 개념보다는, 주관적인 도덕적 경험, 그리고 표현과 객관적 도덕규범에 부합하는 마음의 개념을 찾아야 한다. 만약 윤리학에서 마음의 개념이 과학에서의 마음의 개념과 상충한다면, 도덕적 경험과 인간적 경험의 이해를 포기하기보다는 그 불일치를 가지고 살아가기로 결정할 수 있다. 다른 사람에 대한 상상적 동일시를 촉진하고, 대리적 도덕 경험을 제공할 때, 문학과 예술 영역은 적어도 인지과학을 포함한 과학이 윤리학에 관련되는 정도는 관련된다. 만약 윤리학이 과학과 예술의 관점 중에서 선택해야 한다면, 예술을 거부해서는 안 된다.

인지과학에 영향을 받은 철학자들은 선택할 필요가 없다고 말할 것이다. 즉, 도덕적 신념에 대한 자료 제공을 위해 예술과 문학 등을 사용할 수는 있다. 그러나 그들은 문학과 예술을 과학에 의해 연구되어야 할 내용을 제공하는 것으로 해석한다. 하지만 예술의 목적은 아마 고유한 관점을 표현하거나 과학적 설명에서 벗어나는 것이다. 그리고 예술은 어떤 관찰자에게는 개방되지 않은 주관적 관점을 반영해야 한다. 나는 예술과 과학 중에서 선택해서는 안 된다는 것에 동의한다. 그러나 그것은 우리에게 일치하지 않는 관점을 가지고 살 것을 요청한다. 과학에 의해서 연구될 수 있는 것 그리고 인과적으로 "설명"될 수 있는 것으로 예술(혹은 윤리학)을 환원시키지 말 것을 요구한다.

설명으로서의 평가

피터 레일튼Peter Railton, 리처드 보이드Richard Boyd, 니컬러스 스터전Nicholas Sturgeon 같은 철학자들은 자신을 "도덕적 실재론자moral realists"라고 한다. 이들의 최근 연구에서는 평가를 설명으로 해석한 예를 볼 수 있다(Railton 1986; Boyd 1988; Sturgeon 1984). 그리고 도덕철학의 규범적 문제에 답하려는 이 접근의 한계를 볼 수 있다. 이러한 윤리적 자연론의 최근 형식을 "도덕적 실재론"이라고 부르는 대신, 데이비드 코프David Copp는 "확증 이론confirmation theory"이라 부를 것을 주장한다. 매우 상이한 입장을 가진 다른 형식의 도덕적 실재론이 있기 때문이다(Copp 1990). 나는 그 제안이 적절하고 유익하다는 것을 발견했다. 확증 이론에서는 도덕 이론이 경험적으로 확인될 수 있다고 주장한다.

코프는 "원리 체계의 설명적 유용성이 도덕적 표준을 정당화하거나, 증명하거나, 근거를 수립하는 경향이 있다"는 것을 항상 의심할 수 있다고 설득력 있게 주장한다(Copp 1990, 239). 도덕률은 설명적 이론이 아니다. 그래서 확증 이론, 그리고 확증 이론이 표현된 도덕적 실재론 형태는 오도된 것이다. 코프의 잘 구성된 논증은 인지과학이 도덕 이론이나 권고를 확인하거나 거부할 이유를 제시할 수 있다는 관점에도 적용된다. 그래서 그 논증의 일부를 고려하려고 한다.

확증 이론가들은 특정한 도덕적 사실이 특정한 경험적 조사 결과에 최선의 설명을 제공한다고 주장한다. 예를 들면, 니콜라스 스터전은 히틀러가 악했다는 도덕적 사실은 "유대인 말살 계획"을 명령한 그의 행동을 설명한다고 제시한다(Sturgeon 1984). 코프의 서술에 의하면, 확증 이론가들은 "도덕적 신념이 정당화되는 것은 설명을 위해 도덕적 신념이 필요하기 때문이라고 말하고 싶어 한다"(Copp 1990, 242). 마치 경험과학에서, 경험적 이론의 설명적 유용성은 그 이론이 참인 증거라는 것과 같다. 그러나 코프는 "(예를 들어) 문화 변용 및 그 외 관련된 사회학적 사실과 심리학적 사실을 인용하여 참이라는 것을 가정하지 않고도, 고려된 도덕적 신념을 설명할 수 있다"고 주장한다(Copp 1990,

242).

코프의 다른 예를 살펴보자. 혹자는 "니체적인 도덕적 관점의 초인이었다는(그에 가까웠다는) 근거에서 스탈린의 무자비한 행동을 설명"하려 할 것이다(Copp 1990, 247). 그러나 그 설명이 심리학적 설명은 될 수 있을 것이다. 즉, 우리는 "이 근거에서 니체적 도덕성을 조금도 수용하고 싶지는 않을 것이다"(248). **초인** *Übermensch*이라는 개념의 설명적 유용성이 그 개념을 도덕 기준으로 받아들이는 것을 정당화한다고 가정하지는 않을 것이다.

다른 주장을 추가해 보자. 피터 레일튼의 주장을 고려해 보자. 사회적 정의(규범적 판단)의 출현이 사회적 불안(경험적 발견)의 부재를 설명할 수 있다. 그리고 사회적 정의의 결여가 사회적 불안의 발생을 설명할 수 있다(Railton 1986). 대중적 불만족의 부재가 사회적 결속과 불안의 부재에 기여할 수 있다는 것에 전적으로 동의할 수 있다. 그러나 모든 도덕 판단이 그러한 설명적 주장에 의해 확증된다는 것에 동의할 필요는 없다. 불안의 부재는 반대에 대한 폭력적 억압에 의해서도 발생할 수 있다. 동등한 정도의 결속과 불안의 부재를 똑같은 기간에 달성한 두 사회가 있다고 가정해 보자. 한 사회에서는 시민의 필요를 충족하는 제도에 의해 비롯되었고, 다른 사회에서는 반대에 대한 무자비한 억압에 의해 비롯되었다고 해보자. 그리고 오직 이것만이 두 사회에서 차이가 나는 중요한 인과적 요인과 결과라고 해보자. 이러한 인과적 설명으로 사회 정의라는 도덕적 가치를 결정할 수 있는가? 아니다. 그러면 다른 요인보다 더 나은 설명을 제공하는 하나의 요인은 없다고 해보자. 불안을 막기 위해 어떤 것이 도덕적으로 더 좋은 방식인지 도덕적으로 판단할 수 없다는 것을 의미하는가? 역시 아니다.

폴 처치랜드는 과학적 사실의 학습을 설명하는 방식으로 도덕적 사실의 학습을 설명할 수 있다고 주장한다. 두 경우 모두 실천적 지혜, 방법의 학습이 고려된다. 그리고 두 경우 모두 학습 체계가 개선되고, 정련되고, 보다 통합될 수 있다. 처치랜드는 한 원형에서 다른 원형으로의 대치를 언급한다. 예를 들면, 도덕적 권위로서 엄격한 아버지라는 원형이 있다. 다른 사람들은 형제로 보기도 한다. 그것은 계약 당사자처럼 사람들의 "보다 인상적인 설명"에 의해 대치된다(Churchland 1989, 303). 그러나 이것은 저절로 발생하는 과정은 아니다. 우리는 어떤 원형이 "더 인상적인지" 결정한다. 즉, 도덕적으로 혹은 서술적으로 더 좋은지 결정한다. 그러한 변화가 발생하는 이유를 설명하려고 할 수 있다. 처치랜드가 고려한 일반적인 설명은 자본주의에 의한 봉건제의 대체와 관련된다. 그러나 그 설명은 어떤 도덕적 패러다임에서 다른 패러다임으로의 대체가 도덕적으로 정당화되거나 될 것인지는 알려주지 않는다. 어떤 경제 체제가 다른 체제로 대체되는 것도 마찬가지다. 인지과학의 분파가 아닌 오직 윤리학만이 그렇게 하도록 고무할 수 있다.

제프리 세이어-맥코드Geoffrey Sayre-McCord에 따르면, 논리, 합리성, 혹은 도덕성의 규칙 같은 초관습적 규칙은 행위에 규범적 설명을 제공할 수 있다고 생각할 수 있다. 이 관점에서 피드백 기제로 "대체로 표준적 조건에서 순종을 보상하고 비순종을 벌하는" 방식이 제시될 수 있다(Sayre-McCord 1988, 67). 아직 어떤 도덕 이론이 도덕적 신념과 행위에 최선의 설명을 제시하는지는 알 수 없지만, 원칙적으로 찾을 수는 있을 것이다. 그럴까? 세이어-맥코드 스스로 의심하듯, 신념과 행위를 얼마나 잘 설명하는지에 근거하여 어떤 도덕 이론이 정당화되는지를 결정할 수는 없다. 그리고 추가적으로, 보상과 벌로 지각하는 것이 어떤 도덕 이론을 정당화할 수 있는 적절한 근거라고 결정한다면, 그 자체가 도덕 이론의 문제가 될 것이다. 사람들이 나태한 삶, 혹은 그렇지 않으면, 금욕적으로 자제하는 삶이라고 평가한 것이 그중 한 종류를 도덕적으로 칭찬할 만한 삶의 종류로 만드는가?

아마 확증 이론의 대중성을 설명하는 것은 가능하다. 다양한 현대 철학계에서, 오직 과학적으로 확인할 수 있는 것과 일치하는 주장만이 철학적 관심을 받을 만한 가치가 있는 것으로 간주된다. 그러나 이 접근은 도덕성의 전 영역을 다루기에는 매우 불만족스럽다는 것이 그것을 거부하도록 한다.

몇몇 철학자들은 자연론적 관점에서 다른 많은 도덕 이론이 제시하는 도덕적 삶에 대한 특징적 왜곡을 피할 수 있다고 생각한다. 예를 들어, 아네트 바이어Annette Baier는 사람에 대한 남성적 개념을 논의한다. 그 개념에서는 사람의 자격을 가진 사람이 적어도 가족 구성원으로 태어나거나 가족 구성원이 될 필요가 있다는 것을 부인한다. 순수 합리적 존재에 의해 도달된 동의에 근거하거나, 혹은 개인적 선호를 합리적으로 최대화한 개념에 근거하여 수립된 도덕 이론은 그러한 사람의 개념을 가정한다. 바이어는 "전통적으로 여성에게는 많은 도움이 필요한 어린이와 노인에 대한 배려가 정치定置되었다. 그 여성들이 상호 의존적인 사람을 배제하고 사람을 대할 것 같지는 않다"는 것에 주목한다 (Baier 1990, 11). 여성들은 사람이 여성으로 태어난 이상 다른 방식으로는 존재할 수 없다고 기억할 것이다. 그러나 나의 관점에서, 이 논제는 윤리학이 자연화되어야 하는 것과는 무관하다.

사람에 관한 여성주의자의 재개념화는 여성주의 도덕철학에 깊은 영향을 미쳤다. 도덕성이 요구하는 사람은 오늘날까지 지배적인 도덕성과는 아주 다른 도덕성을 필요로 할 것이다. 사람이 어떻게 이해되어야 하는가에 달려 있기 때문이다. 이러한 도덕성은 공적으로 가정된 사람과 사적으로 가정된 사람 모두를 위한 도덕성이 될 것이다. 결국 그들은 같은 사람이기 때문이다.

도덕 개념과 이론의 이처럼 넓고 깊이 있는 개정은 인지과학의 도움을 많이 필요로 하지 않는다. 인지과학이 이러저러한 제안을 가끔 강화시킬 수는 있다. 예를 들어, 실제로 자기 이익이 인간 행위를 결정하는 유일한 동기가 아니라는 증거를 제공하는 경우이다. 그러나 찾고자 한다면, 이러한 증거는 우리 주변의 모든 도덕적 경험에 항상 있었다. 그리고 인지과학이나 그 밖의 다른 과학의 주장과 자신의 경험이 상충할 때, 흔히 여성은 자신의 경험을 더 신뢰할 것이다. 여성의 경험에 대한 심리학적이고 사회과학적인 오해의 역사는 망각되어서는 안 될 두려운 이야기이다.

감정이입과 윤리학

앨빈 골드먼은 감정이입의 다양한 측면 및 도덕적 행위에 영향을 미치는 감정이입의 역할에 대한 인지과학의 연구를 유익하게 정리했다. 그는 만족할 만한 규정적 이론은 "인간의 본성에 근거해야" 하며, 그래서 인지과학의 발견은 규범적 도덕 이론과 관련된다고 한다(Goldman 1993a, 357). 규범적 도덕 이론이 인간 존재에게 불가능한 것을 요구해서는 안 된다는 것에는 전적으로 동의할 수 있다. 그리고 인지과학의 발견이 도덕성에 권고하는 것과 관련된 정서적 경향성 및 한계를 알려줄 수 있다는 것에도 전적으로 동의한다. 그러나 인지과학의 기여를 과장해서는 안 된다.

인간 존재의 경향성, 그중에서도 특히 공격성이나 폭력에 대해 연구할 수 있다. 윤리학은 그러한 경향성에 대응하고 제지하는 방법을 권고할 필요가 있다. 어떻게 고정관념이 형성되고 편견이 발달하는지를 연구할 수 있다. 윤리학은 그러한 편견에 반대하는 공정함과 숙고에 관해 가르쳐야 한다. 사람들이 가지고 있는 경향성은 무엇이며 어떻게 태도가 발달하는지를 아는 것은 분명히 유용한 지식이다. 그러나 그것이 도덕적 평가와 권고를 연구하는 것은 아니다.

예를 들어, 신경망 모형은 어떻게 아이들이 다양한 도덕적 태도를 학습하고 상호 연관된 도덕 판단을 구성하는지를 설명할 수 있다(Churchland 1989). 그것은 아이들에게 어떻게 훌륭한 도덕적 태도가 학습되는지를 설명하는 데 유용할 것이다. 그러나 어떻게 더 약한 집단을 무시하고, 그 구성원들을 이용하는지를 설명하는 데에도 마찬가지로 유용할 것이다. 일단 아이들에게 가르쳐야 할 것을 결정했다면, 보다 효과적으로 가르치는 방법을 이해하는 것에는 도움을 줄 수 있다. 그러나 아이들에게 무엇을 가르쳐야 할지의 문제에 답하는 바는 거의 없다. 폴 처치랜드는 최근 출현한 인지 작용의 신경망 모형에 근거에서 이렇게 서술한다. "지식 습득은 주로 **방법**을 학습하는 과정이다. 즉, 매우 다양하고 복잡한 상황들을 인식하고 그것에 적절히 반응하는 방법이다… 도덕 지식이 다른 형식의 지식과 비교해서 자동적으로 고민하는 것은 아니다"(Churchland 1989, 298). 하지만 어떤 반응이 적절한지의 문제는 분명히 윤리학이 언급해야 한다. 그리고 어떤 도덕적 "지식 획득"이 조장되어야 하고 어떤 신념과 태도가 억제되어야 하는지를 결정하기에 앞서, 대안적 도덕규범에 대한 평가가 필요하다.

인간 존재가 어떻게 감정이입을 느낄 수 있고 느끼는가에 관한 사실은 분명히 도덕성과 관련된다(Meyers 1993). 그러나 인간이 어떻게 추론할 수 있고 추론하는가에 관한 사실로 보려는 사람들에게 그것은 평이한 사실이다. 자선 행위에서 감정이입과 그 역할에 관한 증거는 도처에 있다. 그러나 그것은 흔히 도덕철학자들에 의해 주목되지 않았거나, 도덕성에 중요한 것으로 고려되지 않았다. 우리 중 일부는 이상한 것을 발견했다. 감정이입이 존재하며, 감정이입은 우선적으로 자신의 개인적 이익을 만족시키는 것이 아닌 방식으로 행위하도록 동기화할 수 있다는 것을 인지과학이 알려준 다음에야, 많은 철학자들이 감정이입을 믿었다는 것이다. 우리는 이러한 설명이 어떻게 가능한지를 묻고 싶다.

감정이입에 관한 사실이 주목되지 않은 이유 혹은 도덕성과 관련된 것으로 간주되지 않은 이유를 설명하는 데 도움을 주는 한 요인이 있다. 그 요인은 이성과 남성, 정서와 여성과 깊이 연관되었다. 그리고 여성의 경험을 무시하는 것과 깊이 연관되었다. 여성의 도덕적 경험은 감정이입 현상에 대한 통찰의 포괄적 근거를 제공한다. 그리고 감정이입이 부족하거나 과도하게 되는 방식을 제공한다. 이러한 통찰은 특별히 인지과학을 사용할 필요도 없이, 이미 여성주의 도덕 이론에 크게 영향을 받았다.

여성의 행위, 동기, 경험에 의해 증거가 제시되었을 때, 그 증거를 거부한 긴 역사를 지적할 수 있다. 가정과 가사에서 여성의 행위와 경험의 전 영역이 도덕성과 무관한 것으로 무시되어 왔다. 마치 도덕적 행위가 아니라 생물학의 영역에 속하는 행위로 무시되었다. 여성은 도덕 판단을 실행하기보다는 단순히 모성적 본성이 명령하는 것을 수행하는 것으로 개념화되었다.[2] 모든 행위가 결정되지만, 자기 결정 행위는 상대적으로 자유롭다고 생각하는 사람들이 있다. 그들조차 여성의 모성적 행위를 이러한 의미에서 자유로운 행위의 예를 제

---

2. 더 진전된 논의와 많은 참조를 위해서는 Held(1993) 참조.

공하는 것으로 개념화하지 않았다. 오히려, 그들 역시 본능적 행위로 보곤 하였다. 도덕원리에 의해 안내되거나 도덕원리의 개정과 관련된 행위로 보지 않았다. 여성주의 이론가들은 거의 모든 전통적이고 표준적인 도덕 이론에서 그러한 왜곡을 지적했다. 그러한 이론은 도덕성을 수립할 때 이미 남성이 주도하는 공적 영역에 부당한 우선권을 부여한다. 반면, 대체로 여성들에게 한정된 사적 영역에는 불합리한 불이익을 부여한다(Held 1993).

인지과학에서, 많은 다른 행위처럼, 가정 내의 행위도 자연적 정서에 의해 결정된다는 것을 확인할 수 있다. 그러나 인지과학은 가정 내에서 어떤 종류의 행위에 도덕적 선택들이 이루어져야 하는지를 제시할 수 없다. 그리고 친구 사이에서 관찰 및 설명과 구분되어 권고되어야 하는 경우를 제시할 수 없다. 그리고 이 영역에서 경험이 도덕 이론과 밀접하게 관련되는 경우를 제시할 수 없다. 그 순간, 이러한 여성의 도덕적 경험을 진지하게 채택하는 것은 오직 여성주의 도덕 이론화뿐인 것 같다. 그래서 여성주의 도덕 이론과 인지과학의 목적은 매우 다르며, 종종 상충하기도 한다.

골드먼은 감정이입이 자신과 가깝거나 비슷한 사람에게 확장될 때, 단지 특수할 필요는 없다는 것을 유익하게 지적한다. 비록 우리의 자선에는 분명히 한계가 있지만, 상당히 멀리 떨어져 있는 사람에게 감정이입을 느낄 수 있다. 그리고 "상당히 보편적인 이론에 근거한 공감"이 있다(Goldman 1993, 35). 그러나 우리의 도덕 이론이 얼마나 보편적이어야 하는지를 결정할 때, 인지과학이 안내하는 바는 거의 없다. 오언 플래너건은 보다 지역적인 도덕 이론을 갖는 데 만족한다(Flanagan 1991). 다른 사람들은 도덕 이론이 보편적이지 않으면 결함이 있는 것으로 생각한다. 인지과학은 사람들에게 합리적이라고 기대하는 생각에 대한 한계를 제시할 수 있다. 그리고 그것은 분명히 우리가 최선이라고 생각하는 도덕규범을 준수하도록 가르치고 획득하게 하는 데 도움을 줄 수 있다. 그러나 인지과학 자체는 어떤 도덕규범을 채택하고 어떤 도덕 이론이 최선인지를 결정하는 것을 도울 수는 없다. 여성주의 도덕 이론화 내에는 많은 불일치와 풍부한 건전한 논쟁이 있다. 그 논쟁에는 윤리학이 얼마나 보편적이어야 하며, 얼마나 자연주의적이어야 하는지에 관한 불일치가 포함된다. 물론 내 자신의 관점은 그 여성주의 도덕 이론의 관점은 아니다. 그러나 어떤 도덕 이론이 성적 평등에 대한 강력한 도덕적 관여, 그리고 성적 지배에 대한 종식을 포함하지 않거나, 여성의 경험에 대한 합당한 관심을 기울이지 않는다면, 여성주의적 관점에서 수용될 수 없을 것이다. 나의 관점에서 이러한 관여의 일부는 자연주의적 서술을 벗어난다.

은유와 도덕적 사고

우리 대부분은 기본적인 도덕 개념이 은유적이어서 중요하다는 마크 존슨에 동의한다(Johnson 1993). 그러나 이를 이해하더라도 대안적 은유들 사이에서 도덕적 선택을 해야 할 필요성은 줄어들지 않는다. 몇몇 예들을 살펴보자. 수세기 동안, "인간"의 개념은 흔히 전사 같은 남성적 인간 이미지에 근거했다. 혹은 정치적 권력을 휘두르거나, 예술이나 과학 혹은 산업 작품을 창조할 때 남성이 수행하는 측면을 반영한 이미지에 근거했다. "남자"라는 사람의 지배적 개념에 대한 여성주의자의 비판에서는 "여성"과 "소녀"의 이미지가 포함된 개념을 주장한다. 그리고 늘 그래 왔던 "기타" 방식이 아니라 정당한 방식이라고 주장한다.

우리는 윤리학 및 사회철학과 정치철학의 역사에서 공적 영역의 남성 은유에 과도하게 의존한 것을 볼 수 있다. 공적 영역에서 남성 가장은 정치적 삶과 시장에서 이익 추구 수단을 제한하기 위해 다른 남자와 계약한다. 그러한 지배적 은유를 의식하면, 그것에 관한 통찰력 있는 해석을 통해 그 은유를 확장하거나, 수정하거나, 제한하거나, 대체할지를 결정할 수 있다. 이것은 철학의 지속적 임무였다.

나는 여러 곳에서 소유의 개념을 논의했다. 그리고 방해 받지만 않으면 필요한 것을 획득할 수 있는 자립농이나 상인이라는 로크적 이미지가 여전히 소유의 현대적 해석에 얼마나 스며 있는지를 논의했다. 이러한 은유는 경제 협력, 특히 현대 경제 체제를 평가하는 일에는 매우 부적절하다(Held 1984). 또한 방해 받지만 않는다면 광장에서 발언할 수 있는 웅변가의 이미지가 여전히 표현의 자유에 대한 해석 및 수정헌법 제1조First Amendment의 법적 관결을 얼마나 좌우하는지를 논의했다. 이 은유는 현대 문화를 다루기에는 매우 부적절하다. 현대 문화는 매체라는 현실에 의해 지배되고, 매체를 통해 듣는 것은 공공 광장에서 소리치는 것과 유사성이 거의 없다(Held 1988). 그리고 경제적 거래 은유가 도덕 문제에 상투적으로 채택되지만, 도덕 문제를 다루기에는 타당하지 않다고 주장했다(Held 1984; Anderson 1993도 참조). 나는 분명히 도덕적 사고에 사용된 은유를 명료화하려는 노력에는 매우 공감한다. 그러나 일단 지배적 은유에 얼마나 결함이 있는지를 이해한다면, 도덕적으로 그리고 서술적으로 더 좋은 대안을 선택할 필요가 있다.

일부 철학자들은 계약 은유와 그에 따른 사고방식이 정치 제도의 기초인 사회계약뿐 아니라, 대부분의 혹은 모든 인간관계와 전체 도덕성에도 적용된다고 주장한다(Gauthier 1986; Hampton 1993). 반면, 다른 철학자들은 대부분의 도덕성 및 가정과 사회의 많은 문제를 생각할 때 계약적 사고가 매우 부적합하다고 주장한다. 이 문제에 관한 논증은 학습하는 방식, 수행한 것을 생각하는 방식, 혹은 계약 규범과 사고방식이 사람들이 믿거나 수행한 것을 설명하는 방식에 의해 해결될 수 없다. 계약적 사고는 우리가 살아가는 사회에 만연해 있지만, 그토록 널리 퍼져서는 안 된다고 주장하는 사람도 있다. 우리의 관점에서 이 은유는 도덕적 이해에 상당히 부적합하다. 인지과학은 선택된 은유가 수용된 이유를 설명하는 데는 도움을 줄 수 있다. 그리고 그 밖의 경험적 연구들은 선택된 것이 왜 누구에게는 유리하고 누구에게는 불리한지를 설명하는 데 기여할 것이다. 그렇지만 인지과학이 은유들 중에서 선택을 권고할 수는 없다.

마크 존슨은 인지과학을 통해, 우리가 사용하는 은유가 도덕성을 생각하는 방식에 미친 영향을 이해하기 시작했다고 생각한다. 이는 인지과학의 기여를 크게 과장한 것으로 보인다. 철학자나 다른 분야의 학자들은 흔히 다양한 견해와 사고방식에서 지배적 은유를 밝히고 검토한다. 그 사례로 생각할 수 있는 것에는, 맥퍼슨C. B. Macpherson이 홉스와 로크Locke에게서 본 "소유적 개인주의 possessive individualism," 대륙 철학과 영국 철학의 견해를 구분하기 위해 이사야 벌린Isaiah Berlin이 사용한 고슴도치와 여우, 정치학에 관한 사고에서 낸시 하트속Nancy Hartsock이 분석한 병영 공동체 은유 등 무수히 많은 사례들이 있다 (Macpherson 1972; Berlin 1953; Hartsock 1983). 캐럴린 머천트Carolyn Merchant는 지구가 개념화되고, 생각되고, 느껴지는 데 사용된 은유의 함의를 제시한다. 16세기 이전에 지구는 생식력 있고 양육하는 어머니처럼 보였다. 그것을 침해하는 것을 꺼렸다. 그래서 상업적 광산은 지구를 자르는 것이기 때문에 도덕적으로 문제가 있는 것으로 생각되었다. 17세기까지는 성적인 은유가 널리 퍼지게 되었다. 지구는 새로운 과학에 의해서 지배되어야 하는 여자로, 적절히 정복되어야 하는 여성으로 생각되었다. 광산을 뚫어 지구를 관통하는 것은 더 이상 도덕 문제로 보이지 않았다(Merchant 1982).

설득력 있다면, 널리 보급된 은유에 관한 이러한 해석은 분명히 우리의 이해를 고양한다. 즉, 그것은 인지과학의 도움을 받을 필요가 없다. 우리는 많은 철학적 사고와 그 밖의 사고의 핵심에서 기계적 모형을 보고, 그 적합성에 문제를 제기하기 위해 은유를 밝히는 방식을 잘 알고 있다. 혹은 목적이 의심스럽기도 하지만, 다른 사고 체계의 연구에 가장 적합한 진화와 생존에 관한 은유를 인정한다. 그리고 이것을 인지과학적 관점의 도움을 받지 않고 수행했다. 물론 지금은 인지과학에 영향을 받은 철학적 사고와 그 밖의 사고에 깊이 스며 있는 컴퓨터와 그 프로그램 은유, 컴퓨터 하드웨어와 소프트웨어 은유를 볼 수 있다. 도덕적 경험을 이해하기 위해 컴퓨터와 그 프로그램 은유를 사용하는 것이 유용하지 않다고 생각하는 사람도 분명히 있다. 토머스 네이글은 이렇게 쓴다. "결과적으로… 인간이 만든 컴퓨터 유비를 사용하여 마음을 이해하려는 오늘날의 시도는… 엄청난 시간 낭비로 인식될 것이다"(Nagel 1986, 16).

마크 존슨은 사용된 은유의 논리가 소위 "대상" 영역에서의 추론을 결정한다고 생각하는 것 같다. 여기서 대상 영역은 윤리학 영역이다. 그러나 윤리학 영역이 은유의 논리에 물들어 있다 하더라도, 제시된 은유가 제시된 영역에서 좋거나 나쁜 추론을 이끄는지를 결정해야 한다. 혹은 거기서 더 좋거나 더 나쁘게 경험의 해석을 이끄는지를 결정해야 한다. 그 은유가 부적절하다고 결정할 때, 대안을 찾는다. 비록 은유가 특정한 사고방식을 유발하더라도, 문제된 사고방식이 이에 근거해서 평가될 수 있다는 것을 의미하지는 않는다. 어떤 입장에 도달하게 되는 방식과, 그 입장을 논점에 관한 옳거나 틀린 혹은 타당하거나 부당한 혹은 좋거나 나쁜 사고방식으로 만드는 것은 구별된다. 이는 매우 오랜 역사를 가진 구별이며, 이를 유지할 타당한 이유가 있다고 생각한다.

　인지과학자들은 약속을 지켜야 한다고 어떻게 생각하게 되는가의 문제에 답하는 것이 당위에 관한 문제에 답하는 것이라고 제안할 것이다. 그 밖의 도덕 판단에 대해서도 마찬가지다. 그러나 분명히 동의할 수 없다. 윤리학의 임무는 당위와 가치의 문제에 답하는 것이다. 어떻게 우리가 가진 견해에 이르게 되었는지에 관한 지식은 분명히 도움이 될 수 있다. 그러나 결코 그 자체가 도덕 문제에 답할 수는 없다. 어떤 은유가 우리의 가치, 목표, 책무를 다루는 데 최선인지를 결정해야 한다. 마크 존슨이 은유를 해석하는 방식에서 전개한 것을 아주 다른 방식으로 해석할 수 있다. 그것은 윤리학에서 우리가 다양한 도덕적 직관, 판단, 원리에서 시작하여, 그것을 표현하기 위해 은유를 사용한다고 생각하는 것이다.

　인지과학의 접근법을 흉내 내어 제시해 보자. 마크 존슨은 신체적 영역으로 간주한 것에서 다양한 기본 은유를 선별한다. 그리고 그의 조사에서 다양한 형태의 도덕적 논의가 기본적 은유에 의해 결정되는 방식을 제시한다. 인지과학의 도움 없이, 그가 도덕적 사고와 논의에서 쉽게 볼 수 있다고 발견한 것에서 두 가지 다른 기본 은유를 제시해 보자.

　첫 번째는 **'성적/기아**SEXUAL/HUNGER**'** 은유이다. 우리는 욕망과 욕구를 가지며, 그 만족은 기분 좋은 것이다. 즉, 욕구를 충족하는 것은 좋은 것이다. 우리가 해야 하는 것은 만족을 최대화하는 것이다. 충분히 만족되면, 쾌락이 줄어든다. 즉, 욕구가 최대일 때, 쾌락은 가장 강하다. 종종 우리는 만족 이상의 욕구를 바란다. 쾌락은 욕구되고 바람직하다. 고통은 회피되고 바람직하지 않다. 단기적 욕구에 의해 오도되어서는 안 되겠지만, 욕구 불만을 최소화하는 것이 좋은 것이다. 우리는 추구할 목적을 고려해야 하고, 즉각적 욕구뿐 아니라 이차적 욕구가 있다는 것도 고려해야 한다.

'**성적/기아**' 은유는 기본적인 신체적 영역에서 도출된 담론에서 식별될 수 있고, 이 은유는 그것을 채택한 도덕 영역에서 언급될 수 있는 것을 결정한다고 생각하는 것은 당연히 오도된 것이다. 우리는 흔히 도덕적 사고와 감정, 태도와 판단의 혼합에서 출발한다. 우리는 그것을 은유적 언어를 사용하여 표현하려고 한다. 최소한 경우에 따라서, 기본적 영역과 신체적 영역에 속하고 도덕적 담론의 맥락에서 사용되는 도덕 용어로 패러디하여 말하자면, "매개체 vehicle" 영역이라고 부르는 것이 더 정확할 것이다.

두 번째로 '**성장**GROWTH' 은유에 따르면, 정상인의 도덕적 이해는 발달한다. 도덕적 성장이 방해 받을 때, 그 사람의 도덕적 발달은 저해된다. 도덕적 성장을 촉진하는 환경이 없다면, 그 사람은 도덕적으로 불구가 될 것이다. 종종 유해한 조건이 자연적 도덕 발달을 방해한다. 도덕성은 사람을 인간으로 성장하도록 한다.

이러한 방식으로 말하자면, 기본 영역, 도덕 영역에서 성장에 도덕적 해석이 부여된다고 말할 수 있다. "매개체" 영역에서, 성장에는 생물학적 해석이 부여된다. '성장' 은유에 의존해 온 철학자들은 성장이 좋다는 것을 논증하기보다는 가정했다. 오늘날 인구 증가와 환경에 대한 산업화의 영향 같은 영역에서는 이에 대해 쉽게 문제를 제기할 수 있다는 것을 안다. 그래서 우리는 이 은유에서 잘못된 것을 보다 쉽게 볼 수 있다. 그러나 자주 그랬듯이, 성장을 좋음으로 보는 것에 대한 문제 제기가 널리 퍼지기까지는 오랜 시간이 걸린다는 것을 알 수 있다.

다른 "매개체" 영역을 지정하고, 그것을 묘사한 말을 계속해서 도출할 수 있다. 물론, 은유는 인지과학의 조력 없이, 그리고 "매개체 영역"에서 탐구 프로그램을 필요로 한다는 제안 없이, 도덕적 논의에 있는 은유가 식별될 수 있다. 도덕적 숙고는 상상적 과업이라는 것에 동의할 수 있다. 그러나 결론적으로, 인지과학보다는 문학과 예술에서, 그리고 자신과 같거나 다른 경험을 가진 다른 사람에게 듣는 것에서 이 상상적 기획을 더 육성할 수 있을 것이다. 인지과학이 지나치게 공상적인 이야기가 되어서 더 이상 과학으로 인정되지 않는 한 그렇다.

도덕철학

나의 관점에서 존 듀이의 윤리학은 기본적으로 불만족스럽다. 도덕 이론을 인지과학 같은 과학이 답할 수 있는 종류의 이론으로 생각했기 때문이다.[3] 그는 마치 도덕 문제들이 단지 저절로 나타나고, 도덕성의 임무는 그 문제에 대한 경험적 해결책을 찾는 것처럼 서술했다. 그러나 도덕 문제는 단지 저절로 나타나지는 않는다. 우리는 특정한 경험적 상황을 도덕 문제가 되는 것으로, 도덕 문제로 해석하기로 결정한다. 40년 전에 가사의 부담을 여성에게 과도하게 제한한 것을 도덕 문제, 불공정의 문제로 본 사람은 거의 없었다. 오히려, 그러한 제한에 대한 불만을 심리적 적응이라는 개인적 문제로 해석하였다. 그러나 소수의 사람들, 이후 그들과 연대한 사람들이 경험적 판단과 구별되는 규범적 판단을 했다. 즉, 여성에게 가사를 벗어날 기회를 매우 광범위하게 제한한 것은 불공정했다고 판단했으며, 따라서 그 기회는 늘어났다.

칸트적 혹은 공리주의적 규칙의 도덕성을 주장하는 것은 아니다. 이러한 규칙의 도덕성은 법률과 공공 정책의 규범을 도덕 이론 수준에서 일반화한 것으로 해석될 수 있다. 많은 여성주의자들은 최근 수십 년간을 지배해 온 지나치게 합리주의적인 도덕 이론을 비판했다. 우리는 배려에 포함되는 활동, 정서, 가치를 적절하게 고려하는 도덕성을 추구해야 한다. 그리고 이를 공정, 이성, 공리를 채택하는 도덕 이론만큼이나 진지하게 고려하는 도덕성을 추구해야 한다. 그러나 여전히 도덕철학은 경험적인 것보다는 규범적인 것에, 설명이나

---

3. 예를 들어, 듀이는 "자연의 나머지 사실과 연관된 인간의 사실" 찾기를 권고한다(Dewey 1957, 13).

예측보다는 권고나 평가에 우선성을 부여해야 한다.

물론, 상상할 수 있는 모든 것이 "자연적" 범주와 "초자연적" 범주에 속한다고 가정한다면, 당연히 윤리학은 자연적 영역에 속한다. 이 구분을 받아들인다면, 나 역시도 그렇게 생각한다. 그러나 그렇게 가정하는 것은 지나친 오해인 것 같다. 자연적인 것과 초자연적인 것의 구분은 모든 은유들 중에서 가장 불행한 은유일 것이다. 훨씬 더 유익한, 특히 윤리학에 유익한 다른 구분이 있다. 즉, 특별히 인간적인 것과 어떤 인간적인 것과도 무관하게 자연계에 속하는 것 사이의 구분. 혹은 의식적 자아의 주관적 관점과 자연 및 자연에 속한 인간 존재를 연구하고 자연의 사건을 설명하려는 관찰자의 객관적 관점 사이의 구분이다. 이러한 구분은 방금 제시된 의미에서 초자연적인 것도 자연적인 것도 아닌 영역의 인정을 요청한다.

규범적 권고는 바로 이 영역에서 언급된다. 인간 본질의 일부인 사회적 관계를 지속적으로 형성하고, 사회적 관계에 의해 형성되는 의식적 인간 주체로 이루어진 영역이다. 우리는 자연과학에 의해 연구되는 자연에 대해 도덕적 권고를 하지 않는다. 삶을 어떻게 살아야 하는지, 환경을 어떻게 변화시켜야 하는지, 희망을 어떻게 표현해야 하는지, 자연 속에서 인간 존재의 미래를 어떻게 지속하거나, 나아가 개선해야 하는지를 의식적으로 선택하는 사람들에게 도덕적 권고를 한다.

참고 문헌

Anderson, Elizabeth, 1993. *Value in Ethics and Economics*, Cambridge, Mass.: Harvard University Press.

Baier, Annette. 1991. "A Naturalist View of Persons," *Proceedings and Addresses of the American Philosophical Association* 65, no. 3 (November).

Berlin, Isaiah, 1953, *The Hedgehog and the Fox*. New York: Simon and Schuster.

Boyd, Richard. 1988. "How to Be a Moral Realist." In *Essays on Moral Realism*. Edited by
   Geoffrey Sayr-McCord. Ithaca, N.Y.: Cornell University Press.

Churchland, Paul. 1989. *A Neurocomputational Perspective: The Nature of Mind and
   Structure of Science*. Cambridge, Mass.: MIT Press.

Copp, David. 1990. "Explanation and Justification in Ethics." *Ethics* 100 (January): 237-58.

Dewey, John. 1957. 1922. *Human Nature and Conduct*. New York: Random House.

Flanagan, Jr., Owen J. 1984. *The Science of the Mind*. Cambridge, Mass.: MIT Press.

Flanagan, Jr., Owen J. 1991. *Varieties of Moral Personality: Ethics and Psychological
   Realism*. Cambridge, Mass.: Harvard University Press.

Flanagan, Jr., Owen J. 1994. "Ethics Naturalized: Ethics as Human Ecology." Paper
   presented at Mind and Morals Conference, Washington University, St. Louis, April 8.

Gauthier, David. 1986. *Morals By Agreement*. Oxford: Clarendon Press.

Gibbard, Allan. 1990. *Wise Choices, Apt Feelings: A Theory of Normative Judgement*.
   Cambridge, Mass.: Harvard University Press.

Goldman, Alvin I. 1993a. "Ethics and Cognitive Science." *Ethics* 103 (January): 337.

Goldman, Alvin I. 1993b. *Philosophical Applications of Cognitive Science*. Boulder, Colo.:
   Westview Press.

Hampton, Jean. 1992. "Hobbes and Ethical Naturalism." In *Philosophical Perspectives*,
   vol. 6, *Ethics*. Ed. James E. Tomberlin. Atascadero, Calif.: Ridgeview, 1992.

Hampton, Jean. 1993. "Feminist Contractarianism." In *A Mind of One's Own: Feminist
   Essays on Reason and Objectivity*. Boulder, Colo.: Westview Press.

Hartsock, Nancy. 1983. "The Barracks Community in Western Political Thought." In
   Women and Men's Wars. Edited by Judith Stiehm. New York: Pergamon.

Held, Virginia. 1982. "The Political 'Testing' of Moral Theories." *Midwest Studies in
   Philosophy* 7 (Spring): 343-63.

Held, Virginia. 1984. *Rights and Goods: Justifying Social Action*. New York: Free Press.

Held, Virginia. 1988. "Access, Enablement, and the First Amendment." In *Philosophical*

Foundations of the Constitution. Edited Diana T. Meyers and Kenneth Kipnis. Boulder, Colo.: Westview Press.

Held, Virginia. 1993. *Feminist Morality: Transforming Culture, Society, and Politics*. Chicago: University of Chicago Press.

Johnson, Mark. 1993. *Moral Imagination: Implications of Cognitive Science for Ethics*. Chicago: University of Chicago Press.

Lewis, David. 1966. "An Argument for the Identity Theory." *Journal of Philosophy* 63: 17-25.

Macpherson, C. B. 1972. *The Political Theory of Possessive Individualism*. New York: Oxford University Press.

Merchant, Caroline. 1982. *The Death of Nature: Women, Ecology, and the Scientific Revolution*. New York: Harper & Row.

Meyers, Diana Tietjens, 1993. "Moral Reflection: Beyond Impartial Reason," *Hypatia* 8: 21-47.

Nagel, Thomas. 1986. *The View from Nowhere*. New York: Oxford University Press.

New York Times. 1994. May 24, p. C1.

Putnam, Hilary. 1993. At Symposium: *Functionalism*. American Philosophical Association, Eastern Division Meeting, December 28.

Railton, Peter. 1986. "Moral Realism." *Philosophical Review* 95: 163-207.

Sayre-McCord, Geoffrey. 1988. "Normative Explanations." In *Philosophical Perspectives*, vol. 6: *Ethics*. Ed. James E. Tomberlin. Atascadero, Calif.: Ridgeview.

Sturgeon, Nicholas. 1984. "Moral Explanations." In *Morality, Reason and Truth: Essays on the Foundations of Ethics*. Edited by David Copp and David Zimmerman. Totowa, N.J.: Rowman and Allanheld.

van Inwagen, Peter. 1983. *An Essay on Free Will*. Oxford: Clarendon Press.

도덕 판단, 표상, 그리고 원형

5. 사회적 세계의 신경 표상

폴 처치랜드

사회적 공간

게는 바위와 훤히 트인 모래밭 그리고 은신처로 이루어진 바닷속 공간에서 산다. 들다람쥐는 나무 구멍과 나뭇가지 터널 그리고 잎이 깔린 거주지로 이루어진 공간에서 산다. 인간은 상대적으로 복잡한 물리적 공간을 차지한다. 하지만 인간은 분명히 책무, 의무, 권리부여, 금지, 약속, 부채, 감정, 모욕, 협력, 계약, 적, 열중, 타협, 상호 간의 사랑, 합법적 기대, 집단적 이상으로 뒤얽힌 공간에서도 산다. 이 사회적 공간 구조를 학습하는 것, 사회적 공간 속에서 자신과 타인의 현재 위치의 인식을 학습하는 것, 개인적 혹은 사회적 파괴 없이 사회적 공간을 통과하는 방식을 학습하는 것은 모든 인간에게 중요하다. 적어도 순수 물리적 공간에 대처하는 기술을 학습하는 것만큼이나 중요하다.

다람쥐와 게, 혹은 벌과 개미나 흰개미를 무시하거나, 그렇게 생각하도록 하려는 것은 아니다. 인간보다 단순하지만, 그것들의 인지적 삶의 사회적 측면 역시 복잡하며, 분명 그것들에게도 마찬가지로 중요하다. 모든 수준의 계통발생적 척도에서, 각 생물들은 단지 물리적 대상뿐 아니라 다른 생물로 이루어진 세상에서 산다는 것이 중요하다. 그 생물들은 자신의 이익에 부합하거나 반하는 것을 지각하고, 계획하고 활동할 수 있다. 그러므로 다른 생물들도 체계적 주의를 갖는다. 비사회적 동물조차도 포식자의 위협이나 포획 기회를 지각하고 반응하도록 학습해야 한다. 나아가 사회적 동물들은 그들의 집단생활을 구성하는 상호작용 문화도 학습해야 한다. 이것은 그들의 신경 체계가 지역적인 사회적 공간의 여러 측면들을 표상하도록 학습해야 한다는 것을 의미한다. 그 공간은 지역의 물리적 공간만큼이나 확실히 관련되어 각인된다. 그들은 사회적 행위, 사건, 위치, 구성, 과정에 대한 범주들의 위계를 학습해야 한다. 희미한 입력의 장막, 만성적 애매성, 종종 고의적 속임을 통과하여 많은 범주 사례를 인식하도록 학습해야 한다. 무엇보다도, 사회적 공간에서 적절한 행위를 산출하도록 학습해야 한다. 그들이 제 힘으로 움직이고, 먹이를 잡고, 피난처를 찾기 위해 학습해야 하는 것과 마찬가지다.

이러한 추가적 필요성에 직면할 때, 사회적 생물은 순수 물리적 세계의 표상에서 사용하는 것과 동일한 종류의 신경 자원과 부호화 전략을 사용해야 한다. 그 일은 특수하지만, 활용하는 도구는 동일하다. 생물은 그들이 살고 있는 사회적 실재의 구조를 표상하기 위해 뇌에 수많은 신경자극 연결 강도synaptic connection strengths를 형성해야 한다. 나아가, 사회적으로 수용 가능하거나 유익한 행위를 출력하는 신경 활성화-유형 계열sequence of neuronal activation-patterns을 낳도록 학습해야 한다. 다음에서 보듯이, 사회적 실재와 도덕적 실재도 물리적 뇌의 영역이다. 다른 종류의 인지나 행위와 마찬가지로 사회적 인지와 도덕적 인지, 사회적 행위와 도덕적 행위도 뇌의 활동이다. 우리 자신의 도덕적 본성을 이해하고자 한다면, 이 사실에 당당하고 솔직하게 직면할 필요가 있다. 만연한 사회적 병리를 효과적이고 인간적으로 다루고자 한다면, 이에 직면할 필요가 있다. 그리고 사회적 잠재성과 도덕적 잠재성을 충실히 실현하려면, 이에 직면할 필요가 있다.

이러한 생각은 부득이 일부 독자들을 불편하게 할 것이다. 사회적 지식과 도덕적 지식이 순전히 물리적인 뇌에 정치定置됨으로써 어떤 면에서는 그 가치가 저하되는 것 같기 때문이다. 단연코 나의 목적은 평가절하가 아님을 밝힌다. 나의 관점에서, 사회적 이해와 도덕적 이해는 과학적 이해나 이론적 이해와 마찬가지로 "지식"이라는 용어에 해당한다(그 이상도 그 이하도 아니다). 인간처럼 집단적 생물인 경우, 사회적이고 도덕적인 이해는 경험적이고 객관적인 이해만큼이나 획득하기 어렵다. 그리고 과학적 지식의 모든 부분처럼 복지에 매우 중요하다. 또한 개인적 생애와 여러 세기에 걸친 시간의 경과 속에서 진보한다. 참혹한 경험을 억압하기 위해 꾸준히 조정된다. 그리고 더 확실한 평화, 더 풍부한 교제, 더 깊은 계몽이라는 희망에 이끌린다.

이 간단한 언급 이상으로 도덕적 실재론을 철학적으로 옹호하기 위해서는 또 다른 근거를 찾아야 한다. 인내심 있는 독자에게 미리 분명히 말하자면, 여기서 이 문제는 일단 제쳐 둔다. 그리고 형이상학적인 지위가 무엇이든, 살아 있는 생물학적 생명체의 뇌에서 사회적·도덕적 지식이 실제로 어떻게 **구체화되는가**라는 핵심 논제로 접근해 보자.

그렇게 어렵지는 않다. 개미와 벌은 복잡한 사회생활을 하지만, 그들의 신경 자원은 보잘것없다(개미는 최고 10^4 뉴런). 그 자원은 아주 작지만, 분명히 그들에게는 적절하다. 일개미의 신경망은 사회적으로 관련된 매우 다양한 대상을 인식하도록 학습한다. 즉, 그 대상이란 쫓거나 피해야 될 것을 표시하는 페르몬pheromon의 흔적, 서로의 행동을 조정하는 촉각 교환이라는 표현 수단, 집단의 전체적 방어, 공격, 분리 시기, 둥지의 진디떼 보호하기, 여왕개미와 알을 키우는 데 사용하는 복합적인 필요품 등이다.

아마 사회적 인식과 사회적 행위라는 난제는 신체적 인식과 신체적 행위와 기본적으로 다르지 않을 것이다. 식별되어야 할 사회적 특성과 과정은 미묘하고 복잡할 것이다. 그러나 인공신경망을 사용한 최근 연구에서 설명하듯, 고차적 방향 표상(즉, 대규모의 뉴런을 통과하는 활성화 수준의 복잡한 **유형**)은 이 모든 것을 성공적으로 포착할 수 있다. 그 방식을 살펴보기 위해, 간단한 사례에서 시작해 보자. 즉, 인간의 얼굴에 나타나는 주요 정서 상태부터 시작해 보자.

EMPATH: 인간 정서를 인식하는 망

최근 신경망 연구자들은 사회적 지각의 일부 기본 사례들을 모형화하는 데 성

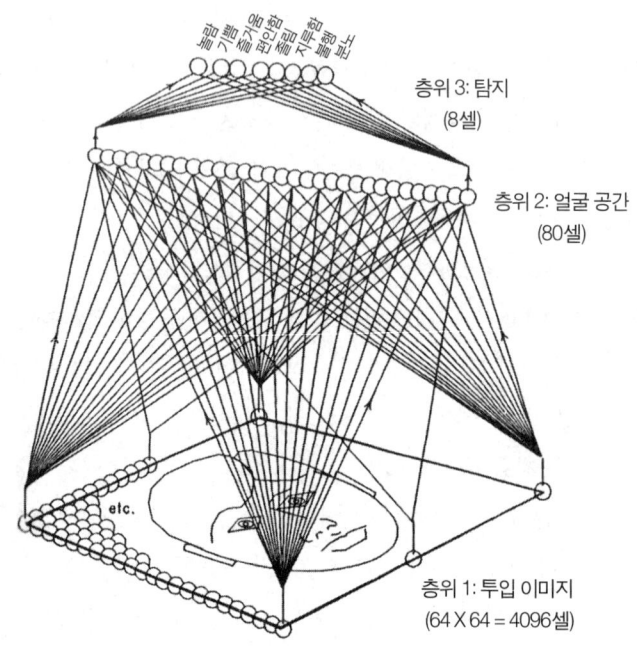

층위 3: 탐지
(8셀)

층위 2: 얼굴 공간
(80셀)

etc.

층위 1: 투입 이미지
(64 X 64 = 4096셀)

그림 5.1
EMPATH, 8가지 현저한 인간 정서를 인식하기 위한 피드포워드 과정 제어망

공했다. 여기서 나는 캘리포니아 대학 샌디에이고 캠퍼스의 개리슨 코트렐
Garrison Cottrell과 저넷 메트칼프Janet Metcalfe의 연구를 인용한다. 그들의 3단계
인공망은 그림 5.1에서 도식적으로 표현되어 있다.

그 입력층input layer 혹은 "망막retina"은 64 x 64의 화소 격자pixel grid이다. 각
요소는 256가지 상이한 수준의 활성화 혹은 "밝기"를 낼 수 있다. 공간과 밝기
에서 이 해상도는 실제 얼굴 표정을 인식 가능하도록 부호화하는 데 적합하다.

각 입력셀은 80셀로 이루어진 두 번째 층의 모든 셀에 축색종가지axonal end-
branch를 내민다. 이 두 번째 층은 입력된 얼굴이 뚜렷하게 부호화되는 80가지
측면으로 이루어진 추상적 공간을 나타낸다. 이 두 번째 층은 최종적으로 단지
8셀로 이루어진 출력층으로 투사한다. 이 출력셀은 현재 입력 사진에 나타난
특정한 정서 표현을 명시적으로 표상하는 일을 한다. 전체적으로 그 망은 (64

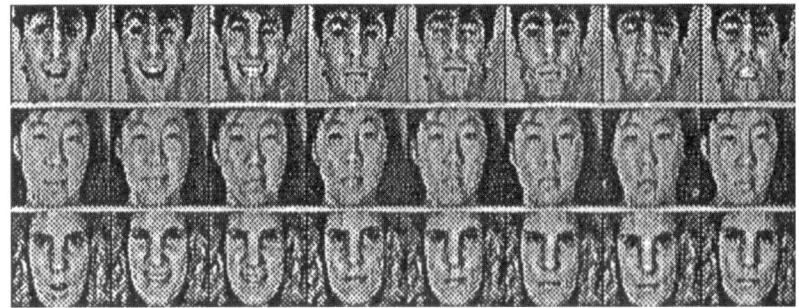

그림 5.2
세 피험자의 얼굴 표정에서 가장된 8가지 익숙한 정서 상태. 왼쪽부터 놀람, 기쁨, 즐거움, 편안함, 졸림, 지루함, 불행, 분노이다. 이 사진 및 다른 17명의 피험자 사진은 인간의 얼굴에서 표현된 정서를 식별하는 망인 EMPATH를 훈련시키기 위해 사용되었다.

x (64) + 80 + 8 = 4,184셀과, 총 328,320시냅스 연결을 포함한다.

　코트렐과 메트칼프는 8가지 익숙한 정서 상태에 대해 이 망을 훈련시켰다. 실험에 협조한 남성 10명과 여성 10명으로 이루어진 20명의 대학원생 피험자들은 얼굴로 그러한 정서 상태들을 흉내 내었다. 이 매력적인 피험자 중 세 명이 그림 5.2에 8번 제시되어 있다. 그들은 8가지 정서를 한 번씩 나타낸다. 차례로 놀람, 기쁨, 즐거움, 편안함, 졸림, 지루함, 불행, 분노를 볼 수 있다. 가장 적절한 크기의 망이 실제 인간 얼굴의 다양성을 넘어 이처럼 미묘한 수준에서 특징을 식별하는 학습을 할 수 있는지를 발견하는 것이 목적이었다.

　답은 '그렇다'이다. 그러나 그것은 제한적이다. 전체 (8가지 정서 20명의 얼굴 =)160가지 사진 세트로 훈련할 때, 그 망은 (전체 훈련 세트 중 1000개를 제시하고, 각각을 제시한 후 점진적으로 시냅스 조정을 거친) 네 가지 긍정적 정서에 대해서는 높은 수준의 정교함에 도달했다(약 80%). 그러나 부정적 정서에서는 매우 낮은 수준이었다. 그러나 분노만은 예외적으로 그 기간 동안 85%를 타당하게 확인했다.

　더욱이 학습도 했다. 전에 본 적이 없는 사람의 사진을 성공적으로 일반화하였다. 그 수행은 8가지 정서 중 5가지 정서에 매우 정확했다. 그리고 가장 부족한 수행은 인간의 유사한 수행에서도 부족한 것에 해당한다. (실제 인간에 관한 후속 시험에서도 역시 연습용 사진에서 나타난 것처럼, 졸림, 지루함, 불행을 식별하는 데 어려움이 있음을 보였다. 그림 5.2를 다시 보면 그 문제를 인정할 것이다.) 이는 정서 표현이 실제로 신경망의 파악 내에 있음을 의미하며, 더 넓은 망과 더 넓은 훈련 세트는 훨씬 더 잘할 것을 나타낸다. 만약 망과 사회적으로 관련된 인간 행위에 대한 증거를 원하는 경우, EMPATH는 망이 인간 행위를 식별하도록 학습할 수 있다는 "존재 증거"이다. 두 번째 층에서 산출된 활성화 유형 검사는 (특정한 얼굴 표정으로) 그 망이 8가지 상이한 원형적 활성화 유형을 계발했다는 것을 나타낸다. 학습된 8가지 정서 각각에 해당하는 것이다. 비록 문제가 된 세 가지 부정적 정서에 대한 유형은 산만하고 상당히 불분명하더라도 그렇다. 이 8가지 원형적 유형은 최종 8가지 출력 단위가 탐지하기 위해 조정된 것이다.

사회적 특징과 원형적 계열

물론 EMPATH의 정교화 수준은 상당히 낮다. 조정된 "유형"은 끝없는 스냅사진snapshot이다. 그것은 연쇄적 표현을 파악하지 못한다. 정상인과 엄밀히 비교하면, 그것은 일련의 흐느낌이 있는 슬픔을 단지 드러난 연쇄의 단편인 한 장의 사진에 의존하여 인식할 것이다. 인간과 망 모두에서 한 장의 사진으로는 애매할 것이다. 그러나 인간에게 분명히 한 장의 사진이 행위의 고통스러운 연쇄는 아닐 것이다. 회귀 경로를 결여하므로, EMPATH는 지각 가능한 유형이 제때 전개되는 방식에 포함되는 정보라는 풍부한 물감을 활용하지 못한다. 이러한 이유로, 실행 전 결함을 예측하는 제어 구조feed-forward architecture가 없는 망이 아무리 크더라도, 인간의 인식 능력과 같을 수는 없다.

　시간적 유형 파악의 결여는 더 많은 대가를 치른다. EMPATH에는 전형적으로 주요 정서를 **산출하는** 인과적 선례 같은 개념이 전혀 없다. 그리고 정서가 그 정서를 가진 사람의 인지적, 사회적, 신체적 행위에 어떤 영향을 미치는지에 관한 개념도 없다. 사랑한 사람을 잃었음을 아는 것은 전형적으로 슬픔을 초래한다. 대개 슬픔은 어느 정도의 사회적 무기력을 초래한다. 이것은

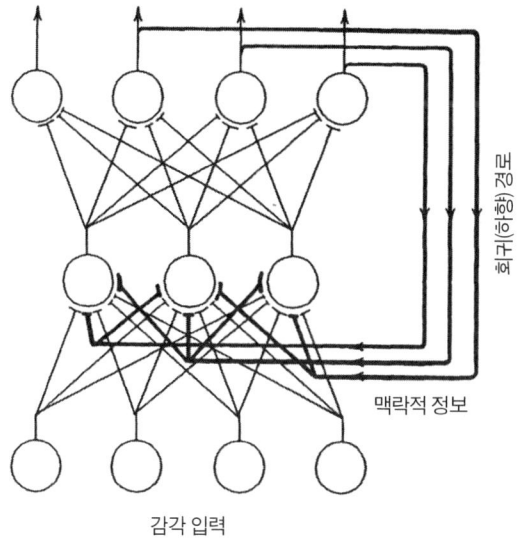

회귀(하향) 경로

맥락적 정보

감각 입력

그림 5.3
기본적 회귀망. 굵은 부분은 회귀 경로이다.

EMPATH의 범위를 전적으로 벗어난 것이다. 요컨대, 몇몇 정서의 원형적인 **인과적 역할**은 EMPATH 같은 망을 넘어선다. 연구자들이 순수 신체적 인식 영역에서 이미 발견했듯이, 정교한 사회적 인식은 제때에 유형 파악을 요구한다. 이는 성공적인 망이 회귀 경로, 추가 경로를 가질 것을 요구한다. 그 경로는 상위 신경 층위로부터의 정보를 이전 신경 층위로 다시 순환시킨다. 이것만이 인과적 계열 인식을 허용할 것이다. 그림 5.3은 회귀망의 예를 제시한다. 그 망은 훈련되지만, EMPATH처럼 끝없는 스냅사진에 의해서는 아니다. 회귀망은 입력 유형의 적절한 **연쇄로** 훈련된다.

인과적 연쇄에서 중요한 부분은 관례적 혹은 관습적 연쇄 체계이다. 몇몇 원형적 사례로써 사회적 입문, 농담 교환, 광범위한 협상, 거래 종결, 적절한 작별을 고려해 보자. 이 모든 상호 교환은 그 실행과 인식을 위해 잘 조정된 회귀망을 요구한다. 그리고 이미 모든 측면에서 그러한 원형적 활동으로 채워진 사회적 공간 내에서 각인되어 상당한 역사를 지닌 망을 요구한다. 마침내 그러한 원형은 학습될 것이다. 그 과정은 교훈적 사례와 그것을 내면화하기에 충분

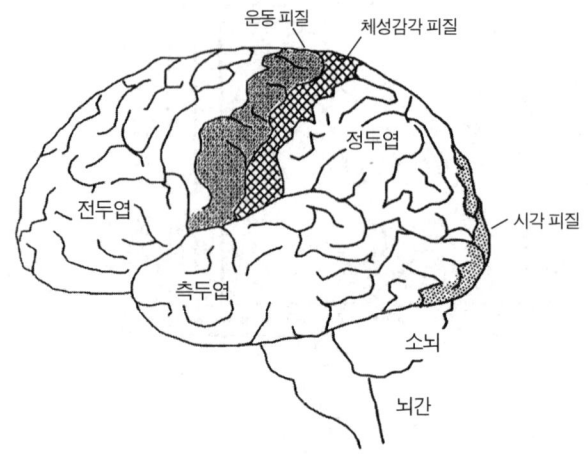

그림 5.4
주요 대뇌피질 내에서 일차 감각과 이차 감각 영역의 몇몇 위치(피질하 구조는 제시되지 않는다).
"운동 영역대motor strip, 혹은 운동 산출 피질 역시 제시되지 않는다. 이처럼 쉽게 확인되는 영역 밖
에 있는 광범위한 피질 영역에 주목해야 한다.

한 시간 모두를 요구할 것이다.

결국, 획득되는 사회적 원형들의 도서관은 정상적으로 사회화된 사람의 광
범위한 신경 활성화 공간에 위계적으로 각인된다. 이 도서관이 우월하지 않다
면 순수하게 자연적이거나 비사회적 원형으로 획득된 도서관과 경쟁해야 한
다. 인간 사회 공간의 복잡한 구조 및 사회적 역동성의 복잡함을 평가하려면
조지 엘리엇George Eliot이나 헨리 제임스Henry James 같은 사람의 소설을 읽어 보
면 된다. 더 간단하게는, 당신의 십대 시절을 회상해 보라. 그 복잡성을 통달하
는 것은 적어도 물리학 학위를 얻는 것과 같은 인지적 성취이다. 그리고 거의
예외 없이, 우리 모두 그렇다.

뇌에 "사회적 영역"은 있는가?

20세기 실험 신경학은 본질적으로 순수하게 **자연적** 혹은 **신체적** 지각 특성에

관한 신경 해부학(즉, 구조적)과 신경 생리학적(즉, 활성적) 상관관계를 찾는 데
대부분 초점을 맞추었다. 거기서 핵심적이며 정형화된 질문은 다음과 같다. 뇌
의 어느 부분에서 색, 모양, 운동, 소리, 맛, 냄새, 온도, 조직, 신체 손상, 상대
적 거리 등을 인식하는가? 그리고 어떤 과정에 의해서인가? 그러한 문제의 탐
구가 실제적인 통찰을 이끌었다. 그리고 앞서 언급된 각 기능을 주로 담당하는
뇌의 다양한 영역 지도를 오래 전부터 제공할 수 있게 되었다.

그 발견 기법은 개념적으로는 간단하다. 문제의 피질 영역에 있는 셀cell의
하나에 길고, 미세한 마이크로전극microelectrode을 삽입한다(뇌는 고통 감각이 없
으므로 실험용 동물은 이 전송기를 전혀 인식하지 못한다). 그런 다음 그 동물에게 색
이나 운동이 보이거나, 소리를 듣거나, 따뜻하거나 차갑게 느낄 때 등에서 그
셀이 반응하는지, 그리고 어떻게 반응하는지를 보는 것이다. 이러한 형식으로
기능 지도가 어렵게 만들어졌다. 그림 5.4는 전형적인 주요 대뇌피질의 후반
부에서 몇몇 일차 감각 피질과 이차 감각 피질 및 그 위치의 간략한 모습을 제
시한다.

그러나 대뇌피질의 전반부, 즉 전두엽은 어떤가? 그것은 무엇을 위한 것인
가? 관습적이지만 모호한 답은 이렇다. "운동 피질로 전달하여 실행하기 위한
잠재적 운동 행위를 형성하는 것"이다. 여기서 이 피질 구조와 그 신경 활동의
의미에 대한 통찰은 매우 적다. 몇몇 감각 영역에서 할 수 있었던 것처럼, 그 영
역으로의 입력을 세부적으로 조작할 수 없다. 왜냐하면 전운동premotor 영역에
의해 수신된 입력은 결국 뇌 전체에서 도출되기 때문이다. 즉, 처리 위계에서
이미 상위의 영역, 발생 여부를 쉽게 통제할 수 있는 감각말초에서 멀리 떨어
진 영역이다.

한편, 앞에서처럼 마이크로전극을 삽입할 수도 있다. 그러나 이때는 대상
셀에서 기록하기보다는 그것을 자극하게 된다. 운동 피질 자체에서는 이것이
훌륭하게 작용한다. 만약 특정 영역에서 그 셀들을 일시적으로 자극한다면, 몸
의 특정 근육이 움직인다. 그래서 운동 피질 영역과 그것이 통제하는 근육 사
이에는 체계적 대응이 있다. 요컨대, 운동 영역대motor strip 자체는 신체의 많은

근육의 잘 조직된 지도를 구성한다. 일차 시각 피질이 눈의 망막 지도인 것과 마찬가지다. 그러나 운동 영역 밖의 단일 셀과 운동 영역으로부터 상위의 단일 셀을 자극하는 것은 행동 반응 방식을 거의 혹은 전혀 낳지 않는다. 아마도 실제 행위의 산출은 동시에 수천 셀이 포함된 매끄럽고 광범위한 활성화 벡터의 연쇄를 요구하기 때문일 것이다. 아직 그러한 종류의 자극을 낳는 기술은 부족하다.

그러므로 신경과학에서 관습적인 교육은 한 가지 의심스러운 것을 남겨 둔다. 정확히 어떻게 뇌의 후반부에서 처리된 감각 입력의 전체 스펙트럼이 최종적으로 뇌의 전반부에서 형성되는 적절한 운동 출력으로 변형되는가이다. 정말로 이것이 문제이다. 탐구자들이 그것을 발견하기가 매우 어렵다는 것은 놀라운 것이 아니다. 인공망 연구로부터 획득한 관점에서 보면, 벡터 부호화와 벡터 변형 과업이 뇌 전체에서 발생하는 것이 얼마나 복잡한지 알 수 있다.

분명히, 뇌의 완전한 감각 운동 전략을 추적하는 것은, 뇌가 인공망이고, 뇌의 모든 시냅스(신경세포의 자극 전달부)의 연결 강도가 알려지고, 뇌의 모든 신경 활성화 수준이 계속적이고 동시적인 모니터링에 개방된다고 할지라도, 망설여지는 과업이 될 것이다. 그러나 살아 있는 뇌는 그렇게 편의를 봐 주지 않는다. 그것의 연결 강도는 거의 접근 불가능하다. 그리고 현재 소수 셀 이상의 활동을 동시에 측정하는 것은 불가능하다.

오늘날 인공망 모형에서 매우 큰 진전을 가능케 한 이유 중 하나는 바로 이 때문이다. 결코 뇌로부터 직접 배울 수 없는 것을 그 모형에서 배울 수 있다. 그리고 생물학적 뇌로 돌아갈 수 있다. 제기된 새로운 질문과 보다 잘 알고 있는 경험적 질문(즉, 망 모형의 경험적 충실성에 관한 질문, 답할 수 있다는 희망을 가진 질문)을 가지고 생물학적 뇌로 되돌아갈 수 있다. 따라서 지각 투입에서 행위를 산출하는 숨겨진 변형은 전혀 숨겨진 채 남아 있을 필요가 없다.

그러나, 만약 그것을 추적하기를 희망한다면, 그 문제의 개념을 확장할 필요가 있다. 특히, 세상에서 순수한 신체적 특징의 지각이 처음이자 가장 중요한 지각이라는 가정을 경계해야 한다. 그리고 행동 출력은 물리적 대상의 조작이 처음이자 우선적이라는 상관된 가정을 경계해야 한다.

우리가 경계해야 하는 이유는, 이미 인간과 다른 사회적 동물은 주변의 **사회적** 특성에 민감하고, 지각적이라는 것을 알기 때문이다. 그리고 인간 및 사회적 동물은 순수 물리적 환경뿐 아니라 **사회적** 환경을 조작한다는 것을 알기 때문이다. 무엇보다, 이미 대부분의 사회적 종에서 유아는 순수 물리적 감각에서 감각 운동 조정 학습을 시작할 때처럼 초기에 그들의 **사회적** 환경을 조작한다는 것을 알고 있기 때문이다. 유아들은 찌푸린 얼굴과 웃음을, 적대적 음색과 친절한 음식을, 성마른 교환에서 유머스런 교환을 식별하기까지 한다. 그리고 유아는 성공적으로 보호를 요청하고, 먹이는 행위를 유발하고 애정과 놀이를 요청한다.

사회적 속성이 궁극적으로 순수한 물리적 세계의 복잡한 측면 이상이라고 제안하려는 것이 아니다. 사회적 속성이 물리학과 화학에서 파악되는 것을 넘어 그 이상의 독립된 인과적 특성을 가진다고 제안하려는 것도 아니다. 내가 주장하려는 것은, 세상을 표상하기 위해 학습을 할 때, 어린 사회적 생물의 뇌는 자연스럽게, 주저하지 않고 지역 환경의 사회적 특성에 초점을 맞춘다는 것이다. 그리고 이후 놓쳐서는 안 될 경미한 신체적 특성에 초점을 맞춘다는 것이다. 예를 들어, 인간 아이들은 대개 세 살이나 네 살이 될 때까지 기본 색채어 지시를 수행하지 못한다. 그 나이는 화, 약속, 우정, 소유, 사랑과 같은 내용에 대한 언어 능력을 획득한 시점으로부터 한참 후이다. 나는 부모로서 아이들에게서 이를 발견하고 매우 놀랐다. 또한 그 유형이 상당히 일반적이라는 것을 알고도 놀랐다. 그러나 아마 놀라지 말았어야 했을 것이다. 끝없이 다양한 색보다 제시된 사회적 특성이 어린아이의 실천적 삶에 훨씬 더 중요하다.

일반적 교훈은 평범하다. 사회적인 유아들은 그들의 활성화 공간을 분할한다. 이때 형성한 범주가 자연적 혹은 물리적 범주인 것과 마찬가지로, 흔히 그 범주는 사회적 범주들이다. 중요한 인지 과업을 위해 신경 자원을 배당할 때, 뇌가 사회적 실재를 표상하고 통제할 때, 대개 그 자원을 쓴다. 그것은 물리적 실재를 표상하고 통제할 때 쓰는 양에 상응한다.

이렇게 언급된 관점에서, 그림 5.3의 뇌를 다시 살펴보자. 그림에 나타나지 않은 전두부, 그리고 후두부의 넓은 영역에 주목해 보자. 이 영역의 일부가 **사회적** 지각과 행위에 원칙적으로 포함될 것인가? 그것은 이런저런 종류의 사회적 실제를 표상하는 광범위한 벡터 계열로 가득 찰 것인가? 실제로, 일단 그 질문이 제기된다면, 왜 이 영역에서 멈추어야 하는가? 소위 원초적 감각 피질 영역(특히 접촉, 시야, 듣기 영역)은 물리적 사실을 파악하고 처리하는 일을 많이 하듯이, 사회적 사실을 파악하고 처리하는 일도 많이 있지 않은가? 이 두 가지 작용은 분명히 상호 배타적이지 않다.

나는 이 모든 질문에 대한 답은 거의 확실히 '그렇다'고 생각한다. 우리는 물리적 특성에 대한 뇌 지도에 비해 사회적 특성에 대한 복잡한 뇌 지도가 부족하다. 나는 그것이 존재하지 않기 때문이 아니라, 물리적 사례와 비교할 수 있을 만큼 단호하게 그것을 살펴볼 수 없기 때문이라는 것을 제안한다.

도덕적 지각과 도덕적 이해

여기서 그 사례를 상세히 다룰 여지는 없다. 하지만, 신경망이 과학적 이해를 지원하는 방식이 조사되었다. 거기서 학습된 **원형**, 현상의 새로운 영역에서 그 원형의 지속적 재전개가 과학적 과정에서 핵심 역할을 한다는 것이 밝혀졌다(Kuhn 1962; Churchland 1989, 1995). 분명 특정 **규칙들** 혹은 "자연법칙들"은 중요한 역할을 한다. 그러나 과학기술을 의사소통하거나 가르치는 사회적 과업에서는 대체로 이차적 역할을 한다. 과학적 이해는 주로 구조적이고 역동적인 원형의 획득된 위계에 들어 있다. 언어적 공식의 체계가 아니다.

유사한 방식으로, 신경망 연구에서 우리의 언어 지식은 준수해야 할 특정 규칙 체계보다는, 다양한 사례와 무한히 많은 조합을 인정하는 음성적 연쇄를 위한 **원형**의 위계로 구체화되는 것으로 드러났다(Elman, 1992). 물론, 우리는 문법적 규칙을 언급할 수 있고 또 언급한다. 그러나 아이의 문법 능력은 문법 규칙을 언급하는 것을 듣거나 말할 수 있는 것에 달려 있지 않다. 그러한 규칙의 주요 기능은 언어 기술을 서술하고 정련하는 사회적 과업에 그칠 것이다. 본래 핵심적인 문법 능력은 내면화된 준수 규칙 목록 이상으로 구성된다.

이러한 두 관점을 명심하면서, 끝으로 **도덕적** 능력이라는 공표된 문제를 살펴보자. 잔인함과 친절함, 탐욕과 관용, 배반과 명예, 거짓과 성실, 비겁한 도피와 해야 할 옳은 것을 인식하는 능력을 언급해 보자. 여기서도 역시 서구 도덕철학의 지적 전통은 **규칙**, 특정한 법칙 혹은 원리에 초점이 맞추어진다. 이것이 도덕적 행위를 지배한다고 가정되는데, 그 행위가 전적으로 도덕적인 데까지 그렇다. 그리고 그 논의에서는 항상 어떤 규칙이 정말로 타당하고, 옳고, 구속력 있는 규칙인지가 중심이었다.

나는 도덕적 대화에서 지속된 규칙의 중요성을 최소화하기를 바라지 않는다. 그것은 인간의 집단적인 인지적 탐험에서 핵심적인 부분이다. 그리고 나는 이에 가장 합당하게 기여하는 것을 존중할 것이다. 그렇지만 도덕적 지각, 인식, 숙고, 행동을 위한 정상인의 능력은 내적이든 외적이든 흔히 가정되는 것만큼 규칙을 사용하지는 않는다.

도덕적 능력에 관해 규칙에 근거한 설명의 대안은 무엇인가? 그 대안은 학습된 원형의 위계이다. 도덕적 지각과 도덕적 행위에서, 원형은 신경망의 시냅스 가중치라는 잘 조정된 구성으로 구체화된다. 여기서 우리는 전체 사회의 수준에서, **도덕적 학습**, **도덕적 통찰**, **도덕적 불일치**, **도덕적 실패**, **도덕적 병리**, **도덕적 성장**의 본질을 이해할 수 있는 더 풍부한 통로를 찾을 수 있을 것이다. 새로운 또 다른 언덕에서 그 익숙한 영역이 어떻게 보이는지를 살펴보기 위해 이 대안들을 탐구해 보자.

신경망 연구 성과 중 하나는, 지각적 특성을 인식하고 식별하는 능력은 대체로 말로 그 식별 근거를 분명히 하거나 표현하는 능력을 넘어선다는 것이다. 맛과 색이 대표적인 사례이다. 하지만, 곧 그 관점은 매우 광범위하게 적용되는 것으로 드러났다. 얼굴 역시, 우리가 제시할 수 있는 음성적 명료화를 능가할 정도로, 식별하고, 인식하고, 기억할 수 있다. 얼굴의 정서 표현은 분명 세 번째 사례이다. 소리의 인식은 네 번째이다. 사실상, 언어를 넘어선 전언어적

그림 5.5
늙은 여자/젊은 여자. 시각적으로 애매한 그림의 고전적 사례이다. 늙은 여자는 깃털에 묻힌 뺨을 살짝 우리 쪽으로 향하면서 왼편을 보여 주고 있다. 젊은 여자는 왼편을 보여 주고 있지만 우리를 쳐다보지 않는다. 즉, 그녀의 코는 거의 보이지 않지만, 왼쪽 귀, 턱선, 꼭 끼는 목걸이가 직접 보인다.

인지의 우선성은 거의 모든 인지 범주의 특성임이 실험을 통해서 드러나고 있다.

세상의 많은 변화의 차원들에 대한 초언어적 파악은 아마 개념 갖기의 주안점일 것이다. 즉, 제한 없는 미래로부터 끝없이 유입되는 상황을 적절히 다룰 수 있도록 한다. 그 상황은 항상 새롭지만, 그러나 **전적으로** 새로운 상황은 아니다. 그와 같이 융통성 있는 대비가 물질적 개념과 마찬가지로 사회적 개념과 도덕적 개념을 특징짓는다. 그리고 도덕적 개념은 무도덕적인 개념에서 나타나는 통찰과 초언어적 정교화를 보여 준다. 예를 들어, 잔인함, 인내, 비열함, 용기의 사례를 인식하는 능력은 그 개념을 언어적으로 정의하는 능력을 훨씬 능가한다. 가능한 결과에 관한 많은 예상 역시 제시하거나 구성할 수 있는 언어적 공식을 능가한다. 그렇기 때문에 그 기대는 훨씬 더 통찰력 있는 것이다. 요컨대, 다른 영역의 전 과정의 토대에서 잘 조정된 신경망의 활동을 나타내는 모습과 징후를 도덕적 인식도 나타낼 것이다.

만약 그렇다면, 도덕적 지각은 일반적으로 지각을 특징짓는 동일한 애매성에 종속될 것이다. 도덕적 지각도 회귀 경로를 가능하게 하는 조절, 형성, 그리고 종종 "선입견"에 종속될 것이다. 마찬가지로, 도덕적 지각에서도 종종 그림

5.5에서 늙은/젊은 여자 사례에서 본 동일한 인지적 "반전"이 일어날 수 있다. 해당되는 것을 더 언급하자면, 새로운 사회적 상황에 대한 최초의 도덕적 반응은 단순한 도덕적 혼란으로 나타날 수도 있다. 하지만 거기서 약간의 배경적 지식이나 부수적인 정보는 갑자기 그 혼란을 어떤 익숙한 사례, 어떤 익숙한 도덕적 원형의 예기치 않은 사례로 해결하도록 한다.

이와 같은 가정에서, 도덕 학습은 도덕적 원형의 위계를 서서히 낳는 문제가 될 것이다. 아마 도덕적 원형은 제기된 도덕적 종류와 관련 **사례**의 실제 수에서 비롯될 것이다. 이야기와 우화의 관련성, 무엇보다 개인 간 행위에 관한 부모 본보기의 지속적 관련성, 그리고 아동의 행위에 대한 부모의 지적과 일관된 안내의 관련성에서부터 비롯된다. 어떤 아이도 아무런 도움 없이 사랑과 웃음을 위한 길을 배울 수 없다. 그리고 어떤 아이도 반대 사례로 채워진 환경 없이 이기심의 함정과 지독한 갈등에서 벗어날 수 없을 것이다.

도덕적 지각을 가진 사람은 그 가르침을 잘 학습한 사람일 것이다. 신뢰할 수 있는 도덕적 지각을 가진 사람은 자기기만의 약탈과 이기적 부패로부터 도덕적 지각을 보호할 수 있을 것이다. 그리고 추가적으로, 다른 사람의 도덕적 인식을 탐욕스럽게 경멸하는 집단적 사고의 약탈과 광신의 부패로부터 보호할 수 있을 것이다.

비범하게 예리한 도덕적 통찰을 가진 사람은 문제가 된 도덕적 상황을 한 가지 이상의 방식으로 볼 수 있는 사람일 것이다. 그리고 경쟁하는 해석의 상대적 정확성과 관련성을 평가할 수 있는 사람일 것이다. 그 사람은 비범한 **도덕적 상상력**을 가진 사람일 것이다. 그리고 상응하는 비판적 능력을 가진 사람일 것이다. 전자의 덕은 그것을 이끄는 도덕적 원형의 풍부한 도서관과 도덕적 지각의 회귀적 조작에서 특별한 기술을 요구할 것이다. 후자의 덕은 어떤 추정된 원형에서 한정된 분기에 대한 날카로운 눈을 요구할 것이다. 그리고 어떤 대안적 이해를 찾기 위한 근거로 그것을 진지하게 취급하려고 할 것이다. 비록 우리 모두가 어느 정도 도덕적 상상력을 가지고 있고, 비평을 위한 어떤 능력을 가지고 있다 하더라도, 그러한 사람은 정의상 드물 것이다.

따라서, 도덕적 불일치는 어떤 "도덕 규칙"을 따라야 할 것인가에 대한 개인 간의 갈등의 문제라기보다는, 어떤 도덕적 원형이 문제가 된 상황을 가장 잘 특징짓는가에 대한 개인차의 문제가 될 것이다. 즉, 처음 우리가 직면한 상황의 종류에 대한 차이가 더 문제가 될 것이다. 이러한 관점에서 도덕적 논증과 도덕적 설득은 대체로 문제 상황의 이러저러한 특징을 두드러지게 하려는 것이 될 것이다. 다른 것에 비해 하나의 일반적인 도덕적 원형의 지역적 적절성에 대해 반대자의 동의를 얻고자 할 때 그렇다. 이 현상에 관한 무도덕적인 대비에 해당하는 것을 다시 그림 5.5의 늙은/젊은 여자에서 찾을 수 있다. 만약 그 그림이 사진이라고 해보자. 그리고 만약 실제로 무엇에 관한 그림인지가 문제가 되었다고 한다면, 나는 젊은 여자라는 해석이 둘 중에서 훨씬 더 실제적이라는 데 동의할 것이라고 생각한다. 이에 비해, 늙은-여자라는 해석은 과장된 만화를 실제로 믿을 것을 요구한다.

도덕적 불일치의 본질에 관해 이 관점에 해당하는 진정한 도덕적 사례는 최근의 논쟁에서 찾을 수 있다. 법적으로 제한받지 않는, 임신 첫 3개월까지 여성의 낙태 권리에 관한 논쟁이다. 그 논쟁의 한편에서는 초기 태아의 상태를 고려하면서 사람이라는 도덕적 원형을 소환한다. 비록 매우 작고 불완전한 사람이지만, 바로 그 이유로 무방비 상태인 사람이다. 그 논쟁의 다른 편에서는 같은 상황을 언급하면서 작고, 아마 달갑지 않은 성장이라는 원형을 소환한다. 단지 포낭이나 자신의 피부 세포의 다발로서 더 이상 사람이 아니다. 첫 번째 원형은 사람에게 합당하게 가정되는 모든 보호권을 가진 것으로 생각한다. 특히 어리고 무방비 상태인 사람의 권리이다. 두 번째 원형은 여성이 적절하게 그 작은 생장을 다루도록 한다. 그것은 현재 여성이 가지고 있는 가치에 달려 있다. 독립적 권리를 가진 사람으로서 여성 자신의 장기적 계획과 관련된다. 다른 경우와 마찬가지로, 대개 도덕적 논증은 당면한 상황의 묘사로서 제기된 원형의 정확성이나 빈약함을 주장하는 것으로 구성된다.

나는 이 논쟁에 참여하려는 것도 아니고, 한쪽의 인내심을 기대하기 위해 이 사례를 인용하는 것도 아니다. 도덕적 불일치의 본질과 도덕적 논증의 본질에 관한 관점을 설명하기 위해 인용한 것이다. 실제 불일치는 명시적 도덕 규칙이 옳거나 그르다는 것이 될 필요가 없으며, 대부분은 그렇지 않다. 이 사례에서 상대자들은 그 영역에 잠재된 명백한 원리에 일치하기도 한다. 예를 들어, "사람을 죽이는 것은 직관적으로 그르다"라는 원리이다. 여기서 불일치는 훌륭한 언변으로 누그러뜨릴 수 있는 것보다는 더 깊은 수준에 있다. 그것은 "사람"의 범주 경계에 관한 불일치에 있다. 그래서 그 명시적 원리가 당면한 사례에 적용될 수 있는지에 관한 불일치에 있다. 그것은 사람들이 접하는 사회적 세계를 지각하고 해석하는 방식의 차이에 있다. 그리고 그 세계에 대한 그들의 불가피하게 다양한 행동 반응에 있다.

이러한 도덕적 인식의 분기에 관한 궁극적인 해결이 무엇이든, 이 논쟁에서 양측 모두 도덕적 원형의 이러저러한 적용에 이끌리는 것은 이미 분명하다. 그러나 모든 갈등이 도덕적인 것에 근거하는 것은 아니다. 개인 간의 갈등은 김이 나는 시체를 다투는 재칼과 독수리, 혹은 같은 장난감을 당기며 다투다가 부러트려 소리 지르는 두 살짜리 인간 어린이의 갈등에 비해 더 규칙적으로 원리화되지 않는다. 이것은 아주 자연스럽게 아이의 도덕 발달의 문제를 향하도록 한다. 그리고 그러한 발달의 실패 사례 문제를 향하도록 한다. 여기서 탐구되고 있는 훈련된 망 모형에서 그 실패를 어떻게 보아야 하는가?

일부 사람들은 고대로부터 어떤 관점을 소환한다. 플라톤은, 적어도 소크라테스의 목소리를 빌어 이따금씩 한 발언에서, 어떤 사람도 고의로 잘못하지는 않는다고 주장하는 것 같았다. 왜냐하면, 만약 어떤 행동을 진정으로 **잘못된** 것으로 인식한다면(단지 "타인에 의해 잘못된 것으로 생각하도록 된 것" 이상으로), 어떤 동기가 그것을 수행하도록 할 수 있을까? 학생 세대는 플라톤의 제안을 거절했고, 그것은 옳았다. 그러나 아무리 과장해도, 플라톤의 관점은 교훈적인 것으로 남아 있다. 즉, 인간의 도덕적 비행에서 많은 부분은 주로 이러저러한 종류의 **인지적** 실패에 기인한다.

그러한 실패는 불가피하다. 우리는 무한한 지능도, 완전한 정보도 가지고 있지 않다. 누구도 완전하지 않다. 그러나 우리가 아는 바와 같이, 어떤 사람은 정상보다 훨씬 덜 완전하다. 그리고 그들의 실패는 고의적이다. 실제로 악한이나 사디스트는 물론이고, 고질적인 말썽꾸러기, 구제불능의 자기애자, 분별없는 얼간이, 그리고 믿을 수 없는 배신자로 판단되는 사람들이 있다. 그러면 이러한 유감스러운 실패는 어디서 비롯되는가?

분명히 여러 원인이 있다. 하지만 우선 정상 범위에서 도덕적 지각과 사회적 기술을 계발하지 못한 단순한 실패가 여기서 많은 것을 설명한다는 것에 주목할 수 있다. 어떤 이유로 인해 옳음, 기대, 권리, 의무의 순간순간의 흐름을 식별하는 것을 단지 매우 느리게 학습한 아이를 고려해 보자. 그것은 탁아소에서의 오후, 형제들과의 소풍, 혹은 운동장의 숨바꼭질에서 만들어지거나 소멸된다. 그 아이는 다른 아이들과 고질적으로 갈등하게 되어 있다(다른 아이에게 실망, 좌절, 그리고 마침내 분노를 유발할 것이고, 그 모든 것은 그 아이에게서 비롯된다).

나아가, "규칙을 조롱하는" 냉혹한 결정이 그 아이의 수용불가능한 행위의 배후가 아니라는 사실에도 불구하고, 그 아이는 전적으로 그런 행동을 보인다. 다른 사람에게 이미 익숙해진 기술을 획득하지 못하였기 때문에, 그 아이는 도덕 결핍증 환자이다. 그것이 희미하게 인식될 때에도, 그 아이는 우선적으로 인식의 기술을, 그리고 또한 직면한 도덕적 환경에 행동을 일치시키는 기술을 놓친 것이다. 그 아이는 무분별하게 나아가고, 허용되지 않은 이익을 취하고, 모든 사람을 구속하는 제약에 잘못 반응하고, 다른 사람에게서 얻은 인정을 거부하고, 유익한 협동의 기회를 보지 못한다. 대체로 사회적이며 도덕적인 원형의 정상적 위계 발달과 전개에 대한 실패는 비극일 수 있다. 그것은 비극이다. 그러나 인내가 한계에 달한 후 운동장에서 소리치는 이단자를 끌어낼 때, 사람들은 다른 아이를 동정할 것이다.

운동장 공동체에서 적용되는 것은 성인 공동체에도 적용된다. 우리 모두는 어느 정도 냉혹한 모습을 떠올리게 행동하는 어른들을 알고 있다. 관대한 관점에서 보면, 그들은 사회적 실천에 미숙한 사람들이다. 더욱이, 그들 모두는 실패에 대해 지속적으로 엄청난 대가를 치른다. 명백한 응보는 배제하더라도, 성공적인 사회화가 가져오는 충분하고 지속적인 복합적 이익을 놓친다. 특히, 성공적인 사회화는 그것을 가진 모든 사람을 향상시키는 복잡한 실천적, 인지적, 정서적 교제를 가져온다.

도덕적 인격의 기초

이러한 개략적인 도덕적 악한의 모습은 이에 상응하는 도덕적으로 성공한 사람이라는 개선된 모습을 유도한다. 외부에서(아마도 신이나 사회에서) 부과된 일련의 명시적 규칙을 묵묵히 따르는 사람이 도덕인Moral Man의 공통적인 모습인지는 극히 의심스럽다. 소수의 명시적 규칙에 대한 엄격한 헌신이 도덕적으로 성공한 혹은 도덕적으로 통찰력 있는 사람이 되도록 하지는 않는다. 그것은 복음을 열심히 전도하는 사람 그리고 마오쩌둥의 어록을 흔들어대는 사람의 행로이다. 덕의 가치는 그보다 훨씬 더 높고, 거기로 가는 길은 훨씬 더 멀다. 미묘하고 바람직한 기술의 복합적 체계를 획득한 사람을 도덕적인 사람으로 보는 것이 훨씬 더 정확하다. 그것은 지각적, 인지적, 행동적 기술이다.

고대로부터 다른 이름을 다시 소환한다면, 물론 이것은 아리스토텔레스의 견해였다. 그의 관점에서 도덕적 덕은 외부의 권위로부터 일시에 받아들이는 것이 아니라, 일생의 사회적 경험을 통해 획득되고 정련된다. 그것은 대체로 분절할 수 없는 기술들을 개발하는 문제였으며, **실천적** 지혜의 문제였다. 아리스토텔레스의 관점과 신경망의 관점은 여기서 수렴된다.

이를 좀 더 분명히 살펴보기 위해, 여기서 한 개인에게 초점을 맞추어 보자. 그는 어느 정도 공유된 인간 본성을 가진 생물 사이에서 성장한다. 이미 그곳에서 사회적 관습으로 시행되고 도덕적 지혜라고 가정되는 환경 속에서 성장한다. 아이들이 집단적 실천에 매끄럽게 입문하는 데는 시간이 걸린다(매우 다양한 원형적인 사회적 상황을 인식하는 방법을 배우기 위한 시간, 그 상황을 다루는 방법을 배우기 위한 시간, 상충하는 지각과 요구에 균형을 맞추거나 조정하는 방법을 배우기 위한 시간, 그리고 모든 활동 영역에서 성숙한 기술을 특징짓는 인내와 자기 통제를 학습하기 위한 시간). 결국, 나중이나 더 많은 보상을 위해 즉각적 만족을 연기하는 것을 배우는 것에 본질적으로 도덕적인 것은 없다.

지금까지 아이의 뇌가 고려되었다. 그러한 학습, 그러한 신경 표상, 그러한 원형적 자원의 전개는 일반적으로 기술 습득에 대응하는 부분과 전혀 구분할 수 없다. 도덕적 기술이 생산한 삶의 장기적 특성에는 실제 성공, 실제 실패, 실제 혼란, 그리고 실제 보상이 있다. 인류가 과학적 지식을 내면화하는 경우처럼, 인류의 도덕 지식을 내면화한 사람은 그로 인해 더 유력하고, 효과적이고, 책략 있는 생물이 된다. 여기서 과학적 지식과 광범위한 규범적 지식 모두의 실천적 혹은 실용적 본질을 강조하는 것이 나란히 도출된다. 두 가지 모두 상이한 형식의 방법적 지식을 구체화한다는 사실은 강조되어야 한다. 즉, 전자는 자연계를 조정하는 방법이고, 후자는 사회계를 조정하는 방법이다.

이처럼 도덕적인 사람을 지각적 · 행동적 **기술**의 특정 부류를 획득한 사람으로 묘사하는 것은 전통적 설명과는 첨예하게 대립된다. 전통적 설명에서는 **특정 규칙들**(예를 들어, "항상 약속을 지켜라")의 체계를 따르는 데 동의한 사람으로 묘사된다. 혹은 대안적으로 특정한 우선적인 **욕망**(일반적 행복을 최대화하려는) 체계를 가진 사람으로 묘사된다. 이처럼 보다 전통적인 설명은 모두 초점에서 크게 벗어난다.

우선 명시적 명령문이나 규칙 체계에서, 성숙한 도덕적 개인이 지닌 실천적 지혜의 단편 이상을 파악하는 것은 불가능하다. 어떤 다른 전문 기술의 형식(과학적, 미적, 공학적, 예술적, 혹은 정치적)의 경우보다 더 불가능하다. 전체 정보의 양은 인간의 뇌에 잘 훈련된 망의 크기로 저장된다. 그리고 그 안에 양적으로 분배되고 맥락에 민감한 방식으로 섬세하게 저장된다. 짧은 문장이나 심지어 장황한 책도 그것을 완전히 표현할 수는 없다. 진술된 규칙이 도덕적 인격의 **기초**는 아니다. 규칙은 단지 비교적 중요한 언어 수준의 창백하고 부분적인 반성일 뿐이다.

만약 규칙이 그렇지 않다면, 적절한 욕구도 도덕적 인격의 진정한 토대는 아니다. 분명히 욕구로는 충분하지 않다. 어떤 사람이 인간의 행복을 극대화하려는 아주 절실한 욕구를 가질 수 있다. 그러나 그 사람이 인간의 행복을 지속시키는 데 진정으로 기여하는 것을 이해하지 못한다고 해보자. 즉, 다른 사람의 정서, 열망, 현재의 목적을 인식할 수 있는 능력이 없다고 해보자. 협동적 수행에 유연하게 종사할 수 있는 능력이 없다고 해보자. 모든 절실한 욕구를 추구하는 기술이 전혀 없다고 해보자. 그러면 그 사람은 도덕적 성자가 아니다. 그는 사회에서 애처로운 바보이고, 희망 없이 참견하기 좋아하는 사람이고, 허풍선이이고, 심각한 골칫거리이다.

정전적正典的 욕구가 명백히 필수적인 것은 아니다. 어떤 사람이 삶에서 가장 기본적이며 우선적인 욕구로, 자신의 아이가 성숙하게 잘 자란 것을 보려는 욕구를 가질 수 있다. 그 사람에게 그 밖의 다른 모든 것은 동떨어지고 부차적이라고 가정해 보자. 그렇지만 다른 사람들이 자신의 목적을 추구하는 것처럼 그도 자신의 개인적 목적을 추구한다면, 그 사람은 공동체에서 더할 나위 없이 도덕적인 사람에 포함될 것이다. 다른 사람의 열망에 대해 양심적으로 공정하고, 모든 사람의 열망에 공평하게 기여하는 실천을 보호하는 형태로 추구한다면 그렇다.

추가적으로, 도덕적 인격의 기초를 수용된 규칙이나 정전적 욕구 중 하나로 묘사하려는 시도는 회의주의자의 적대적 질문을 초래한다. 즉, 첫 번째 경우에는 "내가 왜 그 규칙을 따라야 하는가?"이다. 두 번째 경우에는 "내게 그러한 욕구가 없다면 어떻게 되는가?"이다. 그러나 확고한 도덕적 인격을 사회적 영역의 지각적, 인지적, 행동적 기술이라는 포괄적 단위를 소유하는 것으로 재고해 보자. 그러면 회의적 질문은, "내가 왜 그 기술을 습득해야 하는가?"로 되어야 한다. 이에 대한 성실한 답은 "왜냐하면 그것은 네가 쉽게 배우게 될 가장 중요한 기술이기 때문이지"가 된다.

인간의 과학적 인지와 도덕적 인지의 본질에 관한 이 새로운 관점은 두 분야(인지 신경과학과 연결주의 인공지능학)에 근거한다. 이 분야는 과학철학이나 도덕 이론 중 하나에 우선적인 관심을 두지도, 관계되지도 않는다. 그렇지만 두 철학 분야에 대한 영향은 혁명적이다. 신경망의 이해가 과학자나 도덕-정치 철학자의 임무를 없애기 때문은 아니다. 한 순간도 아니다. 실질적인 과학과 윤리학은 과학자와 도덕가에 의해서 대부분 경험적인 참호 속에서 지속적으로 수행될 것이다. 나아가 과학적 지식과 도덕적 지식의 본질에 관한 개념은 실제 생물의 뇌에서 살아 숨 쉬는 것으로 변할 것이다. 그래서 **메타윤리학**에 대한 영향은 이미 어느 정도 분명하다. 분명히 도덕 심리학의 혁명은 결국 실질적인 윤리학에도 영향을 미칠 것이다(예를 들어, 도덕적 훈련, 도덕적 병리, 그리고 도덕적 교정의 문제에 대해서). 그러나 그것을 수행하는 것은 도덕철학자이지 인지이론가는 아니다. 이 논문의 메시지는 이제는 두 공동체의 지속적인 대화가 필수적이라는 것이다.

감사의 글

이 논문은 P. M. Churchland, *The Engine of Reason, the Seat of the Soul: A Philosophical Journey into the Brain*, Cambridge, Mass., 1995의 6장과 10장에서 발췌했다. 여기에 일부 내용을 게재하도록 허락해 준 MIT 출판부에 감사한다.

참고 문헌

Churchland, P. M. (1989). *A Neurocomputational Perspective: The Nature of Mind and the Structure of Science.* Cambridge, Mass.: Bradford Books/MIT Press.

Churchland, P. M. 1995. *The Engine of Reason, the Seat of the Soul: A Philosophical Journey into the Brain.* Cambridge, Mass.: Bradford Books/MIT Press.

Elman, J. L. 1992. "Grammatical Structure and Distributed Representations." In S. Davis, ed., *Connectionism: Theory and Practice.* Oxford: Oxford University Press.

Kuhn, T. S. 1962. *The Structure of Scientific Revolutions.* Chicago: University of Chicago Press.

6. 연결주의, 도덕적 인지, 그리고 협력적 문제 해결

앤디 클라크

도덕적 이해와 실천에 관한 설명에서 언어로 정식화된 도덕원리를 어떻게 고려해야 하는가? 그 원리가 도덕 추론의 핵심인가(Kohlberg, 1981)? 아니면 단지 그 원리는 보다 풍부한 원형에 근거한 도덕적 이해의 피상적이고 왜곡된 그럴 듯한 주석일 뿐인가(Churchland 1989; Dreyfus and Dreyfus 1990)? 두 번째 관점은 인간 인지에 관한 타당한 인지과학적 이미지를 보다 포괄적으로 재평가한 부분이며, 최근 유포되고 있는 경향이다(그 재평가는 연결주의, 병렬분산처리, 신경망 모형으로 알려진 계산적 접근법들의 성공에 근거한다. McCleland, Rumellhart, PDP 연구회 1986). 이 장에서는 그러한 접근이 언어로 정식화된 도덕 규칙 및 원리의 역할을 폄하하기보다는, 그 역할에 관한 철저한 재개념화를 요구한다는 것을 주장할 것이다. 이 재개념화에서 요약된 준칙은 개인적 도덕 지식의 풍부한 구조를 포착하는 데 실패한 시도라기보다는, 협력적 도덕 탐구를 가능하게 하는 안내와 지표로 드러난다. 하지만 다른 행위자의 도덕적 이해를 조작하기 위한 주요 도구로 공적 언어를 교환한다면, 이 재개념화의 영향력은 사라진다(Churchland 1989). 그보다는, 도덕 문제 해결에 진정 협력적으로 참여하려는 시도로 그 교환의 역할에 초점을 맞춰야 한다. 도덕적 인지에 관해 만족할 만한 연결주의적 모형은 협력적 활동을 가능하게 하는 내적 과정을 추가할 필요가 있다. 그리고 그 활동이 도덕적 가능성의 공간을 변형시키는 방식을 인식할 필요가 있다.

연결주의: 규칙에서 원형으로

많은 고전적인 철학적 논의에는 세련된 도덕 추론에 관한 개념이 있다. 하지만 최근 그 개념에 의문이 제기되고 있다. 그 개념의 핵심은 세련된 도덕적 선택을 적합한 법칙이나 규칙의 분리 및 적용을 포함하는 것으로 보는 것이다. 간단한 예를 제시해 보자. 우리는 복잡한 사회적 상황에 직면하여, 그 상황을 거짓말을 금지하는 규칙에 포함되는 것으로 보고, 그에 따라 행동할 것이다. 물론 (이 개념에서) 내면화되었다고 가정되는 규칙 체계가 매우 단순할 필요는 없다. 루스 바캔 마커스Ruth Barcan Marcus가 지적하듯, 그러한 도덕적 부호code는 고도로 정교하게 될 수 있다.[1] 잠재적 갈등을 다루기 위해 정리된 예외 조항이나 서열로 원리가 구축될 수 있다. 도덕적 부호의 논리는 퍼지fuzzy 논리, 혹은 비단선적nonmonotonic 논리 등이 될 수 있다. 그러나 얼마나 정교하든 기본 관점은 같다. 그 관점에서는 "특정 사례를 특정 도덕 개념에 포함되는 것으로 판단하고, 그래서 특정 도덕 규칙에 지배되는 것으로 판단하는 것"으로 도덕 판단을 간주한다(Johnson 1993, 207). 존슨은 그러한 학설을 "통속적 도덕률 이론 moral law of folk theory"이라 부른다(4-6). 그는 이러한 학설이 우리 문화유산에 스며들어 있으며, 도덕적 삶에 관한 세속적 개념 및 철학적 개념의 토대라고 주장한다. 그러나 그는 이러한 학설이 극히 잘못된 것이고, 정말로 도덕적으로 부당하다고 주장한다. 존슨은 "마치 절대적 규칙, 의사 결정 절차, 보편적 혹은 정언적 법칙을 낳는 보편적이며 신체와 분리된 이성을 소유한 것으로 생각하고 행동하는 것은 도덕적으로 무책임하다"고 주장한다(5).

존슨은 "인간의 개념과 이성의 본질에 관해 잘못된 설명을 전제하기 때문에" 통속적 도덕률 이론이 틀렸다고 한다. 이 잘못된 설명에서는 개념이 (추정된 도덕 규칙 및 보편자와 관계된 개념을 포함하는) 고전적 구조를 지닌 것으로 묘사

---

1. Ruth Barcan Marcus, "Moral dilemmas and consistency," in C. W. Gowans (ed.), *Moral Dilemmas* (New York: Oxford University Press, 1987), pp. 188-204 참조. 도덕적 부호의 가능한 정교화에 관한 언급은 pp. 190-1에서 나타난다.

한다. 만약 어떤 개념을 적용하기 위해 일련의 필요충분조건을 드러낼 수 있다면, 그 개념은 고전적 구조를 갖는다. 이러한 필요충분조건은 개념을 효과적으로 정의한다. 이 모형에 근거하면, 개념을 파악하기 위해서는 정의를 알아야한다. 개념의 전개가 요청될 때에는 그 정의에 의존해야 한다. 오늘날 잘 알려진 것처럼(Smith and Medin 1981; Rosch 1973), 대부분의(아마도 모든) 인간 개념은 고전적 구조를 갖지 않는다는 것이 문제이다. 고전적 모형에서는 사례가 (필요충분조건에 해당되는지 그렇지 않는지에 따라) 제시된 개념 영역의 안이나 밖에 속하는지를 분명하게 예측할 수 있다. 반면, 신뢰할 만한 실험 결과에서는 소위 강한 전형성 효과가 나타난다. 사례는 아마 원형적 보기로부터의 지각된 거리에 따라 정도의 차이를 두고 개념이나 범주에 포함되는 것으로 분류된다. 그러므로 거북이보다 개가 더 좋은 애완동물의 보기로 고려된다. 그리고 울새는 비둘기보다 더 좋은 새의 보기이다. 그러한 발견은 고전적 이미지와 잘 어울리지 않는다.[2] 우리는 단순히 규정 특성의 깔끔한 목록의 출현과 부재를 검토하고, 그에 따라 개념 적용이 가능한지를 판단하지 않는 것 같다. 특성을 소환하는 정의 및 적용 규칙 대신, 원형적 사례를 중심으로 조직된 인지라는 견해에 직면한다. 이 견해에 초점을 맞추기 위해서, 원형이라는 개념 자체를 좀 더 언급할 필요가 있다.

"원형Prototype"은 단순히 범주 구성원의 전형적 본보기라는 의미로 사용되기도 한다. 그렇게 이해하면, 전형적 애완동물은 개가 되거나, 전형적 범죄는 강도가 될 것이다. 그러나 최근 심리학과 인공지능에서 인기 있는 원형-소환에 관한 설명은 이와 관련되지만 중요한 개념적 차이가 있다. 여기서 원형의 개념은 실제적, 구체적 본보기가 아니다. 그보다는, 일련의 구체적 본보기들의 통계적 중심 경향성statistical central tendency이라는 입장이다. 그러한 중심 경향성은 구체적 보기들을 일련의 공통적 발생 특성으로 취급하고, 통계적으로 가

---

2. "잘 어울리지 않는uneasily"이라고 한 이유는 전형성 발견이 고전적 관점에 대한 결정적 증거는 아니기 때문이다. Armstrong, Gleitman, and Gleitman(1983) 그리고 Osherson and Smith (1981) 참조.

장 현저한 특성을 결합한 일종의 인공적 본보기를 (원형으로) 낳는 것으로 계산
된다. 그러므로 원형적 애완동물에는 개와 고양이의 특성이 모두 포함될 것이
다. 그리고 원형적 범죄에는 사람에게 해를 끼치고 재산을 감소시키는 것이 모
두 포함될 것이다. 구체적 본보기와 풍부한 세상의 경험은 여전히 중요하다.
하지만 그것은 이러한 인공적 원형이 구성되는 자료원으로 활용된다. 가상적
사례는 그 사례가 나타내는 일련의 특성들과 원형적 특성 복합의 분리된 거리
(앞에서 언급된 전형성 효과)에 따라 어떤 개념("애완동물" 혹은 "범죄")에 포함되는
것으로 판단된다(충분한 검토를 위해서는 Clark 1993 참조).

원형에 근거한 추론이라는 이 관점은 뇌의 정보 저장에 관한 특정 모형에
매우 만족스럽게 들어맞는다. 바로 상태-공간 표상 모형model of state-space
representation으로, 신경과학적 추정 및 포괄적 연결주의 유형인 컴퓨터 시뮬레
이션을 사용한 최근 연구에서 도출된다(P. S. Churchland and T. J. Sejnowski 1992;
P. M. Churchland 1989; McClelland, Rumelhart, PDP 연구회 1986, vlos. 1, 2; Clark 1989,
1993). 상태-공간 개념의 주요한 철학적 제안자는 분명 폴 처치랜드이다. 그는
도덕 추론의 개념에서도 그 중요성을 주장한다(P. M. Churchland 1989, 4장). 상
태-공간 접근의 특징은 간단한 보기를 찾아보면 가장 잘 전달된다.

뇌의 색 표상을 고려해 보자. 이 표상은(이 예는 P. M. Churchland 1989, 104에서
인용) 3차원(3D) 상태 공간(Land의 색 입방체color cube, Land 1977 참조)을 포함하는
것으로 간주된다. 거기서 차원들(축들axes)은 (1) 장파 반사율, (2) 중파 반사율,
(3) 단파 반사율을 나타낸다. 처치랜드는 각 차원이 상이한 세 종류의 망막 원
뿔체retinal cone의 활성화에서 조절된 하향류 신경군 활성화activity of downstream
neural groups에 상응하는 것으로 추정한다. 그 3차원 공간에서, 흑과 백은 정반
대의 위치를 점유하지만 적색과 오렌지색은 상당히 가깝다. 그래서 색 사이에
서 지각된 유사성-차이 관계의 판단은 색-상태 공간의 거리를 반영하는 것으
로 설명된다. 따라서 그 공간은 소위 내장된 의미론적 계측 단위이다(Clark
1989, 1993).

연결주의적 망은 이러한 종류의 표상 공간을 실행하고 획득하는 한 방식을

구성한다. 그 망은 복잡한 단위들units(단순 처리 요소들)과 연결들connections로 구성된다. 그 연결은 정적 혹은 부적(자극적 혹은 억제적) 값이 될 것이다. 자극 특성은 지정된 단위군을 통과하여 (자극이 나타나는 특성의 강도나 정도에 상응하는) 수치로 부호화된다. 이 값은 긍정적 혹은 부정적 연결 가중치라는 망 우대 network courtesy를 통과하여 상이하게 전파된다. 가중치의 적절한 할당은 대상의 입력-출력 작용에 상응하는 지정된 출력 단위 활성화를 보장한다.[3] 몇몇 단위의 층이 입력과 출력 사이에 개재한다. 그 각 층에서 단위들의 활성화는 일반적으로 추후 진행을 단순화하는 입력 자료의 재부호화에 상응한다. 그 개재("숨겨진hidden") 층의 각 단위를 획득된 표상적 상태 공간의 한 차원으로 취급하는 것이 유익하다. 그리고 이 공간(숨겨진 단위 활성화 공간)에서 위치를 규정하는 활성화 유형을 만듦으로써 그 체계가 특정 입력에 반응하는 방식을 조사하는 것도 유익하다.

연결주의의 뛰어난 업적은 그 체계 자체가 연결 가중치를 할당하는 학습 규칙을 발견한 것이다. 그러한 학습 규칙의 작용은(여기서 서술하지는 않겠지만, 접하기 쉬운 논문으로는 Clark 1989와 Churchland 1989 참조) 의미론적 계측 단위와 연합하여 고차적 상태 공간을 구성한다. 이 구성 과정의 네 가지 주요 특징은 다음과 같다.

1. 본보기 주도이다.
2. 입력 벡터에 대한 유사성 계측 단위에 얽매이지 않는다.
3. 원형적 형태의 표상을 낳는다.
4. 추리와 추론을 상태 공간을 통과하는 벡터의 변형으로 취급한다.

학습 과정은 구체적 사례에 노출되어 가중치 조정이 이루어지는 본보기 주도이다. 그러므로 기록된 텍스트를 음소(이어서 발화) 부호로 변환하는 것이 목

---

3. 모든 망이 출력 단위를 설계하는 것은 아니다. 하지만, 기본적 상태-공간 표상 장치는 소위 형태 결합 모형에 의해 획득된 지식도 특징 짓는다.

표인 망은 텍스트-음소 전환 규칙에 노출되어 변경되는 가중치를 갖지 않는다. 그 대신 텍스트적 입력에 노출되어야 하고, 음소로 시도된 부호화를 출력해야 한다. 그리고서 목표 출력과 그 실제 수행 사이의 차이에 따라 가중치를 수정해야 한다.

그렇게 망이 획득한 가중치 할당은 입력 공간을 확장하고 축소하는 숨겨진 층을 개발할 수 있다. 그래서 입력 층에서 매우 유사하게 부호화된 두 본보기가 숨겨진 층에서 유도하는 가중치에 의해서 멀어질 수 있다. 예를 들어, 만약 두 가지 시각적 입력 정보가 상당히 유사하지만 매우 상이한 반응을 요구한다면, 이것은 유용하다. 그러므로 시각적으로 매우 유사한 두 상황(거지에게 돈을 주는 사람 대 칼을 든 강도에게 돈을 주는 사람)은 매우 상이한 반응을 요구할 것이다. 이 경우, 방금 서술된 사례에서 숨겨진 단위 활성화 유형이 매우 상이하게 새로운 방식으로 입력을 재부호화하도록, 망은 숨겨진 층 사용을 학습할 수 있다. 망은 매우 유사한 숨겨진 단위 유형을 사용하여 표면적으로는 유사하지 않은 사례(거지에게 돈을 주는 것과 자선단체에 수표를 우송하는 것)를 부호화하도록 학습할 수 있는 것과 상관성이 있다. 따라서 숨겨진 단위에 의해 규정된 상태 공간은 도덕적 계측 단위를 반영하며, 반면 입력 공간은 시각적인 것을 묘사한다.

그러한 상태 공간 내에서, 표상 양식은 원형 형태의 부호화라는 특성을 나타낼 것이다. 몇몇 훈련된 보기에서의 공통적 특성은 덜 공통적인 특성에 비해 가중치 조정에서 더 많은 발현을 나타내기 때문이다. 결과적으로, 그 체계는 특성을 부호화하고 반응할 때 특별하게 채택될 것이다. 더불어, 학습 체계는 본보기에서 공통적으로 발생하는 특성들이 서로 강하게 결합되는 것을 보장할 것이다. 결국 그 체계는 본보기 체계의 소위 중심 경향성, 즉 공통적, 공동 발생적 특성 복합을 추출한다. 나아가 다수의 그러한 복합들은 단일 망에 의해 추출되고 저장된다. 매클랜드McClelland와 러멜하트Rumelhart(1976)는 망에 대해 다음과 같이 기술한다. 즉, (1) 시각적 정보와 이름을 결합하여 개별적 개를 인식하도록 학습한다. (2) 개 본보기들의 몸에 관한 중심적 경향성을 추출해서, 개 특성의 원형적 조합을 나타낸다. 그리고 (3) 단일 망에서 개, 고양이, 롤빵에 관한 지식을 동시에 부호화하면서, 이 책략을 몇몇 상이한 범주에서 수행할 수 있다. 이러한 다양한 (개, 고양이, 롤빵의) 원형들은 별개의 단위 활성화 유형으로 각각 부호화된다. 따라서 일반적으로 처리 단위들 수에 상응하는 차원을 가진 상태 공간에서 상이한 위치를 결정한다. 개별적 개는 상대적으로 개 원형에 가까운 관점에 의해 부호화된다. 개와 고양이는 빵보다 서로 더 많은 특성을 공유한다. 그래서 개와 고양이 원형은 비교적 서로 가까우며, 빵 원형과는 상당히 멀다. 그 체계는 제시된 낯선 입력에 민감하게 작용하기 위해 원형적 특성 복합체의 지식을 사용할 수 있다. 어떤 새로운 입력이 몇 가지 유사한 특성을 나타내는 정도라면(예를 들어, 절반의 개/절반의 고양이), 그 체계는 그것을 적합한 위치로(이 경우에 개와 고양이 원형의 중간쯤에) 할당하고, 적합한 출력을 산출할 것이다.

추론과 추리는 이제 형태 완성 및 형태 확장 과정으로 재구성될 수 있다. 붉은 반점이 있는 얼굴의 시각적 특성 묘사 입력에 노출된 망은 홍역 진단과 페니실린 처방에 상응하는 감춰진 단위 형태를 활성화하도록 학습할 것이다. 이에 수반된 벡터에서 벡터로의 전환the vector-to-vector transformation은 잘 아는 개 이름 부르기처럼 단순한 인식과 범주화 활동을 수행하는 것과 같은 종류이다. 언뜻 보기에도, 그것은 규칙과 원리 체계를 참조하고, 그에 따라 의학적 판단을 제시하는 주지주의적 인공지능 모형과는 아주 동떨어진 것이다(여러 유사한 사례와 주장에 대해서는 P. M. Churchland 1989, 10장 참조).

여기서 벡터 변형 모형에 관한 대체적 이해를 가지고, 이제 도덕적 지식과 추론 문제를 언급할 수 있다. 새로운 접근이 도덕 영역에 적용될 때 주요 시사점은 두 가지다. 첫째, 성공적인 도덕 지식의 획득은 추상적으로 정식화된 규칙과 원리가 아니라 도덕 판단과 행위의 구체적 사례에 대한 노출에 크게 의존할 것이다. (복잡한 도덕적 상황을 묘사함으로써, 문학은 또 다른 종류의 구체적 사례로 [말하자면, 가상적인 도덕적 실재로] 볼 수 있다.) 둘째, 개인적 도덕 지식과 추론은 공적 언어를 사용하는 도덕적 대화와 토의에서 허용되는 언어 공간으로는 충분히 재구성될 수 없을 것이다. 만약 수반된 내적 표상 공간(혹은 공간들)이 아주 적은 수의 차원을 갖는다면, 그럴 수도 있을 것이다. 처치랜드(1989, 106)가 서술하듯, 우리의 후각은 적어도 6차원 공간을 포함하는 것으로 보인다. 만약 각 차원이 단지 10개의 상이한 값을 가진다면, 곧 10^6이라는 구분된 위치 공간이 활용될 수 있다. 처치랜드의 계산에서, 개의 후각 공간은 30^7(220억)이라는 가능한 위치 배열로 이루어진다(단지 35억의 세계 인구와 비교해 보라). 그러므로 상태-공간 부호화는 단위와 가중치라는 한정된 내적 자원으로 거대한 크기의 표상 공간을 지원할 수 있다. 뇌 자원의 크기를 가정하면, 생물학적으로 실제 내적 체계의 표현 능력은 상상할 수 없을 만큼 거대해 보인다. 그 체계에 의해 부호화된 도덕적 전문 지식을 공적 언어라는 소수의 문장에 의해 경제적으로 표현되는 일련의 규칙과 원리로 축소하려는 시도는 지나치게 낙관적일 것이다. 그것은 개의 후각 기능을 일련의 짧은 산문으로 축소하려는 시도와 같다.

이러한 두 가지 함의(본보기의 역할과 요약한 언어적 표현에 대한 도덕 지식의 저항)는 최근 몇몇 학자들에 의해 언급되었다.[4] 골드먼(1993)은 본보기의 핵심 역할을 서술한다. 더불어 처치랜드(1989)는 언어적 표현에 대한 고차적 상태 공간에서 부호화된 지식의 일반적 저항을 강조한다. 그리고 존슨(1993)은 원형적 양식의 부호화가 "규칙을 넘어서는" 방식을 서술한다. 규칙에 근거한 도덕적 관점은, 이렇게 출현하는 합의에 따라, 기본적으로 저차적 매개로 도덕 추론이라는 고차적 공간을 재구성하려는 시도일 뿐이다. 이 진단은 도덕적 사고의 합리성과 관련된 문제를 가치 있게 조명한다. 대단히 복잡한 상태 공간을 지휘하는 잘 조정된 망은 판단을 제시할 것이다. 그 판단은 결코 비합리적이지 않다. 하지만 도덕 규칙과 원리라는 요약된 표현을 전제하는 도덕적 논증의 결론처럼 준-연역적인 언어적 재구성에는 저항한다. 그러한 관점은 결코 새로운 것이 아니다. 네이글은 이렇게 평한다. "어떤 결정이 옳은 결정이라는 이유를 말할 수 없다는 사실이… 옳음에 대한 주장이 무의미하다는 것을 뜻하지는 않

----

4. "요약한"이라고 한 이유는, 실제로 확장된 처리가 (고전문학의 처리 같이) 도덕적 공간 구조에 관한 상세한 정보를 전하기 때문이다. 반면 "요약한 언어적 표현"은 도덕 지식을 짧은 규칙과 원리로 증류하려는 시도를 말한다.

는다… 이를 가능하게 하는 것은 **판단**이다. 많은 사례에서 명시적인 합리적 논증의 한계를 넘어서는 공백을 메우기 위해 판단에 의지할 수 있다"(Nagel 1987, 180), 혹은 "우리는 소위 즉각적 판단, 혹은 직관적 포섭에 의해 특정 사례에서 무엇이 옳은지 안다…. 도덕 판단은 추론이 아니다"(Bradley 1876). 브래들리가 지적하듯, "판단"과 "직관적 포섭" 같은 말은 "아마 매우 명료한 것은 아니다" (65). 상태-공간 표상으로의 인지과학적 여행의 가치는 단지 작은 빛을 비출 뿐이다. 그렇지만 네이글은 "명시적인 합리적 논증"이라 부르는 것을 넘어선 합리적인 도덕적 선택 형식의 구체적 의미를 이해하도록 한다.

개인의 도덕적 방법 알기는 요약한 도덕 규칙과 원리라는 형식의 표현을 거부한다는 것을 깨닫는 것이 중요하다. 그러나 그것은 도덕적 삶에서 요약한 언어적 표현의 역할을 과소평가하도록 일부 학자들을 오도했다(혹은 나는 그렇게 주장할 것이다). 여기서 나는 이 연관된 과소평가를 거부할 것이다. 그러한 과소평가는 공통된 오류의 결과임을 제시할 것이다. 즉, 일반적 담화(그리고 특히 도덕적 담화)를 주로 개인적 사고의 세부 내용을 반영하려는 시도로 잘못 본 것이다. 예를 들어, 그러한 관점은 언어적 번역에 관한 폴 처치랜드의 일반적 회의주의에서 암시되는 것 같다. 그 회의주의는 다음과 같은 문장에서 입증된다. 즉, "화자의 확실한 동의를 표시하는 선언문은 단지 일차원적 투사(베르니케와 브로카 영역Wernicke's and Broca's areas[뇌에서 '알아듣기' 기능과 '말하기' 기능을 수행하는 영역: 옮긴이]이라는 복합 렌즈를 통해 화자 언어의 특유한 면으로 투사)일뿐이다. 화자의 진정한 운동 상태의 한 요소인 (고)차적 고형물의 일차적 투사일뿐이다"(P. M. Churchland 1989, 18). 물론 고차적 고형물은 훈련된 신경망에 포함된 내면화된 원형 양식의 방법 알기다. 이러한 방법 알기의 언어적 메아리는 단지 플라톤의 동굴 벽에서 흔들거리는 그림자일뿐이다(Churchland 1989, 18).

나아가 더 급진적으로, 드라이퍼스Dreyfus와 드라이퍼스Dreyfus(1990)는 저차적 언어 형식의 투사를 신참자를 위한 단순한 도구의 지위(진정한 도덕 전문가가 차버린 사다리)로 강등시킨다. 또한, (우리가 언급할 수 있는) 진정으로 (체스, 운전, 철학, 도덕 추론에서) 전문적인 능력은 뇌에 의해 준-언어적으로 부호화되는 간

편한 일련의 규칙이나 원리에 도움을 받지 않는다는 관찰에서, 이 급진적 주장은 설득력 있는 근거를 가진다. 대신 빠른, 비반성적인, 연결주의적-양식의 자원 혹은 자원들의 작용에 도움을 받는다. 그 작용은 "일상의, 직관적인 윤리적 전문 지식"을 낳는다(246). 드라이퍼스와 드라이퍼스에 따르면, 정상적 조건에서, 전문가는 "**숙고**하지 않는다. 추론하지 않는다. 숙고적으로 행동하지도 않는다. 단지 평소에 했던 것을 자동적으로 할 뿐이다. 그리고 당연히 그것은 정상적으로 작동한다"(243).

그렇게 되면, 실제로 초기 단계가 언어적 교수의 발현episode으로 표시되는 장기간의 학습사의 끝에서만 이러한 종류의 유연한 전문 지식이 나타난다. 드라이퍼스와 드라이퍼스는 실제로 유연한 전문 지식에 선행한다고 주장하는 네 단계를 구분한다. 즉, 초보자, 발달된 입문자, 능력자, 숙달자이다. 언어적 교수는 (당연히) 초기의 초보자 단계에서 현저하게 나타난다. 반면, 언어적 반성은 다른 모든 비전문적 단계 정도에서 나타난다. 즉, "그 교수과정은 입문자가 과업 환경을 경험의 도움 없이 인식할 수 있는 탈맥락적 특성으로 분해한 교수에서 시작된다"(240). 이러한 탈맥락적 특성들은 간단하지만 쓸 만한 규칙의 구성 요소로 사용된다. 그러므로 미래의 체스 선수는 (탈맥락적 관점에서) 체스 말의 수적 가치를 배운다. 그리고 이익이 발생할 때는 체스 말을 교환하라고 듣는다. 마찬가지로, 미래의 도덕적 행위자는 의도적으로 틀린 것을 말하는 것이 거짓말을 하는 것이고, 일반적으로 거짓말은 피해야 한다고 듣는다(이러한 사례에 대한 더 풍부한 실제적 언급은 Flanagan 1991 참조).

드라이퍼스와 드라이퍼스가 입문자 학습에서 언어의 역할을 강조한 것은 분명 옳다. 그러나 나는 그들이 전문적 행위에서 언어의 역할을 과소평가하려 한 것은 정말로 잘못이라고 믿는다. 그들은 다음과 같이 기술한다. "원리와 이론은 단지 학습의 초기 단계에서만 도움이 될 뿐이다." 결국, "우리가 제안한 기술 발달 모형은… 합리적, 후인습적 도덕 활동을 도덕발달의 전前전문가 단계로의 회귀 상태로 강등시킨다"(252-6).[5] 그러므로 언어적 정당화와 언어적으로 표현된 반성을 단지 입문자의 도구(진정한 도덕적 전문가의 도구 상자에서 찾을 수 없는 거친 수단)로 취급하도록 한다. 나는 그렇지 않다고 생각한다. 오히려, 언어적 반성과 교환은 도덕적 전문가에게 필수적인 도덕적 반응의 조정과 조화를 가능하게 한다. 진전된 도덕적 인식에서 요약한 언어적 표현과 언어 형식의 교환 역할에 대한 거부가 필요한 것이 아니다. 오히려 그 역할을 재고해야 한다. 이 논의의 나머지에서 그러한 재개념화를 다룰 것이다.

조작적 도구로서의 언어

그 재개념을 향한 첫 번째 시도로, 최근에 처치랜드에 의해 제기된 문제를 고려해 보자. 연결주의/원형에 근거한 관점에서, 일단 도덕적 지식이 획득되면 어떻게 수정되고 변경되는가? 처치랜드는 두 가지 종류의 학습을 구별할 것을 제안한다. 시간의 경과에 따라 개인적 망 가중치를 구성하는 점진적이고 경험적으로 유도되어 적응하는 변화 및 학습이 있다. 그리고 씨름하던 문제에서 새로운 아이디어가 떠올라 그 영역을 재고하면 쉽게 해결되는 것을 갑자기 보게 될 때 발생하는 전광석화 같은 통찰 "학습"이 있다. 처치랜드가 제기하는 문제는 이렇다. 즉, (그렇다면) 점진적이고 연결론적 유형의 학습은 전광석화 같은 통찰 형식의 개념적 변화를 어떻게 처리하는가? 그는 소위 맥락 고정자context fixers(정규 입력과 함께 부여되는 부가적 입력, 그리고 (단독으로는) 실제로 기존의 원형이 그렇게 하도록 활성화할 수 없는 입력을 유발하는 부가적 입력)의 작용으로 그렇게 할 수 있다고 답한다. 처치랜드는 그 과정을 "개념적 재배치"라고 부른다. 왜냐하면 그것은 흔히 한 영역에서 발달된 원형의 재활성화를 표면적으로 매우 다른 영역에서 이끌기 때문이다.

　어떤 문제를 해결하려고 애쓰는 사람을 상상해 보자. 만약 앞부분에서 개괄한 접근이 옳다면, 그 문제를 해결하기 위해서는 적절한 설명적 원형을 활성화해야 한다. 그러나 종종 만족스러운 (설명적) 원형에 접근하려는 시도는 실패하

---

5. 여기서 "후인습적"은 콜버그 도덕발달의 위계에서 6단계를 말한다(Kohlberg 1981). 결정을 위해 원리가 사용되는 단계이다.

기도 한다. 적절한 원형을 권고하지 않은 것이 한 원인으로 진단될 수 있다. 그 경우, 점진적이고 경험에 근거한 학습에서는 대안이 없다. 그러나 대안의 가능성은 지금까지 소환하지 않았던 원형을 권고하는 것이다. 여기에 맥락 고정의 좋은 부분이 기여할 수 있다. 이전에 불충분하게 설명적 원형 활성화를 이끌었던 부족한 입력이 있다. 이 입력이 부가적 정보라는 맥락에서 본래 다른 목적을 위해 개발된 자원을 이용함으로써 갑자기 진전된 만족스러운 원형 활성화를 일으킨다는 생각이다. 호이겐스Huygens는 물과 소리 매질을 위해 개발된 강력한 파동 원형을 권고했다고 한다. 일단 그가 광학과 관련된 문제를 빛과 관련된 맥락-고정적 입력과 결합하게 되면(행운, 학문 등에 의해), 광학적 문제는 본래 물 영역에서 고안된 풍부한 설명적 파동 원형으로 활성화할 수 있다. 그렇게 성취된 개념적 혁명은 점진적인 가중치-조정-형태의 학습을 포함하는 것이 아니라, "오래된 자원의 특별한 배치"로 구성된다(23). 그래서 맥락 고정적 정보는 탑재되어 있는on-board 훈련된 망의 원형 소환 반응을 급격히 변경하는 방식으로 입력 벡터을 취급하게 된다.

처치랜드가 주목하듯, 이제 이것은 언어 형식의 논쟁에 특정한 관점을 안내한다. 왜냐하면 언어적 교환은 빠른, 상당히 초점이 맞춰진, 맥락 고정적 정보를 제공하는 수단으로 보일 수 있기 때문이다. 살펴본 바와 같이, 그 정보가 없었다면 그 원형이 잠복해 있을 상황에서, 이미 가지고 있는 원형을 활성화하도록 다른 것들을 촉진할 것이다. 이 관점에 따르면, 도덕적 논쟁은 깔끔한 언어 형식의 준칙에서 단언된 법칙적-연역 논증을 추적하려는 시도에 따르지 않는다. 그렇지만 요약한 도덕 규칙과 언어적 교환은 맥락-고정적 서술로 기여할 것이다. 맥락 고정적 서술은 다른 것을 선호하는 어떤 저장된 원형을 활성화하도록 자극한다(예, Churchland 1989, 300의 언급 참조). 우리 이야기를 존슨(1993)의 사례에 적용하면, 도덕적 논쟁은 아마 맥락 고정자의 교환으로 구성될 것이다. 그 일부는 "사생활 침해"를 활성화하도록 할 것이며, 반면 다른 일부는 "정탐 방지" 원형의 관점에서 동일한 상황을 개념화하도록 할 것이다.

그 관점에 따라, 언어 형식의 표현은 개인적 도덕 판단의 토대가 된 추론을 구체화하려는 목적이 아니라는 것에 주목해 보자. 대신 특정한 하나의 기존 원형을 설정하여 단지 다른 사람의 풍부한 원형-근거 지식을 촉진하려는 목적으로 교환된다. 그러므로 "태어나지 않은 아이"라는 말은 한 방식으로 원형을 활성화하며, 반면 "원하지 않은 임신"이라는 말은 다른 방식으로 원형을 활성화한다. 이러한 설명에서, 도덕 규칙과 원리들은 많은 종류들 중에서 가능한 하나의 맥락 고정적 입력일 뿐이다. 그 외에도 잘 선택된 이미지나 비규칙 환기적 논의를 포함할 수 있다. 그렇게 이해되면, 언어는 단지 이미 개발된 원형 공간 내에서 조작적 활성화의 빠르고 고정된 수단을 제공한다. 개인의 도덕적 반성에서 요약된 원리 등의 특별한 역할을 포괄하기 위해 이 취급을 확장하는 것은 간단한 문제이다. 그 방법을 살펴보기 위해서, 무도덕적 사례를 고려해 보자.

커쉬Kirsh와 마글리오Maglio(1992, 1994)는 컴퓨터게임 테트리스Tetris의 전문가 수행에서 반응과 반성의 역할을 조사했다. 게임자는 화면 위에서 내려오는 기하학적 대상(테라조이드Tetrazoids, 혹은 간단히 조이드Zoids)을 촘촘히 배치하여 높은 점수를 얻으려 한다. 조이드가 내려오면, 게임자는 그것을 회전하거나, 좌우로 이동하거나, 현 궤도의 나머지 지점에 즉시 재비치하면서 낙하를 조작할 수 있다. 한 조이드가 놓이면, 새로운 조이드가 화면 위에서 나타난다. 낙하 속도는 점수에 따라 빨라진다. 그리고 (다행히) 꽉 찬 줄(조이드로 채워진 화면의 줄)은 전부 사라진다. 게임자가 조이드의 배치에 늦어 화면이 다 차고 새 조이드가 내려올 수 없으면 그 게임은 끝난다. 그러므로 경기를 계속하는 것은 결정적으로 빠른 의사 결정에 달려 있다. 그래서 테트리스는 전문가 수행에서 연결주의, 형태 완성 유형의 추론이 요구되는 분야의 분명한 사례를 제시한다. 만약 드라이퍼스와 드라이퍼스 모형이 옳다면, 더욱이 그러한 병렬적, 형태 완성 형태의 추론은 전문가의 기술을 상세히 설명할 것이다. 그러나 흥미롭게도, 그렇지 않은 것 같다. 대신 전문가의 놀이는 빠른, 형태 완성이라는 기준과 일련의 명시적, 상위수준의 관심 및 규범적 책략의 섬세하고 불분명한 상호작용에 의존하는 것으로 보인다. 그 결론이 예비적이므로, 그것을 상세히 보고하는 것은 부적절할 것이다. 그러나 진정한 테트리스 전문가가 보고하는 관찰 결과의 핵심은, 그들이 소위 훈련된 망에 의해 생산된 빠른, 적응적 반응에만 의존하지 않는다는 것이다. 그들은 "규범적 책략…으로부터의 경향이나 일탈을 발견"하도록 하는 익숙한 망 출력을 모니터하기 위해 고차적 수준의 고려 혹은 책략에도 의존한다(Kirsh and Maglio 1992, 10). 그러한 책략의 사례에는 "중앙에 밀집시키지 마라, 그러나 윤곽을 평평하게 유지하라." 그리고 "조각 의존성을 피하라." 같은 것이 포함된다(Kirsh and Maglio 1992, 8-9). 언뜻 보면, 이것은 단지 초보 게임자와 결합되는 (드라이퍼스와 드라이퍼스에 따라) 일련의 개괄적인 기성의 준칙이다. 그러나 이 규범적 책략에 대한 관심은 실제 전문가의 놀이를 특별히 언급하는 것 같다. 여전히, 반응 시간이 제한된 전문가 수준의 게임에서 그 책략이 어떻게 도움이 될 수 있을지는 궁금할 것이다. 낙하하는 조이드 때문에 진행 중인 출력을 무시하는 그러한 책략을 반성할 시간은 없다.

여기서 커쉬와 마글리오(1992)는 암시적으로 추측한다. 아마도 고차적 수준의 책략의 역할이 간접적일 것이라고 제안한다. 훈련된 망의 출력을 무시하기 위해 책략을 사용하는 대신, 후속 입력을 위해 관심의 초점을 바꾸는 데 영향을 미친다. 그 생각은 이렇다. 훈련된 망은(그들이 "반응 모듈"이라고 한) 종종 위험한 상황(높은 수준의 책략이 반영되지 않은 상황)으로 움직이도록 한다. 그 구제책은 반응 모듈을 무시하는 것이 아니다. 이후 통상적 반응 모듈로 처리될 때, 현재의 특정 벡터feature vector가 책략에 따른 출력을 산출할 수 있도록 수신한 입력을 조작하는 것이다. 그들이 서술한 것처럼, 규범적 책략은 진행 중인 반응 행위와 간접적으로 상호작용하는 별개의 계획자 체계를 활용한다. 즉, "상세한 고려를 형성하는 것은 계획자의 일이다. 이러한 고려는 관심의 초점을 바꾸기 위한 지시로 변경된다. 이어 관심의 변경은 거기에서(반응 행위에서) 나타나는 특정 벡터에 영향을 미친다"(10). 분명 그 관심의 변화에 도달하는 방식은 만족스럽지 못하고 모호하게 남아 있다. 하지만 그들은 "특정 기판 영역에 치우침"으로써 혹은 "시각적 순서로 돌아오는 (특정)값의 정확도를 증가시킴"으로써 가능하다고 생각한다(10).

이러한 모호함에도 불구하고, 일반적 아이디어는 매력적이다. 효과적 출력은 항상 훈련된 반응 체계의 통제 하에 있다. 하지만 고차적 반성은 반응 행위가 수용한 입력 벡터를 효과적으로 재배열함으로써 기여한다.

이 생각은 아마 도덕적 사고에서 명시적으로 정식화된 일반적 책무의(요약한 규칙이나 도덕준칙 형식으로) 역할 이해라는 문제에 해결책을 암시할 것이다.[6] 그러한 책무(개인적인 도덕적 반성의 귀결)는 아마도 진행 중인, 도덕적으로 반응하는 행위자의 출력을 검토하는 데 도움을 줄 것이다. 그 출력이 정책의 요구와 멀어지면, 출력을 되돌리는 입력 벡터 측면에 관심의 초점을 맞추게 될 것이다. 우리가 모든 상황에서 동정적으로 행동하라는 이상에 명백히 관여한다고 해보자. 그리고 자신이 병든 친구의 분명한 배신에 분노와 실망으로 반응하는 것을 본다. 이상과 현재의 실천 사이에서 상이점을 관측할 때까지, 아마 우리는 (실제로, 고통과 무기력이라는 다른 사람의 감정에 근거한 행위 측면의 표상을 소멸시키면서) 자신의 방식에 치우쳐 그 사람의 행위를 다룰 수 있다. 그렇게 하기 (상이점을 관철하기) 위해서는 진행 중인 반응 행위의 자연적 작용을 동정이라는 안내 정책에 더 적합하도록 할 수 있어야 한다. 이 설명에서, 요약한 언어 공식은 훈련된 망의 행위를 검토하도록 돕기 위해 사용하는 대체적 지침이다.

그러므로 테트리스는 진전된 형태 인지가 정말로 이중적 기법이라는 것을 도덕에 예시한다. 연결주의자의 훈련된 망에 의해 예중된 기본적이며 익숙한 형태 인식에 근거한 반응과 더불어, 인간 전문가는 두 번째 기법에 의존한다. 그것은 익숙한 반응이 잘 사용되지 않는 사례를 탐지하는 능력이다. 그러한 인식(일종의 이차적 형태 인식)은 매우 중요하다. 왜냐하면 교정 행위를 가능케 하기 때문이다. 그리고 그것은 특히 도덕적 영역에서 중요하다. 우리가 얼마나 잘 "훈련" 되었든, 분명히 자신의 익숙한 일상의 반응에 볼모가 되지 않는 것이 도덕적 의무로 부과된다. 익숙한 반응이 기여하지 않는 상황(예를 들어, 가족 편제에서 성적 역학 관계를 다루거나 혹은 특정 종교나 정치 집단과 상호작용하는 상황)을 탐지할 수 있어야 한다. 명시적 준칙과 지침을 정식화한 효과는 자신의 진행

6. 그러한 일반적인 규범적 책무의 중요성에 관심을 이끌어준 폐기 데스오텔즈에게 감사한다.

중인 행위에 대한 외적 비교 자원을 제공한다. 이 자원은 구속도 아니고 도덕 지식의 충분한 표현도 아니다. 그러나 그것은 가능한 문제를 경고하는 지침으로 작용할 수 있다. 앞의 테트리스 게임자와 같이, 진전된 도덕적 행위자는 성공적 수행을 지원하는 가능한 모든 수단을 사용할 필요가 있다.

방금 열거한 사례들은 앞에서 식별한 반언어적 편향을 교정하는 방향으로 전개되었다. 요약된 언어 공식은 단지 신참자를 위한 도구는 아닐 것이다. 그것은 전문가를 위한 도구이기도 하다. 그러나 애석하게도 이 이야기만으로는 여전히 불완전하다. 왜냐하면, 언어적 도구라는 이미지는 단지 조작적 역할을 제시하기 때문이다. 이러한 조작적 역할은 진정한 협력적 문제 해결의 매체로서 언어적 교환이라는 더 주요한 역할을 제대로 보여 주지 못한다. 그러나 언어 공식이 도덕적 인식에 핵심적으로 기여하는 것은 협력적 측면에 있다(혹은 나는 그렇게 주장할 것이다). 이제 이 관점을 살펴보자.

협력적 매체로서의 언어

이상의 논의에서는 협력적 도덕 공동체에서 언어와 요약한 도덕 준칙의 특별한 역할을 적절히 평가하지 못하고 있다. 이를 살펴보기 위해서, 먼저 소위 협력 학습이라는 일반 현상을 고려해 볼 수 있다. 단 여기서는 다양한 협력적 관점 채택이 그 관점을 채택하지 않았다면 포기했을 문제를 해결하도록 하는 절차에만 주목한다. 예를 들어, 두 아이가 있다. 혼자서는 피아제의 보존 과제(어떻게 같은 양의 액체가 길고 가는 용기와 짧고 굵은 용기처럼 상이한 모양의 용기에서 매우 상이한 방식으로 나타날 수 있는지 이해하기)를 이해할 수 없다. 흔히 두 아이는 문제를 해결하기 위해 협력할 수 있다. 그 이유는 이렇다. 그 아이들은 "보통 그 문제의 상이한 측면에 초점을 맞춘다. 예를 들어, 한 아이는 새 비커에 있는 물이 더 높다고 말하고, 다른 아이는 그 비커가 더 가늘다는 것에 주목한다…. 이러한 상충하는 관점이 상호작용에서 드러난다. 그리고 합의에 도달하려는 노력으로 그 아이들은 관점들, 공동 구성, 새로운 관점을 통합한다"(Tomasello,

Kruger, and Ratner 1993, 501; 또한 Perret-Clemont and Brossard 1985 참조).

그 아이들에게 해결책을 찾도록 이끈 것은 합의에 이르려는 상호 노력이다. 이 노력의 핵심 특성은 토의, 공동 설계, 서로의 생각에 대한 비판을 포함한다. 그리고 명료화를 요구한다. 이 특성의 많은 부분은 크루거Kruger의 의미에서 교류적transactive이다(1992). 이는 집단 내에서 개별 구성원의 사고와 관점이 집단적 관심과 토의의 대상이라는 의미이다. 그러한 토의 양식이 결정적 역할을 하기 때문에, 대개 협력 학습이 소위 이차 정신 상태 대화(자신과 타인의 정신적 상태에 근거하여 다른 사람들의 관점에 관한 대화)를 하는 발달 시기(6세나 7세)와 동시에 나타난다는 것은 놀라운 일이 아니다. 더 어린 아이(3세 혹은 4세)도 세상에 대한 자신의 관점을 가지고 다른 사람을 볼 수는 있다(Tomasello, Kruger, Ratner(1993)가 말한 정신적 행위자로 다른 사람 보기). 그러나 더 나이 많은 아이만이 다른 사람을 "반성적 행위자"(그 행위자의 관점에 그 아이 자신의 사고와 인지에 대한 관점을 포함하는 행위자)로 본다(Tomasello, Kruger, Ratner 1993, 501 참조). 토마셀로, 크루거, 라트너가 주장하는 협력 학습은 다른 사람을 서로의 사고와 관점에 관한 생각을 가진 것으로 인식할 것을 참여자에게 요구한다. 참여자에게 "두 사람 이상의 반성적 행위자의 정신적 관점을 통합적 형식으로 이해할" 것을 요구한다(501).

그러한 능력은 진전된 도덕적 인식의 본질적 요소로 설득력 있게 보인다. 실제로, 많은 도덕 문제들은 기본적으로 다양한 관점을 조정하는 실천 방식을 찾으려는 필요로 구성된다. 다양한 관점에는 각자의 견해와 이익에 대한 관점이 포함된다. 다문화 사회에서 상이한 종교적·인종적 집단의 다양하고, 흔히 상충하는 관점과 필요를 어떻게 조정할 것인지와 같은 전형적인 도덕 문제를 고려해 보자. 그러한 종류의 문제에 대한 실천적 해결책을 찾으려는 시도는 결정적으로 각 집단의 대표자들이 다양하게 자리 잡은 소위 관점 채택에 참여하는 정도에 달려 있다. 다문화 교육 체계에서의 갈등 사례를 살펴보자.[7] 무슬림

---

7. 이것은 Susan Khin Zaw의 "Locke and Multiculturalism: Toleration, Relativism and Reason," 미발행 논문에서 차용한 것이다.

소녀의 부모는 그 소녀가 (그들의 관점에서) 소년들과 지나치게 가까운 신체 접근을 포함하는 행사에 빠져야 한다고 했다. 교장은 그 아이에게 결정하도록 했다. 하지만 (그 소녀가 포함되기 원했던) 가능한 결정 결과는 학교에서 완전히 떠나는 것이 될 수도 있다. 그 경우, 실천 가능한 해결책을 위한 유일한 희망은 다른 관점을 기꺼이 이해하려는 각 당사자에 있다. 나는 언어적 교환의 역할이 가장 중요한 곳이 바로 여기라고 주장한다. 각자의 관점을 전하는 기본 원리와 도덕 준칙을 분명히 하려는 각 당사자들의 시도는 실제로 협상적 해결책의 유일한 희망을 제공한다. 바로 거기에 원리와 준칙이 있다. 즉, 협력적 해결책 탐색에서 탐구될 수 있는 공간을 한정하는 대강의 안내와 지침을 제시하려는 시도에 있다. 물론, 그 요약한 규칙과 원리 자체를 협상할 수도 있다. 하지만, 규칙과 원리는 정보에 근거한 도덕적 토의의 핵심 출발점을 제공한다. 그 역할은 다른 사람의 관점에 관한 일종의 가상 체험을 우리 스스로 하도록 한다. 살펴본 것처럼, 그것은 진정한 협력적 문제 해결 활동의 핵심 소재이다. 물론 그러한 자발성도 양립할 수 없는 원리 사이에서의 갈등 가능성을 배제할 수는 없다. 그러나 제기된 문제의 실천적 해결책을 협상하려는 협력적 시도를 위한 장면 설정을 돕는 것은 바로 요약한 정보의 교환이다. 그러한 해결책이 일반적 도덕 규칙과 원리 체계에 동의하는 것으로 구성될 필요는 없다(일반적으로 구성되지 않을 것이다). 대신, 그것은 직면한 특정 갈등에 맞추어진 행위 선택일 것이다(그러한 "실천이성"의 옹호에 대해서는, Khin Zaw 미발간 참조).

그렇게 보면, 그 방식에 따라 분명히 된 규칙과 준칙 자체가 어떤 해결책을 정하지는 않는다. 그리고 분명히 한 사람의 도덕적 관점의 풍부한 구조와 뉘앙스를 드러낸 것으로 가정할 필요도 없다. 그것은 다양한 요구와 관점에 민감한 실천적 해결책을 편성하기 위해 필요한 안내와 지침을 구성하는 전문 지식을 드러낼 뿐이다. 그러나 이것이 주변적이거나 초보자를 구속하는 역할을 그 공식에 부여하지는 않는다. 또한 공유된 원형 활성화로 모든 당사자들을 조작하려고 의도된 유일한 도구로 묘사되지도 않는다. 오히려, 그것은 다양한 경쟁적 원형을 조정하는 실천적 반응을 협상하는 문제이다. 여기서 그 차이는 아마도 하버마스에 의해 전략적 행위와 의사소통적 행위의 구분에서 언급된 것과 유사한 것 같다. 전략적 행위의 목적은 모든 수단을 사용하여 자신의 관점을 승인하도록 상대편을 설득하는 것이다. 의사소통 행위의 목적은 **협상된** 해결책에 분명히 헌신함으로써 대화를 추구하도록 상대편을 동기화하는 것이다 (Habermas 1990, 58, 59, 134, 145).[8]

그러므로 도덕적 협력 매체로서 언어의 성공적 사용은 (연결주의 이론화에서 이전에는 인식되지 않았던) 아마 부가적이고 특별한 종류의 방법 알기를 요구할 것이다.[9] 그 방법 알기는 상호적 관점 채택과 협력적 문제 해결을 촉진하기 위해 알아야 할 것을 다른 사람에게 전달하도록 언어를 사용하는 것이다. 진정한 도덕적 전문가는 흔히 협력적 도덕 토의를 가능케 하는 데 매우 능숙하다. 드라이퍼스와 드라이퍼스에게는 실례지만, 도덕적 전문 지식은 (도덕 추론을 위해) 침묵할 수 없다. 첫 번째 부분에서 논의된 다른 전문가의 기술처럼, 이 추가적 방법 알기 자체는 아마 특정 종류의 잘 발달된 원형 공간을 제어하는 것으로 구성될 것이다. 그러나 그것은 흥미로운 이차적 공간이 될 것이다. 그곳에 거주하는 원형은 다른 존재의 정보 요구를 고려할 필요가 있을 것이다. 즉, 그 존재들은 스스로 신체적, 사회적, 도덕적 세계에 관한 기본 원형의 풍부한 공간과, 협력 가능성을 극대화하기 위한 언어 사용 방식에 관한 이차적 원형 공간을 모두 제어하는 것이다.

이차적 기술의 복합체가 심리학적 실재라는 것을 강조하기 위해, 고기능 자폐 아동(기본적 언어 기능은 가진 아이)는 내가 논의한 거의 모든 영역에서 두드러진 선택적 결함을 보인다는 것을 재언급할 가치가 있을 것 같다. 다음과 같은

---

8. 하버마스는 흔히 전략적 행위라는 아이디어를 힘이나 제재에 의한 타인 조작이라는 아이디어로 이해한다. 분명히, 맥락-고정적 입력 공급에 의한 조작이라는 아이디어와 중요한 차이가 있다. 그 공급이 협력적 조사와 상반된 진짜 조작을 구성한다면, 미묘하고 중요한 문제가 된다. 말이 나온 김에, 나는 하버마스의 강조 역시 다른 방식으로 이렇게 취급할 것을 강조한 메아리라는 것에 주목한다. 예를 들면, 다양한 관점 채택의 중요성 인식(Habermas 1990, 138-46) 및 융통성 없는 옹호보다는 실천적, 유연한 도움으로서의 규범에 관한 개념 같은 방식이다(180).
9. 이는 Margaret Walker가 내게 지적한 것이다. 그의 도움과 논평은 많은 방식으로 이 장을 개선시켰다.

것을 모두 보이는 것이 그러한 아이의 특징이다. 즉, 그들에게 어떤 과업을 수
행하도록 돕는 자기규제적 발화나 내적 시연을 사용하지 못한다(테트리스의 사
례와 비교해 보라). 공동 목적을 성취하기 위한 언어 사용 방식을 매우 제한적으
로 파악한다. 자신의 내적 상태에만 관심을 가짐으로써, 다른 사람을 전혀 인
식하지 못한다. 그리고 협력 학습, 혹은 어떤 다른 협력 활동의 증거가 없다
(Frith 1989, 130-45). 프리스는 이러한 아이들이 "서로 적극적으로 관련되는 보다
포괄적인 상호작용의 맥락을 청자와 공유"하지 못하거나, "청자의 이해를 측
정"하지 못한다고 한다(126). 그들은 다른 사람이 이해할 수 없는 용어를 사용
할 것이다. 예를 들어, 그들은 17세에서 25세까지를 "학생 간호사 연령 집단"
이라 부른다(125). 그리고 "그들의 말이 실제로 연결되고 의사소통되는지 검토
하려고 하지 않는다. 또한 대화가 실패한 이유에 대한 어떤 호기심도 보이지
않는다"(Baron-Cohen 1993, 512). 그래서 이처럼 고기능 자폐의 언어 기술은 내
가 애써 강조하려고 한 모든 협력적 측면에서 벗어난다. 결과적으로, 바론-코
헨Baron-Cohen(1993)은 그 아이들이 심각한 의미에서 무문화적일 가능성을 제기
한다. 즉, 진정한 문화 집단에 본질적인 공유된 이해와 협력적 행동에 참여할
수 없다. 도덕적 행위의 협력적 측면을 주변화함으로써, 도덕적 인식을 지나치
게 단순화한 연결주의 모형은 올바른 가정, 도덕 공동체로부터 도덕적 행위자
를 고립시킬 위험이 있는 것 같다.

요컨대, 진정으로 협력적인 도덕 활동을 생각하는 맥락에서만 원리가 일으
키는 도덕적 논의의 진정한 힘과 가치가 명료하게 된다. 요약한 도덕 규칙과
준칙은 집단 행위에서 유연하고 협상 가능한 제한으로 작용한다. 그러한 규칙
과 원리가 결코 도덕 지식을 철저히 반영하지는 않는다. 하지만 그것은 도덕적
공간의 협력적 탐구를 가능케 하는 전문적으로 구성된 안내와 지침이다.

결론: 도덕 추론에 대한 상호보완적 관점

현재 다루어지고 있는 인지과학과 윤리학의 교류는 상당히 전형적이다. 역사

적으로, 계산적 인지과학은 개인에 치우친다. 반면, 처음부터 윤리학 이론은
보다 포괄적으로 사회적·정치적 전체의 일부로 고려된 개인에 관심을 가졌
다. 도덕적 인지에 관해 공유된 이미지를 형성하려는 시도는 각 전통의 역사적
편향을 바로잡는 데 도움을 준다. 윤리학자는 도덕 추론의 개인적 기제를 생각
해야 한다. 인지과학자는 도덕 추론이 중요한 협동적, 개인 간의 측면을 포함
한다는 것을 상기해야 한다. 아마 어느 편에서도 상대편에게 무시된 측면을 상
기하라고 엄격하게 요구하지 않는 것 같다. 그러나 실제로, 흔히 그 문제에 관
한 공유된 만남은 통합적 이미지를 위한 탐구를 진척시킨다. 서로 만족스러운
관점을 위해 노력할 때, 공통 용어를 발견하고, 초점이 된 논제에 일치하게 될
것이다. 그리고 우리의 수행 정도에 따라 장차 다른 분야에서 계속해서 참여하
는 사람들을 위한 토대가 마련될 것이다.

  이처럼 장기적으로 유익한 측면은 제쳐두더라도, 이 논의의 직접적 결과는
분명하다. 즉, 최근 연결주의에서 고무된 도덕적 인지에 대한 반성은 옳은 것
같다. 도덕적 사고는 원형에 근거한 추론의 사례로 충실히 서술될 수 있다는
주장이다. 그래서 요약한 언어적 원리와 준칙은 도덕적 이해에 가득한 복잡성
에 대해 단지 삭막한 주석만을 제공할 뿐이라고 주장한다. 그러나 원리와 준칙
의 역할을 과소평가하려는 연관된 경향(도덕적 초보자를 위한 단순한 도구로 서술
하는; Dreyfus and Dreyfus 1991)은 거부될 수 있다. 살펴본 바와 같이, 그러한 정
식은 자신과 타인 모두의 도덕적 인지를 간접적으로 조정하는 유력한 도구를
제공한다. 그리고 협력적 문제 해결 활동을 안내하는 가장 중요하고 본질적인
지침과 제한을 제공한다. 나는 그러한 협력적 활동이 특별한 종류의 방법 알기
의 유일하게 가능한 관례라고 주장했다. 즉, 다른 사람이 우리와 협력적 문제
해결 활동에 참여하려면 접해야 하는 정보적 필요에 초점을 맞춘 방법 알기이
다. 그러한 방법 알기(협력적 문제 해결 장치에 연료를 주입하기 위해 언어를 사용하는
방법 알기)는 다른 행위자에 대한 특정한 개념(그들 동료의 사고와 관점에 대해 이미
특정 관점을 선호하는 것으로 다른 사람을 인정하는 개념)을 요구한다. 이 모든 관점
에서, 기본적 연결주의의 이야기가 간과하고 있는 것을 많이 볼 수 있다. 도덕

적 인지와 도덕적 전문 지식에 관해 만족할 만한 이야기는 지금까지 무시되었고, 의사소통에서 특별하고, 고차적인 다양한 원형 공간에 관심을 가져야 한다. 그러면 요약한 언어 규칙과 원리의 생산 및 개발이 단지 도덕 지식의 불완전한 거울의 생산과 개발은 아니라는 것을 인식하게 될 것이다. 나아가, 그것이 바로 도덕 추론 기제의 일부이며 단위이다.

감사의 글

나는 마거릿 워커, 래리 메이, 매릴린 프리드먼, 오언 플래너건, 테리 멘델슨, 페기 데스오텔즈, 워싱턴 대학 윤리학 세미나 참가자, 진행 중인 철학/신경과학/심리학 연구회, 그리고 1993년 세인트루이스의 워싱턴 대학에서 열린 마음과 도덕에 관한 학회에 참석한 청중에게 특별한 감사를 표한다.

참고 문헌

Armstrong, S., Gleitman, L., and Gleitman, H. 1983 "On What some Concepts Might Not Be," *Cognition* 13: 263-308.

Baron-Cohen, S. 1993. "Are Children with Austism Acultural?" *Behavioral and Brain Sciences* 16: 512-3.

Bradley, F. H. 1876. "Collision of Duties," In C. W. Gowans, ed., *Moral Dilemmas*. New York: Oxford University Press, 1987.

Churchland, P. M. 1989. *A Neurocomputational Perspectives: The Nature of Mind and the Structure of Science*. Cambridge, Mass.: MIT Press.

Churchland, P. M. Forthcoming. "Learning and Conceptual Change: The View from the Neurons." In A. Clark and P. Millican, eds., *Essays in Honour of Alan Turing*. Oxford: Oxford University Press.

Churchland. P. S. and Sejnowski, T. J. 1992. *The Computational Brain.* Cambridge, Mass.: MIT Press.

Clark, A. 1989, *Microcognition: Philosophy, Cognitive Science and Parallel Distributed Processing.* Cambridge. Mass.: MIT Press.

Clark, A. 1993. *Associative Engines: Connectionism, Concepts and Representational Change.* Cambridge, Mass.: MIT Press.

Dreyfus, H., and Dreyfus, S. 1990. "What is Morality? A Phenomenological Account of the Development of Ethical Expertise." In D. Rasmussen, ed., *Universalism vs. Communitarianism: Contemporary Debates in Ethics.* Cambridge, Mass.: MIT Press.

Flanagan, O. 1991, *Varieties of Moral Personality: Ethics and Psychological Realism.* Cambridge, Mass.: Harvard University Press.

Frith, U. 1989, *Autism,* Oxford: Blackwell.

Goldman, A. 1993. "Ethics and Cognitive Science." *Ethics.* 103: 337-60.

Habermas, J. 1990. *Moral Consciousness and Communicative Action,* translated by C. Lenhardt and S. Weber Nicholsen. Cambridge, Mass.: MIT Press.

Johnson, M. 1993. *Moral Imagination: Implications of Cognitive Science for Ethics.* Chicago: University of Chicago Press.

Khin Zaw, S. n.d. "Does Practical Philosophy Rest on a Mistake?" Unpublished manuscript.

Kirsh, D., and Maglio, P. 1992. "Reaction and Reflection in Tetris." In J. Hendler, ed., *Artificial Intelligence Planning Systems: Proceedings of the First Annual International Conference AIPS 92.* San Mateo, Calif.: Morgan Kaufman.

Kirsh, D., and Maglio, P. 1994. "On Distinguishing Epistemic from Pragmatic Action." *Cognitive Science* 18: 513-49.

Kohlberg, L. 1981. *Essays on Moral Development.* Vol. 1, *The Philosophy of Moral Development.* New York: Harper & Row.

Kruger, A. C. 1992. "The Effect of Peer and Adult-Child Transaction discussions on Moral

Reasoning." *Merill-Parmer Quarterly* 38: 191-211.

Land, E. 1977. "The Retinex Theory of Color Vision." *Scientific American* (December): 108-28.

McClelland, J. and Rumelhart, D. 1976. "A Distributed Model of Human Learning and Memory." In J. McClelland, D. Rumelhart, and PDP Research Group, *Parallel Distributed Processing.* Cambridge, Mass.: MIT Press.

McClelland, J., Rumelhart, D., and the PDP Research Group. 1986. *Parallel Distributed Processing: Explorations in the Microstructure of Cognition.* 2 vols. Cambridge, Mass.: MIT Press.

Marcus, Barcan P. 1987. "Moral Dilemmas and Consistency." In C. W. Gowans, ed., *Moral Dilemmas.* New York: Oxford University Press.

Nagel, T. 1987. "The Fragmentation of Value." In C. W. Gowans, ed., *Moral Dilemmas.* New York: Oxford University Press.

Osherson, D., and Smith, E. 1981, "On the Adequacy of Prototype Theory as a Theory of Concepts." *Cognition* 9: 35-8.

Perret-Clermont, A. N., and Brossard, A. 1985. "On the Interdigitation of Social and Cognitive Processes." In R. A. Hinde, A. N. Perret-Clermont, and J. Stevenson-Hinde, eds. *Social Relationship and Cognitive Development.* Clarendon Press, Oxford.

Rosch, . 1973. "Natural Categories." *Cognitive Psychology* 4: 324-50.

Sejnowski, T., and Rosenberg, C. 1987. "Parallel Networks That Learn to Pronounce English Text." *Complex Systems* 1: 145-68.

Smith, E., and Medin, D. 1981, *Categories and Concepts.* Cambridge, Mass.: Harvard University Press.

Tomasello, M., Kruger, A., and Ratner, H., 1993, "Cultural Learning." *Behavioral and Brain Sciences* 16: 495-552.

7. 도덕적 지각에서 게슈탈트 전환

페기 데스오텔즈

흔히 도덕철학자들은 특정 도덕적 상황에 대한 분명하고 명백한 하나의 서술이 있다고 가정한다. 그래서 그 상황에서 택해야 하는 가장 도덕적인 행동의 결정을 그들의 주요 임무로 본다. 그러나 시각적 표시를 조직하고 서술하는 하나의 최종 방식이 있는 경우와 비교하면, 주어진 도덕적 상황을 서술하는 하나의 최종 방식이 있는 경우는 드물다. 많은 일상적 도덕 경험이 반성 없이 반사적으로 지각되지만, 도덕적 상황의 "재지각" 역시 가능하다(그리고 흔히 그렇게 한다). 그 연쇄의 한쪽 끝에서, 처음에 주목하지 않았던 세부적인 도덕적 중요성에 관심을 가짐으로써 원래 지각을 미미하게 조정할 수 있다. 반면 그 연쇄의 다른 끝에서, 처음 지각을 매우 다른 도덕적 지각이나 구성으로 극적인 전환을 할 수도 있다.

이 장에서는 특정 상황의 도덕적 특징을 결정하는 데 사용되는 정신 과정에서 게슈탈트 전환Gestalt shifts이 중요한 역할을 한다는 것을 주장한다. 도덕적 지각의 조직과 재조직에서 게슈탈트 전환 은유의 관련성은 캐럴 길리건Carol Gilligan과 오언 플래너건의 최근 논쟁에 근거한다(Gilligan 1987; Flanagan and Jackson 1990; Gilligan and Attanucci 1988; and Flanagan 1991). 이 논의 과정에서, 두 사람 모두 지각에 관한 철학적 논의와 심리학적 논의에서 발견된 주요 관련 논제들을 직접 언급하지는 않았다. 나는 이 논쟁을 더 포괄적 맥락으로 설정할 것을 제안한다. 그리고 도덕적 지각에서 게슈탈트 전환 논의는 상황을 추론하고 의미를 도출하는 방식에 관한 보다 일반적인 고려와 직접 연관되어 있음을 주장한다. 지각적 정신 과정에서 과업, 은유, 유비의 역할에 관한 연구와 더불어, 연결주의 인지 모형은 다음 질문에 답하는 데 도움을 준다. 어느 정도로, 어떤 조건 하에서 우리는 도덕적 지각의 조직에서 게슈탈트 전환을 경험하는가?

계속하기에 앞서, 도덕적 지각에서 게슈탈트 전환의 구체적 사례를 살펴보는 것이 유익할 것이다. 스티븐 코비Stephen R. Covey는 그의 베스트셀러 『성공하는 사람들의 7가지 습관The Seven Habits of Highly Effective People』에서 도덕적 특징 "다시보기"에 관한 극적인 설명을 제시한다. 그 서술은 꽤 길지만, 여기 그 대부분을 제시한다. 추가적 논의와 분석을 위해 그의 장면 설정 및 상황 재구성 방식에 관한 서술은 유용할 것이다.

나(코비)는 일요일 아침 뉴욕의 지하철에서 경험한 작은 패러다임 전환을 기억한다. 사람들은 조용히 앉아 있었다(어떤 사람은 신문을 읽고, 어떤 사람은 멍하니 생각하고, 어떤 사람은 눈을 감고 쉬고 있었다). 고요하고, 평화로운 장면이었다.

그런데 갑자기, 한 남자와 그의 아이들이 지하철로 들어왔다. 그 아이들이 너무 소란스럽고 부산스러워서 전체 분위기가 곧 바뀌었다.

그 남자는 내 옆에 앉아서 눈을 감고 있었다. 분명히 그 상황은 안중에도 없는 것 같았다. 그 아이들은 이리저리 소리를 지르며 다녔고, 물건을 던지고, 심지어는 사람들이 보고 있는 것을 가로채기도 했다. 매우 방해가 되었다. 그럼에도 내 옆에 앉아 있던 그 남자는 아무것도 하지 않았다.

짜증을 참기 어려웠다. 아이들이 그렇게 날뛰도록 놔두고서 아무것도 하지 않고, 책임감을 전혀 느끼지 않을 만큼 무감각할 수 있다는 것이 믿기지 않았다. 그 지하철에 탄 다른 모든 사람들도 짜증스러워한다는 것을 곧 알 수 있었다. 결국, 나는 상당한 인내와 자제심을 가지고 그에게 말했다. "저, 당신의 아이들은 많은 사람들을 정말로 방해하고 있습니다. 아이들을 좀 제지시킬 수 없을까요?"

그 남자는 그제서야 그 상황을 인식한 듯이 눈을 뜨며 부드럽게 말했다. "네, 맞습니다. 나도 무언가 해야 한다고 생각합니다. 우리는 아이들의 엄마가 약 한 시간 전에 사망한 병원에서 방금 나왔습니다. 나는 무슨 생각을 해야 할지 모르겠어요. 그리고 아이들도 이 일을 어떻게 대처해야 할지 모르는 것 같습니다."

　…갑자기 나는 다른 것을 **보았다**. 그리고 다르게 **보았기** 때문에, 나는 다르게 **생각하고**, 다르게 **느끼고**, 다르게 **행동했다**(코비의 강조). 짜증이 사라졌다. 나의 태도나 행동 조절을 걱정할 필요가 없어졌다. 내 마음은 그 남자의 고통으로 채워졌다. 공감과 동정이라는 감정이 저절로 밀려들었다…. 순식간에 모든 것이 변했다. (Covey 1989, 30-1)

　코비가 이 경험을 "작은 패러다임 전환"이라 말한 것에 주목해 보자. 도덕적 지각에서 게슈탈트 전환에 관한 논의는 최근 과학 이론의 "패러다임 전환"에 관한 논의와 분명 중첩될 것이다.[1] 그러나 모든 전환이 쿤Kuhn의 패러다임 전환처럼 통약불가능한incommensurable 것은 아니다. 이를 강조하기 위해, 특정 도덕적 상황을 조직할 때의 전환을 게슈탈트 전환이라 부른다.

　도덕적 지각의 전환은 거의 없거나 매우 드물다고 주장하는 사람도 있다. 그러나 나는 게슈탈트 전환은 공통적이며 불가피하다고 주장한다. 그리고 특정 도덕적 상황을 지각하기 위해 사용되는 정신 과정에서 중요한 역할을 한다고 주장한다. 보다 구체적으로, 게슈탈트 전환은 지각된 상황의 "합쳐질 수 없는" 혹은 "경쟁하는" **세부 사항** 사이의 전환부터 상황의 **전체적 구성** 관점들 사이의 전환에 걸쳐 있다고 주장한다. 그리고 이 전환은 구체적 상황의 도덕적 특징을 결정하기 위해 사용되는 정신 과정에서 중요한 역할을 한다고 주장한다. 나는 보다 무반성적인 일상의 도덕적 지각(그것은 과업 변경의 결과로 내가 **구성**framework 전환이라 부른 것을 통합한다)과 보다 숙고적인 도덕적 "지각"(그것은 구성 전환과 내가 **요소**component 전환이라 부른 것 모두를 포함한다)을 구별한다.

---

1. 게슈탈트 전환과 관련된 더 많은 과학철학의 논의는 Wright(1992) 참조.

길리건: 배려와 정의 관점 사이의 전환

도덕 심리학자 캐럴 길리건의 연구는 대부분 남성과 여성 피험자의 도덕 추론 차이에 초점을 맞추었다. 그녀의 초기 연구에서는, 가상적 딜레마에 관한 짧은 서술을 피험자에게 제시하고, 이 딜레마에 관한 도덕 추론을 물었다. 보다 최근에 길리건은 피험자들(남성과 여성 모두)에게 자신의 도덕적 딜레마 사례를 제시하고 서술하도록 했다. 그녀는 피험자가 자신의 어떤 경험을 가장 도덕적인 딜레마로 보는지를 발견하기 위해 절실한 실생활의 도덕적 딜레마로 바꾼 것이다. 이 연구 결과, 길리건은 다음과 같은 심리학적 도덕 이론을 제시했다.

> 1) 실생활의 도덕적 딜레마에 대한 사고에서 정의와 배려의 고려가 **모두** 나타난다. 그러나 사람들은 하나의 고려에 초점을 맞추는 경향이 있으므로 다른 고려는 최소한으로 나타난다. 그리고 2) 도덕적 정향과 성 사이에는 연관성이 있다. 남성과 여성 모두 두 가지 정향을 사용하지만, 배려 중심 딜레마는 여성에게 더 나타나기 쉬우며, 정의 중심 딜레마는 남성에게 더 나타나기 쉽다. (Gilligan and Attanucci 1988, 88)

길리건은 불공정-공정 및 불평등-평등을 정의 관점과 밀접하게 결합된 특징으로 본다. 그리고 애착-분리 및 책임-무책임을 배려 관점과 밀접하게 결합된 특징으로 본다(Gilligan 1987, 20). 위의 진술에서 길리건은 동일한 사람이 정의나 배려 관점 중 하나로 도덕적 경험을 조직할 수 있다는 것을 인정한다. 하지만 한 관점이 우세하다고 주장한다. 길리건은 두 관점을 사용하여 특정 상황을 볼 때, 정의와 배려라는 고려를 동시에 결합하여 특정 경험을 조직하기보다는 관점들 사이에서 전환한다고 주장한다.

나는 남성과 여성의 전반적인 도덕적 정향에서 정의나 배려, 혹은 두 가지가 우세한 정도를 논의하지는 않을 것이다. 그보다는 전환에 관한 길리건의 관점을 서술할 것이다. 길리건은 애매한 모습을 볼 때 발생하는 시각적 게슈탈트 전환과 정의 및 배려 관점 사이의 전환을 대비한다. 그녀는 이렇게 서술한다.

애매한 그림의 지각에서 그림-배경 전환처럼, 도덕적 관점으로서 정의와 배려는 배려하지 않는 정의 및 불공정한 배려처럼 정반대이거나 상호 대칭적인 거울상이 아니다. 대신 이 관점들은 도덕 판단의 기본 요소들을 조직하는 상이한 방식을 나타낸다. 즉, 자아, 타인, 그리고 그 사이의 관계를 조직하는 상이한 방식을 나타낸다. (Gilligan 1987, 22)

그녀는 "예를 들어, 토끼-오리 그림에서 토끼와 오리를 보는 것처럼 관점들을 번갈아 사용하는지, 혹은 애매함을 해결하거나 유지하는 방식으로 두 관점을 통합하는지"(Gilligan 1987, 26) 더 많은 연구가 수행될 필요가 있음을 인정한다. 그렇지만 정의와 배려 관점을 통합하기보다는 그 사이에서 망설인다고 주장한다. 그녀는 피험자가 도덕적 지각에서 한 부류의 잠재적 특징(정의 특징)의 시각을 잃는 대신 다른 부류(배려 특징)에 초점을 맞추는 "초점 현상"을 언급한다.

"기꺼이 통합할 수 없는" 관점 사이에서 전환하는 그 경쟁에 대한 길리건의 증거는 도덕적 상황에 대한 피험자의 언어 서술 연구에서 나타난다. 피험자들은 도덕적 딜레마의 한 분석에서 사용한 용어가 같은 딜레마의 다른 분석 용어를 포괄할 수 없을 때 관점을 전환하는 것 같다. 그녀는 케이 존스턴Kay Johnston의 박사학위 연구를 언급한다. 그 연구에서 아동과 십대에게 우화적 형식으로 도덕적 딜레마가 제시되었다. 존스턴에 따르면, "그 문제를 해결할" 다른 방법이 있는지 물었을 때, 약 반 정도의 아동들은 "자발적으로 도덕적 정향을 전환했다"(용어를 전환했다)(Gilligan 1987, 26-7).

길리건이 "**적어도** 두 가지 도덕적 정향"을 언급할 때, 두 가지 이상의 도덕적 정향이 있을 가능성을 남겨둔 것에 주목할 필요가 있다(Gilligan 1987, 26, 나의 강조). 그러나 그녀는 배려와 정의를 넘어선 추가적인 도덕 관점의 본질이나 구성을 추측하지는 않는다.

플래너건: 통합된 도덕적 지각

오언 플래너건은 도덕적 인지에 관해 보다 간학문적인 접근을 택한다. 그리고 도덕적 지각과 관련된 문제를 다루기 위해 인지과학, 도덕 이론, 심리학의 최근 성과를 도입한다. 길리건의 두 관점에 관한 논의에서, 플래너건은 대체로 사람들이 지배적 정향을 가지고 있다는 정도로 문제를 다루려 한다. 그러나 그는 길리건이 사용한 게슈탈트 전환 은유의 특정 측면에는 반대한다. 그는 그 은유가 유익하며 계몽적이기까지 한 세 가지 방식을 서술한다. 그러나 이 논의에 이어 그것이 "무익하고 오해하게 하는" 세 가지 방식을 제시한다(Flanagan 1991, 214). 그 은유에 관한 그의 주된 반론은 다음과 같다. (1) "모든 도덕 문제에 대안적 해석의 여지가 있는 것은 아니다." (2) "시각적 지각과 달리 도덕적 고려는 시간이 걸린다. 그리고 우리가 좋아하는 양과 번잡함의 정도에 따른 정보 가중치를 포함한다." 그리고 (3) "그 은유는 도덕적 지각의 총체적 특성에 관심을 갖는다. (그러나) 도덕적 인성에 관해 가장 관심 있고 개인적으로 구별되는 많은 것이 세부적으로 주목되고, 숙고되고, 행위되는 것이다"(Flanagan 1991, 214-7).

다음 내용에서, 나는 도덕적 경험을 구성할 때 게슈탈트 전환의 역할을 논의하기 위해 최근 인지과학의 발견을 도입한다.

게슈탈트 전환

나는 게슈탈트 전환의 정의를 완전히 정반대 사례로 그리고/혹은 통약불가능한 조직의 사례로 한정하지 않는다. 그보다는 아무리 많은 공통점을 갖더라도, 하나로 합쳐질 수 없는(혹은 어떤 식으로 공존할 수 없는) 두 정신 조직을 포함시킨다. 이를 제시하는 다른 방법은 시각적 초점 은유를 사용하는 것이다. 일련의 특징들에 초점이 맞춰질 때, 경쟁하는 특징들에 초점이 맞춰지면, 그 체제의 대부분의 구성원들은(반드시 모두는 아니지만) 초점에서 사라진다. 오리-토끼 이

그림 7.1 오리-토끼 애매한 그림

출처: *Mind Sights* by Roger N. Shepard. Copyright © 1990 by Roger N. Shepard. Reprinted with permission of W. H. Freeman and Company.

미지(그림 7.1)는 시각적 이미지의 보다 극적인 사례이다. 그 이미지는 현저하고 공존할 수 없는 두 가지 지각 경험을 낳을 수 있다. 오리를 보면서, 토끼를 보지 않는다. 그리고 토끼 보기로 전환한 다음에는, 오리를 보지 않는다. 그렇지만 그림-배경 애매성을 가진 이미지가 게슈탈트 전환 경험을 낳을 수도 있다(그림 7.2). 그림-배경 전환에서는 재초점화가 더 강조된다. 거기서 공존할 수 없고 완전히 구분된 그림 해석을 강조하기보다는 배경은 전경이 되고 전경은 배경이 된다.[2] 길리건과 나는 게슈탈트 전환을 공존할 수 없는 그림 및 그림-배경 애매성을 모두 합친 것으로 규정한다. 반면, 플래너건은 게슈탈트 전환(그리고 게슈탈트 전환 은유)에서 보다 철저한 그림의 통약불가성을 반드시 포함하는 관점을 더 강조한다.

　도덕적 지각에서 게슈탈트 전환의 경험은 외적 자극에 의해 유발될 수도 있고 아닐 수도 있다. 오직 토끼로만 보는 "고착된" 사람에게 그 이미지가 오리

2. Marilyn Frye(1983)는 이러한 형태의 그림-배경 재초점화를 제시한다. 예를 들어, 남자들은 주연 배우처럼 보이고 여자들은 배경에 있는 "무대 담당"으로 보이는 상황이다. 이 장면을 재초점화하면, 남자들은 물러나고 여자들에게 초점이 맞추어진다.

그림 7.2 그림-배경 애매성
출처: *Mind Sights* by Roger N. Shepard. Copyright © 1990 by Roger N. Shepard. Reprinted with permission of W. H. Freeman and Company.

로도 보일 수 있다고(그리고 오리 "목록"으로 직접 지적될 수 있다고) 말해 줄 수 있다. 마찬가지로, 어떤 사람에게 도덕적 상황의 재지각을 조장하는 새로운 정보를 제공할 수 있다. 예를 들어, 코비의 전환은 지하철에서 그 남자로부터의 새로운 정보에 의해 일어났다. 그러나 코비가 어떤 외적 자극 없이 그 상황을 재지각하는 것을 상상할 수도 있다. 예를 들어, 그 아이들이 이전에 부모의 장례식에서 목격한 아이들과 유사하게 행동하고 있었다는 것에 갑자기 주목할 수도 있다.

도덕적 지각에서 외적 자극에 의해 전환이 발생할 때, 상황 자체가 바뀐다는 의미가 있다. 그러나 나는 지각에서 "입력"이 어느 정도 바뀔 때도 게슈탈트 전환이 발생할 수 있다는 것을 강조하고 싶다. 지각 입력의 새로운 부분이 단순히 원래의 지각에 더해지거나 합쳐지지 않는 경우, 게슈탈트 전환이 발생한다. 나아가 최소한 원래 지각 입력 배열의 일부가 정신적으로 재조직된다.

또한 이 논의에서 구성 게슈탈트 전환framework gestalt shift과 요소 게슈탈트 전환component gestalt shift을 구별하는 것이 중요하다(이후 구성 전환과 요소 전환이라고 부른다). 내가 구성 전환이라고 부른 것에는 (1) 전체 경험을 조직하는 한 방식에서 그 경험을 조직하는 다른 방식으로의 정신적 변화, 그리고 (2) 그 경험을 조직하는 두 가지 방식이 공존할 수 없다는(환언하면, 두 전체 조직이 하나의 전체 조직으로 합병될 수 없다는) 의미가 포함된다. 만약 오리-토끼 이미지가 소위 전체 보기 장면을 채운다면(만약 오리-토끼 이미지가 지각적 경험 전체를 구성한다면), 오리-토끼 전환은 구성 전환이 될 것이다.

반면, 내가 요소 전환이라고 한 것에는 (1) 경험의 세부 사항(요소)을 조직하는 한 방식에서 그 세부 사항을 조직하는 다른 방식으로의 정신적 전환, 그리고 (2) 경험의 세부 사항을 조직하는 두 방식이 공존할 수 없다는 의미가 포함된다. 요소 전환의 시각적 보기는 오리-토끼 이미지를 더 큰 장면의 일부로 볼 때 발생하는 전환이다. 예를 들어, 많은 무늬가 새겨진 티셔츠를 입은 사람을 볼 수 있다. 그 무늬 중 하나가 오리-토끼 무늬이다. 그 장면의 전체 조직은 동일하게(무늬가 새겨진 티셔츠를 입고 있는 사람) 남아 있다. 그러나 그 장면에서 세부 사항은 전환한다. 그러므로 이 논의의 목적에서, 최소한 특정 상황이나 경험의 (전부는 아니라도) 일부를 지각할 때, 지각자가 어떤 기존의 정신적 조직 구조의 전개를 다른 기존의 조직 구조의 전개로 전환할 때 언제든지 게슈탈트 전환이 발생한다.

도덕적 지각은 구성 전환이나 요소 전환 중 하나를 포함할 수 있다. 예를 들어, (태아에 대한 여성의 관계와 관련된 틀을 재조직하기보다는) 특정 여성의 낙태 딜레마를 태아의 지위와 관련된 틀로 지속할 수 있다. 하지만 태아를 처음에는 태어나지 않은 아이로 보고, 그 다음에는 단순한 생장물로 보는 관점 사이에서 전환할 수 있다. 그러한 전환은 도덕적 지각에서 요소 전환이 될 것이다. 이 명료화를 명심하면서, 도덕적 지각에서 언제 그리고 어떤 조건하에서 게슈탈트 전환이 가장 쉽게 발생하는지 살펴보자.

과업과 도덕적 지각에서 게슈탈트 전환

일상적 삶을 살아갈 때, 당면한 과업은 모든 가능한 지각 조직(각자가 가진 학습 사#罪史를 사용하여 지닐 수 있게 하는) 중에서 실제로 연결되어 소환되는 지각 조직에 크게 영향을 미친다. 우리가 성취하려고 노력하는 것이 있으면, 그 목적을 성취하는 데 가장 도움이 되는 경험 측면을 주목하고 도출할 것이다. 우리의 일상은 직업의 요구 충족하기, 심부름 가기, x를 하도록 하기, 문제 y를 해결하기 등과 같은 과업으로 채워져 있다.

길리건과 플래너건은 도덕적 지각에서 과업 변경과 게슈탈트 전환 사이의 관계를 직접적으로 언급하지 않는다. 이 절에서, 나는 보다 무반성적인 일상적 도덕 지각에서 과업 변경과 도덕적 지각의 게슈탈트 전환 사이에는 중요한 관계가 있다고 주장할 것이다. 이 관계를 인식하면, 길리건이나 플래너건이 가정한 것보다 일상적인 도덕적 지각에는 더 많은 게슈탈트 전환이 있다는 인식을 추가적으로 낳는다. 그리고 많은 이러한 전환이 정의-배려 조직 이상의 다른 지각적 조직들에 있다는 인식을 추가적으로 낳는다.

지각적 조직과 과업 사이의 관계를 분석할 때의 본래적 어려움은 특정 과업에 대한 최선의 서술 수준을 결정하는 것이다. 과업은 일반성이나 복잡성의 수준에서 다양하게 서술될 수 있다. 과업에 관한 이러한 논의를 단순하게 하기 위해, 나는 특정 과업(정신적 혹은 기타 과업)에 참여하고 있는 사람을 서술한다. 그 사람이 질문을 받는다면(예를 들어, "지금 무엇을 하고 있습니까?" "나는 공정한 것을 설명하려고 합니다"), 현재 그 과업에 참여하고 있는 것으로 자신을 이해한다.

『도덕적 인성의 다양성 *Varieties of Moral Personality*』에서, 플래너건은 상황의 특성을 도출하는 지각 과정을 그 사람의 현재 과업과 관련시킨다. 그는 두 가지 주요한 도출 형태를 상세화한다. 즉, 특징 탐지(혹은 분류적 도출)와 과업에 안내된 도출이다. 이 두 가지 도출 형태는 상호 배타적 정신 과정이 아니라 복합적으로 서로 영향을 미친다. 그는 특징 탐지를 "어떤 유형이나 종류의 구성원으로 어떤 징후 분류를 정당화하는 속성(종종 본질적 속성이라고 부르는)에 관한 인지적 분리나 인식"을 포함하는 것으로 규정한다(83-4). 그는 과업에 안내된 도출을 합리화된 절차의 전개로 규정한다. 그 절차는 주어진 과업을 성공적으로 완수하기 위해 "대상, 사건, 혹은 상황의 다양한 특징에 대한 상이한 관심 부여, 상이한 취급을 정당한 것으로 인정한다"(85). 모든 종류의 도출은 대상이나 사건의 특성을 부각시키거나 분리하는 것을 포함한다. 대상과 사건의 특성은 그것의 실제적 본질 및 그 도출을 수행하는 사람의 목적에 관련된 타당한 인지적 서술에서 나타난다. 과업에 안내된 도출은 그 과업의 성공적 완수에 적합하게 생각되는 합리적인 절차의 전개를 진행하고 포함한다. 이러한 절차는 대상, 사건, 혹은 상황의 다양한 특징에 상이한 관심 부여하기와 상이한 취급하기를 보장한다. 여기서 나의 관점은 이렇다. 우리의 지각이 과업에 안내되는 정도에 따라, 지각 및 과업을 전환할 때 지각의 조직된 특징을 전환할 것이다. 그러므로 매우 다른 과업으로의 변경은 지각에서 내가 게슈탈트 전환으로 고려한 것을 포함할 것이다.

물론, 모든 과업 변경이 도덕적 지각에서 전환을 촉진하는 것은 아니다. 잔디를 베거나 자른 것을 갈퀴로 긁어모으는 것이 어떤 도덕적 특징 지각을 포함할 것 같지는 않다. 따라서 베기에서 긁어모으기로의 전환이 도덕적 지각에서 게슈탈트 전환을 낳지는 않을 것이다. 그래서 여기서는 어떤 종류의 일상적 과업 및 과업 변경이 도덕적 지각에 가장 영향을 미치는지 검토하는 것이 중요하다. 분명히, 표면적인 "도덕적" 과업들 사이에서의 변경이 도덕적 지각에 가장 영향을 미칠 것이다. 예를 들어, 가장 공정한 것을 결정하는 과업에서 가장 배려하는 것을 결정하는 과업으로의 변경은 경험의 재조직을 낳을 것이다.[3] 우리 대부분은 많은 시간 스스로 서술한 도덕적 과업에 참여하지 않는다. 우리는

---

3. 가장 공정한 것에서 가장 배려하는 것을 결정하는 것으로의 전환은 경험의 재조직화를 낳을 수도 있고 아닐 수도 있다. 예를 들어, 가장 공정한 것이 가장 배려하는 것으로 판명된다면, 어떤 재조직도 발생하지 않을 것이다. 정의와 공정의 개념이 어떻게 겹칠 수 있는지에 관한 더 많은 논의는, Friedman(1987) 참조.

도덕적 반응이 요청될 때는 그러한 높은 수준의 도덕적 목적을 가지고 살아가 겠지만, 도덕적으로 반응하는 구체적 과업은 일상 경험에서 간헐적으로 일어 날 것이다.

이는 스스로 서술한 도덕적 과업에 참여하지 않는다는 것이 도덕 판단을 하 지 않고 도덕적 특징을 결정하지 않는다는 말은 아니다. 실제로, 다른 사람과 의 상호작용을 포함한 모든 과업은 흔히 도덕 판단, 평가 혹은 두 가지 모두를 통합할 것이다. 도덕적 지각을 포함하는 가장 분명한 일상적인 과업은 "직업" 이다.[4] 예를 들어, 직업에서 성공하겠다고 결정한 사람의 도덕적 특성은 근무 하는 동안 가장 현저한 특성이 될 것이다.

설명을 위해, 직장 동료와 어떤 문제 해결에 참여하고 있다고 해보자. 나는 이 일과 관련된 문제 해결에서 방해 및 수단과 관련지어 지각적 경험을 조직할 것이다. 만약 동료가 그 과업 진행을 방해한다면, 나는 동료를 (기껏해야) "곤란 하게" 볼 것이다. 그리고 그의 모든 인격적 단점이 나의 경험에서 크게 부각될 것이다. 하지만 나는 다른 사람이 "어려울" 때, 동정심을 가지고 대하라는 수 준 높은 목적을 가질 수도 있다. 일과 관련된 격렬한 논쟁을 하면서도, 동료가 언짢아하는 것에 주목할 수 있다. 여기서 나의 전경前景에 있는 일과 관련된 과 업을 "중단하고interrupt," "동정심을 가지고 다른 사람을 대하라"는 도덕적 과 업을 도입할 수 있다.[5] 결국, 나는 동정심을 가지고 반응하기 위해 가장 중요한 동료의 행동 특성을 재지각하는 것으로 변경한다. 이 경우, 나의 도덕적 지각 전환은 표면적인 "무도덕적" 과업(그렇지만 도덕적 지각과 통합된)에서 "도덕적" 과업으로의 변경과 관련된다.

또한 어떤 상황에서 해야 할 가장 공정한 것을 결정하는 보다 일반적인 과 업에서 다른 사람의 관점으로 대상을 보는 더 구체적인 도덕적 과업으로 변경

---

4. 마찬가지로 Sara Ruddick(1989)은 일상적인 어머니의 일이 어머니가 하는 도덕적 사고의 종 류를 결정한다고 주장했다.
5. 여기서 내가 컴퓨터 과업 용어를 사용한 것은 도덕적 인지에 대해 무례한 태도를 전하려는 의미는 아니다. 나는 도덕성과 도덕적 삶을 살아가는 것을 매우 진지하게 취급한다.

할 수 있다. 일반적인 것에서 더 구체적인 도덕적 과업으로의 변경 역시 직면한 상황의 도덕적 특징을 재조직하는 결과를 낳는다.

정의 관점에서 배려 관점으로 전환한 길리건의 사례 역시 가장 공정한 것을 결정하는 도덕적 과업과 가장 배려하는 것을 결정하는 도덕적 과업 사이의 변경으로 볼 수 있다. 분명, 이러한 정향의 변화를 과업 변경과 밀접하게 얽힌 것으로 서술하고 싶어 하지 않는 사람들도 있을 것이다. 분명히 그 재정향을 다른 방식으로도 서술할 수 있다. 그러나 그 전환을 과업 변경과 관련된 것으로 보는 것은 두 가지 목적을 달성한다. 즉, (1) 나는 지각자의 목적과 활동은 추정된 다른 대부분의 것보다는 지각된 상황의 도덕적 현저성에 훨씬 더 관련된다는 것을 강조한다. 그리고 (2) 나는 상황 자체의 본래적 측면의 역할을 덜 강조하고, 대신 많은 도덕적 지각이 지각자에 의해 유도된다는 것을 강조한다.[6] 일상생활에서, 상이하고 경쟁하는 특징들은 다른 목적을 수반하는 상이한 과업 변경에서 발생하기 때문이다.

이 장의 처음 부분에서 기술한 코비의 작은 패러다임mini-paradigm 전환 역시 지하철에서 승객을 위해 최대한의 평화와 조화를 가져올 것을 결정하는 도덕적 과업에서, 어머니가 방금 사망한 가족에 대한 최대한의 위안과 동정심을 가져오는 것을 결정하는 도덕적 과업으로 변경한 것과 관련된 것으로 볼 수 있다. 지하철에는 어떤 종류이건 자신의 과업에만 전적으로 초점을 맞춘 다른 사람들이 있었을 것이다. 그래서 시끄럽지만 무시할 수 있는 아이들이 "배경"에 있었다는 사실 이상의 다른 어떤 것에도 주목하지 못했다. 흥미롭게도, 코비는 두 가지 게슈탈트 전환을 경험했다고 주장할 수 있다. 첫째는 무도덕적인 읽기 과업에서 그 차량에 평화와 고요를 가져오도록 돕는 도덕적 과업 및 관련 지각으로의 전환이었다. 두 번째는 슬퍼하는 가족에 대해 동정적으로 반응하는 현저하게 상이한 도덕적 과업으로의 변경과 결합된 전환이었다.

---

6. 흔히 도덕적 지각에 관한 논의는 도덕적 실재론에 관한 논의와 연결된다. 따라서 내가 언급해야 하는 것이 있다. 나는 도덕적 실재론자도 아니며, 인지과학자 그리고/혹은 윤리 이론가들이 그렇게 될 수밖에 없는 이유를 제공한다고 생각하지도 않는다.

과거 경험, 유비, 은유, 그리고 연결주의적 원형

과업 변경은 일상적인 도덕적 지각 전환에서 중요한 역할을 수행한다. 그렇지만 분명히 (도덕적 숙고나 반성 같은) 도덕적 과업에 참여하는 동안, 유비, 은유, 그리고 개념 변경 역시 도덕적 지각에서 게슈탈트 전환을 낳는다고 주장될 수 있다. 차머스Chalmers, 프렌치French, 호프스태터Hofstadter(1992)는 "고차적 지각 과정"은 (상황의 의미 도출을 포함하는) 유비 만들기 과정("한 상황을 다른 상황에 투사하기")과 상황 지각하기 과정("주어진 맥락에 적합한 표상을 제공하기 위해 다양한 방식으로 (자료를) 선별하고 조직하기") 사이의 복잡한 상호작용으로 구성된다고 서술한다(192-5). 비록 직접적으로 도덕적 지각 혹은 지각에서의 게슈탈트 전환을 언급하지는 않았지만, 이들은 "경쟁적 유비들"이 있을 수 있다는 것에 주목한다. 예를 들어, 사담 후세인을 히틀러처럼 보는 것과 로빈 후드 같은 인물, 즉 "쿠웨이트의 재산을 나머지 아랍 사람들에게 재분배한 관대한 인물"로 보는 것 사이에서 전환할 수 있다(199). 미국인들이 자발적으로 그러한 전환을 할지는 의심스럽다. 예를 들어, 이라크 사람들이 그를 어떻게 보는지를 이해하는 도덕적 과제가 아니라면, 후세인을 로빈 후드로 보기 위해 유비를 변경하는 것은 유인 동기가 미미할 것이다.

또한 마음과 지각에 관한 연결주의적 모형은 상황을 보다 잘 이해하는 것이 과업일 때 전체성과 유사한 전환을 경험할 수 있음을 함의한다. 처치랜드의 "개념 변화 대 개념 재배치" 분석은 게슈탈트 전환 논의와 직접적 연관성이 있다. 그는 "개념 재배치"를 "이미 충분히 발전되어, 경험이나 이해의 다른 영역에서 정상적으로 사용되는 개념 구조가 새로운 영역에서 처음 사용되는 과정"으로 서술한다(Churchland 1989, 237). 처치랜드는 이미 잘 발전된 "파동" 개념 구조를 처음으로 빛의 이해를 위해 적용한 호이겐스의 예를 제시한다.

처치랜드의 설명에서 분명하지 않은 것은 우리가 숙고하고 일상의 삶을 사는 데 있어 얼마나 자주 또 어떤 상황에서 "개념적으로 재배치하는지"다. 많은 일상적 지각에서 게슈탈트 전환은 과업의 의식적 변경에 의해 촉진된다. 그러나 삶에는 주기적으로 발생하는 갑작스럽고 설명할 수 없는 구성 전환도 분명히 있다. 개념적 재배치를 단지 자발적 구성 전환으로 파악한다면, 그 재배치는 아마 극히 드물 것이다. 반면, 경쟁하는 유비나 상이한 은유로의 의식적 변경도 개념적 재배치로 간주되어야 한다. 그렇다면, 우리는 상당히 정기적으로 "개념적으로 재배치한다." 연결주의적 관점에서 도덕적 지각의 구성 전환과 요소 전환은 특정 상황을 이해하기 위해 하나의 도덕적 원형 활성화에서 다른 (공존할 수 없는 방식으로의) 원형 활성화 사이의 변경으로 볼 수 있다.

처치랜드는 그의 마음에 관한 연결주의 모형과 도덕 이론의 관계를 간략히 검토한다. 도덕적 논증에서 발생하는 것에 관한 그의 서술은 도덕적 지각에서 게슈탈트 전환에 관한 나의 강조와 밀접하게 상관된다. 처치랜드에게 도덕적 논증은 상황이 애매하여 "활성화된 원형을 바꾸기 위해 그 상황의 특성 중에서 과장된 특징을 줄이고 다른 특징을 강화하여 구성할 때" 발생한다(Churchland 1989, 300).

(연결주의적 의미에서) 원형적으로 지식을 보면, 매우 맥락 의존적으로 지식을 보는 흥미 있는 결과를 낳는다. 환언하면, 지각이 담재된 표상은 맥락 의존적 표상이다. 앤디 클라크는 다음의 서술에서 이러한 개념을 확장한다.

> 포더Fodor 같은 고전주의자들은 직접적 구성 방식으로 탈맥락적인 상징 구조를 조종하는 것처럼 마음을 묘사하는 것 같다.
>
> 연결주의자들은 이용 가능한 개념 수준의 항목에서 탈맥락적인 유비를 갖지 않는다. 따라서 맥락 의존적 표상을 서로 혼합하여 구성하는 "구성성"이라는 훨씬 불안정하고 통제하기 어려운 종류를 사용해야 한다. (Clark 1993, 25)

맥락 의존적 표상이 의미하는 바를 설명하기 위해, 클라크는 스몰렌스키 Smolensky의 "저질 커피 사례"를 언급한다. 우리는 다양한 맥락에서 커피를 경험한다(컵에 담긴 액체 커피, 캔에 담긴 가루 커피 등). 그리고 결론적으로 클라크는 커피에 대한 단일한 표상을 갖지 않는다고 주장한다. 오히려 우리는 다양한

"커피" 표상을 가진다. 연결주의적 용어에서, "커피" 표상은 은폐된 단위에서의 활성화 형태들을 포함한다. 이러한 형태들이 매우 다양한 이유는 커피에 대해 "훈련된" 망이 다양하기 때문이다(Clark 1993, 24).

게슈탈트 전환에 관한 나의 정의에서 보면, "커피"에 관한 하나의 맥락 의존적 표상에서 "커피"의 다른 맥락 의존적 표상으로의 변경은 게슈탈트 전환에 상응한다. 결국, 그것은 공존할 수 없고 "합쳐질 수 없는" 두 가지 정신 구조 사이의 전환이다. 다양한 커피 활성화 유형을 하나의 전체 목적 유형으로 통합할 수는 없다. 그러나 우리는 전개하고 있는 커피 개념의 맥락에 의존하여 상이한 맥락 의존적 정신 구조들 사이에서 변경해야 한다. 그럼에도 불구하고, 어떤 상황에서 의미를 도출하려고 시도할 때 표상들 사이에서 변경 정도가 있다는 점을 재강조하는 것이 중요하다. 이것은 구성 전환(새롭고 복잡한 "파동" 원형이 호이겐스의 "빛"의 지각에 담겨 소환되는 경우)에서 요소 전환(커피를 포함하는 상황에 대한 숙고에서, 지각자는 그 상황에 대한 생각에서 몇 가지 커피 활성화 형태 중 하나를 소환할 수 있다)에 걸친다. "커피"도 도덕적 지각에 결합될 수 있다는 것을 주목하는 것은 흥미 있다. 예를 들어, 커피에 중독되는 것이 다른 사람에게 해가 될 수 있는지를 결정하는 도덕적 과업에 참여할 수 있다. 이 "중독 상황"에 대해 숙고할 때, 다양한 맥락 의존적 "커피" 표상의 활성화 사이에서 전환할 것이다.

마음에 관한 연결주의적 모형에 게슈탈트 전환이 수용되어 있다는 것은 지각의 유연성에 관한 마크 롤린스Mark Rollins의 주목할 만한 최근 연구에 의해서도 밝혀진다. 그는 지각적 지식이 담재된 용도 혹은 전략에서 유연성을 강조한다. 그리고 많은 지각적 경험은 주어진 상황에서 전개하는 기존 개념과 관련된 전략을 통합한다는 것을 지적한다. 그는 "사용의 유연성이 중요하다. 왜냐하면 그것은 내용 자체는 아니라도 내용의 효율성에서 변화를 낳을 수 있기 때문이다"라고 서술한다(Rollins 1994, 42). 또한 그 관점은 내용 사용을 재전략화할 때마다, 개념을 재전개할 때마다, 상황을 지각할 때 게슈탈트와 유사한 방식으로 전환한다는 관점이 될 수 있다.

플래너건에 대한 재고

과업, 유비, 은유, 그리고 맥락화된 개념 사이의 변경은 지각에서 게슈탈트 전환을 낳을 것이다. 이러한 지식을 사용하여 게슈탈트 전환 은유에 대한 플래너건의 반대를 재검토할 필요가 있다. 그의 첫 번째 고려는 "모든 도덕 문제가 대안적 구성에 개방되어 있지는 않다"는 것이다(Flanagan 1991, 214). 그러나 나는 도덕적 지각에서 게슈탈트 전환 경험하기가 주로 상황의 본질에 의해 결정되지 않는다는 것을 강조했다. 오히려, 무반성적인 일상의 도덕 지각에서, 전환은 흔히 과업 변경과 관련된다. 보다 숙고적인 도덕적 "지각"에서는, "다른 사람의 시각으로" 상황을 보려고 시도하거나, 혹은 다른 유비나 은유를 적용함으로써 도덕 문제에 대한 다른 관점을 시도할 수 있다.

게슈탈트 전환 은유에 대한 플래너건의 두 번째 반대는, "시각적 지각과는 달리 도덕적 고려의 발생에는 시간이 걸린다. 그리고 도덕적 고려는 원하는 만큼의 양과 복잡함을 가진 정보의 가중치를 포함한다"는 것이다(215). 그러나 나는 특정 상황에 대해 시간이 걸린 도덕적 숙고나 고려에서도 갈등하여 하나의 "번잡한" 정신적 실체로 합병될 수 없는 정신적 구조들을 통합할 수 있다는 것을 지적했다. 그 정보가 맥락 의존적 부분들로 들어올 때, 원하는 양과 번잡한 정도에 따라 정보에 가중치를 부여한 이후에 합병할 수는 없다.

플래너건은 인지와 숙고를 포함한 지각은 "모든 것이 고려된 판단"을 낳는다고 강조한다(플래너건과의 교신, 1994). 나는 숙고하는 도덕적 지각자는 대안들을 비교할 수 있는 능력을 가지며, 그래서 어떤 상황에 대해 "모든 것을 고려한" 관점에 도달한다는 것에 동의한다. 여기서 나의 입장은 고려의 과정도 흔히 게슈탈트처럼, 맥락 의존적 정신 구조 사이의 전환을 포함한다는 것이다. 환언하면, 숙고적인 도덕적 지각은 흔히 결이 고운, 탈맥락적인 정신 요소들을 사용한 단일한 "최선의" 관점을 구성하기보다는 다양한 공존 불가능한 조직 구조의 선택을 포함한다. 플래너건은 도덕적 숙고가 탈맥락적 표상의 조작과 재구성으로 구성되는 것으로 가정한 것 같다. 그러나 마음의 연결주의적 모형에서는 도덕적 관점을 "수립하기 위해" 그러한 결이 고운, 탈맥락적인 요소를 제시하지 않는다.

　　플래너건의 마지막 고려에서, 게슈탈트 전환 은유는 "도덕적 지각의 총체적 특징에 관심을 둔다. (하지만) 도덕적 인성에 관해 가장 관심 있고 개인적으로 현저한 것은 대부분 주목되고, 숙고되고, 행위되는 작은 세부 사항에 있다" (Flanagan 1991, 217). 내가 말한 구성 전환에서는 더 크게 만들어진 도덕적 지각의 전체 조직을 강조하지만, 각 구성 내에는 상세하고 충분히 분명한 특징들이 남아 있다. 그 자체 내에서의 전환 및 그 자체의 전환은 우리가 근거하거나 지향하는 전환의 내용과 어떤 차이도 없다. 예를 들어, 경쟁하는 유비로 전환할 때, 여전히 인지적으로 이용할 수 있는 유비의 모든 풍부함과 세부 사항을 가진다. 또한 나는 이 장 전체에서 모든 전환이 구성 전환은 아니라고 주장하였다. 오히려, 많은 게슈탈트 전환은 구체적인 세부 사항을 보는 방식의 전환이다. 예를 들어, 몇몇 인물들이 포함되는 많은 도덕적 상황에서, 전체 상황을 재구성하지는 않지만, "배우들" 중 한 명을 보는 관점에서 중요한 전환이 있을 것이다.

결론

이상의 논의에서는 상황 파악을 위해 기존의 정신 구조를 소환하는 방식을 제시하여 도덕적 지각을 게슈탈트 전환과 연결시켰다. 기존의 정신 구조를 전환하는 지각 바꾸기에 모든 (도덕적 혹은 다른) 지각적 인지가 포함되는 것은 아니다. 그렇지만 많은 학습은 기존 정신 구조의 변경과 새로운 정신 구조의 창조를 포함한다. 그리고 많은 도덕적 사고는 (상황의 지각된 특성을 더 높은 수준을 위한 "입력"으로 사용하는, 전통적으로는 합리적 정신 과정을 위한 "입력"으로 사용하는) 추론을 포함한다. 하지만 (상황에서 의미를 도출하는) 많은 지각적 인지 자체는 이미 자리 잡은 다양한 개념 및 개념 조직의 적용을 통합한다는 것도 분명히 해야 한다.

감사의 글

나는 이 논문의 초고에 유익한 논평을 해준 앤디 클라크, 오언 플래너건, 매럴린 프리드먼, 래리 메이, 마크 롤린스에게 특별히 감사한다.

참고 문헌

Chalmers, David, Robert M. French, and Douglas Hofstadter. 1992, High-level Perception, Representation, and Analogy: A Critique of Artificial Intelligence Methodology. *Journal of Expert Theory and Artificial Intelligence* 4: 185-211.

Churchland, Paul. 1989. *A Neurocomputational Perspective: The Nature of Mind and the Structure of Science.* Cambridge, Mass.: MIT Press.

Clark, Andy. 1993. *Associative Engines.* Cambridge, Mass.: MIT Press.

Covey, Stephen R. 1989. *The Seven Habits of Highly Effective People: Restoring the Character Ethics.* New York: Simon & Schuster.

Flanagan, Owen. 1991. *Varieties of Moral Personality: Ethics and Psychological Realism.* Cambridge, Mass.: Harvard University Press.

Flanagan, Owen, and Kathryn Jackson. 1990. Justice, Care, and Gender, In Cass Sunstein, *Feminism and Political Theory*, Chicago: University of Chicago Press.

Friedman, Marilyn. 1987. Beyond Caring: The De-Moralization of Gender. In Marsha Hanen and Kai Nelson, eds., *Science, Morality, and Feminist Theory.* Calgary: University of Calgary Press.

Frye, Marilyn. 1983. *The Politics of Reality: Essays in Feminist Theory.* Trumansburg, N.Y.: Crossing Press.

Gilligan, Carol. 1987. Moral Orientation and Moral Development. In Eva Feder Kittay and Diana T. Meyers, eds., *Women and Moral Theory*, Savage, Md.: Rowman & Littlefield.

Gilligan, Carol, and Jane Attanucci. 1988. Two Moral Orientations. In C. Gilligan, J. V. Ward, J. M. Taylor, and B. Bardridge, *Mapping the Moral Domain*. Cambridge, Mass.: Harvard University Press.

Gilligan, C., J. V. Ward, J. M. Taylor, and B. Bardige. 1988. *Mapping the Moral domain*. Cambridge, Mass.: Harvard University Press.

Hanen, Marsha, and Kai Nielson, eds. 1987. *Science, Morality, and Feminist Theory*. Calgary, Alberta, Canada: University of Calgary Press.

Kittay, Eva Feder, and Diana T. Meyers, eds. 1987. *Women and Moral Theory*. Savage, Md.: Rowman & Littlefield.

Rollins, Mark. 1994. The Encoding Approach to Perceptual Change. *Philosophy of Science* 61: 39-54.

Ruddick, Sara. 1989. *Maternal Thinking: Toward a Politics of Peace*. New York: Ballantine Books.

Shepard, Rogers N. 1990. *Mind Sights: Original Visual Illusions, Ambiguities, and Other Anomalies, with a Commentary on the Play of Mind in Perception and Art*. New York: W. H. Freeman and Company.

Sunstein, Cass R. 1990. *Feminism and Political Theory*. Chicago: University of Chicago Press.

Wright, Edmond. 1992. Discussion: Gestalt Switching: Hanson, Aronson, and Harre. *Philosophy of Science* 59: 480-6.

8. 지시적-서술적 표상*

루스 개럿 밀리칸

I. 서문

앤스콤 교수가 제안했듯이, 식료품 목록은 사야 할 것을 알려주는 구입 목록으로 사용될 수도 있고, 혹은 무엇을 샀는지 알려주는 재고품 목록으로도 사용될 수 있다(Anscombe 1957). 만약 구입 목록으로 사용된다면, 세상이 그 표상에 부합해야 하는 것으로 가정된다. 즉, 그 목록과 식료품 가방에 있는 것이 일치하지 않는다면, 식료품 가방에 있는 것이 잘못된 것이다. 그러나 만약 재고품 목록으로 사용된다면, 표상이 세상에 부합해야 하는 것으로 가정된다. 즉, 가방에 있는 것이 일치하지 않는다면, 그 목록이 잘못된 것이다. 세상이 그 목록에 부합해야 하는 것으로 가정되는 첫 번째 종류의 표상을 지시적이라 할 수 있다. 그것은 되어야 할 것을 나타내거나 지시한다. 목록이 세상에 부합해야 하는 것으로 가정되는 두 번째는, 소위 서술적이라 할 수 있다. 그것은 사례를 표현하거나 서술한다. 나는 동시에 두 방식을 모두 지향하는 표상이 있음을 제안하고자 한다. 두리틀Dolittle[1] 박사에게 양해를 구하며, 그것을 지시적-서술적 표상pushmi-pullyu representations(PPRs)이라고 부른다(그림 8.1).

---

* 이 장은 원래 James Tomberlin이 편집한 *Philosophical Perspective*, Vol. 9에 게재되었다. 저자와 출판사의 허락을 받아 일부 수정하여 재게재하였다.

1. 그리고 Hugh Lofting: *The Story of Doctor Dolittle: Being the History of His Peculiar Life at Home and Astonishing Adventures in Foreign Parts*.

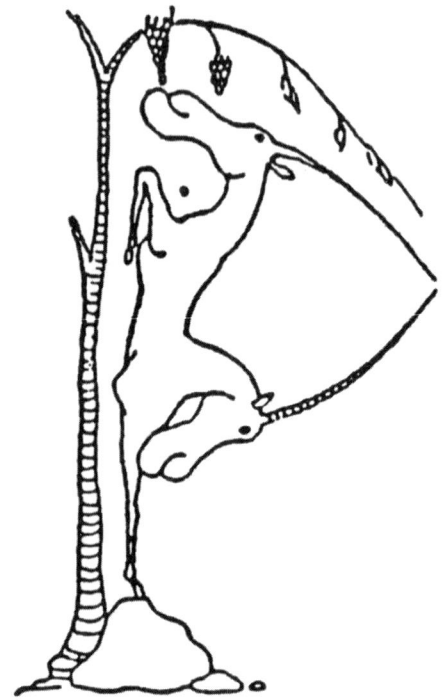

그림 8.1 Pushmi-pullyu.

PPRs는 서술적 작용과 지시적 작용을 모두 갖는다. 그러나 단지 순수 서술적 표상과 순수 지시적 표상의 단순 결합에 해당하는 것은 아니다. 그보다 더 원초적인 것이다. 이 원초적 표상에 필요한 것에 비하면, 순수 서술적 표상과 순수 지시적 표상은 그 사용을 위해서 보다 정교한 인지 장치를 요구하는 형식이다. 순수 서술적 표상이 인지 체계에 의해 사용되기 위해서는 실천적 추론 과정을 통해 지시적 표상과 결합되어야 한다. 마찬가지로 순수 지시적 표상은 서술적 표상과 결합되어야 한다. PPRs의 사용은 훨씬 더 단순한 일이다.

아마 가장 분명한 PPRs는 새의 노래, 토끼의 딸꾹질, 벌의 춤처럼 다양한 동물들이 동종同種에게 사용하는 단순한 신호일 것이다. 그러나 PPRs는 인간의 언어에서, 그리고 아마 인간의 사고에서도 나타난다. 언어적 사례는 "안 돼,

자니, 우리는 손으로 콩을 먹지 않아" 그리고 모임의 의장이 "모임은 연기됩니다"와 같이 말하는 것이다. 인간의 의도는 사고에서 PPRs의 사례이다. 그것은 행위를 지시함과 동시에 미래를 서술하여 관련된 계획을 수립하도록 한다. 사회적 역할을 수행할 때, 우리가 수행하는 사회적 역할을 이해하도록 하는 내적 표상도 PPRs이다. "사람이 하는 것," "여자가 하는 것," "교사가 하는 것" 등을 수행하는 자연스러운 방식은 PPRs를 나타낸다. 나는 이 원초적 사고방식이 인간 사회를 유지하는 핵심 결합제라고 생각한다.

나는 다른 곳에서(Millikan 1984, 1993) 제시한 일반적 표상 이론 속에서 PPRs를 살펴본다. (그것을 옹호하기에는 충분하지 않겠지만) 일단 일반적 표상 이론을 간략히 개관하고자 한다.

II. 표상에 관한 배경 이론

브렌타노Brentano는 지향성의 본질을 비존재를 "의도하는" 마음의 능력으로 간주했다. 표상 이론의 핵심에는 오표상誤表象이 발생하는 방식에 관한 설명이 포함되어야 한다는 의미에서 그가 옳았다는 것이 최근 일반적으로 수용되고 있다. 작용에 대한 이론은 오작용을 보다 일반적으로 이해하도록 한다. 나는 이러한 작용 이론 속에서 지향성 이론을 구체화함으로써 오표상이 가장 잘 이해된다고 주장했다. 이를 위해, 우리는 작용에 관한 생물학적 개념을 일반화하여 사용한다. 매우 거칠게 제시하자면, 개체의 재생 형질type의 잔존 가치이다. 나는 이렇게 일반화된 종류의 작용을 "적절한 작용"이라고 부른다(Millikan 1984, 1993).

형질의 적절한 작용이 지속적 재생산을 설명해 온 것으로 생각해 보자. 오표상의 가능성은 징후가 형질의 지속적 재생산을 설명해 온 작용을 수행하지 못할 가능성에서 도출된다. 경우에 따라, 통계적으로 적절하지 못한 작용이 적절한 작용보다 더 일반적인 경우도 있다. 예를 들어, 여러 생물학적 기제들은 종 내에서 그 증식(增殖, proliferation)을 설명해 온 적절한 효과를 특별히 갖지 못하는 경우가 많다. 물체가 눈에 너무 가까이 다가올 때 눈을 깜박이는 반사 작용이 나타난다. 이 반사 작용은 실제로 이물질이 눈에 들어오는 것을 막기 위해 꼭 필요한 순간보다 불필요하게 많이 발생한다. 비록 사례의 비율이 적고, 자연선택에 의해 진화 기제에 들어온 다른 요인으로 인해 그 비율이 크게 변하더라도, 증식하기 위해서는 결정적인 경우에 적절히 작용할 필요가 있다.

우리는 적절한 작용이라는 개념을 자연어에 직접 적용할 수 있다. 전체 문장은 거의 재생되지 않지만, 음소와 단어들, 그리고 그것이 위치하는 구문론적 형식은 재생된다. 그것은 한 세대의 화자에서 다음 세대로 복제되고, 여러 상황에서 동일한 화자에 의해 재생된다. 만약 보편문법 이론이 옳다면, 매우 일반적인 문법적 특질 역시 유전자를 통해 재생된다. 그러나 보다 직접적으로 말하면, 분명히 특정 언어의 화자들은 다른 형식보다 특정한 구체적 구문론 형식으로 양식화된 단어들을 재생한다. 왜냐하면 사례의 결정적 비율에서, 이러한 양식이 청자에게 미치는 영향은 화자가 재생하기를 원하는 영향이기 때문이다. 이러한 영향들은 언어의 의미론적 규칙과 관습적인 화용론적 규칙을 참조하여 서술된다.

언어 형식이 청자에게 미치는 적절한 영향(이 형식에 대한 청자의 적절한 반응)도 재생된다. 이것은 청자가 다른 사람의 반응을 직접 복제하기 때문에 발생하기도 하지만, 반드시 그런 것은 아니다. 이 반응은 적어도 청자가 충분히 자주 듣는 문장에 적절히 반응함으로써 이익을 얻기 때문에 재생된다. 언어 규칙에 따라 문장을 믿음이나 행위로 전환함으로써, 청자는 충분히 자주 유익한 지식을 얻거나 행위를 보상 받는다. 그래서 청자는 이 규칙 준수를 재생한다. 따라서 각 세대의 청자는 이전 세대인 화자의 기대에 부응하는 반응을 학습한다. 그리고 각 세대의 화자는 이전 세대의 청자로부터 동일한 반응을 기대하는 것을 학습한다(언어 형식의 유통을 지속하기에 충분히 자주). 마찬가지로, 비록 대부분의 종에게서 모방되는 반응은 아니더라도, 동종의 노래에 대한 새의 적절한 반응 역시 재생된다(이 경우 유전적으로 재생된다). 두 경우 모두, 표상의 증식과 이에 대한 적절한 반응의 증식은 상호 의존하고 맞춰진다.

공적 언어 표현의 적절한 작용(혹은 작용들)은 주어진 여건에서 화자가 의도하는 작용과 비교될 수 있다. 그라이스 함축Gricean implicature 사례처럼, 나는 화자의 사용 의도가 언어 장치의 징후에 부가적인 적절한 작용을 제공하는 방식을 제시했다(Millikan 1984, 3장). 그러나 이 부가적 작용이 공적 언어 형식의 작용은 아니다. 실제로 의도적 거짓말과 언어의 기생음(寄生音, parasitic) 사용 사례처럼, 공적 작용과 사적 작용이라는 두 층위는 때로 상충하기도 한다. 여기서 이 복잡한 내용을 고려할 필요는 없을 것이다. 그러나 나의 주장처럼 공적 언어에 지시적·서술적 형태가 있다면, 잘 알려진 그라이스 함축 현상과 혼동해서는 안 된다는 것을 미리 경고할 필요가 있다. 공적인 지시적·서술적 형태는 작용의 첫째 층위(공적 언어 층위)에서 이중적 측면을 보인다. 단지 사용자의 의도가 지시적·서술적 영향을 산출하는 것은 아니다.

내적 표상(지각, 사고)의 본질을 이해하기 위해, 적절한 작용이라는 개념을 표상 자체에 직접 적용하기보다는, 내적 표상을 생산하고 사용하는 작용 기제에 적용한다. 적절히 작용할 때, 내적 표상을 생산하는 기제는 개별 유기체가 처한 상황을 반영하여 적절한 표상을 산출한다. 인간에게 이는 극히 복잡하다. 그 기제에는 믿음과 욕구 형성 기제 및 개념 형성, 추론, 의사 결정, 행위 기제도 포함된다. 전체 체계가 적절히 작용할 때, 믿음 형성 기제는 참인 믿음을 산출하고, 욕구 형성 기제는 충족될 경우 유기체에게 유익한 욕구를 산출한다. 하지만 다음과 같이 내적 표상 자체가 적절한 작용을 갖는 것을 보여 주는 방식으로 "적절한 작용" 개념을 더 분명히 할 수도 있다.[2]

많은 생물학적 기제들은 환경의 특정 측면에 반응하여 유기체 내에 변화를 낳는다. 그 기제들은 동물을 그 측면에 적응하고 어울리도록 하여, 환경 속에서 추가 작용을 하도록 한다. 간단한 예가 카멜레온의 피부에서 일어나는 기제이다. 카멜레온은 색소를 재배치하여 피부색이 환경에 어울리도록 한다. 이 기제는 카멜레온을 포식자로부터 숨겨주는 추가 작용을 한다. 카멜레온이 산출

---

2. 특히 Millikan(1984) 2장; 1993, 11장; 1994 참조.

한 각각의 특정한 색은 당연히 어떤 작용(포식자로부터 카멜레온을 숨겨주는 것과 동일한 작용)을 한다고 말할 수 있다. 마찬가지로, 과정과 그에 따른 상태 양상이 환경 특정의 작용에서 그리고 작용으로서 입력에 의해 결정되면, (적절한) 작용 과정에서 단계를 구성하는 상태 자체를 적절한 작용으로 볼 수도 있다. 만약 전체 체계가 계속 적절히 작용한다면, 이 상태의 적절한 작용은 이 상태가 발생하는 과정에서 여러 추가적 단계 산출에 기여한다. 비록 독특한 유기체-환경 관계에 의해 유발되기 때문에, 매우 독특한 내적 상태라도, 특정한 내적 상태는 적절한 작용을 할 것이다. 이런 식으로, 에베레스트 산을 뒤로 올라가려는 사람의 욕구, 혹은 감나무가 이하선염mumps을 치료한다는 사람의 신념과 같은 표상조차도 적절한 작용을 하는 것으로 고려될 수 있다.

하지만 나는 아직 이 적절한 작용이 대체 무엇인지(내적 혹은 외적 표상이 적절하게 작용하는 것이 무엇인지) 언급하지 않았다.

III. 서술적 표상과 지시적 표상

다른 곳에서 나는 표상의 내용(그 충족 조건)이 도출되는 방식을 설명하는 제안을 옹호했다. 그 설명은 시간이 걸리고, 서술적 표상 및 지시적 표상과는 무관하다. 여기서는 단지 서술적인 것과 지시적인 것의 차이로 간주되는 것만 설명하면서, 그 내용 개념을 확인할 것이다.

표상을 사용하는 기제를 안내하여 그 기제가 표상의 충족 조건을 산출하는 적절한 작용을 할 때, 그 표상은 지시적이다. 청사진처럼, 그것은 되어야 하는 것을 보여 준다. 욕구는 지시적 표상이다. 어떻게 그렇게 되는지 보기 위해서, 한 항목의 적절한 작용이 실행될 것 같지 않은 작용이 될 수 있음을 기억하자. 아마 압도적 다수의 욕구가 결코 충족되지 않는다는 것은 애석하지만 사실이다. 많은 욕구(예를 들어, 네모난 원에 대한 욕구)는 충족될 수 없거나, 혹은 (예를 들어, 내일 비가 오기를 바라는 욕구는) 욕구 충족을 돕도록 구성된 기제의 정상적 작용에 의해 충족되지 못할 것이다. 이것은 대상이 "적절히" 전개될 때, 즉 욕구를 만들고 사용하는 일을 하는 통합 체계의 생존과 증식을 설명하는 이상적 방식으로 전개될 때, 욕구가 만족된다는 주장을 포함하지 않는다. 분명 이 체계가 하는 일은, 첫째, 충족되면 이로운 욕구를 산출하는 것이다. 둘째, 부가적으로 좋은 어떤 내적·외적 상황이 주어지면, 욕구 충족을 위해 그 상황에 따라 움직이는 것이다.

전형적으로 명령법 문장은 지시적 표상이다. 명령문은 주로 그 충족 조건을 만족시키는 데 영향을 (흔히 충분히) 미친다면, 언어 공동체에서 증식한다.

지시적 표상과 달리, 어떤 표상을 서술적으로 만드는 것은 그 작용이 아니다. 오히려 서술적 표상의 진리 조건은 해석자나 사용자를 표상의 적절한 작용에 기여하도록 적응시키는 조건이다(Millikan 1984, 6장; 1993, 4-6장). 그 표상에 의해 안내되고 있는 해석자의 (적절한) 방식이 의도한 대로 해석자의 작용을 충족시키는 데 영향을 미친다면, 그것은 유지해야 하는 조건이다. 예를 들어, 믿음은 서술적 표상이다. 만약 현관 벽장에 우산이 있다는 믿음이 나의 욕구(예를 들어, 비를 피하고자 하는 나의 욕구) 충족을 돕는 작용에 기여하는 의사 결정 및 행위-안내 장치(그 믿음의 "해석자")를 안내한다고 해보자. 그렇게 되려면, 그 현관 벽장에 우산이 있어야 한다. 그것이 타당한 추론을 하도록 돕는다면, 예를 들어 내 우산을 수전이 돌려주었는지에 관해 추론한다면, 우연에 의해서가 아니라 나의 인지 체계의 제대로 된 구성에 따라 옳음을 낳는다. 지금 현관 벽장에 우산이 있어야 하며, 앞으로도 그렇다.

서술적 구문 유형의 전형적 문장은 서술적 작용을 한다. 그 작용은 청자에게 믿음을 낳거나, 좀 더 정확하게는 진정한 청자에게 믿음을 낳는다. 청자가 듣는 것 중 특정 비율이 참이다. 그래서 청자에 의해 옳은 믿음으로 해석될 경우에만, 청자는 영어(공적 언어)를 믿음으로 해석하는 규칙을 지속적으로 따르고자 할 것이다. 만약 공적 언어에서 들은 문장에서 많은 부분이 거짓이라면, 언어 이해를 배울 수 없다. 서술적 구문 유형의 작용은 청자에게 옳은 믿음을 산출하는 것이기 때문에, 그것은 서술적이다. 대체로, 이 유형의 문장은 그것의 진리 조건하에서만 적절한 방식으로 그 문장의 해석자에게 영향을 미친다.

앞에서 말한 것은 표상의 충족 조건이 결정되는 방식을 설명한 것에 그친 것이 아니라, 이것을 충분히 파악하는 것이 중요하다는 것이다. 내가 제시한 분석에서, 표상의 충족 조건은 그 작용과 관련해서 도출된다. 그 표상의 내용은 반영된 어법이나 명제적 태도를 내재적으로 포함하는 더 충실한 사건에서 도출한 것으로 판명된다. 간단히 말하면, 어법이나 태도를 제외한 내용 같은 것은 없다. 내용은 태도의 한 측면이다. 곧 보겠지만, 동일한 표상이 동시에 두 가지 다른 내용, 즉 동시에 표상에 구현된 두 가지 다른 태도나 어법 각각에 관련된 내용을 전달 가능한 것은 당연한 귀결이다.

IV. 지시적-서술적 표상

매우 원초적인 표상부터 고려해 보자. 즉, 암탉이 모이를 먹으라고 병아리를 부르는 것이다. 이 부름의 적절한 작용은 모이가 있는 곳으로 병아리를 오도록 해서 키우는 것이다. 아주 합리적으로, 이것이 병아리에게 미친 유일하게 적절한 그 부름의 영향이고, 그 부름이 선택된 유일한 영향이라고 가정해 보자. 그러면 그 부름은 "지금 이리 와서 먹어라?" 같이 말하는 지시적인 것이다. 그러나 암탉이 부를 때 거기에 모이가 있는 것은 그 부름의 적절한 실행을 위한 조건이기도 하다. 그래서 그 부름은 "지금 여기 모이가 있다"와 같이 말하는 서술적인 것이기도 하다(이 표상의 서술적 내용과 지시적 내용이 다르다는 것에 주목하자). 나아가 역시 아주 합리적으로, 병아리에 대한 그 부름의 영향은 다목적 인지 기제를 통해 여과되지 않는다고 가정해 보자. 즉, 먼저 순수 서술적 표상(저기에 모이가 있다는 믿음)을 형성하고, 그리고서 관련된 지시적 표상(먹으려는 욕구)을 상기하고, 실천적 추론을 시행하고, 끝으로 결론에 따라 행동하는 것이 아니다. 오히려 그 부름은 직접 행동과 연관된다. **그 작용은 특정한 종류의 행동 산출을 매개한다. 즉, 환경 속에서 특정한 변화의 직접적 작용처럼 다양하다. 그래서 환경 양태를 부합하는 행위 양태로 직접 전환한다.** 즉, 암탉이 모이를 찾은 곳으로, 병아리가 갈 것이다. 그 부름은 pp표상이다.

다른 원초적 PPRs의 사례에는 (아마) 여러 새의 소리, 다양한 종種들이 사용하는 위험 신호, 닭과 버빗vervet 원숭이가 사용하는 다양한 약탈자 신호, 꿀벌의 춤이 있다. 예를 들어, 벌의 춤은 화밀이 있는 곳과 가야 할 곳을 동시에 전한다. 적절하게 작용할 때, 그것은 환경 변화의 지시 작용으로서 행위 변화를 산출한다. 실제로, 벌은 머릿속에 환경 지도를 가지고 있으며, 춤은 이 지도에 화밀의 위치를 표시하도록 한다는 증거가 있다(Gallistel 1990).[3] 더욱이 벌이 내적 지도에 화밀을 표시하는 용도가 오직 화밀 채집을 위해 표시된 지점으로 날아가는 것이라고 해보자. 벌의 내적 지도에 표시된 화밀은 그 자체가 PPR이다. 그리고 유일하게 직접적으로 적절한 표상 작용은 그 자체가 PPR인 내적 PPR을 산출하는 것으로 간주하는 것이 타당할 것이다.

제임스 깁슨James J. Gibson이 내적 표상에 관한 숙고를 주장한 것은 아니다. 그러나 지각할 때 어떤 행위 유발성affordances(행위를 위한 기회)을 지각한다는 그의 개념은 지각적 표상이 PPRs임을 제시한다. 지각적 표상을 단순히 말단 환경에서 변화에 따라 직접 변하는 유기체의 상태로 생각해 보자. 우선 말단 환경의 지각된 배치는 대상이 어떻게 배치되어 있는지를 나타내는 표상이다(서술적 표상). 또한 그것은 환경 내에서 가능한 움직임 방식에 관한 표상이기도 하다. 즉, 통과하는 방식, 오르는 방식, 걸어가는 경로, 잡을 수 있는 대상, 잡기 위한 각도 등이다. 배치의 변화는 가능한 과업과 그것을 달성하기 위해 필요한 이동 경로의 변화에 상응한다. 행위 가능성의 표상은 지시적 표상이다. 그렇게 행위될 경우에만, 실제로 적절히 작용할 수 있기 때문이다. 만약 이것이 행동하는 데 영향을 미치지 않는다면, 수행될 수 있는 것을 나타낸다고 생각할 이유가 없다. 욕구와 비교하면, 그것은 자신의 충족을 산출하는 데 기여한다. 지각된 행위 유발성의 경우, 물론 그 충족을 향한 행위는 지각과 환경의 변화에 의해 직접 안내된다. 그래서 지각에서 지각자의 움직임 변화로 직접 전환된다.

원숭이의 하위 전운동 피질에는 어떤 세포들(비공식적으로 "원숭이 보기-원숭

---

3. 만약 그 춤에서 화밀이 있는 위치가 벌의 경험에서 이전에 큰 수계body of water를 보았던 곳이라면, 꿀벌은 그 춤에 따라 이동하지 않을 것이다(Gallistel 1990).

이 하기 세포")이 있다. 그것은 원숭이가 실행하려고 하는 근육 조작의 직접적 목적에(손가락으로 작은 음식 조각을 잡을 때처럼) 따라 상이하게 활성화된다. 그리고 다른 원숭이가 같은 목적에서 같은 조작을 하는 것을 볼 때도 활성화된다 (Rizzolatti et al. 1988). 아이들에게 모방적 행동은 아주 어릴 때 나타난다. 어떤 유아는 출생 후 42분 만에 얼굴 표정(입을 벌리고, 혀를 내미는 등)을 모방하는 것이 실험실에서 관찰되었다(Meltzoff and Moore 1983). 원숭이와 비교해서, 아이들의 이러한 원초적 모방 기제는 PPRs를 채택한 것으로 생각할 수 있다. 그것은 다른 사람이 하고 있는 것을 묘사하는 동시에 자신이 해야 하는 것을 지시하는 데 사용된다. 이에 동의하는 잔느로Jeannerod(1994)는 어떤 움직임 수행을 상상하는 것과 그것을 실제로 수행하는 것은 부분적으로 뇌에서 동일한 할당 영역을 포함한다는 증거를 인용한다. 그래서 해야 하는 것을 상상하는 것과 그것을 의도하는 것은 아마도 숫자상으로는 두 측면이지만 같은 대상을 표상하는 동전일지도 모른다는 것이다. 실제로, 그가 제안하는 것 중 하나는 어떤 행위를 수행하지 않으면서 동시에 그것을 상상하는 것은 신경 경로에서 정상적 연결을 억제하여 이루어진다는 것이다.

PPRs는 단지 서술적 표상과 지시적 표상을 더한 결합이 아니라는 것을 아는 것이 중요하다. 그것은 순수하게 지시적이거나 순수하게 서술적인 표상보다 더 원초적이다. 그 사례가 단지 무엇인지만 말하는 표상이 목적 표상과 결합되지 않는다면 궁극적으로 유용성을 가질 수 없다. 그리고 물론 무엇을 해야 할지 말해 주는 표상이 사실 표상과 결합될 수 없다면 역시 유용성을 가질 수 없다. 만약 어떤 동물이 순수하게 서술적이거나 순수하게 지시적인 표상을 사용한다면, 매개된 추론, 최소한 실천적으로 매개된 추론 능력이 이미 있어야 한다. 어떤 직접적 쓰임이 없는 정보를 저장하는 능력(순수 서술적), 그리고 아직 어떻게 행위해야 할지 모르는 목적을 표상하는 능력(순수 지시적)은 단순한 종류의 pp 표상을 사용하는 능력에 비해 분명히 더 발달된 것이다.

V. 인간 사고 속의 pp 표상들

유기체는 덜 분화된 다목적 구조를 더 분화된 전용 구조로 수정하면서 복잡하게 진화한다. 그래서 우리는 내적 PPRs에 비해 이후 진화적으로 성취된 (사실에서 전용된) 믿음과 (목적에서 전용된) 욕구를 기대할 수 있다. 반면, 더 분화된 표상보다 PPRs가 잘 하거나 보다 잘 기여할 수 있는 목적이 있다면, 우선 이 목적이 어떻게 사용되는지 가정해야 한다. 나는 얼마간 그러한 목적이 있다고 생각한다.

한 가지 분명한 가정은 인간의 의도가 PPRs라는 것이다. 만약 의도가 내적 표상이라면, 분명히 의도는 최소한 지시적 표상이다. 의도가 의도된 행위를 나타낼 때, 의도는 적절한 작용을 수행한다. 그러나 어떤 사람이 할 것이라고 믿어야만 진지하게 어떤 것을 의도할 수 있다는 가정 역시 공통적이고 설득력 있다. 만약 상당히 전통적 방식에서 시작하여, 단지 두 가지 기본적 종류의 인지적 표상만(순수 서술적 표상(믿음)과 순수 지시적 표상(욕구)) 있다고 가정해 보자, 그때 "의도하기"가 지시적 사고뿐 아니라 잠복된 서술적 사고를 포함해야 하는지는 "'의도' 개념의 분석" 문제가 될 것이다. 그러나 만약 의도가 PPRs라면, 의도의 이중적 본질은 개념적 참이 아니라 생물학적이거나 신경학적인 사실이다. 그리고 의도가 PPRs라고 가정해야 하는 이유가 있다.

행위를 안내하려는 목적에서, 뇌는 이미 내가 확실히 행동하려는 것에 관한 표상을 품고 있다고 가정해 보자. 그리고 내가 추가로 모순 없이 할 수 있는 다른 것을 결정할 때, 이 결정된 미래를 고려할 필요가 있다고 가정해 보자. 이미 가지고 있는 표상을 복사하는 것은 분명히 공간 낭비이며, 진화에서 불필요한 기제를 도입하는 것이다. 단지 그것을 서술적 표상으로 반복해서 사용하는 것이 더 나을 것이다. 그러나 이러한 종류의 PPR은 앞에서 이런 식으로 논의한 종류와는 다르다는 것에 주목해야 한다. 유기체의 세계에서는 변동을 곧장 (가능한) 행동으로 그리는 소위 지각적 PPRs로 작용하기보다는, 목적에서의 변동을 곧장 표상된 미래 세계로 그린다. 또한 표상의 지시적 측면과 서술적 측면의 내용이 다르지 않고 일치한다는 것에도 차이가 있다.

인간의 사고에서 기본적인 두 번째 종류의 PPRs는 사회적 규범과 역할에 관한 원초적 표상이다. 인간이 이러한 규범과 역할을 인지하는 유일한 방식으로 이를 제안하는 것은 아니다. 그것이 주요한 작용 방식이며, 이러한 사고방식은 근원적이고 기본적인 사회적 결속체로 사용될 수 있음을 제안하는 것이다. 인간과 다른 사회적 동물에게는 행위를 조정하는 기제가 구성되어 있다고 생각할 타당한 이유가 있다.[4] 다른 개체도 할당된 역할을 한다면 조정된 행위는 조정에 포함된 각 개체에게 유익한 것이다. 그러한 행위 발달을 지배하는 일부 원리들은 이미 잘 알려져 있다. 앨런 기바드Allan Gibbard는 "인간 존재의 규범적 통제 체계는… 개인 간의 조정을 위해 채택된다"(1990, 64)고 한다. 그의 궁극적 목적은 윤리학적 언어의 기원과 작용을 조명하는 것이다. 그리고 그 언어가 의사소통하는 사고를 조명하는 것이다. 거기에는 특히 소위 "규범적 지배"에 기원을 둔 규범적 논의 작용이 포함된다. 여기서 나의 계획은 그렇게 거창하지 않다. 나는 기존의 조정 행위를 안정화하고 전파하며 기대를 조정하는 기제만 염두에 둔다.

나는 두 종류의 기본적인 사회적 조정을 생각하고 있다. 첫 번째는 소위 **공통** 규범이다. 그것은 특정 사회의 모든 구성원에게 동등하게 적용된다. 즉, 우리는 우측으로 운전하고, 적당하다고 인식될 때만 모임에서 말하고, 질서 있게 줄서서 기다리고, 음악회에서 조용히 하고, 계약을 존중한다. 그리고 먼저 가족을 살피고, 친척을 살피고, 그리고서 친구를 살피는 것 등이다. 두 번째는 소위 **역할** 규범이다. 이것은 어떤 역할을 차지하고 있는 사람에게만 적용된다. 즉, 어른이 지도하는 동안 아이들은 어른에게 복종한다. 모임의 의장은 질서 등을 요청하지만, 그러나 구성원들이 안건들을 소개하고, 연설하고, 투표하는 동안에는 안건이나 투표에 대해 소개하거나 언급하지 않는다. 교사가 자유롭게 말하는 동안, 학생들은 지명받기 위해 손을 든다. 손님과 주인은 합의된 방

---

4. 그 이유에 관한 좋은 정보는 Gibbard(1990)에서 요약되어 제시된다.

식으로 행동한다는 것 등이다.

방금 언급된 규범 사례들은 분명히 모두 조정 작용을 한다. 반면, 공통 규범과 역할 규범 사이의 구분은 조정 작용을 결여한 규범에도 적용될 수 있다. 예를 들어, 콩을 손으로 먹지 않기 그리고 공공장소에서 코풀지 않기는 아마도 비조정적 공통 규범일 것이다. 반면, 여자라면 치마를 입고 남자라면 바지를 입는 것은 아마도 항상 비조정적 역할 규범이 될 것이다. 조정 규범을 전하는 생물학적 작용 기제는 당연히 상당수의 비조정적 규범을 전하는 양성(良性, benign)의 부수적 영향도 가질 것이다. 그래서 인간은 상당히 맹목적으로 전해지고, 어떤 목적에도 전혀 기여하지 않는 개인적 그리고 상호작용적 행위의 많은 유형을 금지하는 관습적 생물이 되려는 경향이 있다. 게임을 하려는 성향은 조정에 영향을 미치기 위해 수립된 심리 상태의 부수적 영향일 것이다.

내가 제안한 행위의 조정 형태를 안정시키는 기제는 간단하다. 그것은 서술적인 것과 지시적인 것이 구분되지 않는 방식으로 사회적 규범을 이해하는 능력과 성향이다. 사람이 하는 것(혹은 남자das Mann가 하는 것 ─ 하이데거를 기억하는가?), 여자가 하는 것, 교사가 하는 것, 결혼했을 때 혹은 의장이 되었을 때 어떻게 행위하는가? 이것은 서술적이면서 동시에 규정적인 사고, 즉 PPRs에 의해 파악된다. 원초적 마음에서, 이러한 PPRs는 도덕적 질서로 이해되어야 하는 것을 서술하고 규정한다. 즉, 전적으로 객관적, 비도구적(절대적), 그리고 실제적으로 간주되지만, 동시에 엄중하게 규정되는 것으로 이해되는 질서이다. (원초적 사고에서, 자신과 타인은 바로 사르트르적인 본질을 가진다.) 그러나 우리 삶의 많은 비반성적 부분에서 이렇게 사고하는 일반적 성향이 없다면, 사회적 조직은 회복할 수 없을 정도로 약화될 것이다. 그래서 물론 현대인이 관련 규범의 두 모습으로 분석하는 더 정교한 기제로 보충되더라도, 나는 이것을 가능한 신경 기제로 진지하게 제안한다.

VI. 인간 언어에서 pp표상들

만약 인간의 사고가 PPRs를 담고 있다면, 틀림없이 인간의 언어도 그것을 담고 있을 것이다. 한편으로 인간의 언어는 거기에 해당하는 관념을 이식하는 작용 형식을 포함하고, 다른 한편으로 해야 할 것에 관한 관념을 이식하는 작용 형식을 포함한다. 이와 마찬가지로 청자에게 정신적 PPRs를 이식하는 작용 형식을 포함하는 언어를 기대할 수 있다. 예를 들어, 만약 의도와 사회적 규범에 관한 무반성적 파악의 내적 매체가 PPRs라면, 그에 부합하는 언어 형식이 있어야 한다는 것은 타당하다. 그러나 이 일을 위한 전용 구문론적 배치가 있을 것 같지는 않다. 그리고 PPRs가 사고에서 실제로 존재한다고 인정하더라도, 오직 PPRs를 위한 전용 표현 형식이 없다는 것은, 거의 보이지 않는 것을 위해 많은 설명을 해야 할 것이다. 나는 PPRs가 평서문 형태의 사용에 의해 전해진다고 믿는다. 적어도 이것은 영어에서는 참이다. 즉, 평서문 형태는 하나 이상의 작용을 한다. 어떤 때는 서술적이고, 어떤 때는 PP어법을 표현한다.

예를 들어, PP어법에서 우리는 아이들에게 "우리는 콩을 손으로 먹지 않는다." 그리고 "결혼한 사람은 오직 배우자만 사랑한다"고 말한다. 참인 기대와 부합하는 행동 모두를 동시에 산출할 때, 부합하는 행동의 직접적 작용으로 참인 기대를 산출할 때, 이 어법은 서술하면서 규정하는 일을 한다. 여기서 그 기제는 그라이스 함축이 아니라는 것에 주목해야 한다. 두 가지 작용은 명시적이거나 문자적이다. 두 작용이 정확히 동시에 작용되기 때문에 그 어법은 증식된다. 두 작용은 충분히 관습적이다.

엄격한 명령이 영어의 평서문 형태에서 표준적으로 전달된다. 그러므로 지시적으로 작용한다. 즉, "당신은 정확히 오전 6시에 회사에 보고할 것이다," "자니, 너의 방을 깨끗이 치울 때까지 외출할 수 없을 것이다." 내가 제시하는 이 용법은 단순히 지시적인 것 이상이다. 단지 또 다른 형식의 명령문이 아니다.[5] 그 작용은 의사 결정 과정을 통한 매개 없이도, 예를 들어 처음 욕구와 실천적 추론을 포함하지 않고도, 청자에게 **의도**를 지시적으로 전할 수 있다. 이는 PPRs를 전하기 위해 사용하면서, 지시적인 것과 서술적인 것이 구별되지 않는 PP어법이다.

PP어법은 또한 집단에 의도를 전하는 데도 사용될 수 있으며, 그래서 조정 작용을 한다. "그 회의는 이제 질서를 찾을 것이다"는 말이 적절하게 작용할 때, 그 집단의 구성원들에게 자신의 행동에 관한 의도와 다른 사람의 행동에 관한 기대를 전한다. 대학 요람에서 pp어법 진술인, "교수들은 등록 주간에 매일 근무 시간을 지킬 것이다"라는 것은 학생과 학과 모두에게 정보를 전하고, 학과에는 의도를 전한다.

마지막으로, 나는 공적 언어에서 발생한다고 믿지만 어느 정도 긴 논의를 필요로 하는 두 종류의 PPRs를 추가로 소개하려고 한다. 첫 번째는 다양한 명시적인 수행문performative이다. 두 번째는 "이중 개념thick concepts"을 표현하는 용어들이다.

VII. 수행문

나는 많은 수행문 발화에 pp어법이 있다고 믿고 있다.[6] 단순 현재시제 서술로 잘못 보면, 수행문은 무에서(ex nihil) 사실을 만들어 내는 것으로 혼동된다. 그리고 단지 그 사례라고 말함으로써 대상이 사례에 해당되도록 하는 것이 된다. 회장이 "이 회의는 폐회된다"고 말하지만, 아무도 관심을 기울이지 않고 세 안건이 더 토의된다고 해보자. 이 안건들은 회의가 폐회되었다고 **말해진** 다음에 토의된 것이 아니다. 폐회된 다음에 토의된 것이다. 즉, "모임이 폐회된다"는 의미에는 자기-보증self-guaranteeing이 있다. 마찬가지로, 의장이 "회의는 이제 질서를 찾을 것이다"라고 말했다면, 비록 모든 사람이 계속 떠들더라도, 그 회

---

5. 이것은 Millikan(1984, 3장)에서 군대 명령어를 수정한 것이다.

6. 이후 논의에서 가장 분명하게 참조된 수행문은 스트로슨Strawson이 "본질적으로 관습적인 언표 내적 행위"라고 부른 것, 혹은 내가 좀 더 정확하다고 믿는, Millikan 4부(근간)에서 기술된 "K-II 발화 행위"를 수행하는 것이다. 명시적인 "K-I 발화행위"를 수행하는 것과 이 수행의 관계는 흥미 있지만, 본고와 같은 종류의 일반적 논문에 담기는 어렵다.

의에는 질서가 소환된 것이다. 그리고 합당한 사람이 합당한 시간에 합당한 배우자에게 "나는 이제 당신들을 남편과 아내로 선언한다"라고 말한다고 해보자. 그러면 비록 그들이 그 방식으로 행동하지 않더라도, 그리고 법률 기관을 포함하여 아무도 그 방식으로 대우하려고 하지 않더라도, 이 둘은 남편과 아내이다. 반면, 의장이 "회의는 폐회된다," 혹은 "회의는 이제 질서를 찾을 것이다"라고 말할 때 아무도 주목하지 않는다면, 어쨌든 이 문장은 참이 아니라고 말하는 상충된 의견도 있다. 이러한 긴장이 발생하는 이유를 설명해 보자.

관습적 혹은 법률적으로 주조된 많은 활동 형태는 소위 관습적 혹은 법률적 "움직임" 형성을 허용하거나 요구한다. 참여자는 지정된 환경에서, 지정된 역할을 수행한다(예를 들어, 결혼식 거행하기, 게임에서 이동하기, 누군가를 어떤 자리에 임명하기, 의회 절차에 따라 동의하기, 혹은 합법적으로 도로 폐쇄하기). 이 행위가 수행될 때, 만약 대상이 관습이나 법률에 부합한다면, 이후 따를 수 있거나 따라야 하는 제한을 설정한다. 이러한 종류의 움직임은 정교한 언어 형식의 도움을 받을 수도 있고 받지 않을 수도 있다. 예를 들어, 어떤 경우에는 "나는 입찰한다"고 말함으로써 입찰이 이루어질 수도 있다. 하지만 경우에 따라서는 단지 손가락을 듦으로써 이루어질 수도 있다. 손을 들어 투표가 이루어지는 경우 등도 있다. 대부분의 그러한 움직임 자체는 본질적으로 PPRs이다.[7] 그 적절한 작용은 다른 (지시적) 형식이 아닌 특정 형식을 채택함으로써 수반되는 행위를 전달하며, 수반된 (서술적) 기대를 조정한다. 통상적 방식으로 적절하게 작용할 때, 그것은 다양한 참여자에게 내적 PPRs를 낳는다. 참여자들의 기대와 행동을 조정할 때 그들을 안내한다.

흔히 행동을 수반하는 그러한 움직임이 함의하는 바는 상당히 복잡하다. 다양한 역할을 수행하는, 다양하게 영향 받는 사람에 대한 복잡한 위임이나 선택의 제한이 포함된다. 이런 이유로, 이 함의는 예들 들어 "그 모임은 이제 질서를 찾을 것이다"와 같이 간단히 말하는 명시적 정식에서 쉽게 분석될 수 없다.

---

7. 내가 '대부분'이라고 말한 이유는 어떤 관습적 유형들은 전혀 작용하지 않기 때문이다. Millikan(근간) 참조.

이러한 정식에서 빈칸을 모두 채우려는 성직자를 상상해 보자. 즉, 결혼이 수반하는 것을 철저히 분석할 때, "제인 당신과 존 당신이 이제 할 것은… 그리고 법적 후견인이 이제 할 것은…. 그리고 당신의 부모와 친구가 이제 할 것은…." 등과 같이 말하는 것을 말이다. 그러나 보통 관습적 혹은 법률적 움직임이나, 이미 그것이 수행됨으로써 구성되는 상황에는 이름이 있다. 즉, "다이아몬드 여섯 개 입찰하기," "체스에서 장군이라고 부르기," "결혼하기," "회장되기," "회장 임명하기," "후보자에게 투표하기," "합법적으로 폐쇄된 도로," "움직이기" 등. 이 이름은 움직임의 "형태"를 부르는 것이 아니다(그것은 "손가락 들기" 혹은 "손들기"와 같은 이름이 아니다). 오히려, 그것은 관습적 결과에 따른(어떤 종류의 대상이 관습이나 법률에 부합하는 움직임을 따름으로써) 움직임을 분류하는 이름이나 서술이다.

이제 그 움직임을 만들기 위해 어떤 움직임의 이름을 사용할 수 있는 명백하고 매우 일반적인 메타관습이 있고, 그 움직임이 갖는 관습적 "형태"가 단지 관습적이라고 해보자. 일반적으로 모든 사람들이 그 움직임이 이루어진다고 이해한다면, 다른 형태가 이 형태로 대치될 수 있었을 것이다. 일반적으로 내가 그 움직임을 수행한다고 말하는 것으로 그것을 수행하기에 충분할 것이다. 그래서 보통 그것을 수행하는 매체가 임의적이라 하더라도, 그리고 내가 동료에게 그렇게 시켰다고 하더라도 그렇다. 예를 들어, "나는 퀸을 Q5로 이동한다"는 말로 체스에서 그 이동을 수행하기에 아주 충분할 것이다. 특히, 실제 체스판에서 움직이는 것이 곤란하거나 불가능한 상황이라면(메일로 체스를 하거나 혹은 저녁을 먹으려고 할 때처럼) 그렇다.

영어에서, 현재시제 평서문은 그러한 움직임을 만들 때 사용된다. 즉, "나는 다이아몬드 세 개를 입찰한다," "나는 당신들을 남편과 아내로 선언한다," "나는 그 회의를 연기한다," "그 회의는 연기된다," "이 도로는 합법적으로 폐쇄된다," 등.[8] 이 평서문 형태의 사용은 증식한다. 명명된 움직임의 관습적 결과

---

8. 수행문은 관습적 함축에 의해 작용한다는 주장도 있다. 그러나 "나는 너에게 명령한다," "나는 그것을 약속한다," 등과 같은 명시적 수행문이 결여된 언어도 있다. "특히 보다 발달된 문장

를 산출하는 작용, 수반된 행위를 전달하는 작용(지시적 작용), 그리고 관련된 기대를 조정하는 작용(서술적 작용)에 동시에 사용되기 때문이다. 그러므로 각각의 경우 평서문의 적절한 작용은 명명하거나 서술된 움직임의 작용과 정확히 같다. 실제로, 그 움직임은 합당한 상황에서 그것을 명명하는 문장의 발화이다. 그것은 합당한 상황에서 손을 들어 투표하는 것과 똑같다. 손을 들어 투표할 수 있는 것은 관습의 문제이다. 그리고 평서문 형태에서 이런 방식으로 그 이름을 깊이 새김으로써 거의 모든 관습적 움직임을 만들 수 있는 것은 (매우 민감한) 관습의 문제이다. 이러한 각인을 "수행 공식" 이라고 한다. 그러한 수행 공식이 PPRs이다. 그것들은 통상적으로 참여자에게 관련된 내적 PPRs를 산출함으로써 수반된 관습적 결과와 조정된 기대를 산출한다.

그러나 세부 사항이 더 있다. 그것은 어떤 사람이 그 움직임을 이루기 위해 합당한 상황에 있는 합당한 사람이라고 인정될 때만, 그 움직임을 명명하는 수행 공식을 사용하여 관습적 움직임을 낳을 수 있다. 예를 들어, 내가 의장이 아니라면, 합당한 종류의 모임에 있지 않다면, 합당한 시간에 이르지 않는다면, "회의가 연기된다"고 말함으로써 나는 그 회의를 연기할 수 없다. 수행 공식의 다른 작용(적절하게 작용할 때 하는 다른 것)은 명명된 관습적 움직임이 실제로 수행되고 있다는 옳은 믿음을 산출하는 것이다. 이 측면에서, 그 수행문은 분명히 보통의 서술문이다(이기도 하다). 만약 그것이 합당한 상황에서 합당한 사람에 의해서 실제로 발화되고 있다면 참이다. 즉, 수행문이 요구하는 움직임이 수행되는 것이 실제로 수행되고 있다면 참이다. 이것은 실제로 관습적 산출에 영향을 미치는지에 달려 있는 것이 아니다.

내가 길에 "이 도로는 합법적으로 폐쇄되었다"라는 표지를 세웠다고 해보자. 만약 내가 수행문 사용의 문화적 형태에서 이것을 따라한 것이 아니라 이전에 들었던 단지 서술문 모형에서 이 평서문 형태의 상징을 재생산한 것이라면, 물론 그것은 전혀 pp어법의 문장이 아니다. 그것은 단지 서술적이다. 그리

형태 체계를 가진 언어, 혹은 수행문에 의해 표현된 종류의 정형화된 담론에 대한 문화적 필요가 적을 것 같은 사회에서 발화된 언어에서 그렇다"(Sadock 1988, 186).

고 그 마을에서 실제로 도로가 폐쇄되지 않았다면, 그것은 분명히 거짓이다. 만약 내가 이전에 들었던 PP문 모형을 재현한 것이라면, 자신이 이런 식으로 도로를 폐쇄할 합법적 권리를 가지고 있다고 가정한 것이라면, 그것은 pp어법 에 해당한다. 여전히, 단지 서술적이었을 때와 마찬가지로, 최소한 그것은 거 짓이다. 도로가 합법적으로 폐쇄되었다는 것은 참이 아니다.

이 마지막 종류의 진리 조건을 제외하고, 여기서 이것을 앞의 주제와 통합 할 때, 이러한 종류의 수행문은 지시적 충족 조건 및 이차적 진리 조건도 가진 다. 그것은 관습적 결과가 수반되어야 한다는 것을 지시하고, 이에 따른 기대 를 유발한다. "회의가 연기된다"로 돌아가서, 진리 조건 중 하나는 그것을 말 한 사람이 의장이고 합당한 때였다는 사실에 의해 충족된다. 이후에 세 가지 안건이 더 논의되든 아니든, 일단 의장이 이 말을 했다면, 그 모임은 실제로 연 기된다. 그러나 두 번째 진리 조건이 있다. 즉, 이후 그 진행이 실제로 끝나야 한다. 이것이 이루어져야만, 유발하는 것이 수행문의 적절한 일이라는 조정된 기대는 참인 기대가 될 것이다. 결국, PP어법 문장의 일이 의도를 전하는 것인 것과 같이, 또한 지시적 만족 조건으로서 그 모임이 실제로 끝나도록 한다.

VIII. 이중 개념

이제 공적 언어에서 PPRs의 마지막 사례를 숙고해 보자. 즉, "이중 개념"을 표 현한 단어를 포함한 문장이다. 이중 개념이란 **무례한***rude*, **명예로운***glorious*, **품 위 있는***graceful* 같은 개념들이다. 이중 개념은 대상을 서술하면서 동시에 대상 에 대한 태도를 규정한다. 최근 이 개념에 열중한 복잡한 논의들이 있지만, 여 기서 그 논의에 참여하기는 어렵다. 하지만 나는 충분히 탐구할 만하다는 정도 로 제안하고 싶다.

나는 이중 개념에 대해 어떤 강한 입장을 취하는 것을 주저한다. 부분적으 로 그 이유는 내가 사용하고 있는 틀에서, 일상어에서 말하는 "태도"의 상태 혹은 그 성향의 본질을 어떻게 이해할지 불확실하기 때문이다(믿음과 욕구에 관한 철학자의 "명제적 태도"는 일상어에서는 전혀 "태도"가 아니다). 예를 들어, "지시적" 그리고 "서술적" 개념만을 참조하여, 대상을 무례하다고 생각할 때 수반되는 태도가 적절히 서술될 것 같지는 않다. 그러나 이렇게 가정해 보자. 즉, 언어에서 한 용어의 작용이 부분적으로 태도를 유발한다면, 이 부분의 작용은 전적으로 서술적인 것은 아니다. 즉, 태도는 단순한 (서술적) 믿음과 다르거나 그 이상이다. 만약 내가 이중 개념을 표현한 용어의 작용이 태도를 산출하지만, 이 용어가 또한 서술적이라고 설득할 수 있다고 해보자. 그러면 나는 적어도 이 용어가 PP표상에 매우 가깝다는 것을 제시한 것이다.

일차적 특성들의 (아마 고도로 구분된) 특정한 구성은 그 특성을 가진 사람을 지각하거나 숙고할 때 특정한 태도를 낳는 경향이 있다고 가정해 보자. 이는 순수 성질이나 혹은 문화의 영향에 기인할 것이다. 전통적으로 이차적 특성은 감각을 산출하는 능력으로 생각되었다. 그러나 태도를 산출하는 능력 역시 소위 이차적 특성과 매우 유사할 것이다("태도의 이차적 특성"). 이차적 특성은 단지 일종의 지각자, 이 경우에는 반응자에게만 관련된 것이다. 그렇지만 특정 집단이나 계층의 반응자와 관련해서, 태도의 이차적 특성은 객관적 속성이 된다.

내가 제안하고자 하는 바는, 첫째 이중 개념을 표현한 단어는 전체로서의 인간, 혹은 화자와 청자의 문화와 관련된 태도의 이차적 특성을 서술한다는 것이다. 즉, 귀인歸因 대상이 화자와 청자를 포괄하는 공동체와 관련된 특정 태도의 이차적 특성을 실제로 갖지 않는다면, 이 단어를 사용한 평서문은 정상적으로 적절히 작용할 수 없을 것이다. 그러나 둘째, 그 이유는 적절한 작용이 지시적이기 때문이다. 즉, 청자에게 관련된 태도를 산출한다. 그 작용은 청자에게 이 항목에 대해 이러한 태도를 취하도록 한다. 즉, 이 단어는 지시된 대상에 대한 이러한 태도를 계속해서 청자에게 낳는다. 대부분의 경우, 유발된 태도는 청자 자신의 관점과 무관하게 "참"으로 판명되기 때문이다. 서술된 대상은 직접적 조사나 보다 상세한 서술에 근거하여 실제로 그러한 태도들을 산출한다. 그러므로 이중 개념을 표현한 단어는 그 주제를 기술하고, 동시에 그 주제에 대한 태도를 유발하는 방식을 동시에 지향한다. 실제로 이 단어 자체에 의해 유발된 내적 표상은 두 방식을 동시에 지향할 것이다. 아마 그것은 내적 PPRs 일 것이다.

참고 문헌

Anscombe, G. E. M. 1957. *Intention*. Ithaca: Cornell University Press.

Gallistel, C. R. 1990. *The Organization of Learning*. Cambridge, Mass.: Bradford Books/MIT Press.

Gibbard, A. 1990. *Wise Choices, Apt Feelings*. Cambridge, Mass.: Harvard University Press.

Jeannerod, M. 1994. "The Representing Grain: Neural Correlates of Motor Intention and Imagery." *Behavioral and Brain Science* 17: 187-245.

Meltzoff, N., and Moore, K. 1983. "Newborn Infants Imitate Adult Facial Gestures." *Child Development* 54: 702-9.

Millikan, R. G. 1984. *Language Thought and Other Biological Categories*. Cambridge, Mass.: MIT Press.

Millikan, R. G. 1993. *White Queen Psychology and Other Essays for Alice*. Cambridge, Mass.: MIT Press.

Millikan, R. G. 1994. "A Bet with Peacocke." In C. Macdonald and G. Macdonald, *Philosophy of Psychology: Debates on Psychological Explanation*. Oxford: Oxford University Press.

Millikan, R. G. Forthcoming. "Proper Function and Convention in Speech Acts." In L. E. Hahn, ed., *The Library of Living Philosophers*. La Salle, Ill.: Open Court.

Rizzolatti, G., Carmada, R., Fogassi, L., Gentilucci, M., Luppino, G., and Matelli, M. 1988. "Functional Organization an Area 6 in the Macaque Monkey. II. Area F5 and the

Control of Distal Movement." *Experimental Brain Research* 71: 491-507.

Sadock, J. M. 1988. "Speech Act Distinctions in Grammar." In *Linguistics: The Cambridge Survey*. Vol. 2. Cambridge: Cambridge University Press.

Strawson, P. F. 1964. "Intention and Convention in Speech Acts." *The Philosophical Review* 73(4): 439-60.

제III부

도덕적 정서

9. 공감, 가상 체험, 그리고 공평한 관찰자[*]

로버트 고든

흄은 우리 마음을 서로의 열정, 정서, 의견을 비추는 거울로 보았다. 그는 이 "공감," 혹은 "다른 사람과 공감하는 성향, 자신과 다르거나 심지어 상반되더라도 의사소통을 통해 (다른 사람의) (그) 경향성과 정서를 받아들이는 성향"이 도덕적 특성의 주요 근원이라고 주장했다(Hume 1739/1978). 흄은 이러한 마음의 반영mirroring of minds이 작용하는 방식을 설명했다. 나는 그 설명을 간단히 제시한 후, 최근의 경험적 연구의 관점에서 어떤 개선과 수정이 필요한지 제시할 것이다. 이어 마음의 반영이 흄의 생각보다 더 깊이 스며 있는 것으로 간주해야 하는 이유를 제시할 것이다. 즉, 반영은 다른 사람의 마음을 생각하는 방식에서 본질적인 부분이다. 끝으로, 윤리학과 반영하기의 관련성을 언급할 것이다.

얼굴의 감정이입

흄은 『인간 본성론Treatise of Human Nature』에서 공감이 작용하는 방식을 설명했다. 즉, "어떤 사람의 목소리와 몸짓에서 정념의 영향을 볼 때, 내 마음은 이 영향에서 그 원인으로 즉시 이동한다. 그리고 현재 그 정념 자체로 전환된 듯한

* 이 장은 Ethics (July 1995) 727-42에 처음 수록되었다. University of chiago Press의 허락을 받고 재게재하였다.

생생한 정념의 개념을 형성한다"(Hume 1739/1978). 즉, 먼저 정서의 영향에서 그것을 유발한 정서의 개념으로 추론적으로 이동한다. 이어 어쨌든 우리에게는 동일한 정서가 종합된다. 흄의 표현처럼, "다른 사람의 감성에 관한 개념은 그것이 표상하는 인상으로 전환된다. 그리고… 정념은 우리가 형성한 이미지에 부합하여 발생한다"(Hume 1739/1978).

하지만 이 설명은 설득력이 없는 것 같다. 이 설명은 정서의 의사소통에서 인지와 추론을 본질적 연결고리로 한다. 그래서 관념을 정서로 재전환하는 기제를 요청한다. 인지와 추론을 가정하면, 유아가 전염contagion에 의해 다른 사람의 정서를 획득한다는 잘 알려진 사실을 설명하기 어렵다. 다윈은 유모가 우는 척할 때, 그의 여섯 달 된 아이가 보인 반응을 서술한다. 즉, "나는 아이의 얼굴에서 입을 삐죽거리며, 곧 울먹이는 표정을 보았다. 당시 내 아이는 다른 아이가 우는 것을 본 적이 거의 없었다. 아주 어린 아이가 그 주제를 추론할 수 있는지 의심스러웠다. 아마 유모가 우는 척한 것이 슬픔의 표현임을 선천적 감정이 알려준 것 같다. 그리고 공감을 통해 선천적 감정이 아이의 슬픔을 자극한 것 같다"(Darwin 1896). 유아의 표정을 설명하기 위해, 다윈은 아이에게 유모의 정서를 즉각적이고 비추론적으로 인식하는 "선천적 감정"을 설정한다. 이는 흄의 설명보다는 개선된 것 같다. 그러나 흄과 마찬가지로 다윈의 설명 역시 정서의 의사소통을 인지에 의존하는 것으로 만들었다. 즉, 아이에게 그 울음이 어떤 정서를 표현하는지 "말하는" 것이 있어야 한다. 그 다음 이 인지를 인지한 정서로 전환하는 기제가 있어야 한다.

최근의 경험적 연구에 의하면, 적어도 흄이 언급한 경향성과 정서의 의사소통 중 일부, 그리고 유아에게 관찰되는 모든 감정이입은 (타인의 정신 상태에 대한 어떠한 인식도 요구하지 않으며, 인식을 그 대상으로 전환하는 기제를 요구하지 않는) 순수 비인지적 통로를 통해 전해진다. 신생아조차도 타인의 행동을 모방하려는 강한 경향성을 가지고 있다. 그리고 정서와 같은 높은 수준의 핵심적 상태들high-level central states이 개인 간에 전달되는 통로로 그 행동 모방을 생각할 수 있다.

우선, 아주 어린 유아가 다른 유아의 울음에 반응해서 운다는 것은 잘 알려져 있다. 이는 인간 유아의 울음이라는 특정 소리 요소에 보정補整되도록 이미 설정된 반응 같다. 다윈의 아들 사례에서, 그 아이는 (여섯 달 된 유아의 능력 내에 있는) 음성화는 억제했지만, (입 삐죽거리기 등) 수반되는 얼굴 표정을 억제하지는 못했을 가능성이 있다. (얼굴 표정은 우는 것에 비해 훨씬 덜 억제되는 것 같다. 대개 자신이 우는 것을 듣기는 하지만, 자신의 얼굴 표정을 보지는 못하기 때문이다.) 그렇지 않다면 다윈의 아이는 우는 척하는 유모의 얼굴 표정을 단순히 모방했을 수도 있다. 정서의 표현이든 아니든, 신생아에게도 운동을 모방하는 놀라운 경향이 발견된다. 특히 다른 사람의 얼굴 표정을 복제하는 능력이 발견된다. 그 반응은 이미 설정된 투사에 기인하는 것 같다. 즉, 시각적으로 지각된 얼굴이 곧장 운동 산출로 전환된다. 유아에게 다른 사람의 얼굴 관찰과 자신의 운동 산출을 비교하는 시각적 피드백이 불필요한 이유는 바로 이 때문이다.[1] 성인기에는 그 반응이 대개 잠재의식적subliminal이다. 아마 명백한 모방이 금지되기 때문일 것이다. 그렇지만 그 영향은 측정될 수 있다.

여섯 달 된 유아가 타인의 울음에서 단지 슬픔이나 비탄의 외적 표현이 아닌 진짜 정서를 도출한다는 타당한 증거가 있다. 그리고 행동 모방이 정서 같은 집중 상태를 전하는 통로가 되는 방식에 관해 적어도 한 가지 설득력 있는 설명이 있다. 운동 활동, 특히 얼굴 근육의 움직임은 정서를 유도하는 것으로 알려져 있다. 자발적으로 특유한 얼굴 근육을 수축하거나 이 근육을 수축시키는 모음 소리를 낼 때, 상응하는 얼굴 표정을 특별히 산출하는 정서를 소환한다. 그 행동은 해당 기분과 정서에 변화를 일으킨다. 그리고 대개 그 정서에 수반된 것과 유사한 생리적 변화를 촉진한다. 이것은 다른 사람의 얼굴 표정을 모사함으로써 다른 사람의 정서를 "포착"하는 방식을 설명한다(Meltzoff and Gopnik 1993). 나는 이 과정을 얼굴의 감정이입이라 부른다.

---

1. 이 설명은 Meltzoff and Gopnik(1993)에 근거한다. 다윈의 인용은 그 부분에서 나온다.

보다 고차적 형식의 감정이입

지금까지는 매우 원초적 종류의 감정이입 반응을 서술했다. 우선, 그것은 구체적 대상에 대한 반응이 아니다. 이차적 고통을 획득하더라도, 아직 어떤 대상에 대한 고통은 아니다. 어머니가 승진을 기뻐하며 미소 짓는다면, 어머니의 미소 짓는 모습은 유아에게 미소를 낳을 것이다. 이어 그 미소는 유아에게 즐거움을 산출할 것이다. 그러나 그것은 구체적 대상에 대한 즐거움은 아닐 것이다. 분명히 어머니의 승진에 대한 즐거움은 아닐 것이다.[2]

보다 전형적 사례에서, 기쁨의 근원이 주변 대상인 경우 정서의 지향성을 전하는 문제는 대개 또 다른 낮은 수준의 모방 형식으로 해결된다. 즉, 응시 방향 모방mimicry of direction of gaze이다. 다른 많은 동물처럼, 인간도 자동적으로 다른 개인이 응시하는 방향으로 눈을 돌린다. 특히 타인이 시선을 고정하고 놀람 등의 정서적 반응을 보이거나, 혹은 다른 방식으로 관심과 흥미를 보이는 경우에 그렇게 한다. 우리는 먼저 현저한 대상을 삼각 측량한다. 보통 그러한 반응은 생후 일 년 안에 나타난다.

응시-추적 반응gaze-tracking response은 다른 사람의 얼굴 표정에서 그 표정이 나타난 정서 혹은 태도의 "원인"이나 "대상"으로 관심을 돌린다. 사회적 참조라고 불리는 과정에서는 대개 그 순서가 바뀐다. 먼저 낯설거나, 당혹스럽거나, 위협적일 수 있는 대상 혹은 장면을 본다. 그 다음 동일한 대상 혹은 장면을 향하는 다른 사람(아이의 경우, 대개 부모나 보호자)의 시선을 본다. 그런 다음 전염에 의해, 그 대상이나 장면에 대한 타인의 반응을 획득한다. 다른 사람의 표정을 확인한 후 그 근원에 대한 응시를 추적하는 경우든, 아니면 어떤 대상 혹은 장면에서 출발하여 그것을 보는 사람의 표정을 확인하는 경우든, 응시 모방

---

2. 아들의 공감적 정서에 관한 다윈의 서술은 수정되어야 할 것 같다. 슬퍼하는 체하는 유모에 대한 유아의 반응은 비탄이라기보다는 단지 슬픔인 것 같다. 내가 틀리지 않는다면, 비탄은 언제나 어떤 대상에 대한 비탄이기 때문이다. 반면 슬픔이라는 기분은 특정 대상에 관한 것일 필요는 없다. Gordon(1987) 참조.

에 수반된 얼굴의 감정이입은 유력한 사회화 기제가 될 수 있다. 그것은 어린 아이에게 환경의 다양한 특징에 반응하는 성인의 방식을 획득하도록 한다. 예를 들어, 아이는 비통한 것과 그렇지 않은 것, 기쁜 것과 그렇지 않은 것, 놀라운 것과 그렇지 않은 것을 식별하도록 학습한다.

전염에서 예측으로

정서의 지향성을 전하는 장치를 사용하더라도, 지금까지 서술한 과정은 단지 정서적 전염에 해당한다. 당신은 누구에게 감염되었는지 모르면서 감기에 걸릴 수 있는 것처럼 정서에 감염될 수 있다. 반응을 유발한 특정 개인의 모습에 대한 우리의 이차 반응을 언급하는(환언하면, 그 개인에 관한 우리의 표상 부분으로 그 반응을 표시하는) 능력을 갖는다면, 얼굴의 감정이입은 보다 도움이 될 것이다. 이런 식으로 반응에 색인을 붙이고 그것을 동일한 개인의 다른 정보와 통합하는 능력이 있다고 해보자. 그러면 얼굴의 감정이입은 행동을 해석하고, 예측하고, 설명하는 데 도움을 줄 것이다. 적어도 이러한 모방 반응을 자신의 지각과 기억에서 통상적으로 발생하는 반응과 어느 정도 분리할 수 있을 것이다. 특히, 모방 반응이 소위 "단절되어off-line" 작용할 수 있다면, 행위에 미치는 정서의 전형적 영향이 완전히 제거되지는 않더라도 줄어든다.

얼굴의 감정이입은 다른 사람 얼굴의 거울로 자신의 얼굴을 사용한다. 그리고 타인의 정서에 대한 일종의 가상 체험으로서, 단절되어 작용하는, 자신의 정서를 사용한다. 또한 흔히 타인의 얼굴에서 읽을 수 없는 정보를 얻기 위해 환경에 대한 자신의 "원래" 반응을 사용한다. 누군가 어떤 것에 놀라거나, 두려워하거나, 분명히 기뻐하는 것을 보았지만, 그 정서의 근원을 쉽게 확인할 수 없다고 해보자. 다른 사람의 시선을 따라갈 때, 우리는 근원이라고 생각되는 하나 이상의 대상들이나 환경 특징들을 발견한다. 타당한 특징 혹은 특성들을 선별한다. 혹은 그 사람이 이미 정서의 근원으로부터 벗어난 경우라면, 설득력 있는 대상을 탐색한다. 즉, 놀라운 대상을 찾는다. 혹은 만약 다른 사람이 두려워한다면, 두려운 대상을 찾는다. 만약 기뻐한다면, 기쁜 대상을 찾는다. 즉, **우리에게** 놀라운 것, 두려운 것, 기쁜 것을 찾는다. 이를 위해, 지각에서 정서를 산출하는 자신의 체계를 사용한다. 필요하다면 기꺼이 조정하기도 한다. 예를 들어, 나는 상을 받기 위해 경쟁하는 사람이 우쭐대는 모습을 발견한다. 근처 벽에는 수상자의 명단이 붙어 있다. 그 명단에 내 이름이 있다면 정말로 기쁠 것이다. 그러나 나는 자동적으로 그녀의 눈을 통해 그 명단을 보는 것으로 전환한다. 이것은 너무도 일상적으로 수행되기 때문에 의식하지 못한다. 그리고 우리가 사용하고 있는 정교한 책략을 평가하지 못한다.

여기서 우리가 타인이 어떻게 행동할지 예측하기를 원한다고 해보자. 그리고 얼굴의 감정이입으로 얻은 정보를 타인의 상황, 사회적 지위, 문화적 배경, 그리고 가장 중요한 과거와 현재의 타인의 행위에 관한 정보와 조합하기를 원한다고 해보자. 어떻게 그렇게 하는가? 그 답은 그러한 정보가 행위 예측에 제시되고 설정되는 방식에 달려 있다. 크게 나는 매우 상이한 두 가지 설명을 서술할 것이다. 즉, "이론" 이론과 가상 체험 이론이다.

사람들은 다른 사람의 행동을 예측하고, 그에 맞게 자신의 행동을 조율하는 뛰어난 능력이 있다. 제리 포더Jerry Fodor는, "우리는 간단한 기계를 조작하는 것보다도 (서로를) 잘 다룬다는 인상을 받는다"고 한다(Fodor 1987). 그의 관점에서 본다면, 이 특정한 기계(인간 행동 통제 센터인 뇌)가 작동하는 방식에 관해 우리가 꽤 훌륭한 이론을 가지고 있기 때문이다. 이것은 소위 신념-욕구 이론이다. 상식 혹은 통속 심리학(모든 문화 그리고 사실상 모든 지적 수준의 사람들이 소유하는 것으로 가정되는 이론)이라고도 부른다. 거기서는 신념, 욕구, 의도, 그리고 감정 같은 관찰 불가능한 정신 상태가 언급된다. 이들은 서로 연관되어 "법칙 같은" 원리에 의해 관찰 가능한 행위와 연결된다. 이러한 원리는 행위의 예측과 설명을 낳는 논리적 추론 방식에 의해 관찰 가능한 상황에 적용된다. 많은 사람들은 신념-욕구 이론의 세부 본질에 관한 포더의 이해에 동의하지 않는다. 그리고 촘스키적인 보편문법처럼 그 보편성이 선천적임을 제시한다는 그의 주장에도 동의하지 않는다. 하지만 이 "이론" 관점은 철학과 인지과학에서 지배적인 관점이었다.

뜨거운 방법론과 차가운 방법론

포더는 소위 통속 심리 이론이 작용하는 방식을 상세히 설명한 소수의 "이론" 이론가 중 한 명이다. 『심리 의미론*Psychosemantics*』(1987)의 첫 장에서, 그는 〈한여름 밤의 꿈*A Midsummer Night's Dream*〉의 한 장면을 논의한다. 마법에 걸린 라이샌더는 숲에서 잠이 든 허미아를 버린다. 허미아는 라이샌더가 자의로 자신을 떠났다는 것을 믿을 수 없다. 그래서 그녀는 라이샌더의 경쟁자인 드미트리아스가 그를 죽였다고 고발한다. 포더는 허미아의 고발을 "암묵적, 비논증적, 이론적 추론"의 산물로 본다. 경쟁자인 드미트리아스는 라이샌더를 제거하고 싶어 한다. 그리고 드미트리아스는 라이샌더가 죽지 않으면 제거되지 않을 것이라고 믿는다. 그리고 나(허미아)와 드미트리아스는 라이샌더를 죽일 수 있다. 허미아는 이러한 생각에 법칙을 적용한다. 즉, 어떤 사람이 P를 원하고, Q가 아니면 P가 아니라고 믿고, 또한 그 Q를 초래할 수 있다면, (다른 사정이 같다면) Q를 초래하려고 시도한다. 그래서 허미아는 드미트리아스에게 "당신은 그를 죽일 수밖에 없다"고 말한다.

허미아는 드미트리아스가 특정한 욕구와 정서를 가졌고, 특정한 실천적 추론을 했고, 특정한 형식의 행동을 수행했다고 생각한다. 그러나 포더의 설명에 따르면, 그녀는 소위 차가운 방법론을 사용하여 이러한 귀인을 낳도록 유도된다. 차가운 방법론은 주로 지능을 사용하는 반면, 정서, 동기, 실천적 추론 능력을 핵심적으로 사용하지는 않는다.

이제 여기서 그 장면을 다음과 같이 재진술해 보자. 즉, 허미아가 라이샌더와 이야기하고 있을 때 드미트리아스가 지나갔다. 그녀는 드미트리아스가 그들을 향해 잠시 눈길을 줄 때, 범주화하거나 서술하기가 매우 어려운 이상한 방식으로 보고 있음을 알아차렸다. 그녀는 말로 형언할 수 없는 드미트리아스의 그 모습(다른 증거와 함께 취급된 그 모습)이 라이샌더를 해치려 한다는 생각을 하도록 했다고 설명한다. 자신의 얼굴에 모방된 얼굴 표정, 특히 범주화하기 어렵다고 생각한 표정이 포더의 법칙과 연결할 수 있는 예측으로 전환되는 방법을 찾기는 어렵다.

반면, 허미아가 전적으로 뜨거운 방법론을 채택했다고 해보자. 그녀는 드미트리아스가 그들에게 보인 범주화하기 어려운 모습을 선별했을 때와 대체로 동일한 방식으로 드미트리아스의 상황, 배경, 행동에 관한 정보를 얻는다. 즉, 반영하기나 가상 체험이다. 그녀는 드미트리아스의 마음을 최대한 반영하기 위해 자신의 지각적, 인지적, 동기적, 정서적 자원을 사용한다. 그리고 드미트리아스 역할을 하면서, 그가 한 것을 결정하여 그가 하게 될 것을 예측한다. 이는 그녀 자신의 얼굴 근육에서 추출한 모습, 그리고 결과적으로 그녀가 추출한 기저의 정서가 다른 증거와 함께 작용하는 방식을 쉽게 이해하도록 한다. 가장 중요한 관점은 이렇다. 즉, 허미아는 그녀의 이차적 정서를 전혀 범주화하지 않는다. 단지 그것을 사용한다. 즉, 단지 그렇게 작용하도록 해서, (물론 엄격히 드미트리아스의 역할에서 매우 안전하게 분리되어) 그녀의 행동에 영향을 미치도록 한다. 매우 포괄적 의미에서, 앨빈 골드먼Alvin Goldman(1989, 1992), 발달심리학자 폴 해리스Paul Harris(1989, 1992), 그리고 다른 몇몇 철학자와 심리학자들처럼, 그것은 내가 채택하는 관점이다.[3]

가정된 상황에서 자신의 행동을 예측하고 설명하기 위해 이 방법을 사용하는 방식은 분명하다. 다른 행위자의 실제 행위를 예측하고 설명하기 위해, 흔히 거의 수정 없이 자신의 정서, 욕구, 실천적 추론을 소환하는 것으로 충분하다. 즉, 우리와 같은 이유에서 드미트리아스도 비를 피해 안으로 들어갈 것이다. 그것이 가상 체험의 기본 양식이다. 그러나 기본 양식으로는 부족한 경우가 있다. 그래서 우리는 경쟁자의 눈을 통해 수상자 목록을 보듯이, 조정한다. 우리는 그것을 어떻게 하는가?

설명을 위해, 드미트리아스에 대한 허미아의 이해를 드미트리아스를 연기

---

3. 가상 체험 이론에 관한 여러 학자의 찬성과 반대의 논문은 Davies and Stone(1995a, 1995b) 참조.

하는 배우의 이해로 바꿔보자. 대개 오늘날 배우들은 그들이 맡은 인물의 말이나 행동에서 동기를 형성하려고 한다. 무엇보다도 배우는 정서적이고 능동적으로 연기에 관여할 것을 요구 받는다. 이는 배우가 인물의 동기를 이해하는 것으로 가정되는(드라마 연출자는 일반적으로 학생 배우들에게 그 인물의 행위를 설명하게 하고 그리고 첫 번째 학생에게 "왜 그렇게 했지?"라고 묻는다) 낡은 방식으로는 허용되지 않는다. 왜냐하면 배우의 목표는 바로 정서적이며 능동적인 몰입이기 때문이다. 그래서 드미트리아스를 이해하는 과제를, 그의 입장에 대한 몰입이 전혀 없는 절차로 대신하는 것은 설득력이 없을 것이다. 먼저 증거에 가장 적합한 신념, 욕구, 정서의 목록을 끌어낸 후, 명제적 태도를 내적으로 재창조하려는 시도는 설득력이 없는 것 같다. 배우가 처음부터 "뜨거운" 방법론을 채택하는 것이 더 설득력 있을 것이다.

그것이 작용하는 방식은 이렇다. 많은 배우들은 자신을 그들이 연기하는 인물로 전환한다고 말한다. 대개 여기에는 지표들indexicals을 참조하여 상상적으로 전환하는 것이 포함된다. 상상 속에는 대명사 "나"로 지시되는 등장인물의 성격이 있다. 그리고 등장인물의 시간과 장소는 "지금" "여기"로 지시된다. 매우 통찰력 있는 배우인, 더블린 애비 극장의 레이 맥널리Ray McAnally는 미래 영국 수상을 연기하는 장면을 촬영할 때 그의 생각을 서술한다. 즉, "나는 다우닝가 10번지에서 매우 흥미 있는 순간을 경험했다. 모든 전임 수상의 사진들 가운데 내 사진이 있었다. 그리고 나는 그것이 진짜라고 인식했다. 나는 수상이었다. **수상인 척** 하는 것이 아니었다…. 나는 수상이었다"(*New York Times*, 1989년 1월 15일). 물론, 실제로는 수상인 척 한 것이다. 단지 그는 그것이 사실로 보일 정도로 그 역할을 잘 한 것이다. (그 과정에서, 그는 "레이 맥널리는 수상"이라는 후속 대응 정체성이 참인 척 하지는 않았다. 비유적으로, 비록 내가 6월 1일에 "지금이 새해 전날이다"라고 가정하더라도, 6월 1일이 새해 전날이라고 가정하는 것은 아니다.)

가상 체험은 그것이 아니었다면 단지 자신에게만 적용되었을 속성, 설명, 예측의 양식을 다른 사람에게 확장할 수 있도록 한다. 내가 전환을 강조하는 이유 중 하나는, 가상 체험에 찬성하거나 반대하는 많은 저자들이 가상 체험을 자신으로부터 타인으로의 암묵적 추론을 포함하는 것으로 취급하기 때문이다. 그것은 본질적으로 오래된 유추 논증이다. 거기서는 우선 어떤 상상된 가정적 조건 하에서 자신의 정신 상태를 인식하고, 다른 사람이 유사한 상태에 있다고 추론한다. 비록 어떤 배우가 "나는 무엇을 할 것이며, 무엇을 느낄 것인가?"라고 묻는다 하더라도, 그가 연기하고 있는 인물로 자신을 전환하는 것과는 상당히 다르다. 맥널리는 이렇게 말한다. "나는 정신적으로 세상의 어떤 부분도 연기할 수 있다. 하지만 나는 항상 레이 맥널리의 의견, 견해, 배경을 사용하는 방식에서 벗어나기 위해 노력해야 했다. 그것은 나의 적이다."

지표를 참조한 상상적 전환은 훨씬 더 깊이 있고, 보다 더 중요한 전환을 반영한다. 많은 행위나 정서에 대한 경향성은 특히 자기중심적 지도에서 조율되는 것 같다. 행동이나 정서를 촉발하는 것은 **나를** 향해 다가오는 사자, **지금** 참석하고 있다고 가정되는 모임. **나에** 대한 모욕, **내** 아이에게 수여된 상이다(그 지도에는 공간적 관계뿐 아니라 시간적 관계, 그리고 소위 개인적 관계까지도 포함하는 것으로 가정된다. 예를 들어, 나에 대한 모욕).

배우는 자기중심적 지도에서 중심이동recenter 할 수 있다. 당신이 중심을 두었던 지점에서 떨어진 곳에 동심원으로 투명하게 덧씌운 지도를 생각해 보자. 소위 레이 맥널리 및 그의 위치와 시간보다는 특정한 인물, 위치, 시간에 초점이 맞추어질 때까지, 그 배우는 자기중심적 덧씌우기를 이동할 수 있다. 이제 자기중심적으로 조율된 행위나 정서에 대한 경향성이 일련의 다른 대상이나 사건에 의해 촉발된다. 드미트리아스에게 다가오는 사자는 **접근하는** 사자, **나에게** 접근하는 사자로 지각된다. 그래서 그것은 놀람이라는 반응을 유발할 것이다. 드미트리아스에 대한 모욕은 **나에** 대한 모욕이다. 그래서 모욕감 같은 것을 느끼고, 상응하는 반응을 유발하기도 한다. 이런 식으로 배우는 행동에 정서적으로 그리고 동기적으로 관여하게 된다.

배역의 상황에 있다는 상상은 보통 적절한 행위를 동기화하기 위해 모든 배우에게 필요하다. 그러나 가끔 그것만으로는 충분하지 않다. 배역이 말하고 행동하는 것은 그 배우가 실제 삶의 유사한 상황에서 말하고 행위하는 경향과는 매우 다를 수 있다. 드미트리아스가 실제로 경쟁자인 라이샌더를 죽이는 것으로 구성된 각본을 가정해 보자. 비록 드미트리아스 역을 맡은 배우가 그 행위(무대 밖에서 발생한 살인)를 하지 않더라도, 드미트리아스가 되기 위해서는 아마도 진짜로 경쟁자를 죽이는 것을 심리적으로는 가능한 선택으로 보려고 할 것이다. 이는 실생활 속의 인격을 어느 정도 과장하거나 벗어날 것을 요구한다. 그 사실들은 조정될 것이다. 예를 들면, 라이샌더가 **나를** 죽이려 한다는 증거가 있거나, 혹은 규범이나 가치가 조정되어 경쟁자를 죽이는 것이 명예로 보이는 것으로 가정할 수 있다. 동기를 조정하는 것은 내가 가상적-실천적 추론 hypothetico-practical reasoning이라고 부른 일련의 사고 실험을 요구한다(Gordon 1986).

가상 체험을 하고 있다고 생각하는 이유들

허미아 스스로 (드미트리아스의 입장에서) 무엇을 할지 결정함으로써 드미트리아스가 할 것을 예측하는 뜨거운 방법론을 채택한다고 해보자. 이 경우, 그녀는 얼굴 모방에서 이차적으로 추출된 정서를 쉽게 이용할 수 있다. 드미트리아스의 행동을 예측하는 데 도움이 되도록 그것을 사용하기 위해, 그녀는 정서를 범주화하지 않을 것이다. 혹은 정서, 욕구, 신념과 행위 사이에 법칙 같은 관계를 가진 지식을 소환하지 않을 것이다. 발성 및 소위 다른 정서 표현에 대한 감정이입적 반응에도 마찬가지로 적용된다. 다양한 종류의 감정이입을 통합하는 이 능력은 분명히 뜨거운 방법론의 장점이다. 그리고 배우가 아닌 사람이 다른 사람의 행동을 설명하고 예측하기 위해서 그것을 표준적으로 사용한다고 생각하는 이유 중 하나이다.

또 다른 이유는 저장의 경제성이다. 다시 배우를 고려해 보자. 연기하는 배역에 관한 배우의 지식은(특히 날마다 역할을 변경해야 하는 재연 배우를 고려해 보라) 뇌에서 어떻게 표상될 것인가? 그 배우가 각 인물의 장단기적 정신 상태 목록(즉, 그 인물의 모든 신념, 모든 욕구 등)을 기억에 저장하고 있다면, 그것은 엄청난 낭비가 될 것이다. 작용 체계만 저장하는 것이 훨씬 경제적인 배치이다. 즉, 주어진 배역이 "되기" 위해, 그 배역으로 자신을 정신적으로 변환하기 위해, 단지 배우에게 요구되는 변화나 조정 체계만 저장하는 것이다. (그러므로 각 배역에 대한 정보는 서술적 형식보다는 절차로 저장될 것이다. 특히 변환 절차가 될 것이다. 이것은 비디오 신호를 압축하는 일반적 방식과 비교될 수 있다. 거기서 각 프레임 전부가 아니라 각 프레임과 이전 프레임 사이의 차이만 디지털 코드로 나타난다. 그래서 한 프레임은 이전 프레임과 변화된 체계로 취급된다. 단 비디오 신호의 경우 적어도 시작 프레임 전부가 부호화되어야 하지만, 배우는 자신에 관한 정보를 저장할 필요가 없다는 것이 주요 차이다.) 일반화하자면, 우리가 잘 아는 다양한 사람들은 변환 작용 체계와 동일한 방식으로 정신적 측면에 나타날 것이다. 물론, 배우와는 달리, 우리는 청각적 혹은 시각적으로 자신을 전환하는 것이 요구되지는 않는다. 우리는 그것을 자신에게 간직한다.[4] 그리고 배우는 자신을 가상적 세계의 배역으로 전환하지만, 우리는 대개 실세계의 구체적 신체와 부합되도록 전환 작용을 한다. 그렇지만 무엇보다도 경제성의 고려가 제안하는 것은, 허구적 역할에 관한 배우의 지식과 실제 마음에 관한 우리의 지식은 모두 사변적 지식이라기보다는 방법적 지식 범주에 속한다는 것이다. 더 구체적으로는, 자신을 다른 사람으로 전환하는 방법 알기이다.

　나는 우리가 일반화, 특히 구체적 개인이나 문화에 관한 장기적 선호와 성향의 일반화를 사용한다는 것을 부인하지는 않는다. 그러나 내가 제시한 바와 같이(Gordon 1992와 다른 곳에서), 이 작용은 본질적으로 발견적이거나 경험에 근거한 규칙이다. 우리는 같은 조항에 내포된 것을 알리기 위해서(예를 들어, 일반화가 무모한 예측을 낳을 경우, 이를 경고하기 위해서) 자신의 의사 결정 체계를 지속해야 한다. 그러므로 우리는 일반화가 수행하는 것보다 더 좋은 예측자이다.

　가상 체험 이론에 따르면, 다른 사람을 가상 체험할 때 의사 결정을 위한 사

---

4. 물론 배우들도 다른 정신적 삶의 표상을 전적으로 단절하지는 않는다. 연기해야 하기 때문이다. 많은 현대의 배우들은 그들이 맡은 배역의 행위와 그 이유를 이해하기 위해서 뿐 아니라, 청중에게 외적으로 과장된 연기를 하기 위해 내적으로 과장된 연기를 한다(그러나 앞에서 제시했듯이, 내적 정서는 정서의 외적 표현에 의해서도 유발될 수 있다).

실적 근거를 상상적으로 조정하는 방법과 시기를 알기 전까지, 아이들은 타인의 행위를 설명하고 예측할 때 실수를 범하게 될 것이다. 설명하거나 예측하는 아이들의 능력은 다른 사람들이 무엇을 할지 결정하는 사실적 근거와 관련된 비가소성에서 결함을 가질 것이다. 그 한계 내에서, 아이들은 그들이 이용할 수 있는 사실을 다른 사람도 이용할 수 있는 것처럼 예측할 것이다. 어린아이들이 이러한 결함을 가진다고 생각할 만한 증거가 있다. 다음 문제를 고려해 보자. 즉, 맥시는 그의 사탕을 A 위치에 둔다. 그러나 그가 방에서 나간 동안(밖에서 놀 때) 누군가가 그것을 B 위치에 둔다. 맥시가 돌아왔을 때 사탕을 가지러 어디로 갈 것인가? A인가 B인가? 당신은 아마 이렇게 대답할 것이다. "그가 사탕을 두었던 장소인 A." 왜냐하면 맥시는 사탕이 재배치되었다는 것을 모르는 것으로 가정하는 것이 합리적이기 때문이다. 그러나 당신이 세 살이었을 때는 그렇게 답하지 않았을 것이다. 아이들이 네 살이 되기 전까지, 거의 항상 잘못된 위치(그 사탕이 현재 놓인 위치)를 지적한다. 많은 연구 결과에서는 약 네 살이 되어서야 아이들은 맥시처럼 관련된 사실을 모르는 사람의 입장에서 행위를 예측한다고 제시한다. (그 이론의 관점을 받아들인다고 해보자. 단지 통속 심리학 이론의 측면에서는, 더 어린 아이가 신념을 포함하지 않는 부분을 취했거나 혹은 사용할 수 있다는 것을 조건으로 하여 그 결과를 설명하려고 할 것이다. 그러나 이것은 임시방편인 것 같다. 반면. 가상 체험 이론은 실험 결과를 설명하기 위해 특별한 조건을 요구하지 않는다.)

연관된 결과가 있다. 가상 체험 이론에서 주장하듯, 가정하기가 정신 상태의 귀속을 형성하고 이해하는 핵심이라고 해보자. 그러면 가정하는 능력이 심각하게 제한된 발달 병리는 그러한 귀속을 형성하고 이해하는 아이의 능력을 심각하게 제한할 것이다(비록 다른 측면에서 아이의 지능이 정상에 가깝다하더라도). 자폐증은 실제로 그러한 병리이다. 가정하기 놀이의 무력함, 특히 역할 놀이의 결여는 잘 알려져 있다. 더욱이, 자폐증을 가진 사람들은 흔히 사람과 물건을 같이 다루는 것으로 알려져 있다. 즉, 주체로서, 자신과 구분되는 관점을 가진 것으로 다른 사람을 취급하지 못한다. 사탕 재배치의 해석 문제가 6살에서 16

살의 자폐증 어린이들에게 부과되었을 때, 거의 대부분이 틀린 답(세 살 나이의 답)을 제시했다. 그것은 자폐증을 앓고 있는 사람들은 다른 사람의 행동을 설명하고 예측할 때 일반적으로 사실적 단계에 고착되어 있다는 증거이다. (비록 그들 중 다수가 정신적으로 지체되었지만, 검사 받은 대부분은 평균 혹은 경계선상의 IQ 범위에 있었다. 그러나 실제로 그 범위보다 낮은 IQ를 가진 다운증후군을 가진 아동은 그 결손으로 고통 받지 않았다. 거의 대부분은 옳은 답을 제시했다. 자폐증과 관련된 자료의 철학적 중요성에 관한 논의는 Gordon and Barker 1995 참조.)

나는 특별한 목적을 위해 "이론" 이론, 혹은 좀 더 포괄적으로 차가운 방법론 이론을 구성할 수 있다는 것을 부인하지 않는다. 그 이론이 이러한 결과를 하나 이상 나타낸다는 것도 부인하지 않는다. 나의 요점은 가상 체험 이론이 이러한 결과들과 분리될 수 없다는 것은 신뢰할 만하다는 점이다.

정서적 전염 및 연결된 의사 결정으로의 복귀

얼굴의 감정이입 사용에 관한 나의 설명이 옳다면, 우리는 일종의 "억제된 contained" 정서적 전염에 의해 다른 사람의 정서적 표현을 인식한다. 다른 사람에게서 "전염된" 정서는 그것을 감염시킨 개인을 참조한다. 그리고 (허미아와 드미트리아스의 사례에서 상상한 것처럼 그것에 어떤 이름을 붙일 수 없더라도) 동일한 개인에 관한 다른 정보와 통합된다. 그러나 정서를 단지 그 근원만 참조하는 것으로는 부족하다. 즉, 이러한 정서를 자신의 지각과 기억에서 발생하는 정서와 분리하는 억제 기제가 있어야 한다. 그 기제는 다른 사람을 가상 체험하여 내린 결정에 이러한 정서가 영향을 미치도록 하지만, 우리의 "원래" 정서가 하는 방식으로 자신의 결정과 행동에 영향을 미치는 것은 막는다.

이것이 사실이라면, 이 장의 시작 부분에서 언급했듯이, 마음의 반영은 흄의 생각보다 더 깊이 스며 있다. 그리고 정서-인식 과정이 평범한 정서적 전염으로 복귀하는 것을 방지하기 위해서는 특별한 억제 기제를 다루는 것이 가장 중요하다. 받아들이기 어렵겠지만, 이것이 중요한 이유는 그 기제를 절대적 안

전장치로 가정하지 않는다면, 종종 그 과정이 평범한 전염으로 복귀되기 때문이다. 그리고 여섯 달 된 유아까지도 겪는 평범한 종류의 정서적 전염은, 비록이차적이라 하더라도, 진짜 정서를 전달하기 때문이다. 다른 사람이 기쁨, 당황, 슬픔, 신체적 고통의 정서적 측면을 느낄 때, 전염은 동일한 정서를 부여한다. 경우에 따라 (사회적 참조에서처럼) 동일한 "대상"을 향하도록 한다. 보통 자율신경계에 의해 중재된 생리적 표현처럼, 이차적 정서는 생리적 표현을 나타낸다. 그것은 마치 본래적이고 "일차적"인 정서가 하는 방식으로 우리의 결정과 행동에 영향을 미친다. 생물학적으로 중요한 사례를 하나만 언급해 보자. 부모나 보호자, 그리고 종종 관계없는 방관자까지도 유아의 고통을 줄이기 위해, 자신의 고통을 줄이기 위해 움직이는 방식으로 움직인다. 적어도 부정적정서의 경우, 평범한 정서적 전염에 의해 산출된 이차적 정서는 선출된 정치적대표자와 같다. 즉, 자신의 동기 체계의 구성원에 투표하고, 그래서 개인 간의갈등이 (리처드 헤어Richard Hare로부터 차용하면) 개인내적인 것으로 되도록 할 것이다.

　　그러나 가상 체험 이론이 옳다면, 이는 단지 그 이야기의 일부일 뿐이다. 다른 사람을 가상 체험할 때 수행하는 의사 결정은 자신의 의사 결정 자체와는분리되어야 한다. 즉, 보통 의사 결정하기 및 의도 형성을 행위로 바꾸는 기제와는 분리되어야 한다. 여기서도 역시, 단지 희미한 경계선만이 자신의 정신적삶과 타인의 정신적 삶에 대한 표상을 분리할 것이다. 마치 억제된 정서적 전염이 진짜 전염이 되는 것처럼, 우리의 단절된 의사 결정은 연결되어 보통의의사 결정하기의 행위 결과를 가질 것이다. 성인뿐 아니라, 특히 아이들은 실제와 허위의 구별을 어려워하기도 한다. 그러나 허위와 실제가 대응-지표 가정이나 역할 채택의 경우에 희미해진다면, 우리는 상당히 독특하고 기묘한 종류의 실수를 예상할 수 있다. 즉, 자신과 타인의 구분이 희미해지는 것이다. 실제로, 이것은 배우들 사이에 흔한 일이다. 배우들은 사생활에서도 그 배역을유지하는 것으로 알려진다. 자신이 나쁜 역할(영화 〈쉰들러 리스트Schindler' s List〉에서 나치 지휘관 아몬 괴트Amon Goeth 역을 한 젊은 배우의 경험처럼)에 의해 타락하지 않기 위해서는 특별히 조심해야 한다. 『뉴욕타임스』와의 인터뷰에서(「스스로 만든 괴물: 배우의 창조Self-Made Monster: An Actor's Creation」 1994년 2월 13일), 랄프 파인즈 Ralph Fiennes는 오랫동안 괴트로 살아간 후, 괴트에 공감하게 되었다고 했다. "마칠 때쯤이면 (그 역할은) 자아의 연장이 됩니다. 그가 좋아지지요…. 매순간 그 역할을 즐겼기 때문에 특권 같은 것을 느끼게 됩니다. 동시에 조금은 오염 되었다고 느끼지요." 한 장면에서, 괴트는 수용소를 조망할 수 있는 발코니에 서 그가 일시적인 기분으로 선택한 죄수를 향해 총을 발사한다. 파인즈는 "공 기총으로 벽 위의 깡통을 겨냥할 때의 유치한 전율, 목표를 명중했을 때의 만 족(그것이 주는 흥분)을" 생각하면서 그 장면을 준비했다고 말한다. 그는 어릴 때 유리창 앞에서 손으로 얼마나 많은 파리를 내리칠 수 있는지를 보았던 것과 기본적으로 같다고 말한다. 이렇게 말하며, "그는 손바닥을 펴서 탁자를 내리 치기 시작했지만, 자제하면서 점잖게 내려놓았다"고 기자는 서술한다.

또한 관객들과 소설의 독자들도 전개되는 내용을 이해하려고 할 때 흔히 다 양한 등장인물들의 역할을 채택한다. 그리고 관객들은 배우의 얼굴 표정에 공 감적으로 반응한다. 결론적으로, 가상 체험 이론은 연극적 배경과는 무관한 설 정에서도 그러한 혼동에 빠지기 쉽다. 거기에서도 다른 사람에 관한 우리의 변 형된 표상이 연결되는 경향성이 있기 때문이다.

윤리적 결론

자신을 다른 사람의 입장에 두는 것은 행동을 예측하고 이해하고 설명하는 인 식론적 역할과 더불어, 윤리적 평가에서 중요한 역할을 한다. 그것은 일상의 도덕적 사고에서 의식적으로 사용하는 절차이다. 그것은 황금률과 같은 상호 성 원리를 적용하는 데 있어 핵심이다. 그리고 보편화 가능성 원리를 적용하기 위해서도 분명 필요하다. 그것은 한 가지 정신적 절차가 맡기에는 과중한 부담 이다. 이 과업 중 하나에 적절한 절차가 다른 과업에서는 부적절한 것일 수 있 다는 것을 예상할 수 있다. 나는 다른 사람의 행위를 설명하거나 예측할 때 채택하는 가상 체험에는 심리적으로 자신을 타인으로 전환하는 것이 포함된다는 것을 강조했다. 그러나 그것이 도덕적 평가에서 우리가 원한 것인가? 배우 맥널리는 선의 측면에 포함되지 않는 선택은 없다는 아퀴나스Aquinas의 격언을 항상 마음에 품었다고 고백했다. 그는 "인생에서 나의 일은 인물이 선택한 좋은 면을 보는 것"이라고 한다. 이것은 잘못된 행동까지도 완전히 논리적인 것으로 느끼게 만든다고 한다. 그것은 분명 우리가 원한 바가 아니다. 다른 사람의 행위를 "선의 측면"에서 수행된 것으로 보는 것, 주관적으로 정당화되거나 최소한 변명할 수 있는 것으로 보는 것이 도덕적 평가를 형성할 때 유익한 단계인 경우도 있다. 그러나 분명히 우리는 여기서 그치기를 원하지 않는다. 행동의 설명이나 예측과는 달리, 도덕적 평가는 유보하기를 요청한다.

누군가에게 실천적 충고(타산적 충고이든, 단순한 기술적 충고이든)를 하는 과제와 비교해 보자. 우리는 자연스럽게 "만약 내가 당신이라면…"이라는 말로 시작한다. 이것은 수사적 표현 이상이다. 대개 자신이 충고하는 입장에 있을 때, 우리는 자신을 다른 사람의 문제 상황에 상상적으로 투사한다.[5] 그 이유는 아주 분명하다. 즉, 그 과제를 실천적인 것, 우리의 행위를 요구하는 것으로 생각하려고 시도하기 때문이다. 그래야 자신의 실천적 방법 알기나 전문 기술, 혹은 적어도 우리의 독자적인 실천적 판단을 열거할 수 있기 때문이다. 이것은 우리가 실천적 충고를 제시할 때 흔히 소환하는 것이다.

비록 우리가 자신을 그 사람의 문제 상황에 상상적으로 투사하더라도, 충고할 때 다른 사람과 동일시하는(즉, 단지 그 사람의 상황에 있는 것이 아니라 그 상황에 있는 그 사람이 되는 것을 상상하기 위해서 추가적으로 조정하는) 특정 방식을 유보하는 것은 항상 중요하다. 그렇지 않으면, 우리의 충고를 가치 있게 만드는 장점 자체를 잃게 된다. 즉, 그 장점은 특별한 방법 알기나 독자적 판단이다. 경우에 따라서 문제 상황 자체에는 다른 사람의 심리학적 상태가 포함되며, 그 경우

---

5. 그러나 실제로 그런 상황이 발생하면 우리는 자신이 행위하는 것을 언급하지 않는다. "만약 내가 너라면, 나는 X를 할 것이다"에서, "두 번째로 언급된 "나"는 화자를 가리키지 않는다. 예를 들어 "내가 너라면, 나는 **나를** 가까이 하지 않을 거야"를 고려해 보라.

우리가 제공하는 것은 조건적 충고이다. 즉, "너의 신념(선호 등)이 그럴 경우, 나라면…." 그렇지만, 충고가 유용하려면, 우리는 다른 방식으로 유보해야 한다.

같은 관점(어떤 방식으로 다른 사람과 동일시하는 것을 유보하는 것이 항상 중요하다는 관점)이 도덕적 평가에도 타당하게 주장될 수 있다. 실제로, 유사한 관점이 흄의 공감 설명에 대한 애덤 스미스의 주요 비판에 들어 있다. 스미스에 따르면, 단순히 다른 사람의 즐거움을 즐거움으로 반응하고 다른 사람의 고통을 고통으로 반응하기보다, 다른 사람의 정서의 원인으로 관심을 돌리는 것을 볼 수 있다. 우리는 다른 사람의 상황에 있는 자신을 상상한다. 그리고 다른 사람의 정서를 일으킨 것이 무엇이든 그것에 직면한 자신을 상상한다. 그래서 상상 속에서, 우리는 상상된 원인에 대해 독자적 방식으로 반응한다. 즉, "우리는 다른 사람의 행동을 긍정하거나 부인한다. 그 사람의 사례를 자신의 입장으로 가져왔을 때, 거기서 유발된 정서와 동기에 전적으로 공감할 수도 있고 공감하지 않을 수도 있다"(Smith 1790/1976). 만약 자신에게 동일한 공감과 동기가 유발되는 것을 발견하면, 그 행동을 긍정한다. 만약 그렇지 않다면, 부인한다.

애석하게도, 스미스는 우리가 타인의 정서와 동기를 직감적으로 이해하는 확인 방법을 사용하는 것처럼 표현한다. 즉, "우리는 다른 사람들이 느끼는 것에 대한 직접 경험이 없기 때문에, 다른 사람이 영향 받은 방식으로 관념을 형성할 수는 없다. 하지만, 유사한 상황에서 자신이 느끼게 될 것을 고려함으로써 형성할 수 있다"(Smith 1790/1976). 여기서 스미스는 내가 앞에서 두 종류의 가상 체험에 설정한 구분을 간과한다. 즉, 단순히 X의 상황에 있는 것을 상상하는 것과, X의 상황에서 X가 된 것을 상상하기 위해 요구되는 추가 조정을 하는 것의 구별이다. 그 구분을 추가하면, 다음과 같은 결정 절차를 갖는다. 즉, 한 번은 X의 상황에 있는 X를 상상하기 위해 요구되는 추가 조정을 사용하고, 한 번은 그러한 조정 없이 X의 상황에 있는 것을 상상해 보라. 만약 각각의 경우에 당신의 반응이 동일하다면, X의 행위를 시인하라. 그렇지 않다면, 부인하라.

적어도 한 가지 문제는 있다. 즉, 우리는 자신의 행동(실제로, 현재의 행동까지도)을 부인하기도 한다. 그러면 X의 상황에서 상상하여 반응할 때, X의 행동을 판단하기 위한 기준으로 자신의 행동을 사용해서는 안 된다. 오직 자신이 시인하는 가상 행위만을 기준으로 사용해야 한다. 하지만 어떻게 스미스의 절차가 자신의 행위에 대한 부인을 낳는지 물어야 한다. 스미스는 이 문제를 분명히 언급한다. 그는 다른 사람의 행위와 마찬가지로, 자신의 행위에서 초래된 정서와 동기에 전적으로 공감할 수 없다면, 자신의 일부 행동을 부인한다고 주장한다. 그러나 어떻게 자신의 현재 정서와 동기에 공감하지 못할 수 있겠는가? 다시 스미스는 대답한다.

> 자신의 행위를 검토하려고 노력할 때… 나는 자신을 소위 두 사람으로 구분한다…. 조사관이자 재판관인 나는, 행동을 조사받고 그에 대해 판결을 받은 사람인 또 다른 나와는 서로 상이한 인격으로 나타낸다. 전자는 관찰자이다. 자신을 관찰자의 입장에 두고, 어떻게 보일지 고려하면서, 특정한 관점에서 보았을 때, 나는 자신의 행동과 관련하여 관찰자의 정서에 들어가려고 노력한다. 후자는 행위자이다. 내가 자아라고 부르기에 적합한 사람이다. (Smith 1790/1976)

분명히, 자신이 아닌 어떤 사람을 가상 체험할 때, 그 역할 속에서 나는 내 자신과의 공감에서 벗어날 수 있다. 그러나 동일한 정서와 동기를 가진 내 자신이 관찰자가 될 때, 이것이 어떻게 발생할 수 있는가? 그것은 오직 관찰자가 되는 바로 그 과정, 그리고 자신을 타인으로 간주하게 되는 그 과정이 나를 변환시킬 때만 발생한다. 나는 그 과정이 우리를 변화시킨다고 믿으며, 이것이 바로 스미스의 논점이기도 하다. 그러나 그 주제는 복잡한 것이다. 내가 한두 문단으로 그 사례를 주장하려고 시도한다면, 나는 매우 거친 주장을 할 수밖에 없다. 그래서 나는 시도하지 않을 것이다.

참고 문헌

Darwin, Charles. 1896. *The Expression of the Emotions in Man and Animals.* New York: Appleton Press.

Davies, Martin, and Tony Stone, eds. 1995a. *Folk Psychology: The Theory of Mind Debate.* Oxford: Blackwell.

Davies, Martin, and Tony Stone, eds. 1995b. *Mental Simulation: Evaluations and Applications.* Oxford: Blackwell.

Fodor, Jerry A. 1987. *Psychosemantics: The Problem of Meaning in the Philosophy of Mind.* Cambridge, Mass.: MIT Press.

Goldman, Alvin I. 1989. Interpretation psychologized. *Mind and Language* 4: 161-85.

Goldman, Alvin I. 1992. In defense of the simulation theory. *Mind and Language* 7: 104-19.

Gordon, Robert M. 1986. Folk psychology as simulation. *Mind and Language* 1: 158-71.

Gordon, Robert M. 1987. *The Structure of Emotions: Investigations in Cognitive Philosophy.* Cambridge: Cambridge University Press.

Gordon, Robert M. 1992. The simulation theory: Objections and misconceptions. *Mind and Language* 7: 11-34.

Gordon, Robert M., and John A. Barker 1995. Autism and the "theory of mind" debate. in G. Graham and L. Stephens, eds. *Philosophical Psychopathology: A Book of Readings.* Cambridge, Mass.: MIT Press.

Harris, Paul. 1989. *Children and Emotion.* Oxford: Blackwell.

Harris, Paul. 1992. From simulation to folk psychology: The case for development. *Mind and Language* 7: 120-44.

Hume, David. 1739/1978. *A Treatise of Human Nature.* 2d ed. Edited by L. A. Selby-Bigge, with text rev. and variant readings by P. H. Nidditch. Oxford University Press.

Meltzoff, Andrew, and Alison Gopnik. 1993. The role of imitation in understanding person and developing a theory of mind. in S. Baron-Cohen, H. Tager-Flusberg, and D. J. Cohen, eds., *Understanding Other Minds*. Oxford: Oxford University Press.

New York Times. 1989. A living definition of acting. January 15.

New York Times. 1994. February 13.

Smith, Adam. 1790/1976. *The Theory of Moral Sentiments*. Edited by D. D. Raphael and A. L. Macfie. Oxford: Clarendon Press.

10. 가상 체험과 개인 간 유용성*

앨빈 골드먼

개인 간 유용성과 도덕 이론

이 장은 인지과학의 탐구와 도덕 이론의 특정 이론적 논제가 어떻게 관련되는지를 보여 주는 것이 목적이다. 그 논제란 개인 간 유용성interpersonal utility(IU) 비교의 정당성이다. 적어도 두 가지 이유에서 IU 비교의 정당성은 윤리학에서 중요하다. 첫째, 특정 윤리 이론은 본질적으로 IU 판단에 근거한다. 따라서 그 윤리적 관점의 생존은 IU 판단의 옹호 가능성에 달려 있다. IU 비교의 거부는 공리주의뿐 아니라 개인들 사이의 복지 비교에 호소하는 다른 모든 사회 이론의 접근법들도 위태롭게 한다. 둘째, IU 비교에 대한 회의론은 사회 선택 이론가에게 그 비교에 오염되지 않은 개념적 도구를 채택하도록 했다. 하지만 그 도구가 규범적으로 적합한지는 의심스럽다. 특히 나는 파레토Pareto 최적, 혹은 파레토 효과라는 개념을 염두에 두고 있다. 최소한 모두에게 좋으면서 적어도 한 행위자에게 단연코 더 좋은 대안적 할당이 없을 경우, 그 재화의 할당을 파레토 효과라고 부른다. 이 정의는 오직 개인내적 복지 비교에만 호소한다. 그러나 파레토 효과라는 개념은 규범적 개념으로는 매우 취약하다. 파레토 효과 상태는 아주 흔하며, 그 모든 상태를 규범적으로 수용하도록 하는 매력은 거의

＊ 이 장은 *Ethics* 105 (July 1995): 709-26에 처음 게재하였다. University of Chicago Press의 허락을 받고 재게재 하였다.

없다. (예를 들어, 경제에서 한 행위자가 전부를 얻고 다른 행위자들은 아무것도 얻지 못하는 할당이 파레토 효과이다. 어떤 재할당도 처음 행위자에게는 더 나쁘기 때문이다.) 그래서 원칙적으로 IU 비교의 회피가 정말로 요구되는지 재검토하는 것은 중요하다.

아마르티아 센Amartya Sen의 지적처럼, 상이한 도덕 이론은 상이한 유형의 IU 비교를 요구할 것이다.[1] 예를 들어, 고전적 공리주의는 복지 총합의 최대화를 요구한다. 그래서 전체 개인의 복지 차이 비교를 필요로 한다. 반면 롤스적인 이론에서는(적어도 롤스의 경제학적 관점에서는), 가장 불리한 개인의 복지가 최대화되어야 한다. 이것은 복지 차이가 아니라 오직 복지 수준의 IU 비교를 요구한다. 하지만 나의 논의에서 IU 비교의 다양한 유형들은 부차적 역할을 수행할 뿐이다. 나는 주로 세분화되지 않은 보다 일반적 형식에서 IU 비교의 가능성과 그 근거를 언급할 것이다.

IU 판단을 정당화하려는 몇몇 방식들은 불만족스럽다. 첫째, 라이오넬 로빈스Lionel Robbins 같은 학자들은 서술적 의미가 결여되었다고 IU 비교를 공격한다. 하지만, (가장된) 규범적 진술 혹은 가치의 표현으로서는 IU 비교를 허용한다.[2] 그러나 나는 이익에 관한 주요 질문은 서술적 질문이라고 생각한다. 즉, 'IU 비교가 파악하려는 (관련) 사실들의 유형이 있는가?' 이다. 대개 도덕 이론가 및 사회 이론가는 규범적 판단을 위한 사실 근거로서 IU 관계에 호소한다. IU 판단 자체가 순수 규범적이라면, 사실 근거는 사라진다.

IU 비교에 관한 순수 주관적 해석과 성향적 해석 역시 유보된다. 예를 들어, 다음과 같은 질문에 답할 때 어떻게 느끼는지를 서술하는 순수 개인적 진술로 IU 판단을 해석하는 사람도 있다. "나는 사회적 상태 Y에 있는 사람 J보다 사회적 상태 X에 있는 사람 I가 더 좋다고 느끼는가?" 혹은 "내가 그중 하나의 위

---

1. Amartya Sen, "Interpersonal Comparisons of Welfare," in *Economics and Human Welfare*, ed. Michael Boskin (New York: Academic Press, 1979).

2. Lionel Robbins, *An Essay on the Nature and Significance of Economics Science*, 2d ed. (London: Macmillan, 1935).

치로 바뀔 기회가 주어진다면, 어떤 위치를 선택할 것인가?"[3] 판단자가 "사회적 상태 Y에 있는 사람 J보다 사회적 상태 X에 있는 사람 I가 더 좋다고 느낀다"로 진술한다고(생각한다고) 해보자. 그 진술이 어떻게 느끼는지를 정확히 반영한다면 그의 IU 판단은 옳다. 그 판단은 오직 그의 감정(혹은 기회가 주어진다면 그가 하게 될 선택)을 서술하기 때문이다. 이러한 주관적 해석에는 분명 문제가 있다. 상이한 판단에서 명백히 상충하는 IU 판단이 이 해석에 의하면 실제로 상충하지 않게 된다. 오직 화자의 감정이나 선택만을 고려하기 때문이다. 여기서 IU 판단에 의해 규범적으로 의도된 것을 파악하기는 어렵다.

더 난해한 접근은 성향적 혹은 "제2성질secondary quality" 접근일 것이다. 여기서 IU 관계는 두 사람이 처한 상황에서 그 문제를 숙고하는 판단자들에게 (위에서 서술한 종류의) IU 감정을 불러일으키는 성향으로만 구성된다. 그러나 상이한 판단자들이 두 사람의 복지 상태에 대해 상이하게 반응할 때 문제가 생긴다. 어떤 판단자가 다른 판단자보다 더 권위 있는 것으로 간주되어야 하는가? 그리고 그렇게 간주되어야 하는 근거는 무엇인가? 성향적 접근이 더 발전할 전망이 있더라도, 여기서 그것을 논의하지는 않을 것이다. 윤리학에서 IU 비교를 사용하려는 대부분의 이론가들은 객관적이며 비성향적(즉, 비수용적)인 형태를 의도한다. 관련 복지에 대해 "신의 눈"으로 본 사실이 없다면, 도덕적 목적을 위한 IU 비교의 매력은 크게 줄어든다. 그러므로 나는 IU 비교의 정당성 문제를 그 비교가 객관적으로 실행 가능한지의 문제로 해석할 것이다.[4]

보다 선행하는 문제는 유용성, 혹은 복지 개념과 관련된다. 개인 간 유용성을 비교할 때, 어떤 종류의 개인 상태를 비교하는가? 유용성 개념에 대해서는 크게 두 가지 접근법이 있다. 즉, 쾌락적hedonic 접근과 선호-만족preference-satisfaction 접근이다. 쾌락적 접근은 유용성을 즐거움, 쾌락, 만족, 행복을 포함

---

3. Sen, "Interpersonal Comparisons of Welfare," pp. 186-7 참조.
4. IU 판단의 성향적 해석을 거부할 때, 나는 판단자의 반응 성향에 호소하는 설명만 거부한다. (이때) 기능주의처럼, 행위자의 성향이라는 관점에서 정신 상태의 강도를 분석하려고 시도하는 설명을 거부하지는 않는다.

하는 것으로 생각한다. 선호-만족 접근은 유용성을 선호나 욕구의 실현 혹은 현실화를 포함하는 것으로 생각한다. 존 스튜어트 밀과 시즈위크Sidgwick 같은 19세기 공리주의자들은 쾌락적 접근을 선호했다. 반면 금세기 경제학자들은 선호 만족을 선택했다. 이 전환은 대체로 선호가 실증적 지위를 갖는 것에서 비롯되었다. 실증적 지위는 특정인이 선호하는 것을 결정하는 검사, 즉 선택지를 주고 선택을 관찰하는 조작적 검사에서 나타난다. 하지만, (행위의) 선호 만족이 상식적 복지나 좋음의 개념을 포착하는지는 그리 분명하지 않다. 예를 들어, 사회 정책의 경우, 어떤 사람이 선호하는 모든 정책이 그에게 더 좋다고 가정되지는 않는다. 그는 경쟁하는 정책들의 결과를 오해할 수 있다. 그래서 실제로 그에게 더 나쁜 정책을 선호할 수도 있다.[5] 두 접근법을 선택하고 타당한 정교화를 시도하는 경우 또 다른 복잡한 문제들이 있다.[6] 그러나 이러한 세부사항들은 논의의 범위를 벗어나기 때문에 여기서 다루기는 어렵다. 다행히 나는 그 접근들 중에서 선택하고, 필요한 정교화를 검토해야 한다고 생각하지는 않는다. (최소한 내가 논의하려는) IU 비교에서 주요 문제와 전망은 어느 접근법에서든 발생할 수 있는 것이지 그 정교화에 달려 있는 것은 아니기 때문이다. 그래서 대부분의 나의 논의가 쾌락적 개념을 조명하더라도, 내가 유용성 개념의 두 형태에서 쾌락적 개념을 확고하게 선택한 것은 아니다.

개인 간 유용성, 마음의 철학, 그리고 인지과학

IU 비교의 정당성을 탐구할 때, 사람들은 두 가지 주요한 질문 혹은 질문의 부류를 고려한다. 즉, 의미론적 질문과 인식론적 질문이다. 의미론적 질문에는

---

5. 이 관점 및 유용성 개념에 대해 경쟁하는 접근법을 더 검토하기 위해서는, Allan Gibbard, "Interpersonal Comparisons: Preference, Good, and the Intrinsic Reward of a Life," in *Foundations of Social Choice Theory*, ed. Jon Elster and Aanund Hylland (Cambridge: Cambridge University Press, 1986) 참조.

6. 예를 들어, 만약 이타적 이유에서 어떤 결과를 선호한다면 어떠한가? 이 결과의 실현이 자신의 복지나 유용성에 기여하는가? 그 문제에서 비롯된 논의는 ibid. 참조.

다음과 같은 것이 포함된다. 즉, IU 판단은 정말로 의미 있는가? "사람 X는 사람 Y보다 어젯밤 파티를 더 즐겼다." 같은 진술이 사실적 의미나 내용을 갖는가? 혹은 (더 형이상학적 맥락에서) 그러한 진술을 참이나 거짓으로 만드는 "사실적 내용들이" 있는가? 인식론적 질문에는 다음과 같은 것이 포함된다. 즉, (소위) 이러한 종류의 사실에 인식론적으로 접근하는가(혹은 할 수 있는가)? 그러한 진술이 참이라는 것을 알 수 있거나 정당하게 믿을 수 있는가? IU 판단의 정당성이 인정되려면, 두 종류의 질문 모두에 긍정적으로 답해야 한다. 예를 들어, 단지 의미 있음meaningfulness만으로 도덕 이론과 사회 이론의 목적을 충족시키지는 못한다. 만약 IU 비교를 알 수 없거나 정당하게 믿을 수 없다면, 정책 수립에서 그것을 사용할 근거는 없다. 반면 두 종류의 질문을 구분하는 것 역시 중요하다. 많은 IU 판단에 관한 논의들은(특히 경제학자에 의한) 가지성knowability이나 검증 가능성verifiability이 의미 있음에 본질적이라고 보고, 실증적 혹은 준실증적 틀 속에서 수행되었다. 이 틀은 거부되어야 한다. 가지성을 의미 있음과 혼동해서는 안 되며, 두 가지 모두 관심을 가져야 한다.

먼저 의미 있음에서 시작해 보자. IU 판단에서 가능한 의미 있음을 평가하기 위해서는 마음의 철학으로 돌아가야 한다. IU 비교는 정신 상태(만족 상태나 선호 상태)의 비교이다. 따라서 그 비교가 의미 있다면, 그것은 일반적으로 의미가 정신 언어에 첨가되는 방식에서 도출되어야 한다.[7] 마음의 철학이 이 주제에 대해 말하는 것은 무엇인가?

나는 두 접근을 고려할 것이다. 즉, 경험주의와 기능주의이다. 경험주의란 정신 언어는 행위자가 어느 정도 직접적으로 인식한 의식적인 경험적 사건에서 우선 최초의 의미를 획득한다는 전통적 관점이다. 경험주의에서는 느껴진 (소위 일시적) 욕구, 그리고 즐거움이나 만족으로 느껴진 사건이 진정한 심적 크기이다. 그것은 경험적으로나 현상학적으로 실재이다. 그리고 그 서술과 관련

---

7. 적어도 선호 만족 접근인 경우, 단순히 정신 상태의 비교는 아니다. 왜냐하면 어떤 선호가 실제로 실현되는지도 고려하기 때문이다. 하지만 이론적으로 문제가 된 논제들은 정신 상태 비교에 귀속된다.

된 정신적 술어의 의미는 이 술어가 표시하는 경험적 척도 상의 지점이나 거리에서 발생한다. 각자는 오직 자신의 현상학적 척도에서만 직접 내성적 접근을 한다. 예를 들어, "기뻐하는" 같은 의미는 누군가의 즐거움 척도에 근거한 지점 혹은 범위에서 일반화된다. 하지만 경험주의에서, A라는 사람이 자신의 "기뻐하는" 범위에 상응하는 B의 즐거움 척도 상에서, 다른 사람인 B가 어떤 지점에서 경험하고 있는지를 알도록 조정 가능한지는 의문의 여지로 남는다. 그러나 이러한 인식론적 질문은 별개의 것이다. 의미만 고려하면, 경험주의는 IU 비교와 상당히 편안하게 조화되는 것 같다.[8]

다음으로 기능주의를 살펴보자. 기능주의는 지난 이삼십 년 동안 마음의 철학에서 가장 인기 있는 이론이었다. 의미론적 질문에 대한 고려로 한정하면, 관련된 기능주의의 관점은 분석적(혹은 상식적) 기능주의이다. 이 학설에서, 각 정신적 술어의 의미는 상식적으로 알려진 인과 법칙의 망에서 구분된 역할로 세분된다. 그 법칙들은 자극 입력, 내적 상태, 행동 출력과 관련된다. 예를 들어, "갈증"은 (대체로) "액체의 상실로 발생되어 마시고 싶은 욕구를 일으키는 경향이 있는 상태"를 의미한다. 모든 정신적 술어는 바로 술어가 나타내는 입력-내적 상태-출력 법칙에 근거하여 의미를 얻는다. 나는 기능주의의 두 가지 문제점을 주장할 것이다. 첫째, 기능주의가 IU 판단, 특히 IU 판단의 전 영역을 타당하게 파악할 수 있는지 의심스럽다. 둘째, 전적으로 별개의 근거에서, 기능주의는 문제가 있으며 지지할 수 없는 이론이다.

IU 비교에 의미를 부여하는 기능주의의 전망을 탐구하기 전에, IU 비교에 대한 회의주의의 이유들을 검토해 보자. 여기 (IU 비교가 경제학에서 불필요하다는 관점과 결부된) 경제학자 로빈스에 의해 제시된 전형적인 회의주의의 진술이 있다.

---

8. 물론 비트겐슈타인주의자들은 경험주의의 정당화 가능성에 대해 장기간 도전해 왔다. 그들은 사적 언어 논증의 비판에 초점을 맞추었다. 나는 이 비판이 잘 수립된 것이라고 믿지 않는다. 그러나 그것은 여기서 다룰 수 없는 매우 포괄적인 논제이다.

개인이 일련의 대안들을 선호하는 **순서**를 보일 때, 척도가 도출될 수 있고, 개인적 척도의 배치를 다른 사람과 비교할 수 있다는 가정이 있다. 그러한 배치 이면에 그 자체로 비교될 수 있는 크기가 있다는 가정과는 전혀 다른 것이다. 이는 현대의 경제적 분석 어디에서도 이루어질 필요가 없는 가정이다. 그리고 상대평가의 개인적 척도에 관한 가정과는 전혀 다른 종류의 가정이다. 교환 이론에서는, **나에게** 한 덩어리가 6페니인 **빵**과 거래할 수 있는 다른 대안에 소비된 6페니의 중요성을 비교할 수 있다고 가정한다. 그렇게 드러난 나의 선호 순서와 제빵사의 선호 순서가 비교될 수 있다고 가정한다. 그러나 어떤 점에서도, 빵에 6페니를 소비하여 **내가** 얻는 만족과 **제빵사**가 그 돈을 받아서 얻는 만족을 비교할 필요가 있다고 가정하지는 **않는다**. 그 비교는 본질적으로 완전히 다른 비교이다. 그것은 평형 이론에서 전혀 필요 없는 비교이다. 그리고 평형 이론의 가정이 전혀 함의하지 않고 있는 비교이다. 필히 실증과학의 범위를 벗어나는 비교이다. 중요성 순서에서 A의 선호가 B의 선호보다 우위에 있다고 말하는 것은 A는 m보다 n을 선호하고 B는 다른 순서로 n과 m을 선호한다고 말하는 것과는 전혀 다른 것이다… 거기에는 순수 과학의 여지가 없다.[9]

또 다른 IU 비교에 대한 회의주의의 고전적 근거는 유용성 이론에 관한 폰 노이만-모르겐스턴von Neumann-Morgenstern의 언급이다.[10] 이 이론에서, 한 사람의 선호나 욕구에 대한 수치 할당은 오직 선형적 변형일 경우에만 해당된다. 환언하면, 수치 할당은 원점(영점)과 선별 단위에서 순전히 임의적이다. 타인의 선호나 욕구에 대한 수치 할당 역시 원점과 단위라는 측면에서 임의적이다. 그러므로 한 사람의 선호 강도가 두 번째 사람의 선호 강도와 상응하게 설정될 수 있는 원리화된 방식 혹은 의미 있는 방식은 없다.

기능주의는 폰 노이만-모르겐스턴의 유용성을 능가하는 근거를 제공하는가? 언뜻 보기에 그렇지 않다. 결국, 기능주의는 단지 윤색된 행동주의의 관점

9. Robbins, *Essay on the Nature and Significance of Economic Science*, pp. 138-9.
10. 이 주제에 관한 표준적 자료는 R. Duncan Luce and Haward Raiffa, *Games and Decisions* (New York: John Wiley, 1957)이다.

이다. 그리고 유용성을 할당하는 유일한 근거는 실제 선택 행위와 가능한 선택 행위를 일으키는 경향성이다. 하지만 유용성 이론가들이 표준적으로 호소하는 근거는 정확히 그런 종류이다. 그리고 그들은 이 요소에서 폰 노이만-모르겐스턴의 유용성보다 더 강한 것을 추출할 전망을 보여 주지 못한다. 그러나 특히 유용성에서 선호-만족 접근보다 쾌락 접근을 고려한다면, 기능주의 하에서 IU 비교를 위한 전망은 아마 다소 나아질 것이다. 먼저 기능주의에서 유용성을 측정할 때 의도적 선택 행동에 한정되지 않는다는 점을 관찰해야 한다. 거기에는 미소, 찡그림, 쾌락과 불쾌의 다른 표현 등 비숙고적 행위가 있다. 기능주의는 유용성(특히 쾌락적으로 해석된)을 측정할 때 부분적으로 그것에 호소한다. 만약 존스가 (자발적으로) 찡그릴 때 스미스가 (자발적으로) 미소 짓는다면, 기능주의에서는 존스보다 스미스의 쾌락적 상태가 더 유용성을 포함한 것으로 추론하지 않을까? 이것은 IU 비교의 특별한 하위 부류의 사례이다. 거기서 한 행위자의 유용성은 긍정적이고, 다른 행위자의 유용성은 부정적일 것이다. 리처드 브랜트Richard Brandt가 이것을 직관적으로 관찰한 바와 같이, IU 비교를 위한 가장 용이한 사례가 될 것이다. 그것은 단위 비교의 가능성을 염려하지 않고, 단지 원점의 상반된 측면에서 입장의 결정만을 요구하기 때문이다.[11] 또한 기능주의는 입력 조건에 호소하는 것을 허용한다. 이것은 탈개인적인 점에서 긍정적이거나 부정적인 내적 상태의 유형을 확인하도록 할 수 있다. 예를 들어, 전기 충격에 의해 산출된 정신 상태는 아마 모든 개인에게 부정적 쾌락 값을 가질 것이다.

이 관점이 시사하는 바가 있더라도, 그것이 IU의 의미 있음에 대한 의심에 안전하고 체계적인 해결책을 제시하기는 어렵다. 예를 들어, 미소와 찡그림을 고려해 보자. 미소가 긍정적 쾌락을 표현하는 것은 명백한가? 대신 불편과 불쾌의 단순한 축소나 감소를 표현한 것은 아닌가? 그렇다면 스미스의 미소가 반드시 긍정적 유용성 상태의 신호는 아닐 것이다. 마찬가지로, 존스의 찡그림

---

11. Richard Brandt, *A Theory of the Good and the Right* (Oxford: Oxford University Press, 1979), pp. 259-60.

은 불쾌의 양보다는 (그의 이전 상태나 기대된 상태와 비교해서) 쾌락의 손실이나 감소를 표현한 것일 수도 있다. 그래서 존스의 상태가 스미스보다 더 많은 유용성을 포함할 수 있다. 나아가, 기능적 관계들이 긍정적 쾌락과 부정적 쾌락 영역을 확실히 표시한다고 해보자. 그래도 쾌락적 분할의 반대편에 있는 개인 간 비교를 허용하면, 두 사람의 쾌락적 상태가 모두 긍정적이거나 혹은 모두 부정적이라면, 이는 개인 간 비교 가능성을 언급할 것 같지 않다.

IU 비교를 합리화하기 위해서 기능주의의 전망을 설정할 필요는 없다. 기능주의를 정신 용어의 의미에 관한 불만족스러운 이론으로 간주하는 이유가 따로 있기 때문이다. 첫째, 정신적 개념이 정의될 수 있다는 관점에서, 보통 사람들에 의해 (특히 그들 모두에 의해서 단일 체계로) 수용되는 법률과 같은 일반화 체계가 있는지는 명확하지 않다. 그들이 법률은 그렇다고 (암암리에) 믿는 것을 상세히 분석해 보면, 보통 사람들이 정말로 그러한 법률을 소유하는지조차도 의문의 여지가 있다.[12]

둘째, 지능을 가진 모든 그리고 유일한 존재에게 정신적 술어를 규정할 수 있는 법칙 체계를 분명히 파악하기는 어렵다. 그 문제에 대한 네드 블록Ned Block의 표현처럼, 기능주의는 극단적 애국주의chauvinism와 극단적 자유주의라는 문제에 직면한다.[13] 기능주의적 정의는 포함되어야 할 마음을 가진 생물을 배제할 위험이 있거나, 혹은 정신성을 결여하여 배제되어야 할 기제를 포함시킬 위험이 있다. 후자의 범주에는, 전혀 "감각질qualia"은 없지만, 기능적으로 인간과 동등하기 때문에 인간과 같은 심리학적 상태를 가진 것으로 분류되는 피조물의 문제가 있다. 연관된 문제는 바로 스펙트럼 반전inversion이다. 기능적으로 동등한 두 사람이 질적으로 반전된 색채 경험의 배열을 가질 수 있다. 그래서 기능주의로는 파악할 수 없지만, 정신 상태에는 차이가 있을 수 있다. 유사한 가능성이 쾌락 영역을 위협한다. 즉, 두 사람이 느끼는 강도에서 차이가

---

12. Stephen Schiffer, *Remnants of Meaning* (Cambridge, Mass.: MIT Press, 1987), pp. 28-40 참조.

13. Ned Block, "Troubles with Functionalism," in *Readings in Philosophy of Psychology*, ed. Ned Block (Cambridge, Mass.: Harvard University Press, 1980), vol. 1.

있는 즐거움의 상태를 기능적으로 동등하게 배열할 수 있다. 행동적 표현이나 감정의 드러냄이 같은 수준이지만, 한 사람의 감정이 다른 사람보다 더 강하게 느낄 수 있다.

분석적 기능주의의 중요한 세 번째 문제는 인식론적 문제이다. 즉, 그것은 정신 용어의 자기 인식이나 자기 귀속self-ascription을 만족스럽게 설명하지 못한다.[14] 내가 다른 곳에서 제시한 바와 같이, 정신 용어에 대한 기능주의적 이해는 분명히 실시간에서 정상적으로 수행될 수 없고, 실행 불가능한 계산 작용을 요구한다.[15] 그러므로, 인지과학의 편에서(그리고 이것은 내가 그 문제를 보는 방식이다) 일부 통속적 정신화 이론(보통 사람들이 정신적 개념을 어떻게 이해하고 배치하는지에 관한 이론)을 본다면, (거칠게 말해) 기능주의는 경험적 근거에서 설득력 없는 이론일 뿐이다.

거기에는 몇 가지 난점이 있다. 아침의 두통이라는 경우를 고려해 보자. 당신은 특이한 감각 상태에서 깼고, 곧 그것을 두통으로 분류한다. 분석적 기능주의에 따르면, "두통"은 감각을 일으키거나 감각에 의해 일어난 상태라는 관점에서 이해된다. 어떤 상태를 두통으로 분류하기 위해서는, 어떤 입력이 감각에 선행했는지 또는 어떤 출력 그리고/혹은 다른 내적 상태가 그것에 수반되었는지를 결정해야 한다. 그러나 당신이 아침에 느낀 감각을 두통으로 분류할 때, 아마 그 감각을 일으킨 것을 소환하지 않을 것이다. 그 감각을 두통으로 확인하기 위해, 아스피린을 복용하는 것과 같은 행위를 수행할 필요도 없다. "두통" 분류를 유발한 것으로 확인된 다른 내적 상태가 있는가? 아마도 당신은 그 상태를 제거하고자 하는 욕구에 주목할 것이다. 그러나 이 욕구를 확인하기에 앞서 분명히 두통을 확인할 것이다. 더욱이 그 욕구에 대한 호소는 단지 그 상태에 대한 불만을 전할 뿐이다. 어떻게 초기 상태를 제거하려는 욕구로 징후 상태를 분류하는가? 더 일반적인 관점에서 기능주의에 따르면, 징후적 정신

---

14. 기능주의에서 이러한 인식론적 문제와 IU 비교를 위한 인식론적 문제가(예를 들어, 경험주의 하에서) 혼동되어서는 안 된다.

15. Alvin Goldman, "The Psychology of Folk Psychology," *Readings in Philosophy and Cognitive Science*, ed. Alvin Goldman (Cambridge, Mass.: MIT Press, 1993).

상태의 유형-확인은 그 관계항relata의 유형 확인에 의존한다. 그리고 수많은 이 관계항의 유형 확인(다른 내적 상태들)은 다른 관계항에 다시 의존한다. 복잡성이 급격히 분파되고, 폭발적으로 결합될 위험이 있다. 즉, 매우 많은 다른 내적 상태들이 초기 상태를 확인하기 위해 확인되어야 한다.[16] 그러므로 정신 상태 술어의 의미에 대한 기능주의적 설명은 옳지 않다. 왜냐하면 그것은 매우 빠르게 그리고 실질적 정확성을 가지고 1인칭 정신 귀속을 한다는, 논란의 여지가 없는 사실을 설명할 수 없기 때문이다. 오직 정신 용어의 의미에 관한 경험적 설명(정신 상태의 관계적 속성보다는 이러한 용어의 본래적 의미를 정치定置하는 설명)만이 자기 귀속이라는 사실을 설명하기에 적합할 것이다.[17] 그러므로 경험주의는 기능주의보다 정신 용어의 (의미론적) 설명에 우월하다. 그리고 이미 IU 비교의 의미 있음에 대한 접근으로서 실행 가능하다는 것을 살펴보았다. IU 비교의 인식론적 문제도 경험주의 하에서 해결될 수 있는지를 살펴보는 것이 남아 있다.

가상 체험과 개인 간 유용성 비교의 인식론적 문제

경험주의 하에서 IU 비교가 직면하는 인식론적 문제는 분명하다. 만약 A와 B라는 사람의 쾌락 상태를 비교하려 할 때, 그 두 사람의 상태에 대한 확실한 인식 경로가 없는 것 같다. 사람 A는 자신의 경험적 상태를 내성內省할 수 있지만, B의 상태에 대해서는 그럴 수 없다. 그 역도 마찬가지다. 세 번째 사람은 그 둘의 상태를 내성할 수 없다. 이 상태 및 그와 관련된 쾌락적 속성에 대한 대안적 통로는 있는가?

개인 간 유용성에 대한 논의에서, 존 하사니John Harsanyi는 (제3자의 편에서) 사람들이 어떻게 개인 간 비교 문제에 접근하는지 다음과 같이 설명한다.

---

16. 이것은 ibid.에서 제시된 논증을 선별하여 요약한 것이다. 기능주의에서는 준법칙적 관계들의 가정법적 특성 따르기에 관한 난점을 탐구하지는 않는다. 그 난점에 대한 충실한 표현은 원래의 논문 참조.

17. 이것은 ibid.에서 옹호된 보다 진전된 이론이다.

그러한 개인 간 비교에서 기본적인 지적 작용은 상상적 공감이라는 것을 간단한 반성이 보여 줄 것이다. 우리는 다른 사람의 입장에 있는 자신을 상상하고, 자신에게 묻는다. "만약 지금 내가 진정으로 **그의** 입장에 있고, **그의** 취향, **그의** 교육, **그의** 사회적 배경, **그의** 문화적 가치, **그의** 심리적 구성을 가진다면, 다양한 대안들 중에서 무엇이 **나의** 선호가 될 것이며, **나는** 주어진 대안으로부터 어느 정도의 만족이나 불만족을 획득할 것인가?"[18]

센에 따르면, 이러한 설명은 많은 논자들이 제시한 것과 매우 유사하다. 센은 자신을 다른 사람의 입장에 두는 사고실험을 언급한다. 그리고 칸트, 시즈위크, 헤어, 롤스, 주페Suppes, 파타나이크Pattanaik 등 많은 학자의 윤리학 논문에서 사용된 이러한 사고실험을 찾는다.[19] 나는 개인 간 비교하기라는 과제에 접근하기 위해 이처럼 자연스러운 방식을 찾는 것에 동의한다. 그러나 더 나아가, 나는 이를 일반적으로 제삼자의 정신적 귀속을 만들기 위한 표준적이거나 적어도 아주 공통적인 전략으로 간주한다. 이것은 제삼자의 귀속에 대한 소위 가상 체험 혹은 감정이입적 접근이다. 그것은 몇몇 철학자들과 최소한 한 명의 심리학자가 최근 옹호한 것이다. 거기에는 로버트 고든, 폴 해리스Paul Harris, 그리고 내가 포함된다.[20] 이러한 접근은 부분적으로 공감과 이해에 관한 역사적 언급에 의해 고무된다. 또한 심리학적 실재론에 의해 열망된다. 즉, 인지과학

---

18. John C. Harsanyi, "Morality and the Theory of Rational Behavior," in *Utilitarianism and Beyond*, ed. Amartya Sen and Bernard Williams (Cambridge University Press, 1982). p. 50.

19. Sen, "Interpersonal Comparisons of Welfare," pp. 186-7, esp. n. 9. 참조. 그러나 센은 이러한 감정이입적 사고실험을 주관적인 개인 간의 IU를 위한 근거로 이용한다. 나는 1부에서 그것을 논의했다. 나는 이것이 하사니가 의도한 방식도 아니고, 인용된 다른 윤리학자가 의도한 해석인지도 불분명하다고 믿는다.

20. Robert M. Gordon, "Folk Psyhchology as Simulation," *Mind and Language* 1 (1986): 151-71, and "The Simulation Theory: Objections and Misconceptions," *Mind and Language* 7 (1992): 11-34; Paul L. Harris, "From Simulation to Folk Psychology: The Case for Development," *Mind and Language* 4 (1989): 161-85, and "In Defense of the Simulation Theory," *Mind and Language* 7 (1992): 104-19. 가상 체험 이론에 관한 이 논문 및 다른 논문들은 *Mental Simulation*, ed. Martin Davies and Tony Stone (Oxford: Blackwell Publishers, 근간)에서 재편집한 것이다.

내에서 하나의 가정으로서 제시되고, 다른 인지과학의 가정에 적합한 이론-실험적 요구에 개방적이다.

가상 체험 이론의 배경이 되는 기본 아이디어가 있다. 즉, 정신적 술어의 순수 귀속자는 자신이나 타인에게 성공적으로 정신 상태를 귀속시키기 위해 정교한 상식 심리학 이론(인과율 체제)을 제시하거나 배치할 필요는 없다는 것이다. 모든 정상 행위자는 초기 상태에서 새로운 정신 상태를 낳는 정신 기제를 갖는다(예를 들어, 입력으로 욕구와 신념을 택하고, 출력으로 결정을 산출하는 의사 결정 체계). 그러한 기제 혹은 체계는 자신과 타인에게 정신 상태를 가상하고 귀속시키는 파생적 형태로 채택될 것이다. 가상 체험 발견법을 사용하기 위해, 가정된 초기 상태를 그러한 기제(목표된 행위자의 초기 상태)에 공급하고, 그 기제가 산출하는 많은 상태를 볼 것이다. 예를 들어, 다른 사람의 선택을 예측하기 위해, 가상된 욕구와 신념을 의사 결정 체계에 공급할 수 있다. 그리고 진짜 욕구와 신념이 주어질 때 산출하게 될 것과 동일한 선택을 낳도록 한다. 만약 그 귀속자, 예측자, 혹은 해석자가 정확하게 대상 행위자의 초기 상태를 가장할 수 있다면(이전의 정보나 가상 체험에 근거하여), 그리고 정신적 기제가 진짜 상태와 가상된 상태 모두에서 동등하게(혹은 동등한 것에 충분히 가깝게) 작용한다면, 대상 행위자의 후속 상태를 비추거나 정확히 반영하는 체제에 의해 산출된 상태를 출력할 수 있다.

(특정) 정신 기제들이 이 가상적 형태로 작용할 수 있는 능력을 갖는다는 직관적 증거가 있다. 예를 들어, 우리가 가설적 숙고에 참여할 때, 실천적 추론 체계는 아마 상상된 목적과 신념에서 잠정적 선택을 낳을 것이다. 보통 "연결된 online" 숙고를 하는 동안 진짜 목적과 신념에서 실제 선택을 낳는 것과 같은 방식이다. 마찬가지로, 상상된 지각, 인지, 정서적 경험은 쾌락-산출이나 불쾌-산출 체계에 공급된다. 그것은 진짜 경험에서 완전한 쾌락적 상태를 산출하는 양식을 실질적으로 모방한 형태로 (대리적) 쾌락 출력을 낳을 것이다. 이는 드라마, 영화, 소설, 뉴스 기사의 목격자, 독자, 관찰자에게서 발생할 것이다. 그들은 주인공, 영웅, 희생자를 "상상적으로 동일시한다."[21] 또한 가상 체험은 행위

에서 정신 상태로의 후향적 추론을 촉진할 수도 있다. 만약 당신과 친구가 함께 영화를 보러 간다면, 친구의 즐거움 상태의 본질을 추론하기 위해서 ("그것을 사랑해" 혹은 "그것을 혐오해" 같은 언어화를 포함한) 수반된 친구의 행위를 사용할 수 있다. 친구의 다른 추측된 현재 상태와 함께 그 상태의 가상 체험은 관찰된 언어적 그리고/혹은 비언어적 행위를 산출할 것이다. 당신은 그러한 즐거움의 상태(혹은 상태의 범위)를 확인하려고 할 것이다.

제삼자의 정신적 귀속에 근거한 가상 체험이 가능하다면, 그것은 IU 판단을 위한 작은 걸음이다. 예를 들어, 영화의 경우, 영화와 관련된 즐거움을 자신의 내성적 상태를 사용하여 가상 체험함으로써 친구에게 할당된 상태와 비교할 수 있다. 그리고 개인 간 비교에 도달할 수 있다. 자신이 아닌 다른 두 사람의 쾌락을 비교할 때, 그들을 차례로 가상 체험하고 결과된 쾌락 상태를 비교할 것이다. 나는 그 비교가 항상 쉽다는 것을 제시하려는 의도는 아니다. 신체적 고통 대 심적인 고통과 연관된 불쾌처럼, 일부 쾌락 상태의 쌍들은 선뜻 비교할 수 없을 수도 있다. 형이상학적 비결정성에 더하여, 가상 체험의 정교성(특

---

21. 감정이입적 관찰자가 대리적으로 느끼는 경험과 대상 행위자의 진짜 경험(감정이입적 행위가 성공적일 때) 사이의 정확한 관계는 무엇인가? 나는 아직 이것을 상세히 답할 수 없다고 생각한다. 그것은 시각적 심상이 진짜 시각과 어떻게 관련되는지와 유사한 문제이다. 두 경우, 그 관계는 인지과학 연구를 통해서만 충분히 확인될 수 있다. (다음 장에서 설명되는 바와 같이) 심상의 본질에 관해 훌륭한 진전이 이루어지고 있다. 그리고 비교 가능한 자료가 대리 감정의 본질을 다룬다면, 유사한 진전이 기대된다. 이 영역의 연구에 대한 논의는 나의 "Ethics and Cognitive Science," *Ethics* 103 (1993): 337-60, and "Empathy, Mind, and Morals," *Proceedings and Addresses of the American Philosophical Association* 66 (1992): 17-41 참조. 쾌감이 타인과의 상상적 동일시에서 도출될 수 있는지에 대해 특히 통찰력 있는 설명은 애덤 스미스에 의해 제시된다. "책이나 시를 읽을 때, 혼히 혼자 읽을 때 즐거움을 찾지 못하는 경우가 있다. 동료에게 그것을 읽어 줄 때 즐거움을 얻을 수 있다. 아주 새로운 매력을 가질 수 있다. 그것이 그를 자연스럽게 흥분시키는 놀라움과 감탄에 관여되지만, 우리를 흥분시킬 수는 없다. 우리 자신에게 나타난 관점보다는, 그에게 나타난 관점에서 제시된 생각만 고려한 것이다. 우리는 우리 자신을 활기 있게 하는 그의 즐거움에 공감함으로써 즐겁게 된다." *The Theory of Moral Sentiments*, ed. D. D. Raphael and A. I. Macfie (Oxford: Oxford University Press, 1757/1976), p. 14. "이차적" 혹은 파생된 감정은 개인 간의 대리 감정에 한정되지 않는다. 리처드 모란Richard Moran이 지적하듯, 교통사고를 생각할 때마다 아직도 몸서리쳐진다고 말하는 사람, 혹은 첫 번째 데이트를 생각할 때에 그렇다고 하는 사람은, 개인 간의 감정이입과 매우 유사한 반응을 드러낸다. "The Expression of Feeling in Imagination," *Philosophical Review* 103 (1994): 78 참조.

히 비교 가상 체험)이 특히 어려운 경우가 있다.[22] 그러나 일반적으로 제삼자의 정신적 귀속 가상 체험이나 감정이입 방법과 결부된 경험적 접근에서, IU 판단은 매우 지적이며 당연한 것이다.[23] 이 접근 역시 다른 경험적 조사에 종속되는 잠정적 가정으로 해석되어야 한다.

작업 가설work hypothesis로서, 이제부터는 IU 판단을 할 때 가장 일반적으로 가상 체험 발견을 채택한다고 가정할 것이다. 이는 여전히 인식론적 문제를 남긴다. 즉, 이 수단에 의해 도달된 판단이 지식이나 정당화된 신념을 구성할 수 있는가? 분명히 그것은 안다는 것이 무엇인지와 정당화된 신념을 갖는다는 것이 무엇인지에 달려 있다. 지식에 초점을 맞추어, 가장 신빙성 있는 지식 이론을 고려해 보자. 그리고 설명을 위해, 의도적으로 단순화된 신빙론 해석에 초점을 맞추어 보자. 즉, "S는 p이거나 p일 때만 참이라는 것을 안다. 그리고 S는 신뢰할 수 있는(정교하게 참을 전하는) 인지적 과정을 사용하여 p라는 신념에 도달한다."[24] 이러한 지식 이론에서, IU 명제가 참(혹은 거짓)이 됨을 아는 것은 분명 가능하다. 예를 들어, 가상 체험 발견의 특정한 사용은 IU 신념에 도달하는 신뢰할 수 있는 방식이 될 수 있다. 내가 "특정한 사용"이라고 말한 이유는, 명백히 틀린 정보나 엉성한 가상 체험은 일반적으로 신뢰할 가능성이 없기 때문이다. 만약 당신이 B의 초기 상황에 관한 선행 정보가 거의 혹은 전혀 없다면, B에 대해 시도된 가상 체험에서 공급된 가정 상태들은 B의 실제 초기 상태에 상응하지 않을 것이다. 그리고 당신이 B의 실제적 즐거움 수준에 상응하는 출

22. 단지 형이상학적으로 그리고 인식론적으로 모든 상태 쌍들이 비교 가능할 때만, IU 비교 가능성이 도덕 이론과 사회 이론에 가치 있다는 가정은 틀린 것이다. 단지 극단적 차이 비교만 가능하더라도, 그것은 유익할 것이다.

23. 모든 가상 체험 이론가들이 정신적 용어의 의미론에 관한 경험주의자의 설명을 수용하는 것은 아니다. 특히 Robert Gordon은 수용하지 않는다.

24. 신빙론에 대한 상세한 설명은 나의 "What Is Justified Belief?" in *Justification and Knowledge*, ed. George Pappas (Dordrecht: Reidel, 1979), reprinted in my *Liaisons: Philosophy Meets the Cognitive and Social Sciences* (Cambridge, MA: MIT Press, 1992), and *Epistemology and Cognition* (Cambridge, MA: Harvard University Press, 1986) 참조. (정당화된 신념 이론에 관한) 최근의 수정에 대해서는 "Epistemic Folkways and Scientific Epistemology," in *Liaisons* 참조.

력을 산출할 것 같지도 않다. 그러나 잘 정보화되고 민감한 가상 체험 발견의 사용은 실제로 신뢰할 수 있다. 그래서 가상 체험이라는 수단을 사용하여, IU 명제 알기라는 가능성은 아마 실현될 것이다.

IU 판단의 과학적 정당성

지식의 신빙론이 옳다고(혹은 옳은 노선이라고) 인정하더라도, 많은 사람들은 이 것이 과학적 지식을 설명할지 의심할 것이다. 실제로 신빙론은 가상 체험이나 감정이입에 근거한 지식을 허가한다. 바로 이 사실로 인해, 신뢰할 수 있게 발생한 참인 믿음이 과학적 지식의 조건으로는 너무 허약하다는 것을 입증하는 것으로 받아들인다. 결국, 감정이입은 비과학적 패러다임이며, 단지 신념 형성의 직관적(경멸적 의미의 "직관적") 양식일 뿐이다. 이는 중요한 논제이다. IU 비교에 대한 많은 회의론자와 비판자들의 핵심적 반론은 과학적 정당성의 결여이기 때문이다. 정확히 왜 감정이입 혹은 가상 체험은 신념 형성의 비과학적 양식인가? 일반적으로, (인과적 혹은 보통의 지식이나 정당화된 신념과 대조되는) 과학적 지식이나 정당화되는 신념의 기준은 무엇인가?

　우리는 이미 가상 체험을 신뢰할 수 있다는 것에 동의했다. 그렇다고 신빙성이 과학적 정당성을 위한 충분한 자격은 되지 않는다. 추가적 요구는 공개성일 것이다. 아마 과학적으로 정당한 절차는 공적이어야 하며, 가상 체험이나 감정이입은 이러한 제한을 위반한다. 그러나 공개성이란 정확히 무엇을 의미하는가? 공개성이라는 제한은 과학적 절차가 공적 영역에서, 과학자 개인의 머리 밖에서 발생할 것을 요구하는가? 가상 체험은 일반적으로 그 검사를 위반한다. 그러나 아마 과학적 절차의 요소로 인정되는 모든 추론 절차도 마찬가지일 것이다.

　공개성의 더 나은 해석은 반복 가능성일 것이다. 아마도 가상 체험은 이 검사에 실패하기 때문에 비과학적으로 보인다. 그러나 가상 체험은 반복 가능하다. 가상 체험 발견을 잘 알고 있는 숙련된 사용자는 자주, 심지어는 정기적으로 동일한 대상의 상태에 관해 동일한 혹은 유사한 IU 결론에 도달한다. 그렇다면, 적어도 그러한 특별한 IU 판단이 반복 가능성 검사를 통과할 수는 없는가? 그것에 과학적이라는(그리고, 만약 그렇다면, 과학적 지식의 표본이라는) 자격이 주어질 수 있는가?

나는 IU 판단이 그렇다고 말하고 싶다. 그러나 다른 사람들은 보다 강한 제한을 주장할 것이다. 즉, "더 고차적인" 제한이다. 가상 체험이 신뢰할 수 있을 뿐 아니라 이러한 신빙성을 지지하는 논란의 여지가 없는 과학적 증거(다른 종류의 증거가)가 있다면, 가상 체험이 과학적 지식을 낳을 수 있다고 주장할 것이다. 가상 체험의 신빙성에 대한 과학적 지지가 나타나고 있는가?

가상 체험적 신빙성의 전망은 적어도 두 가지 요인에 달려 있다. 첫째, 심리적 체계는 진짜 상태에서 작용하는 것과 같은 방식으로 가상적 혹은 가정된 입력 상태에서 작용해야 한다. 최소한 충분히 가깝게 근접해야 한다. 그러므로 가상적 신뢰성을 위한 부분적 증거는 그러한 속성을 지원하는 증거로 구성될 것이다. 최근 그레고리 큐리Gregorie Curri의 논문은 가상 체험의 구체적 하위 영역에서 그러한 증거를 제시한다.[25] 비교 가능한 증거가 다른 하위 영역에서도 발견될 수 있는지는 의문의 여지가 있다. 그렇지만 그것은 관련된 경험적 증거를 발견할 가능성을 훌륭히 예증한다.

나처럼, 큐리는 실제 출력을 산출하기 위해 실제(비가상적) 입력에서 작용하는 것과 동일한 기제를 탐구하여 가상적 기술이 정확성을 성취할 것이라고 주장한다. 그는 이것이 실제로 정신적 이미지 영역의 사례라는 것을 보이려고 한다. 그는 정신적 이미지는 시각의 가상 체험이라는 주장에서 출발한다. 즉, 어떤 사람이 X를 보고 있는 것을 상상하는(가상 체험하는 혹은 가정하는) 것에 상응하는 X의 정신적 이미지를 낳는다. (물론, 개인 간에 가상 체험의 이러한 변형은 없다. 그러나 그것은 다른 사람을 흉내 내고 모방하는 과정과 동일한 발견법을 포함한다.) 그래서 그는 시각 체계 자체를 사용함으로써 시각적 이미지들이 작용한다는

---

25. Gregorie Currie, "Mental Imagery as the Simulation of Vision," unprinted paper, Flinders University, Adelaide, Australia, 1994.

주장을 지지하는 경험적 증거를 제시한다. 좀 더 구체적으로는, 시각 체계의 주변부가 아니라 중심부를 사용한다.[26]

> 파라Farah는 심상과 지각 사이에 만족할 만한 특수한 상호작용이 있음을 제시했다. 예를 들어, H를 상상하는 것은 T들의 탐지에 영향을 미치기보다는 시각적으로 제시된 H들의 탐지에 영향을 미친다. 이로부터 그녀는 심상과 지각은 "과정의 어떤 공통적 표상 장소를 공유한다"고 결론짓는다. 외피질 손상으로 인한 시각 결손은 심상 결손과 병행한다는 강력한 증거도 있다…. 그래서 색채 지각의 상실과 심상에서 색의 상실 사이에는 연관성이 있다. 색채 시각 손상을 나타내는 환자는 상상하기를 요구하는 검사("질투는 무슨 색인가?"가 아니라 "오이는 무슨 색인가?")를 거의 수행하지 못한다… 양측 두정유두bilateral parieto-occipital 질환을 가진 환자는 공간에서 대상의 위치 측정에 장애가 있지만, 대상 자체를 확인하는 것에는 어려움이 덜하다. 양측 두정측두bilateral temporo-occipital 질환을 가진 환자들은 종종 상반된 장애 형태를 보인다. 파라와 동료들은 각 종류의 사례를 검사했다. 그리고 "시각의 보존과 장애라는 측면은… 심상의 보존과 장애와 유사했다"…는 것을 발견했다. 아마도 외피질 손상으로부터의 가장 놀라운 증거는 비시아Bisiach와 동료들의 편측 무시unilateral neglect에 관한 연구에서 나타난다. 오른쪽 마루엽parietal-lobe 손상을 가진 환자들은 종종 왼쪽 시야의 대상을 발견하지 못한다. 비시아와 루짜티Luzzatti는, 익숙한 위치에 있는 것을 상상하도록 했을 때(밀라노에 있는 피사의 두오모 광장Piazza del Duomo), 그들의 심상의 서술에서 상상된 장면의 왼쪽 측면에 있는 대상을 체계적으로 무시하는 모습을 보였다.[27]

물론, 이것은 단지 시각적 가상 체험만 언급한 것이다. 포괄적인 가상 체험 사례는 훨씬 더 연구하기 어렵다. 오늘날 선택, 선호, 즐거움의(을 말하는) 신경생리적 기제에 관해 알려진 것이 극히 적기 때문이다. 그렇지만 도덕에서 가상

---

26. Currie는 Martha J. Farah, "Is Visual Imagery Really Visual? Overlooked Evidence from Neuropsychology," *Psychological Review* 95 (1988): 307-13의 논문을 많이 인용했다. 이 논문에서는 그녀 자신을 포함한 다양한 연구들을 검토한다.
27. Currie, "Mental Imagery," pp. 5-6.

체험의 정확성은 원칙적으로 경험적 조사에 지배받는다.

하지만 개인 간 가상 체험 문제는 앞에서 밝힌 조사에 의해서 언급할 수 없다. 개인 간 가상 체험은 오직 흉내 내는 사람과 흉내당하는 사람 사이의 심리학적 상동성이나 유사성이 있을 때만 성공할 수 있다. 그러한 상동성에 대한 경험적 증거가 있는가? 한 가지 가능성은 진화론적 접근이다. 그리고 이는 최근 로이 소렌슨Roy Sorenson에 의해 탐구되고 있다. 그는 자연선택이 감정이입 방법의 효율성을 설명한다고 주장한다. 소렌슨은 이러한 생각을 다음과 같이 요약한다.

> 다른 사람의 입장을 취하기는 당신이 다른 사람과 심리적으로 닮았을 때 가장 잘 이루어진다. 결국, 그 절차는 당신 자신을 모델로 사용한다. 즉, 가상적 신념과 욕구로 들어가서, 가상적 행위와 개정된 신념 및 욕구로 나온다. 만약 당신이 감정이입 대상과 구조적으로 유사하다면, 정확한 입력은 (다른 가상 체험과 꼭 같이) 정확한 출력을 낳는다. 동형성이 크면 클수록, 그 결과는 더 신빙성 있고 정확하다. 유사성 정도에 대한 이러한 민감성은 감정이입 방법이 평균적인 사람에게 가장 잘 이루어짐을 제시한다. 그 개체에서 소수지만 대표적 표본의 장점은 촉발 효과bootstrap effect를 낳을 것이다. 왜냐하면 평균적인 사람들이 번식할 때, 더 많은 평균적인 후손이 있을 것이고, 그래서 이후 세대들에서 그 유사성의 정도는 눈덩이처럼 커질 것이다. 유사한 마음 상태에서 개별적 증식은 감정이입 방법의 신빙성과 타당성을 더 강화한다. 각각의 나선적 순환으로 점점 더 단단해지고, 그래서 감정이입은 더 많은 권한을 갖는다. 그 방법은 자기 강화이며, 결과적으로 고도로 유사한 개인들의 집단을 형성한다.[28]

그러므로 일반적으로 자연선택이 고도로 유사한 개인들의 집단을 형성했다고 가정된다. 그것은 가상 체험의 신뢰성을 지지한다. 이 가정에 대한 확고한 과학적 증거를 얻기는 쉽지 않지만, 가능할 것이다. 그리고 만약 획득된다면, 그

---

28. Roy A. Sorenson, "Self-Strengthening Empathy: How Evolution Funnels Us into a Solution to the Other Minds Problem," 미발간 논문, New York University, 1994. p. 1.

것은 IU 비교에서 가상 체험의 정확성에 대한 과학적 사례를 강화할 것이다.

가상 체험의 신빙성이 오직 고도로 이론적인 고려에 의해서만 지지될 수 있다는 것은 아니다. 반대로, 행위에 대해 가상 체험에 근거한 예측이 정확한지를 살펴봄으로써, 일부 증거는 훨씬 직접적으로 조사될 수 있다. 만약 의도적 행위의 많은 예측들이 실제로 가상 체험 발견법을 사용하여 해결될 수 있다면, 이러한 성공적 예측은 행위자의 (정신적) 결정이나 선택을 추론할 때도 타당할 것이다. 이것은 곧 심리적 유사성에 대한 지지를 제공한다. 심리적 유사성이 IU 비교에서(욕구나 선호의 강도와 세기에서) 결정적인지는 의문의 여지가 있다. 그러나 감정이입에 근거한 행위 예측에서 경험적으로 관찰된 성공은 심리적 동형성을 지지하는 쪽으로 전개된다.

이 논의는 감정이입에 근거한 IU 판단의 과학적 정당성이 가상 체험의 신뢰성에 대한 경험적 지지에 근거한다는 전제에서 전개되었다. 그것은 가상 체험의 신뢰성이 요구하는 심리적 유사성에 대한 경험적 지지를 포함한다. 그러나 존 하사니는 감정이입에 근거한 IU 비교가 비경험적 유사성 가정에 근거하거나 근거해야 하더라도 과학적으로 인정될 수 있다고 주장한다.[29] 하사니는, 감정이입을 사용하는 IU 비교는 소위 유사성 조건에 근거한다고 말한다. 즉, 일단 나와 다른 사람 사이의 취향, 교육 등의 특성에 경험적으로 주어진 차이를 적절히 참작한다면, 제시된 대안에 대한 기본적인 심리적 반응은 그렇지 않을 때보다 훨씬 유사할 것이라고 가정된다. 그는 이것이 비경험적인 선험적 조건이지만, 그러한 비경험적인 조건은 과학에서도 공통적이라고 주장한다. 그는 그것을 단순성, 절약성, "최소 임의성" 가설에 대한 선호 같은 이론 선택의 선험적인 비경험적 기준과 상세히 비교한다. 두 사람이 정확히 동일한 행위를 보이거나, 혹은 적절히 허용된 관찰 가능한 행위에서 차이를 보인다면, 그들의 심리적 감정에는 보다 은폐되고 관찰 불가능한 차이가 있다고 가정하는 것은 임의적이며 부당하다.

---

29. Harsanyi, "Morality and the Theory of Rational Behavior," pp. 50-1.

모든 사람이 심리적 유사성이라는 비경험적으로 근거된 조건을 과학적으로 인정할 수 있다는 하사니에 동의하는 것은 아니다. 하지만 보통 사람들이 IU 판단을 포함한 가상 체험에 근거하여 판단을 할 때, 그러한 조건을 전제한다는 주장은 분명히 설득력 있다. 그 경우에 다음의 문제가 있다. 즉, 가상 체험의 신빙성을 지지할 수 있는 속성과 관계를 과학적으로 확인하는(혹은 부인하는) 미래의 경험적 연구가 나타날 때까지, 가상 체험에 근거한 판단의 인식론적 지위를 어떻게 평가할 것인가? 장래의 그러한 연구 결과에 막연히 매달리는 동안, 그러한 판단의 인식론적 지위는 무엇인가? 나는 문법에 대한 판단이나 신념과의 적절한 유비를 제시함으로써 마무리한다. 문법 역시 비경험적 조건에 의존하지만 (최소한 그 판단의 지배적 관점에 따르면) 상당한 인식론적 지위를 누리고 있다.

노암 촘스키Noam Chomsky가 개척한 언어 학습의 생득적 관점에 따르면, 아동의 언어 학습 기제는 타고난 지식을 저장하고 있다. 타고난 지식은 특정 문법 획득을 선호하고 다른 획득을 거부하는 강한 편향성을 구성한다. 언어 습득 장치에서 드러난 주요 언어학적 자료들은 문법이라는 무한히 큰 부류와 동등하게 양립할 수 있다. 그중 많은 문법들은 아동이 실제로 획득하는 문법과는 상당한 거리가 있다. 촘스키는, 만약 아동이 순수 "경험주의자"의 마음만 가지고 있다면, 즉 경험과학자가 가설을 선택할 때 사용하는 종류의 제한(단순성 같은) 아래서만 작동한다면, 옳은 문법을 선별하는 신뢰할 만한 방법을 가질 수 없다고 주장한다.[30] 그래서 실제 아동의 언어 습득 장치는 그렇게 수립된 보다 강력하거나 고도로 제한된 학습 원리의 체계를 가져야 한다. 즉, 다른 문법보다 특정 문법을 지향하는 가정 혹은 조건을 가져야 한다. 그러나 모국어에 대한 (성숙한) 아동 혹은 성인의 직관적인 문법적 판단의 인식론적 지위는 무엇인가? 분명 (적어도 평범한 문장에서) 어떤 문장이 문법적인지, 혹은 첫 문장이 두 번째

---

30. 이 생각에 관한 상세한 설명은 William Ramsey and Stephen P. Stich, "Connectionism and Three Levels of Nativism," in *Philosophy and Connectionist Theory*, ed. William Ramsey, Stephen P. Stich, and David E. Rumelhart (Hillsdale, N.J.: Lawrence Erlbaum, 1991), 특히 2.2절 참조.

문장의 부연인지에 관한 그들의 판단은 인식론적으로 매우 존중할 수 있다. 대개 우리는 그러한 판단이 지식의 분명한 사례라고 한다. 더욱이 어떤 문법이 기대되거나 기대되지 않는지에 관한 일련의 비경험적 조건들을 언어 학습자에게 귀속시킨 촘스키적 이야기를 확신하더라도, 여전히 그렇게 말하는 경향이 있다. 그러므로 비경험적 조건에 의존하는 것이 인식론적 존중 가능성에 대한 치명적 결함이나 장애가 되지는 않을 것이다.

마찬가지로, 가상 체험 발견법은 심리적 유사성이나 상동성이라는 비경험적 조건을 전제한다. 이 사실이 (비록 "과학적" 지식의 지위를 획득하지는 못한다 하더라도) 그 산물의 인식론적 존중 가능성 자격을 박탈하지는 않을 것이다. 물론, 가상 체험 발견법이 대상을 지속적으로 바르게 이해하게 한다는 것도 납득해야 한다. 그렇지 않으면 문법적 판단과의 유사점은 분명히 무너질 것이다. 그러나 단순히 심리적 상동성이라는 생득적 가정에 대한 의존 자체가 인식론적 존중 가능성에 장애는 아니다. 그러므로 도덕 이론과 사회 정책에서 IU 비교 자체를 이용하는 방법을 명료하게 함으로써, 가상 체험은 인식론적(의미론적으로도) 좋음을 전달하는 위치에 있을 수 있다.

11. 감정이입과 보편화 가능성 [*]

존 데이

현대 정신의학에서 특징지어지고 문학과 영화에서 표현되는 것처럼, 사이코패스psychopaths를 대단히 흥미로운 인물로 만드는 것은 무엇인가? 상상만 해도 우리 영혼을 오싹하게 하는 사이코패스들이 명백히 결여한 도덕성은 무엇인가? 과거처럼 사이코패스를 도덕적 저능아로 서술하는 것은 그들의 질환의 특이함을 전하기 위한 출발도 아니다. 비록 비도덕적이지만, 사이코패스는 추론할 수 있고, 증거의 경중을 따질 수 있고, 미래의 결과를 평가할 수 있고, 사회규범을 이해할 수 있고, 사회규범의 위반에서 비롯되는 책임과 비난을 예상할 수 있고, 계획을 짜고 실행하기 위해 이러한 인지 기술들을 사용할 수 있다. 사이코패스 중 일부는 매우 지적이며 사회적으로 능숙한 것으로 서술된다. 상냥하고 호감 있게 대화하는 사이코패스의 재능은 그들의 병상을 경고한 사람들까지도 현혹시킬 수 있다. 분명히 사이코패스의 영민한 사고는 과거의 서술에서 전하는 어리석음이나 정신 박약함이라는 개념과는 맞지 않는다.

사이코패스는 미친maniacs, 열의pyro-, 병적 도벽klepto-, 살인 경향homicidal- 등으로는 잘 서술할 수 없다. 분명 그들은 지속적인 악행자이다. 그러나 충동에

* 나는 이 논문의 초안에 수년 전 유익한 비평을 해 준 조너선Jonathan에게 감사한다. 또한 나는 허버트 모리스Herbert Morris, 코니 로사티Connie Rosati, 아이라 싱어Ira Singer와의 대화에서도 도움을 받았다. 그리고 *Ethics*의 두 편집자에게 받은 논평, 윤리학과 인지과학에 관한 워싱턴대학 학회, 볼링그린 주립대학Bowling Green State University, 캘리포니아 대학의 청중에게서도 도움을 받았다. 거기서 나는 이 논문의 초고를 발표했다.

이끌려 악행을 하거나, 꼭 충동만으로 하는 것은 분명 아니다. 어떤 내적 충동이나 폭력적 정서가 그들 장애의 본질은 아니다. 카포티Capote의 『냉혈한In Cold Blood』에서 묘사된 리처드 힉코크Richard Hickock, 혹은 히치콕Hichcock의 〈열차의 이방인Strangers on a Train〉에서 로버트 워커Robert Walker가 빼어나게 연기한 브루노 앤서니Bruno C. Anthony를 생각해 보라.[1] 이들은 부드럽고 냉혹한 도살자이다. 그러나 저항할 수 없는 충동에 지배되는 사람도 아니고, 개인적 악마에 시달리는 사람도 아니다.

카포티가 힉코크와 그의 공범 페리 스미스Perry Smith 사이에 설정한 대비도 생각해 보라. 스미스와 힉코크가 저지른 살인에서 칼을 휘두르고 방아쇠를 당긴 사람은 스미스이다. 카포티는 스미스를 현실을 아주 미약하게 파악하는 인물로 묘사했다. 꿈과 망상, 그리고 격한 분노에 지배되기 때문이다. 카포티가 재구성한 범죄에서, 이 요소들이 결합하여 스미스의 살인 행위를 촉발한다. 그리고 이전에 그가 희생자의 안락과 안전을 위해 보여준 것을 고려하면, 스미스의 잔인한 행동은 더 이상해진다. 범죄를 저지르는 동안 그리고 범행 후의 사건에서, 스미스는 공감과 결합 능력뿐 아니라 부드러운 면도 드러낸다. 이러한 성향은 힉코크의 성격에는 전혀 없다. 카포티는 힉코크를 매우 천박한 사람으로 서술한다. 늘 흉계를 꾸미고, 흉계가 실패했을 때는 편협한 정서로 가득 차고, 자신이나 타인에게 더 깊은 감정을 전혀 느끼지 못하는 사람이다. 특히, 자신의 행위에 전혀 양심의 가책을 느끼지 못한다. 그리고 그 행위가 아무리 잘못되고 유해하더라도, 어떠한 부끄러움, 회한, 후회도 드러내지 않는다. 범죄는 그의 사상이다. 그리고 그는 스미스의 폭력적 능력이 자신의 범죄 야망을 추진하는 데 유용하다고 보았기 때문에, 스미스와 친하게 지낸다. 한편으로, 그는 사납긴 해도 폭력적이지는 않다. 그리고 스미스와 달리, 사악한 목적을 추구할 때에도 명석한 두뇌와 마음의 안정을 유지하는 데 곤란을 겪지 않는다.

---

1. Truman Capote, *In Cold Blood* (New York: Random House, 1965): *Strangers on a Train* (Burbank, Calif.: Warner Brothers Pictures, 1951). 감독 Alfred Hitchcock, 극본 Raymond Chandler and Czenzi Ormonde.

물론, 힉코크의 성격에 별로 특별한 것이 없다고 생각할 수도 있다. 그는 범죄를 저지르며 살아가는 흔한 절도범, 사기꾼, 조직 폭력배와 닮은 점이 있다. 그리고 자기에게만 관심이 있고 타인을 거의 배려하지 않는 영악한 사람과도 닮은 점이 있다. 그를 사이코패스라고 부르는 것은 단지 정신의학자들이 명백한 정신병자가 아닌 습관적 비행자나 말썽꾼에게 사용하는 잡다한 범주에 넣는 것이다. 비록 많은 정신의학자들이 남용하더라도, 이 범주를 보다 엄격하게 구성할 수 있다. 그래서 성격의 독특한 유형, 특별한 정신적 결함으로 규정되는 유형, 그리고 카포티의 힉코크에 관한 서술에서 상상되는 유형에 적용할 수 있다.[2] 이러한 결함은 진정한 우정을 맺거나 충성과 사랑의 애착을 형성하지 못하는 것을 포함한다. 그리고 도덕적 감정과 정서 능력, 양심의 결여를 포함한다. 그 범주 조건을 규정하는 이러한 결함을 갖는다면, 사이코패스는 흔한 직업 범죄자와 분명히 구별된다. 사이코패스와 달리, 범죄자의 삶에는 범죄자가 정서적으로 헌신하는 사람이 있거나 있을 수 있다. 그리고 범죄자는 그 사람과의 관계에서 도덕적 감정, 양심의 가책을 경험하기 쉽다. 그래서 험프리 보가트Humphrey Bogart가 〈하이 시에라High Sierra〉에서 연기한 산전수전 다 겪은 냉혹한 무법자에게도 그런 사람은 있다. 그 무법자는 전국의 경찰과 검사에게 "미친 개Mad Dog" 얼로 알려진 인물이다. 그에게조차 신뢰와 사랑으로 맺어져 애착을 갖는 아이다 루피온Ida Lupion이 있다. 그 관계에서 얼은 회한과 후회를 경험한다. 반면, 보다 엄격한 범주로 구성된 사이코패스의 삶에서, 아이다 루피온은 있을 수 없다.

이러한 정서적 결함을 필수적인 것으로 만들어 그 범주를 엄격히 하면, "사이코패스"가 단지 습관적 비행자를 장식하는 용어로 사용되는 것은 막을 수 있다. 더불어 "사이코패스"가 임상적 실천 용어에 배타적으로 한정되지 않기 때문에, 사이코패스에게 제기된 도덕적 책임과 범죄 경향의 문제를 분명히 할 수 있다. 그것은 정신의학자, 범죄학자, 법률 이론가들이 범죄자를 분류하기

---

2. Hervey Cleckley, *The Mask of Sanity*, 5th ed. (St. Louis: Mosby, 1976), pp. 337-64 참조.

위해 사용하는 용어이기도 하다. 그 범죄는 범죄자의 심각한 정신적 장애에서 비롯되지만, 정신 이상에 대한 법률의 표준검사를 충족하지 못한다. 그 검사에서는 행위자의 도덕 지식과 자기 통제 능력을 고려한다. 옳음과 그름의 차이를 아는지, 법률이 강제한 한계에서 적절한 행위를 할 수 있는지의 여부이다. 사이코패스 장애의 본질이 무엇이든, 그들은 일반적으로 옳음과 그름을 알고, 필요한 자기 통제력을 가진 것으로 인정된다. 아무리 중대한 위반을 하더라도, 그 비행이 심각한 정신적 장애의 산물이라면 비난할 수 없다고 믿는 사람도 있다. 반면 그 행위자가 아무리 이상하더라도, 그 행위자는 비행을 잘못으로 알거나 알았을 것이고, 비난받을 죄를 피할 수 있었다고 믿는 사람도 있다. 결국, 사이코패스가 그들의 범죄에 도덕적으로 책임이 있는지의 여부는 이 의견에 따라 구분되는 논제이다. 그래서 정신적 장애가 있는 개인으로서 사이코패스는 도덕적 책임에 대한 전통적 기준을 압박한다. 그럴수록 비행 성향보다는 다른 어떤 장애로 특징지을 수 있다.

행위자의 지속적 비행보다는 단지 어쩔 수 없는 장애라는 증거를 산출하려 해도, 분명 전통적 기준에 가해지는 압박은 줄어들지 않는다. 이 경우, 사이코패스에게 도덕적 책임을 면제하려는 주장은 정신 의학의 독단적 주장에 불과하다. 하지만 그 장애를 특정한 정서적 결함을 가진 것으로 규정하면, 그 주장은 상당한 힘을 얻는다. 그렇게 개인을 사이코패스로 분류하면, 도덕적으로 비정상적인 행동에 관해 정신의학적 편견에 좌우되는 것은 줄어들고, 그러한 이상 행동과는 분명히 다른 증거에 비중을 두고 결정할 수 있게 된다. 따라서 이러한 개인들을 정신적 장애로 평가하면 논란이 줄어들거나, 심지어 논란이 되지 않을 수도 있다. 그리고 그 논제는 이 장애가 심각할 때, 거기서 비롯된 잘못에 대해 환자에게 도덕적 책임을 면제할 수 있는지로 축소된다.

동시에, 사이코패스에게 도덕적 책임을 면제시키기 위해 이렇게 강화된 주장을 강조하는 사람들은 일관성이 의문시되는 사이코패스의 성격을 특성화하는 데 매달린다. 그들은 사이코패스가 인지나 의지 장애보다는 정동 장애(情動障碍, affective disorder)로 고통 받는다고 말한다. 예를 들어, 제프리 머피Jeffrie

Murphy는 이렇게 서술한다. "정신병자와 달리, 사이코패스는 불분명한 인지적 혹은 의지적 손상으로 고통 받는 것 같다." 그리고 세 문단 아래에서 그는 이어서 말한다. "비록 사이코패스가 나쁜 사람 혹은 비도덕적 행위가 의미하는 바를 안다고 하더라도, 이러한 판단이 그들에게 어떠한 동기적 요소를 제공하지 않는다…. 그들은 유해한 행위를 했을 때에도, 죄의식, 후회, 수치, 혹은 양심의 가책을(비록 표면적으로 이 감정을 꾸며낸다고 하더라도) 전혀 느끼지 않는다."[3] 분명히, 머피는 일관성 없는 논제를 회피하는 방식으로 이 말을 얼버무린다. 그는 단지 사이코패스가 불분명한 인지적 혹은 의지적 손상으로 고통 받는 것 같다고 한다. 그리고 그들은 어떤 의미에서 옳음과 그름에 관한 지식은 있지만, 그 지식에 의해 동기화되지는 않는 것 같다고 한다. 하지만, 마치 도덕적 감정과 동기가 도덕적 행위자에게 수반되는 인지적·의지적 능력과 분리되는 것처럼 말함으로써, 그는 논란의 가능성을 제시한다. 도덕적 감정과 동기에 대한 무감각은 인지적 결손을 함의할 것이다. 사이코패스의 범주를 특정 정서적 결손이 본질적인 것으로 엄격히 하는 것은 자연스럽게 그것을 정동 장애의 한 유형으로 확인하도록 유도한다. 하지만 이 확인에서 인지적 장애를 수반하지 않는다는 조건이 도출되는 것은 아니다. 특히 도덕 판단 기능에 결손이 없다는 것이 도출되는 것은 아니다.

　그 문제는 오래된 것이다. 오늘날 다방면에서 사용되는 용어로는 내재주의internalism 문제라고도 할 수 있다. 도덕 판단, 특히 해야 할 옳은 것 혹은 해야 하는 것에 관한 판단은 도덕적 행위 동기 혹은 도덕적 감정 경향을 함의하는가? 만약 도덕 판단하기가 이를 함의하지 않는다면, 도덕 판단은 정말로 실천적이거나 행위-안내가 될 수 있는가? 그 문제는 금세기 영미 도덕철학을 지배했던 메타윤리학에서 많은 논쟁의 핵심이었다. 도덕 판단의 개념, 도덕 판단을 표현하기 위해 사용된 '옳음'과 '당위'의 의미, 그러한 판단을 할 때 행위를 단언하는 속성의 지위에 관해 장기간 논쟁이 지속되었다. 그 논쟁은 대부분 이 문

---

3. Jeffrie Murphy, "Moral Death: A Kantian Essay on Psychopathy," *Ethics* 82, (1972): 284-98, esp. pp. 285-7.

제에 대한 고집스러운 불일치에서 비롯된다. 따라서 그 문제를 메타윤리학 내에서 다룬다면, 사이코패스의 상태가 도덕 판단 기능에 어떤 결함을 수반하는지를 결정하는 데 큰 진전을 기대하기 어렵다. 사이코패스가 하는 옳음과 그름의 판단이 진정한 도덕 판단인지, 그들이 '옳음'과 '당위'라는 말을 독특한 도덕적 의미로 사용하는지, 그들이 어떤 행위를 해야 할 옳은 것 혹은 행위해야 하는 것이라고 말할 때, 그것이 행위의 도덕적 속성을 단언하는지는 결정하기 어렵다. 특히 그것은, 해야 할 옳은 것이지만 그것을 행위하지 못하고 또 그렇게 하지 못한 것에 대해 후회나 양심의 가책을 느끼지 않는 경우, 정상적인 도덕적 행위자에게 동일한 질문을 했을 때보다도 더 결정하기가 어렵다. 자연주의자, 서술주의자, 실재론자들은 한 부류의 답을 제시할 것이다. 그리고 이모티비스트, 규정주의자, 과업주의자projectivist는 다른 부류의 답을 제시할 것이다. 사이코패스의 행위나 사고가 정상적인 도덕적 행위자와 마찬가지라는 것은 후자에 대한 전자의 주장이다.

만약 그 문제를 심리학 내에서 다룬다면, 메타윤리학의 교착 상태를 벗어날 수 있다. 사이코패스는 나름의 '옳음'과 '당위'라는 의미에서, 해야 할 옳은 것과 사람이 해야 하는 것을 판단한다. 하지만 도덕적 감정과 도덕적 동기로 느끼지는 못한다. 따라서 이 무감각이 도덕 판단에서 무능을 함의하는지 묻기보다는, 해야 할 옳은 것이나 해야 하는 것에 관한 판단을 낳는 상이한 인지 작용들을 고려해야 한다. 그리고 그 무감각이 인지 작용 중 어떤 인지 작용에 관여하지 못하는지를 물어야 한다. 그러면 메타윤리학에서 그중 어떤 것이 도덕 판단에 본질적인지를 묻는 질문에서 벗어날 수 있다. 이런 이유로, 심리학에서 묻는 내재주의 문제는 도덕적 감성과 도덕적 동기의 인지적 관련성에 관한 문제이다. 좀 더 정확히 말하면, 해야 할 옳은 것과 해야 하는 것에 관한 판단을 낳는 인지 작용이 그러한 판단에 따라 행위하려는 동기를 낳는지에 관한 문제이다. 그리고 그것을 유념하지 못한 데 대한 수치, 후회, 양심의 가책이라는 감정 경향성을 낳는지에 관한 문제이다.

이제 우리는 주요한 연구 문제에 도달했다. 내가 정식화했듯이, 그것은 두

부분이다. 하나는 동기에 관한 것이고, 다른 하나는 감정에 관한 것이다. 그러나 그것이 별도의 답을 요구하지는 않는다. 만약 어떤 사람이 동기에 무감각하다면 이러한 감정에 민감할 수 없을 것이며, 그 역도 마찬가지다. 한 편에 답하는 것이 다른 편을 답하기에 충분하다. 그러므로 그중 하나에 한정하여 연구를 단순화할 수 있다. 동기 측면에서 내재주의 문제를 다루기가 더 쉽기 때문에, 그것을 추구하면 더 확고한 진전을 이룰 수 있다. 따라서 감정 측면의 문제는 한편으로 제쳐둔다.

그러나 동기에 초점을 맞출 때, 먼저 가언명법의 내재주의와 정언명법의 내재주의 구분에 주목해야 한다.[4] 그 구분은 해야 할 옳은 것 혹은 해야 할 행위에 관한 판단이 동기적 힘을 가질 수 있는 두 가지 상이한 방식이다. 한편으로는, 판단을 낳는 인지 작용과는 무관한 욕구 자극과 관련하여 그 힘을 가질 수 있다. 이는 그 작용이 수단-목적 추론이고, 추론된 목적이 그 추론을 일으킨 욕구 대상인 곳에서 발생한다. 다른 한편으로는, 판단 자체가 동기적 힘을 가질 수 있다. 이는 그 힘이 판단을 낳았던 동일한 인지 작용에 기인하는 경우에 발생한다. 첫 번째 경우가 가언명법이다. 두 번째는 정언명법이다. 분명히 인지적 실패는 후자의 동기적 힘에 대한 무감각을 설명해야 할 것이다. 반면, 전자의 동기적 힘에 대한 무감각을 설명할 필요는 없다. 그 무감각은 이루어진 판단과 관련된 욕구 결여로 대신 설명될 수 있기 때문이다. 따라서 오직 정언명법의 내재주의만이 사이코패스에 관한 질문에 분명한 답을 제시한다. 이는 해야 할 옳은 것 혹은 해야 하는 것에 관한 판단을 낳는 인지 작용에서 내재주의가 참인지를 고려할 때, 정언명법류의 내재주의에 주목할 필요가 있음을 의미한다. 결국, 심리학 내에서 내재주의 문제를 다룰 때 우리가 찾는 것은 이러한 판단에서 정언명법의 내재주의가 참인지의 여부이다.

---

4. Thomas Nagel, *The Possibility of Altruism* (Oxford: Clarendon, 1970), pp. 7-12. 참조. "가언명법의 내재주의"와 "정언명법의 내재주의"라는 말은 네이글의 말이 아니라 나의 말이다. 하지만 그것은 네이글이 제시한 홉스 윤리학의 내재주의와 칸트 윤리학의 내재주의 구분에 해당한다. 또한 나의 "Sidgwick on Ethical Judgment," in *Essays on Henry Sidgwick*, ed. Bart Schultz (Cambridge: Cambridge University Press, 1992), pp. 241-58도 참조.

이러한 방식으로 내재주의 문제를 다루는 것은, 옳음과 그름의 지식을 상이한 형식으로 소유할 수 있음을 전제한다. 그 형식이 양립할 수 없는 사고의 독특한 유형이 아니라면, 정교화나 성숙의 수준 차이에 해당한다. 최소한으로 정교화된 수준은 그 사람이 속한 공동체에서 관찰되는 관습적 도덕 기준이라는 단순한 지식이다. 아주 어릴 때의 양육에서 정상적으로 획득하는 지식이다. 이후, 다른 사람과의 관계가 더 복잡해지면, 이러한 관습의 이유를 이해하게 되고, 그것을 의미 있게 하는 이상理想을 파악하게 된다. 그렇게 더 정교한 지식을 획득한다. 아마 최소한으로 사회화된 사이코패스는 적어도 그들 공동체의 관습적 도덕 기준이라는 지식은 가질 것이다. 그래서 여기서 사용하고 있는 보다 엄격한 반사회적 인격 구성을 가정하면, 그렇게 행동하려고 동기화되지 않고 그 지식을 소유할 수 있다. 하지만 사이코패스가 관습의 이유 이해에서 나오는 더 정교화된 지식, 그리고 관습에 의미를 부여하는 이상을 어느 정도나 갖는지는 불확실하다. 결국 한없이 더 깊은 정교화 수준에서 옳음과 그름의 지식을 소유할 수 있는지와 그럼에도 도덕적 동기화에 무감각할 수 있는지는 별개의 문제이다. 비록 피상적 수준에서 마치지만, 내재주의에 관한 질문은 더 깊어질 여지가 있다.[5]

분명히 칸트의 윤리학은 옳음과 그름에 관한 보다 심오한 지식의 가장 중요한 현대적 설명을 제공한다. 그의 설명에 의하면, 그 지식은 실천이성의 작용을 지배하는 형식적 원리로 구성된다. 칸트의 체계에서 그 형식적 특성을 가장 분명하게 나타낸 원리 진술은 첫 번째 정식이다. 대강을 제시하자면, 이 첫 번째 정식은 모든 합리적 존재가 규칙으로 이해하고 승인할 수 있는 그런 규칙에 근거해서만 행위하라는 것이다. 칸트의 용어로는 보편적 법칙이다. 그러므로

---

5. 엄격히 말해, 그 관점과 관련하여 내재주의에 질문의 여지가 있는지는 지식의 상대적 깊이와는 무관하다. 질문의 여지가 있다는 것은 사이코패스가 소유할 수 없는 옳음과 그름에 관한 지식의 형식이 있을 수 있다는 것이다. 그리고 그러한 지식의 가능성은 사이코패스에게 귀속시킬 수 있는 가장 깊은 수준의 지식과 비교해서 정교함의 수준에 달려 있지 않다는 것이다. 그와 동시에, 사이코패스가 소유할 수 없는 옳음과 그름에 관한 지식의 형식은 그들이 소유하고 있는 것보다 더 깊어야 한다고 가정하는 것은 내재주의의 질문을 다루도록 촉진하는 도식을 소개한다. 바로 이 이유 때문에 나는 그렇게 가정한 것이다.

이 설명에 근거하면 기본적 도덕 지식은 타당성의 형식적 준거, 보편화 가능성 준거에 관한 지식이다. 그것은 관습적 도덕 기준뿐 아니라, 개인적 명령, 제도적 방향, 그리고 보다 직접적인 다른 실천 원리도 포함하는 행위 규칙에 적용된다. 실제로, 칸트는 모든 합리적 행위에는 최소한 그 행위자가 따르는 규칙이 암묵적으로 있다고 생각했다. 그리고 칸트는 이러한 방식으로 기본적인 도덕성 원리의 범위 내에서 모든 합리적 행위를 제시했다.[6] 칸트의 관점을 합리적 행위로 채택하는 것이 유익할 것이다. 그렇게 하는 것이 그 논증에 영향을 미치지 않으면서 우리의 논의를 단순화하기 때문이다. 그러므로 이 설명의 일부로서, 모든 합리적 행위가 규칙에 기인하는 것으로 간주하자. 따라서 옳음과 그름에 관한 보다 깊이 있는 모든 판단은 이 규칙에 보편화 가능성 준거를 적용한 것으로 구성된다.

그러나 어떻게 그 기준을 적용할 것인지는 논란이 되는 문제이다. 칸트가 의도한 적용 방법이나 가장 의미 있는 방법에 어떤 일치도 없다. 그럼에도 불구하고, 그 준거의 적용 관점은 명백하다. 실천적 사고와 도덕 판단에서 일관성을 강화하는 것이다. 내가 보편적 법칙으로 나의 행동 규칙 이해를 요구 받고, 그것을 승인한다고 해보자. 그러면 나의 상황과 적절히 유사한 다른 사람이 행위한다면 거부하게 될 것을 내가 하기로 결정할 수는 없다. 마찬가지로, 우리의 상황이 다른 사람의 상황과 유사하게 관련된다면, 그 문제에서, 내가 다른 사람이 해야 한다고 생각한 행위를 하는 것에서 자신이나 친구를 면제할 수는 없다. 모든 합리적 행위자를 위한 규칙으로 누군가의 행위 규칙을 이해하고 승인하는 것은, 그 적용을 촉발한 상황의 규칙에 포함된 서술과 직면한 사람에게 예외 없이 적용하는 것을 의미한다.

그러므로 행위 규칙이 이유를 상세화한 후에, 그 준거는 행위의 이유를 걸러내는 데 기여한다. 어떻게 준거가 이러한 이유들을 걸러내는지 쉽게 찾아볼 수 있다. 만약 하고 싶은 행위를 할지 고려하고 있는 사람이(말하자면, 바쁠 때, 이중

---

6. Immanuel Kant, *Groundwork of the Metaphysic of Morals*, trans. H. J. Raton (New York: Harper & Row, 1964), p. 80 (p. 412 in the Royal Prussian Academy ed.) 참조.

주차) 보편화 가능성이라는 준거를 적용하여 그 규칙을 검사하고, 그것을 통과하지 못한다는 것을 발견한다면, 불일치에 대한 벌로 그 규칙에 근거한 추가적 행동 고려를 포기해야 한다. 이는 그 검사 없이 그 규칙을 수용했거나 혹은 그 규칙을 통과했다고 잘못 생각했다면, 그가 이유로 채택하고 싶어 하는 상황 및 관련 사실을 이중 주차의 이유로 포기해야 함을 의미한다. 요컨대 이중 주차를 고려할 때 보편화 가능성 준거를 적용한 사람은, 다른 사람의 상황이 자신의 상황과 유사하게 관련된다면, 다른 사람의 이중 주차 이유로 거부하게 될 사실을 자신의 행위 이유에서 배제할 것이다. 그러므로 당연히 보편화 가능성 검사를 통과하는 이유를 찾지 못한다면, 그는 이중 주차를 해서는 안 된다고 결정할 것이다.

나아가, 그 시험을 통과하지 못한 사실을 이중 주차의 이유에서 배제하는 것은 그의 숙고를 시작하게 한 이중 주차를 하고자 하는 경향성을 억제한다. 그렇지 않다면 그 검사는 쓸모없기 때문이다. 그러므로 행위에 대한 이유가 보편화 가능성 검사에 의해 무효화되는 경우, 아마도 불일치에 대한 혐오는 이중 주차를 하려는 경향과 싸우고, 충분히 강하다면 그것을 억제할 것이다. 따라서 그 준거 적용은 이중 주차를 해서는 안 된다는 판단과 그러한 행위를 삼가려는 동기를 모두 낳는 경우에서 나타난다. 환언하면, 해야 할 것에 관한 판단과 그 판단에 따라 행위하려는 동기를 동시에 낳을 수 있는 인지 작용으로 나타난다. 그리고 정말로 그렇다면, 칸트의 윤리학에서 옳음과 그름에 관해 더 깊이 있는 지식 설명을 도출할 수 있음을 보여 준다. 그것은 내재주의가 그 지식에 관해 옳았다고 결정하도록 한다.

물론, 불일치에 대한 혐오가 재정적으로 안정되려는 욕구와 같은 방식으로 획득된 합리적으로 되려는 욕구에 기인한다면, 보편화 가능성 기준 적용을 낳은 동기는 궁극적으로 인지 작용에서 외재적이다. 이 경우, 그 설명은 기껏해야 가언명법의 내재주의를 지지할 것이다. 즉, 그것은 연금에 관한 지식의 설명과 유사할 것이다. 연금으로 얻는 이자 계산은 저절로 생기는 이익에 관한 판단 및 그 이익을 주는 연금을 구입하려는 동기를 동시에 산출하는 방식을 보여 준다. 그러나 칸트처럼 비일관성에 대한 혐오가 이유에서 본래적이라고 주장한다면, 합리적 정신이 자발적으로 일관성을 추구한다면, 동기는 인지 작용에서 내적인 것이다. 그래서 그 설명은 옳음과 그름에 관한 더 깊이 있는 지식에서 정언명법의 내재주의 채택을 타당한 것으로 지지할 것이다.

하지만 불일치에 대한 혐오가 이성에서 본래적이라는 진술은 해석의 여지가 있다. 그것을 표현한 많은 논제들이 있다. 가장 논란이 적은 것은, 마음은 모순을 몹시 싫어한다는 것이다. 분명히 이 주장에도 반대자의 몫이 있다. 누군가 어디에서 모순의 법칙Law of Contradiction도 사회적 구성이고, 우리 모두를 억압하는 지식/권력 체제의 일부라고 분명히 주장했다. 그렇지만 나는 그 주장을 철학자들과 심리학자들이 포괄적으로 수용할지, 마음의 컴퓨터 모형에 열광하는 사람이 제한 없이 수용할지 의문이다. 어쨌든 마음은 모순을 몹시 싫어한다는 논제는 너무 취약하다. 그래서 보편화 가능성이라는 준거 적용은 그 인지 작용에서 내적으로 낮은 동기 채택을 정당화할 수 없다.

그 까닭은 보편화 가능성 검사를 통과하지 못한 이유에 근거하여 행동하려는 결정이 모순을 함의하지는 않기 때문이다. 그것은 다른 종류의 불일치를 수반한다. 예를 들어, 다른 사람도 바쁘고 또 나의 상황과도 딱히 다르지 않은 상황에 처해 있을 때, 다른 사람의 이중 주차를 거부할 것임을 인식하지만, 내가 바쁘기 때문에 이중 주차를 결정한다고 해보자. 그러면 나는 양심을 편안하게 하기 위해 변명을 꾸며내기 쉽다. 그러나 그렇게 하지 않았다고 해보자. 대신 주차 브레이크를 잡고, 내가 한 것을 다른 사람이 한다면 거부할 것을 인정하면서, 스스로 "나는 여기에 이중 주차할 수 있어. 결국, 나는 바쁘고, 누가 나를 제지할 거야!" 라고 생각한다고 해보자. 이 경우(사이코패스적 사고의 사례라고 부르자), 결국 나는 내가 하려고 하는 것과 다른 사람이 해서는 안 되는 것에 관한 결론을 이끌어낼 것이다. 그것은 둘 다 정당화될 수 없다. 정말로, 나의 결론은 자의적인 것이 될 것이다. 나의 상황은 이중 주차 허가를 정당화하는 것으로 다루지만, 나의 상황과 유사하게 관련되어 유사한 정당화를 제공하는 다른 사람의 상황은 부인하기 때문이다. 그러나 이러한 결론이 자의적이라고 말하는 것은 결론을 도출할 때 통일성과 규정성이 결여되었다는 것이지, 모순이 있다는 것은 아니다. 통일성 결여라는 의미의 불일치는 모순이라는 의미의 불일치와는 다르다.

하지만 이 결론 도출에는 비논리적인 것이 있다. 결국, 나는 이중 주차를 할수 있지만, 나의 상황과 유사하게 관련된 상황에 처한 다른 사람은 해서는 안되는 것으로 생각한다고 해보자. 그러면 내가 다른 사람의 이중 주차를 반대하는 이유로 채택한 나의 상황과 관련된 사실, 사실상 다른 사람과 관련된 사실을 무시하는 것이다. 혹은 내가 나의 이중 주차를 허가하는 이유로 채택한 다른 사람의 상황과 관련된 사실, 사실상 나와 관련된 사실을 무시하는 것이다. 그러나 다른 사람의 상황과 비교된 나의 상황에서 유사한 사실을 이렇게 다르게 취급하는 것은 정당화되지 않는다. 이러한 두 가지 결론을 도출하는 자의성은 아마도 충분 이유의 원리Principle of Sufficient Reason의 위반으로 인해 비논리적인 것으로 분류될 것이다.[7] 그러므로 마음이 불일치를 본래적으로 혐오한다는 진술은 정신이 모순뿐 아니라 그러한 자의성도 혐오한다는 주장으로 해석될수 있다. 분명히, 이러한 주장은 성실한 합리주의자의 마음은 흐뭇하게 하겠지만, 많은 자유의지주의자의 관심을 끌지는 못할 것이다.

자유의지주의자들은 이렇게 주장할 것이다. 모든 합리적 마음이 위반을 피하는 논리적 원리로 충분 이유의 원리를 채택할 때 난점이 있다. 모든 합리적마음이 어느 정도 임의적인 결정과 판단을 정당화해야 한다고 느끼는 것은 아니다. 내가 그 전날 당신의 유사한 제안을 수용하면서, 수요일에 나의 커피에크림 넣기를 사양한다고 해보자. 어떤 관련된 차이가 없는 화요일과 수요일의상황에서 나의 행동은 이상한 것이 될 것이다. 그러나 그 이상함이 적어도 나를 괴롭히지는 않는다. 분명히, 어떤 사람은 그들의 삶에서 변덕에 대한 관용의 한계가 낮다. 그리고 결정의 번복을 정당화하는 이유가 없을 때, 화요일에는 수용했지만 수요일에는 제공을 사양하는 것에 불편함을 느낀다. 그러나 다

---

7. Don Locke, "The Trivializability of Universalizability," *Philosophical Review* 78 (1968): 25-44 참조.

른 사람은 오늘의 결정을 어제의 결정과 무관한 것으로 보기를 주저하지 않는다. 그래서 오늘의 결정이 어제의 결정의 번복임에도 불구하고 어떤 정당화도 필요하지 않은 것으로 본다. 그리고 나도 그들 중 하나인 것 같다. 변덕에 대한 더 큰 관용은 그들의 합리성을 비난하지 않는다는 것이 중요하다. 그러므로 충분 이유의 원리 위반에 해당하는 그러한 임의성에 대한 혐오는, 그 원리가 실천적 결정과 판단을 구속하는 인지 작용에서 비본질적인 것이다. 자유의지주의자는 그렇게 주장할 것이다.

그러나 이 점에서 적어도 사이코패스적 사고의 경우, 도달한 결정과 내린 판단을 구분할 필요가 있다. 자유의지주의자들에게, 충분 이유의 원리가 결정을 제한해야 한다는 것을 거부한 것은 옳은 것이고, 판단을 제한해야 한다는 것을 거부한 것은 틀린 것이기 때문이다. 그 둘의 차이는, 결정은 근거한 이유에서 분리될 수 있지만, 판단은 그렇지 않다는 것이다. 결정은, 소위 의지를 부과하는 결정들, 해결책들, 그리고 마음의 다른 활동들이 그 관여를 위한 이유를 넘어설 때 분리될 수 있다. 그 이유들은 실제로 수행될 행동을 지시하지만, 주저 혹은 우유부단함이 그렇게 결정하지 못하게 할 것이다. 반대로, 변덕 혹은 의지의 순수한 행위처럼, 전혀 아무 이유 없이 갑자기 어떤 것을 하기로 결정할 수도 있다. 그것은 전혀 이유가 없다고 말할 수 있다. "나는 그렇게 할 거야"는 실천적 결정의 자연스러운 표현이다. 그리고 이 주장은 이면에 있는 이유와 무관하게 이해할 수 있다. 반면, 해야 할 것과 해서는 안 되는 것에 관한 판단은 근거한 이유와 이런 식으로 분리되지 않는다. 특정 행위를 해야 한다는 판단은 그 상황이 그 행위를 요구하거나 할 만하다는 것을 함의한다. 그래서 그 상황의 특정한 사실들은 그것을 하기 위한 이유임을 함의한다. 환언하면, 그 판단이 이면에 있는 이유와 무관하다면 이해할 수 없는 사고이다. "비록 그렇게 할 이유가 없더라도, 나는 이러저러한 것을 해야 한다"고 일관성 있게 생각할 수 없다.

이러한 관점을 사이코패스적 사고 사례에 적용해 보자. 그 결정은 이중 주차 안 하기를 명령하는 모든 이유를 넘어선 것이기 때문에, 이중 주차에 반대하는 결정을 위해 충분 이유의 원리에 제약받지 않는다. 하지만, 나의 상황과 유사하게 관련된 다른 사람이 하지 말아야 한다고 생각하기 때문에, 그 원리는 내가 이중 주차를 하지 말아야 한다고 결정하도록 제약할 것이다. 다른 사람의 상황이 이중 주차를 하지 말 것을 요구하고 그 상황이 나의 상황과 유사하게 관련된다면, 충분 이유의 원리에 의해 나의 상황 역시 이중 주차를 하지 말 것을 요구한다. 그리고 그의 상황과 비교한 나의 상황 이해에서 도출된 결론은 근거한 이유와 분리될 수 없기 때문에, 내 마음대로 그 원리를 무시할 수 없다. 그러므로 내가 이중 주차를 할 수 있다고 상반되게 결정할 때, 다른 사람에게 적용하듯이 자신에게도 같은 고려가 적용된다는 제약을 느끼는 사람에 비해 단순히 불일치에 대해 더 큰 인내를 보인 것이 아니다. 실제로 혼란스러운 사고를 보여 준 것이다. 환언하면, 나의 관대한 판단의 자의성에 대한 혐오의 결여는 인지적 실패를 함의한다. 이 경우, 그 원리가 나의 상황이 요구하거나 허용하는 행위에 관한 판단을 제약한다는 것을 거부할 때, 자유의지주의자는 그 판단의 본질을 오해한 것이다.

도덕성의 근본 원리에 관한 칸트의 초기 설명에서 제시된 것처럼, 이 결과에서 더 깊이 있는 옳음과 그름의 지식에 관해서 내재주의가 참이라는 추론은 성급할 수 있다. 문제는 다른 사람의 상황과 유사하게 관련된 것으로 자신의 상황을 보는 것은 이미 그 비교의 실천 결과에 민감하다는 것이다. 그것은 관련된 것과 무관한 것에 대해 알지 못하고, 어떤 유사성이 관련되고 어떤 차이가 무관한지를 알 수 없기 때문이다. 결과적으로, 다른 사람의 이익을 자신의 이익과 기꺼이 동등한 고려 가치로 간주하지 않는다면, 그래서 그 편견 없는 전망의 실천적 결론을 수용할 준비가 되어 있지 않다면, 그 사람은 그렇게 할 준비가 되어 있는 사람이 관련된 것으로 보는 유사성을 볼 수 없을 것이다. 그리고 그 사람은 준비된 사람이 무관하게 보는 차이를 관련된 것으로 볼 수도 있다. 고집스럽게 그것을 추구하는 것이 다른 사람에게 해가 될 경우에도 자신의 이익 추구를 중지하거나 재검토하는 것을 바라지 않는 것은, 자신의 상황과 더 공정한 마음을 가진 사람이 관련된 것으로 간주하는 다른 사람의 상황 사이의 무관한 유사성을 자신의 상황에 관련된 것으로 제시할 것이다. 따라서 그것은 거기서 충분 이유의 원리와 충돌하지 않는 사이코패스적 사고 사례처럼, 스스로 상충하는 실천적 판단을 제시할 것이다. 환언하면, 그 원리가 실천적 사고에 잠재적 구속은 될 수 있지만, 실제로 내재주의를 확증하는 방식으로 그 사고를 구속하지는 않는다.

분명히, 그 문제는 다른 사람과 관련해서 자신을 보는 상이한 방식에서 발생한다. 자기중심적 행위자는 다른 사람의 삶에 대한 자기 행동의 영향을 자기 삶에 대한 다른 사람의 영향보다 훨씬 덜 중요하게 본다(그리고 역도 성립한다). 자기중심적 행위자는 그의 상황이 그의 삶을 개선하고 이익 등을 추구할 기회로 보일 때, 그리고 다른 사람의 상황이 다른 사람의 삶을 개선하고 이익 등을 추구할 동등한 기회로 보일 때, 그의 상황을 다른 사람의 상황과 유사하게 관련된 것으로 간주하지 않을 것이다. 그러므로, 보편화 가능성 검사를 적용하는 것이 그의 이기적 동기에 반하는 행위 동기를 낳는 것은 아니다. 왜냐하면 다른 사람의 이기적 행위에(특히 그의 이익에 반대로 영향을 미치는) 대한 그의 반대를 그의 유사한 이기적 행위에 대한 반대로 전환할 필요가 없기 때문이다. 길을 막는 다른 사람의 이중 주차에 관한 그의 불만을 이중 주차 하려는 계획에 대한 자기비판으로 변경할 필요가 없다. 이중 주차가 그의 뒤에 있는 다른 사람의 길을 막을 것임을 깨달을 때조차도 그렇다. 물론, 공정한 마음을 가진 행위자는 우리가 상상하고 있는 것과 유사한 상황에서 그 검사를 적용할 때, 그 적용은 이중 주차를 위한 행위자의 이기적 경향을 반대하는 행위 동기를 낳을 것이다. 그러나 (여기서 나는 밀Mill의 방법, 특히 차이법에 호소하여) 그것이 낳은 동기가 그것을 산출한 인지 작용에 내적인 것이라고 추론할 수 없다. 왜냐하면 이 동기는 공정한 마음을 가진 행위자는 획득하지만, 자기중심적 행위자는 획득하지 못하는 욕구에서 기인하기 때문이다. 그것은 공정한 마음의 행위자가 수행했다면 그 작용에서 외적인 것이고, 자기중심적 행위자가 수행했다면 그 작용에서 존재하지 않는 것이다.

이기적 행위자가 다른 사람과의 관계에서 자신을 보는 방식은 손상된 인지를 수반할지도 모르며, 또 그렇다고 해보자. 아마 그 행위자가 채택한 일종의 방책으로 취급되는 자기중심적 관점은 보편화 가능성 검사를 통과하지 못할 것이다. 이 주장을 가장 신중하게 수립하고 충실하게 전개한 논증은 광범위하게 논의된 앨런 거위스Alan Gewirth의 책 『이성과 도덕성Reason and Morality』에서 나타난다.[8] 그 논증은 이제 더 이상의 검증이 필요 없을 정도로 철저히 비평 받았다. 따라서 나는 간단히 제시할 것이다. 동시에, 많은 비평은 합리적 행위자라는 미흡한 아이디어에서 기본적 도덕원리를 도출하려는 거위스의 주장에 초점을 맞춘다. 그것은 우리가 보류한 메타윤리학 문제를 제기하기 때문에, 그 주장은 연구의 범위를 넘어선다. 따라서 자기중심적 관점의 합리성에 반대하는 거위스의 논증은 생략하고, 본 연구와 관계된 것에 한정한다. 이때, 나는 인기 없는 비평의 대상을 새로운 시각에서 살펴볼 것이다. 이것은 유익한 입증이될 것이다.

내가 지적한 바와 같이, 거위스의 전략은 개인을 구체적 목적과 욕구 그리고 구체적 환경에서 도출된 합리적 행위자로 고려한다. 아주 간략히 요약하자면, 그의 논증은 이렇다. 그가 몰리 말로이라고 이름 붙인 합리적 행위자(여자)를 고려해 보자. 합리적 행위자로서 말로이는 목적을 갖는다. 그것은 그녀가 반드시 좋다고 생각하는 것이다. 왜냐하면 그녀의 목적이 될 때, 그 충족을 고려하기 때문이다. 따라서 그녀는 또한 자유와 복지를 좋은 것으로 간주한다. 왜냐하면 자유로운 것과 꽤 잘사는 것은 그녀의 목적을 충족하기 위해 필요하기 때문이다. 주지하듯이, 그 목적은 그녀가 좋다고 생각하는 것이다. 거기서 그녀는 자유와 복지에 대한 다른 사람의 방해에 반대할 것이다. 왜냐하면 그러한 방해는 합리적 행위자로서 그녀에게 필요한 것을 박탈하기 때문이다. 그러므로 그녀는, 또한 시간, 장소, 다른 사항들에서 도출할 때, "다른 사람이 나의 자유와 복지를 방해해서는 안 된다"고 생각할 것이다. 이 사고에 대한 그녀의 유일한 이유는 그녀가 합리적인 행위자, 좋음이라는 목적을 가진 개인이기 때문

---

8. Alan Gewirth, *Reason and Morality* (Chicago: University of Chicago Press, 1978), pp. 48-198.

이다. 그러므로 그녀는 충분 이유의 원리를 위반하게 되므로, 그녀는 다른 사람의 자유와 복지를 방해해서는 안 된다는 것을 인정해야 한다. 다른 사람들도 그들이 좋은 것으로 간주하는 목적을 가진 합리적 행위자, 개인이다. 그것은 그녀가 거부할 수 없는 사실이다. 그러므로 그 원리는 다른 사람과 그녀의 관계에서 공정한 관점을 채택하도록 제약한다.

행위자의 상황에서 구체적인 것을 모두 제거하고 추상할 때, 여기서 거워스는 합리적 행위자를 다른 행위자와 구분할 수 있는 것이 전혀 없다고 생각한다. 그래서 행위자가 다른 사람으로부터 어떤 관용을 요구받든, 그는 다른 사람이 그에게 요구하는 것이 정당화되는 관용으로서 수용해야 한다. 거워스가 말하고자 하는 바는, 말로이는 그녀와 다른 사람 사이에 관련된 차이로 환기할 수 있는 개인적 특수성은 없다는 것이다. 단지 그녀의 합리적 행위라는 사실만 있다. 그것이 그녀가 다른 사람과 공유하는 것이고, 그녀의 자유와 복지와 관련하여 다른 사람의 방해에 반대의 토대가 되는 유일한 사실이다.

그러나 거워스의 논증을 더 자세히 조사하면, 이 마지막 관점에서 실수가 나타난다. 말로이는 그녀의 반대를 단지 합리적 행위라는 사실에만 근거하지 않는다. 그녀의 목적이 좋다는 판단에도 근거한다. 소위 그 목적을 충족할 때의 이익에 근거한다. 다른 사람이 목적을 충족하는지 관심을 가질 필요가 없기 때문에, 그녀는 다른 사람의 목적이 좋다고 판단할 필요가 없다. 심지어 그녀는 그것이 무가치하거나 악하다고 판단할 수도 있다. 그래서 그녀는 자신과 다른 사람 사이에 관련된 차이를 소환할 수 있다. 그녀가 다른 사람과 관련하여 자신을 볼 때, 그녀는 좋은 목적을 위해 행위하는 것으로 본다. 그녀의 입장에서, 다른 사람이 그녀의 목적을 증진시키기 위해 행위하지 않는다면, 그녀는 아무도 좋은 목적을 위해 행위하고 있다고 보지 않을 것이다. 그러므로 충분 이유의 원리에 저촉받지 않으면서, 다른 사람이 그녀의 자유와 복지를 방해해서는 안 된다고 생각할 수 있다. 그리고 동시에 그녀는 다른 사람을 방해할 수 있다고 생각할 수 있다. 그녀가 본 바와 같이, 그녀의 자유와 복지는 좋은 것이고, 거워스가 말한 바와 같이 필요한 좋음들이다. 하지만 다른 사람의 것은 아니다.[9] 아마도 여러분은 그녀에 관한 이러한 기술이 너무 공상적인 것은 아닌지 의심할 것이다. 그리고 가치를 오직 자신의 목적과 그 충족에 기여하는 것으로만 보는 사람이 정말로 있을지 의심할 것이다. 그러나 우리 탐구의 궁극적 대상이 사이코패스적 마음이라는 것을 기억하자. 그리고 다른 사람과의 관계에서 사이코패스의 관점을 서술한 것이기 때문에, 전혀 억지는 아닐 것이다.[10]

비록 난제이긴 하지만, 원한다면, 그 서술은 "말로이는 어떻게 다른 사람이 그녀의 자유와 복지를 방해해서는 안 된다고 생각했는가? 그 근거가 될 수 있는 것은 무엇인가?"를 물을 때 발생하는 호기심을 끄는 특성을 포함한다. 예를 들어, 그녀는 다른 사람이 그녀의 자유와 복지를 방해하는 것이 법으로 금지된다고 생각할 수 없다. 혹은 도덕성이 금지한다거나, 다른 사람이 지배받는 다른 적절한 행위 규범이 그러한 방해를 금지한다고 생각할 수 없다. 법률, 도덕성의 원리, 그리고 다른 예의바름의 규범이 단지 합리적인 행위자인 그녀에게 이용될 수 없다. 적어도 거워스의 논증의 이 초기 단계에서는 이용될 수 없다. 그녀는 다른 사람들이 그녀의 자유와 복지를 방해하지 않도록 잘 안내될 수 있다고 생각할 수 없다. 비방해의 정책이 다른 사람의 이익이 될 것이라고 생각할 수 없다. 여기서 그녀의 사고는 다른 사람이 그녀를 방해할 때 그녀가 얼마나 화가 나게 될지를 깨닫게 될 것이라고 생각할 수 없다. 그리고 다른 사람들이 그들에 대한 그녀의 호전성의 결과를 염려하는 것으로 생각할 수 없다. 소위 전염병 때문에 다른 사람에게 위험이 될 수 있는 사람이 "내게서 떨어져야 한다"고 생각하는 것과 비교될 수 없다. 왜냐하면 자신의 목적 충족만을 고려하는 사람으로서, 말로이는 다른 사람의 복지에 전혀 관심이 없다. 그러므로 다른 사람에 대한 그녀의 정향에서 다른 사람에게 이익이 될 수 있는 것에 관한 생각을 지지하는 것은 없다. 물론 그녀의 사고에 관해 지시적이거나 혹은 명령적이지 않은 해석이 있다. 그러나 이 중 어떤 것도 거워스의 논증의 맥락에서는 가능하지 않다. 거워스가 옳음과 그름의 원리를 도출했는지의 문제는

---

9. Ibid., pp. 52-63.
10. 예는 Cleckley, *Mask*, pp. 346-8 참조.

제기되지 않기 때문이다.

일부 철학자들에게, 이 난제에 관한 대답은 간단하다. 내가 제시한 말로이에 관한 서술에는 일관성이 없다는 것이다. 다른 사람이 그녀의 자유와 복지를 방해해서는 안 된다는 생각은 그들이 방해를 삼가해야 한다는 이유에 근거한 명령이다. 따라서, 그녀는 '당위'를 다른 사람이 복종하는 권위적 규칙이라는 관점에서 정언적으로 사용하고 있는 것이다. 혹은 그녀가 다른 사람이 해야 한다고 생각한 것을 함으로써 다른 사람이 얻게 될 이익이라는 관점에서 가언적으로 사용하고 있는 것이다. 즉, 그녀는 다른 사람이 방해하지 않을 원리화된 이유를 갖고 있다고 가정해야 한다. 혹은 그녀가 그것을 명료하게 사용한다면, 다른 사람은 그들의 이익과 욕구에 근거한 이유를 갖고 있다고 가정해야 한다.[11] 그러나 이러한 대안들 모두 부적절하다는 것이다. 단지 그녀는 합리적인 행위자이고, 그녀는 선으로 간주되는 목적을 가진 개인이라는 것만 참이기 때문이다. 그리고 그녀는 다른 합리적 행위자의 존재, 선으로 간주되는 목적을 가진 다른 개인들의 존재를 인정하는 것만 참이기 때문이다. 그러므로 이러한 대답의 요지는 다른 사람이 해야 하는 것에 관한 어떤 판단도 그녀와 유사한 관점에서 제기될 수 없다는 것으로 귀결된다. 거워스가 논증을 출발한, 단순히 합리적인 행위자라는 관점에서는 제기될 수 없다는 것이다. 단순히 합리적인 행위자가 그러한 판단, 보편화 가능성 기준을 적용한 판단을 할 수 있다고 가정한 것에서 그의 논증은 오류이다. 그리고 나의 서술도 단순히 같은 실수를 물려받았을 뿐이다. 그러므로 이 대답에 따르면, 다른 사람이 무엇을 해야 하는가에 관한 말로이의 판단에 보편화 가능성 기준을 적용한 것에서 나타난 거워스와 나의 대립은 신기루이다. 이해할 수 없는 판단에 그 기준을 적용한 것에서는 어떤 진정한 대립도 발생할 수 없다는 것이다.

그 답은 분명히 내가 직접적으로 구성한 관점과 다를 바 없다. 내가 제시한

---

11. 실천적 판단에서 '당위'의 용법에 관한 이러한 관점의 진술은 다음에서 찾을 수 있다. Philippa Foot, "Morality as a System of Hypothetical Imperatives," *Philosophical Review* 81 (1972): 305-16; 그리고 Gilbert Harman, "Moral Relativism Defended," *Philosophical Review* 84 (1975): 3-22.

이유에서 그 논증이 실패하든, 이 답이 제공한 이유에서 실패하든 거워스의 논증에 대한 나의 거부에는 차이가 없기 때문이다. 하지만, 나는 그 답이 틀렸다고 생각한다. 그리고 그 실수는 더 포괄적인 질문에서 문제가 된다. '당위'에는 자기중심적 용법이 있다. 그것은 영어에서 허용되는, 그리 철학적이지 않은 설명에서 쉽게 인정할 수 있다.[12] 결혼 생활은 익숙한 사례를 제공한다. 종종, 외식하러 나가면 아내는 두 가지 후식 사이에서 망설이기도 한다. 이때, 아내는 하나를 정하고, 내게 다른 것을 주문하라고 말한다. 아내의 지시는 다양한 해석의 여지가 있지만, 분명 아내는 내가 두 번째 후식을 주문해야 한다고 생각한다. 아내는 그것을 맛보고 싶어 하기 때문이다. 그 경우, 아내는 나를 독립된 행위자라기보다는 협조자로서 생각한 것이다. 그리고 결과적으로 나의 욕구와 이익은 아내의 계산에 고려되지 않는다. 즉, 아내는 내가 무엇을 원하는지 생각하지 않는다. 예를 들면, 내가 어떤 후식에 더 끌리는지 상상하지 않는다. 오히려 아내는 원하는 것을 얻기 위해 내가 할 수 있는 것을 생각한다. 이 경우, 아내의 '당위'에 관한 용법은 자기중심적이지만, 이해할 수 있다. 아내는 나의 상황을 자신과 관련지어 보기 때문에, 그 상황에서 나는 그 후식을 주문하는 것이 마땅하다. 아내가 그것을 바라기 때문이다.

이러한 종류의 사례는 쉽게 이해될 수 있다. 우리는 어떤 상황에서 오랫동안 삶을 공유한 두 사람이 어떻게 자율적 행위자로서 그들을 분리하는 경계를 보지 못하는지 이해하기 때문이다. 그리고 자신의 확장으로 서로를 간주하는지 이해하기 때문이다. 그러면 말로이가 유사한 방식으로 다른 사람을 간주하는 것을 가정해 보자. 비록 그녀가 다른 사람을 합리적인 행위자로서, 즉 선으로 간주되는 목적을 가진 개인으로 인정하면서도, 그들을 그녀 의지의 도구로 간주한다고 가정해 보자. 그녀는 이렇게 말할 것이다. "그들의 목적을 선으로 간주할 수 있다. 그러나 진정으로 문제가 되는 것은 나의 목적이지 그들의 목적이 아니다." 그녀는 "그들은 나의 자유와 복지를 방해해서는 안 된다"고 결정

---

12. 또한 거워스(p. 79)는 '당위'에 관한 이 용법의 이해 가능성을 주장한다. 그렇지만 그 주장의 메타윤리적 전제는 내가 피하려한 논쟁을 초래한다.

할 것이다. 그리고 그녀 의지의 도구로서 다른 사람을 보기 때문에, 이 결론은 전적으로 이해될 수 있다.

물론, 그녀가 다른 사람이 목적을 갖는다는 것을 상상할 수 있다면, 그때 그 녀는 자신의 목적보다 다른 사람의 목적이 어떻게 문제가 될 수 있는지 보게 될 것이다. 즉, 만약 그녀가 다른 사람이 의욕하는 것으로 이 목적을 간주한다 면, 그녀는 이 목적도 추구할 가치가 있음을 보게 될 것이다. 따라서 그와 그들 이 그녀의 것을 방해해서는 안 되는 것처럼, 그녀와 다른 사람들도 그의 자유 와 복지를 방해해서는 안 된다고 그녀는 결정할 것이다. 그러나 이러한 결론에 도달하는 것은 다른 사람이 그녀의 자유와 복지를 방해해서는 안 된다는 그녀 자신의 판단을 위해 보편화 가능성의 기준 적용 이외의 것을 요구한다. 그것은 그녀에게 다른 사람이 방해해서는 안 된다고 판단한 자유와 복지를 가진 사람 과의 감정이입을 요구한다. 나아가, 그것이 요구하는 감정이입은 다른 사람의 관점을 채택하고, 방해 받은 결과 다른 사람이 느끼게 될 좌절이나 분노의 감 정을 상상하는 것만은 아니다. 또한 이러한 목적과 이유가 자신의 것과 무관함 을 깨닫는 것과 동시에 (그의 상황과 관련하여) 행위를 위한 이유를 낳는 것으로 다른 사람의 목적을 이해하는 것을 포함해야 한다. 이러한 후자의 조건이 충족 되었을 때만, 말로이가 다른 사람을 독립되고 자율적인 행위자로 인정한다고 말할 수 있다. 그 경우에만 그녀가 자기중심적 관점을 넘어섰다고 말할 수 있 다.

감정이입 능력은 자기중심적 관점을 넘어선 것을 의미한다. 이렇게 규정하 기 위해서는, 그것을 정서적 동일시와 구분할 필요가 있다.[13] 두 가지 모두 다 른 사람의 관점 채택하기와 상상적으로 다른 사람의 삶에 참여하기를 포함한 다. 하지만 감정이입의 특징은 자신의 삶을 잊지 않고 다른 사람의 삶에 상상 적으로 참여하는 것이다.[14] 정서적 동일시는 그렇지 않다. 실제로, 그러한 동일

---

13. 여기서 정서적 감화, 동료의식, 정서적 동일시를 구별할 때 나는 막스 셸러Max Scheler의 관 점을 채택한다. 그의 *The Nature of Sympathy* (Hamden, Conn.: Shoe String, 1970), pp. 8-36 참 조.

282 제III부 도덕적 정서

시가 강하고 자신의 정체성이 약하거나 싹트기 시작할 때에는, 결과적으로 동일시한 사람과 분리되는 자신의 의미를 상실하기 쉽다. 그래서 좋아하는 구기운동선수를 아주 강하게 동일시하는 소년에게 모든 경기는 강렬한 대리만족을 줄 것이다. 거기서 소년은 그의 영웅에 대한 감정이입적 이해를 나타내지 않는다. 오히려 소년 자신이 이 선수라고 믿는 과정에서 자신을 상실한다. 소년은 그 선수의 관점을 채택하고, 상상적으로 그 선수의 시도, 성공, 실패에 참여한다. 하지만 그렇게 한다면, 그 소년은 단지 자신의 자기중심성을 한 관점에서 다른 관점으로 전환했을 뿐이다. 반면 다른 사람과 감정이입을 하기 위해서는, 그 선수를 자신과 분리된 것으로 인식해야 한다. 나름의 마음을 가진 별개의 사람으로 인식해야 한다. 그러한 인식은 다른 사람의 관점을 채택하여 상상적으로 그의 삶에 참여하면서도 자신의 의미를 유지할 것을 요구한다.

감정이입이 자기중심적 관점을 넘어선 것을 의미한다면, 동시에 그것은 다른 사람을 정신 활동의 분리된 측면 이상으로 보는 것을 포함해야 한다. 그리고 상상적으로 그 정신 활동에 참여하는 것 이상을 포함해야 한다. 그러나 감정이입의 규정 조건을 더 많이 포함시키면, 감정이입은 아이들이 더 나이가 들어야만 나타난다. 이는 그 현상을 연구한 사람들이 가정했던 것보다 더 늦고 비약적인 발달임을 의미한다.[15] 결론적으로, 공유된 감정의 초기 경험으로부터 감정이입의 점진적 출현을 파악하기 위해서 필요한 것이 있다. 감정이입이란 인간이 된다는 것 그리고 인생을 깊이 있게 살아간다는 것을 이해할수록 점차 성숙한 형식을 취하는 것으로 생각하는 것이다. 따라서 자기중심성은 감정

---

14. '감정이입'이라는 말은 그 주제를 서술한 사람들 사이에 정착된 의미가 없다는 것에 주목해야 한다. 그 의미는 주로 일종의 인지적 상태와 일종의 정동적 상태 사이에서 다양하다. 그리고 나는 인지적 상태와 구분되는 것으로 정서적 동일시를 파악하고자 한다. 과거나 현재의 다양한 용법에 대해서는 다음을 참조하라. Laura Wispé, "History of the Concept of Empathy" in *Empathy and Its Development*, ed. Nancy Eisenberg and Janet Strayer (Cambridge: Cambridge University Press, 1987), pp. 17-37; 그리고 Janet Strayer, "Affective and Cognitive Perspectives on Empathy," in Eisenberg and Strayer, eds., *Empathy*, pp. 218-44.

15. 관련 연구에 관한 유익한 조사를 위해서는, Alvin I. Goldman, "Ethics and Cognitive Science," *Ethics* 103 (1993): 337-60 참조.

이입 능력이 성숙한 시점에서 약화되기 시작하는 것으로 가정된다. 그리고 자기중심적 관점을 넘어서는 것은 보다 성숙한 감정이입 능력의 발달과 실행이 될 것이다.

이러한 발달론적 개념에서는 아이들에게 감정이입이 어떻게 출현하고 성숙하는지에 관한 일반적인 개요가 논의된다. 비록 구체적 설명에는 차이가 나지만, 최근 발달심리학자들이 동의하는 설명이 있다.[16] 이 설명에 따르면, 아주 어린 나이에도 아이들은 그들의 감정과 정서에 신호를 보내는 다른 사람의 행동에 친절하게 혹은 간절하게 반응할 수 있다. 그리고 이러한 아이들의 반응에서 감정이입 능력의 초기 증거를 볼 수 있다. 즉, 어린아이들은 친구와 감정을 공유하고, 그 감정이 자신의 감정과 구분됨을 인식한다. 이것을 행동으로(예를 들어, 친구를 향해) 표현한다. 하지만 친구를 자율적 행위자로 보거나 혹은 당면한 사건을 넘어서 친구의 삶에 상상적으로 참여하는 것과는 거리가 있다. 그러므로 그 감정이입은 즉각적인 감정, 지각, 다른 사람이 경험하고 있는 정서로 제한된다. 그 제한은 인간 삶에 관한 제한적 이해를 나타낸다. 이 제한은 다른 사람을 당면한 즉각적 상황을 넘어선 존재로 보는 것을 배울 때 완화된다. 따라서 소위 인간 삶의 건축가나 건설자로 다른 사람을 인식하는 것이 더 표명될 때 보다 성숙한 감정이입이 가능하다. 다른 사람의 관점을 채택한다는 것은, 삶의 확장과 구성으로 다른 사람의 목적을 보는 것이다. 그리고 목적을 가치 있는 것으로, 가치라는 관점에서 보는 것이다. 이렇게 하여 다른 사람을 자율적 행위자로 인식하게 되고, 독립된 삶에 상상적으로 참여하게 된다.

물론 감정이입의 발달론적 개념을 갖는 것은, 성숙한 사람들이 규범적으로 획득하는 옳음과 그름에 관한 더 심오한 지식으로 감정이입의 역할을 평가하

---

16. R. A. Thomson, "Empathy and Emotional Understanding: The Early Development of Empathy," in Eisenberg and Strayer, eds., *Empathy*, pp. 119-45; 그리고 Martin Hoffman, "Interaction of Affect and Cognition in Empathy," in *Emotions, Cognition, and Behavior*, ed. Carroll Izard, Jerome Kagan, and Robert B. Zajonc (Cambridge University Press, 1984), pp. 103-31. 그리고 "The Contribution of Empathy to Justice and Moral Judgment," in Eisenberg and Strayer, eds., *Empathy*, pp. 47-80.

기 위한 중요한 신호이다. 그러므로 몰리 말로이와 같은 인물에 대한 반성은 이러한 지식에서 감정이입의 결정적인 역할을 보도록 한다. 반면, 단지 **단순한** *simpliciter* 감정이입이 이 역할을 했다는 추론은 당연히 틀릴 것이다. 동료의 감정과 정서에 대한 어린아이들의 감정이입적 반응은 분명히 옳음과 그름에 관한 더 깊은 지식의 획득 가능성을 보여 준다(실제로, 그것의 함양과 훈련에 초점을 맞추지 않은 도덕교육 프로그램을 상상하기는 어렵다). 하지만 아이들은 말로이처럼 여전히 자기중심적 관점을 갖는다. 환언하면, 중요한 것은 더 성숙한 형식의 감정이다.

동일한 관점이 가학적 쾌락이라는 골치 아픈 경우에 적용된다. 그 경우, 가학자sadist가 누군가를 폭행하여 얻는 쾌감은 대개 희생자의 고통을 상상함으로써 증가하기 때문에 다루기 어렵다. 가학자는 희생자가 고통 받는 것을 보는 것만큼, 그 과정과 강도를 상상하는 감정이입을 나타낸다. 그러나 가학자의 감정이입은 그가 자기중심적 관점을 유지하는 것으로 간주된다. 어린아이처럼, 그의 감정이입은 희생자를 자율적인 행위자로 인식하지 못하기 때문이다. 분명히, 다른 사람의 고통에서 쾌감을 얻는 가학자는 그들을 전인全人으로 취급하지 못한다. 가학자는 그 사람에게서 산출한 고통과 괴로움을 한껏 즐긴다. 그러나 이러한 특별한 감정과 정서를 넘어 그 희생자가 살고 있는 삶이나 그 삶을 확장하고 구성하는 목적을 보지 못한다. 그는 목적을 가치 있고, 중요한 것으로서 보지 못한다. 묻고 싶은 것이 있다. 가학자는 어떻게 희생자의 좌절에서 쾌감을 얻을 수 있는가? 몰리 말로이와 같이, 분명히 그는 목적을 가지며, 목적을 가치 있는 것으로 간주하는 자율적 행위자로 희생자를 인정할 수 있다. 그러나 어떤 사람의 목적을 가치 있다고 인식하는 것과 그 사람의 관점에서 그 목적이 가치 있다고 보는 것은 다르다. 환언하면, 가학자의 감정이입은 옳음과 그름에 관한 더 깊은 지식에서 결정적 형식이 아니다. 그것은 성숙한 형식이 아니다.

그렇다면, 보다 깊이 있는 지식을 포함한 옳음과 그름에 관한 판단이 성숙한 형식의 감정이입을 수반한다고 해보자. 그리고 성숙한 감정이입 능력을 가지고 실행하는 모든 사람이 그러한 판단을 한다고 해보자. 즉, 공동체의 관습적 도덕 기준에 대한 이유를 이해할 때, 그리고 그것에 의미를 부여하는 이상을 파악할 때 획득하는 옳음과 그름의 보다 깊이 있는 지식에 관한 상이한 설명을 가정해 보자. 해야 할 옳은 것이나 해야 하는 것에 관한 판단은 보편화 가능성 검사의 적용보다는 다른 사람 혹은 서로의 감정이입하기에서 도출된다는 설명을 가정해 보자. 이 설명에 근거한 지식에 내재주의가 해당되는가? 그리고 그것은 정언명법의 내재주의인가? 환언하면, 그 설명은 사이코패스가 인지적 장애로 고통 받는다고 결론지을 이유를 제공하는가? 만약 그렇다면, 그 장애가 감정이입을 전혀 할 수 없을 정도로 심각할 필요가 없더라도, 그들의 장애는 감정이입 능력의 결여가 될 것이다. 실제로, 분명히 가학자와 사이코패스가 교차하는 부분이 넓기 때문에, 그것이 그렇게 심각하지 않을 수 있다. 그러나 그것이 사이코패스에게 다른 사람을 자율적인 행위자로 보지 못하게 한다면 매우 심각할 것이다. 즉, 다른 사람과의 관계에서 그들을 자기중심적 관점에 묶어 둔다면 매우 심각할 것이다.

처음에는, 다른 사람의 관점을 채택하고, 다른 사람의 목적을 중요한 목적으로 보고, 그리고서 이러저러한 것이 수행되어야 한다고 판단할 때, 우리가 실행하는 옳음과 그름의 지식에 관해 일부 내재주의의 설명이 올바른 것 같았다. 예를 들어, 말로이가 다른 사람의 관점을 채택하고 다른 사람의 목적을 중요한 목적으로 간주하여, 그 결과 다른 사람의 자유와 복지를 방해해서는 안 된다고 판단했다면, 그녀의 판단은 그러한 방해를 억제하는 동기를 포함할 것 같았다. 누군가의 목적을 중요하게 보는 것은 그 성취를 돕는 행위 경향성이 될 수 있기 때문이다. 이 경우, 다른 사람의 목적과 그녀가 관심을 둔 목적이 있다. 따라서 말로이가 채택한 관점을 가진 사람이 그녀에게 무엇을 바랄 것인지에 관한 판단에서 그녀의 판단이 직접 도출될 것이다. 그러나 말로이가 자신의 목적을 잊지 않았거나, 혹은 반성적으로 초점을 맞췄던 목적보다 자신의 목적을 하위에 두지 않는다고 해보자. 그리고 그녀의 판단이 성숙한 감정이입의 결과가 아니라고 추론할 가능성이 있다고 해보자. 그러면 그녀의 판단은 이러한 방식에서 직접 도출될 수 없다. 그것은 결과적으로 정서적 동일시가 될 수도 있다.

그러한 감정이입이 결과적으로 성숙한 감정이입이 되지 못하는 이유가 있다. 물론 그러한 감정이입이 다른 사람의 목적을 가치 있게 보도록 이끌 수도 있다. 하지만, 반드시 그 목적을 가치 있는 것으로 간주하는 다른 목적보다(특히 자신의 목적보다) 더 선호하도록 유도하지는 않는다. 그러므로 말로이의 판단이 결과적으로 성숙한 감정이입이 되기 위해서는, 다른 사람의 목적을 가치 있는 것으로 보아야 한다. 뿐만 아니라, 다른 사람의 편에서 다른 사람의 목적과 그녀의 목적을 갈등하고 해결해야 한다. 혹은 어떤 갈등도 없도록 해야 한다. 일반적으로 말하자면, 성숙한 감정이입은 가치 있는 것으로 간주하는 상이한 목적들의 갈등 가능성과 민감하게 결합되어야 한다. 그리고 해야 하는 것 혹은 해야 할 옳은 것을 판단하기 전에, 목적들 사이에서 어떤 갈등이 발생하든 그것을 해결하기 위한 기준과 결합되어야 한다. 그리고 많은 상황들은 한 명 이상과의 감정이입을 요청하기 때문에, 개인 간의 차이에서 비롯된 갈등 가능성은 복잡하다. 더 성숙한 형식의 감정이입 형성에서 핵심은 옳음과 그름에 관한 더 깊이 있는 지식을 설명하는 것이다. 그러므로 그 설명은 개인 간 갈등 가능성에 대한 민감성과 그 갈등을 중재하는 기준을 포함해야 한다. 이런 이유로 이 지식을 실행할 때, 다른 사람의 목적을 가치 있는 것으로 보고 그 사람을 돕는 행동을 인식하는 것에서 곧장 그 행동을 해야 하는 목적에 도달한다고 결정하는 것은 잘못된 가정이다.[17]

따라서 이 지식의 실행이 산출한, 해야 할 것에 관한 판단이 내재주의에 해

---

17. 이 관점은 그러한 종류의 주요 설명에서 잘 예시된다. 헤어R. M. Hare 등의 이상적 관찰자, 스캔런T. M. Scanlon 등의 계약론자에 관한 설명이 해당된다. 어느 쪽이든, 해야 할 옳은 것이나 해야 하는 것에 관한 판단은 상충하는 이익과 욕구를 중재한다. 그 이익과 욕구는 다양한 사람들의 경쟁하는 목적을 반영한다. 이러한 판단을 할 때 그들의 삶을 고려해야 한다. 감정이입은 이러한 다양한 삶을 고려할 때 본질적이다. 하지만, 그 판단은 그들 사이의 갈등을 해결하기 위해 이상적 관찰 혹은 계약론자의 협상이라는 방법을 적용한 후에만 도출된다. 그러므로 그 판단은 고려하는 사람이 그의 목적에서 이루어지기를 바라는 삶에 관한 판단으로부터 직접 도출되지 않는다. Hare, *Moral Thinking* (Oxford: Clarendon Press, 1981); 그리고 Scanlon, "Contractualism and Utilitarianism," in *Utilitarianism and Beyond*, ed. Amartya Sen and Bernard Williams (Cambridge: Cambridge University Press, 1982), pp. 103-28.

당되는지가 문제이다. 더욱이 내재주의에서 정언명법의 내재주의가 고려되는 경우 특히 문제가 된다. 그 판단은 더 이상 자신이나 다른 사람이 가치 있게 보는 개인적 목적을 증진하기 위해서 해야 하는 것을 판단한 것은 아니기 때문이다. 그보다는 그 목적에서 개인 간의 갈등을 해결하는 최선의 방식으로 해야 할 것을 판단한 것이다. 그리고 이 판단이 판단에 근거해서 행위하려는 동기를 함의한다고 가정해 보자. 그렇게 가정해도 이 동기가 그러한 작용에서 내적인지, 혹은 개인 간의 사건과 관계에서 조화라는 이상을 위해 외적으로 관여된 것인지는 판단을 산출한 인지 작용을 추상적으로 고려해서는 결정하기 어렵다.

하지만 이러한 판단을 내재주의로 귀속시키기 위한 지지를 다른 분야에서 찾을 수 있다. 특히 인간 심리의 사실로서, 성숙한 감정이입 능력을 소유하고 실행한다는 것을 발견할 수 있다. 성숙한 감정이입 능력은 풍부한 상상력을 가지고 삶에 참여하는 많은 자율적 행위자에게 상충하는 목적을 조화롭게 중재하는 기준을 수용하도록 한다. 환언하면, 인간 심리의 사실로서, 사람은 다른 개인들의 관점을 채택할 수 있다. 그리고 서로에게 문제가 된 상이한 관점에 수반된 상충하는 목적을 볼 수 있다. 그러한 사람은 누구라도 부조화에 만족할 수 없다는 것을 발견할 수 있다. 이는 자신의 목적과 양립할 수 없던 다른 사람의 모든 목적의 이끌림을 산출하거나 견고하게 한다는 것을 관찰한 것이다. 그래서 사이코패스는 두 이유 중 하나에서 감정이입 능력 결여로 고통 받는다. 즉, 성숙한 감정이입 능력을 가진 사람이 보여 주는 상이한 관점들의 충돌을 참지 못하고 자기중심적 관점으로 발달이 지체되었거나 혹은 퇴화되었기 때문이다. 분명히, 이 가정을 확인하거나 논파하는 것은 도덕철학의 방법을 넘어선다. 그것은 당연히 발달심리학과 인지과학의 영역에 포함된다. 이런 점에서 철학 연구는 사이코패스의 성격에 관한 신비를 해명하는 데 기여하는 이 분야를 살펴보아야 한다.

12. 도덕적 객관성을 느끼는 방식

나오미 스키먼

심리철학자들이 정서를 아무리 다양하게 생각했더라도 정서가 개인의 상태라는 생각에 대부분 동의했다. 그리고 대부분의 도덕철학자들은 도덕적 객관성 달성에 정서가 가장 불리한 부분이라는 생각에도 동의했다. 이 장에서는 그것들이 모두 잘못된 관점이며, 그 관점들이 결합되는 방식을 살펴보면 그 이유를 찾을 수 있다는 것을 논의한다.

I

정서가 개인의 상태가 아니라는 주장은 단순한 고집일지도 모른다. 이를 주장한 나의 첫 번째 시도(Scheman 1983)에 대해 많은 철학적 독자들이 그렇게 생각한 것 같다.[1] 물론 정서를 개인에게 귀속시키고, 다양한 정서적 상태에 있는 개인을 언급하는 것도 사실이다. 하지만 명백히 개인의 상태라고 이해될 수 있는 보다 정확하고 구체적인 의미가 있다. 보다 정확한 의미에서 (신념, 태도, 욕구, 의도 등 다른 복합적 정신 "상태들"과 더불어) 정서는 개인의 상태가 아니다. 내가 생각하는 의미는 다음과 같다. 즉, 오직 나(I)의 사회적 맥락과 무관하게, 복합적 실체인 상태(S)를 구성하는 요소들이 서로 인과적 방식 혹은 다른 방식으로

---

1. 이러한 (잘못)읽기에 근거하여 그 논증을 포괄적으로 아주 깊이 있게 논의한 것은 Grimshaw(1986) 참조.

관련될 경우에만, 상태(S)는 개인 나(I)의 (복합적) 상태이다(나는 이 필요조건을 반대하는 주장에는 관심이 있다. 그러나 개인의 상태가 되기 위한 충분조건, 혹은 그 상태가 감각질qualia과 같은 단순물이라는 주장에는 관심이 없다).

복합적 실체와 무질서한 혹은 다량의 실체 사이에는 내가 의지하는 존재론적 구별이 있다. 복합적 실체에는 구성 부분들 간에 정합성 관계가 있다. 이 점에서 무질서한 혹은 다량의 실체와 구별된다. 이러한 구분을 도출하는 절대적 방식은 없다. 항상 실체를 수집하면서 발견되고 형성되는 관계가 있기 때문이다. 오히려, 특정 이론이나 설명 도식(혹은 이론이나 도식의 체계)과 관련하여 어떤 수집이 복합적 대상을 구성하는지를 물어보아야 한다.

나는 정서 및 다른 복합적 정신 상태의 정합성이 불가피하게 사회적, 맥락적 설명 도식과 관련됨을 주장할 것이다. 특정 사회적 맥락에서 추출할 때, 행위와 우연한 생각, 감정, 감각에(혹은 기타 정서의 구성 요소로 간주할 수 있는 것. 우리는 정서나 기타 정신 상태를 확인할 때 실제로 무엇을 가리키는지 잘 아는 것 같다. 그러나 나는 구체적 목록을 언급하지는 않겠다) 이론적으로 설명할 수 있는 정합성은 없다. 이는 은하와 별자리의 차이와 유사하다. 이 둘은 모두 별들로 구성되지만, 천문학적 관점에서 은하는 복합적 대상이지만 별자리는 아니다. 은하를 구성하는 별들은 다른 별들과 인과적으로 그리고 공간적으로 관련된다. 하지만 별자리를 구성하는 별들은 특수한 행성의 특수한 문화에서 전해지는 밤하늘 이야기를 배경으로 할 때만 서로 연관된다. 지구라는 관점을 배제하면 별자리는 공간적으로 연결된 것도 아니다.

정서는 별자리 같은 것이지 은하 같은 것이 아니다. 복합적 실체로서 정서의 정체는 사회적 의미와 해석에 의존하는 설명 도식과 관련된다. 정서 및 기타 복합적 정신 상태가 (점성술과는 다른) 굉장한 깊이와 힘, 계속해서 사용할 충분한 이유가 있는 설명 도식에 존재론적으로 의존할 때 별자리와 차별된다. 제거적 유물론eliminative materialism[2] 부류는 우주라는 가구家具에서 별자리를 빼버릴

---

2. 마음에 관한 철학에서 유물론적 입장으로, 마음에 관한 상식적인 이해는 틀렸으며, 대부분의 사람들이 존재한다고 믿는 특정 부류의 정신 상태들은 존재하지 않는다는 것이 주된 주장이

것이다(나는 적절하다고 생각한다). 하지만 일반적으로 이해되는 제거적 유물론에서는 정신 상태와 신체 상태 사이의 징후 확인 가능성에 대한 나의 부정적 판단은 수용한다. 하지만 대부분의 심리학, 혹은 내가 삭막하게 비인간적이며 부적절하다고 생각한 관점은 물론이고, 문학과 기타 예술에 수반된 상식이라는 설명 자원도 버릴 것을 요구한다.

　물론, 많은 진짜 개인의 상태들(예를 들어, 질병)이 특정 사회적 맥락에서 확인되고 명명되는 것도 사실이다. 하지만 원인과 증상 사이에서 얻은 인과관계는 특정 사회적 맥락과는 무관하다. 즉, 인과관계는 원인과 증상에서 발견된다. 거기에는 특정 증상의 유형이 어떤 질병을 구성하는지를 물어보는 명료한 질문이 있다. 그리고 전형적 병증이 항상 동일 병원체에 의해 유발됨으로써, 다소 관련될 것 같은 증상이 무관한 것으로 확인되는지가 중요한 결정 요인이다. 반면, 그 증상의 유형을 근원적으로 신체적 과정이 아니라 사회적 특성이라는 관점에서 설명할 수 있다면, 그것을 질병이라고 하는 것은 잘못이다.[3] 그것을 무엇이라고 부를지, 혹은 부를 수 있는지, 명명하는 것을 흥미롭고 중요하다고 생각하는지, 혹은 그 원인이 "생물학적"인지 아닌지가(병원체는 사회적일 수 있다. 예를 들어, 일련의 증상이 아동기의 남용에 의해 유발된다는 주장은 그 증상이 질병을 구성하지 않는다는 주장은 아니다) 쟁점은 아니다. 쟁점은 정말로 "그것"이 있는지이다.[4]

　이 주장은 비트겐슈타인Wittgenstein의 다음과 같은 언급을 해석하여 도출하였다. "요술부리기에서 결정적인 움직임은… 우리가 분명히 무관하다고 생각하는 바로 그것이다." 우리는 단지 우리가 보려고 의도한 것을 말하기 때문이다. 즉, "과정과 상태… (우리는) 그 본질을 미결인 채로 둔다"(Wittgenstein 1953,

---

다: 옮긴이.

3. 질병 구성에 관한 광범위한 저술이 있다. 그중 많은 저술은 소위 "의학 모형"이 사회적 맥락에서 중요하게 다루는 행위 및 증상을 질병으로 오인했다는 주장과 관련된다. 예를 들어, Zita(1988) 참조.

4. 이 관점은 헬렌 롱기노가 "탐구 대상의 상세화, 혹은 조직"에 대한 관심 갖기의 중요성을 주장하며 제시한 관점과 유사하다(Longino 1990, 99). 그녀는 결국 미셸 푸코Michel Foucault와 다너 해러웨이Donna Haraway를 인정한다.

sec. 308). 암암리에 정해져 온 것은 이러한 가정된 과정과 상태가, 아직 개발되지 않았지만, 몇몇 가능한 이론에 따라 복합적 실체라는 것이다. 이렇게 묘사하면, 각 과정이나 상태를 결합하는 근원 기제, 그리고 미래의 과학이 밝혀낼 어떤 구조가 있어야 한다. 하지만 왜 그래야 하는가? 처음 이것을 분명히 무관한 움직임이라고 했을 때, 우리가 확신한 것은 무엇이며, 배제한 것은 무엇인가? 우리가 배제한 것이 바로 내가 제안하려는 것이다. 즉, 정서(그리고 그 외의 복합적 정신 "상태들")는 상황적으로 현저하고, 사회적으로 의미 있는 사고, 감정, 행동 유형이다.[5] 정서는 신체적 사실과 함께 발생하지만, 분명 전 지구적이다(즉, 단지 내 몸의 신체적 사실에만 근거한 것도 아니고, 현재 혹은 과거의 신체적 사실에만 근거한 것도 아니다).

예를 들어, 셰익스피어의 단시(*Sonnet* 116)에서 다음 행을 살펴보자: "변한 것을 알았을 때 변하는 사랑은 사랑이 아니다." 이 주장은 역설적이다(거트루드 스타인Gertrude Stein이 오클랜드를 언급할 때, "그곳에 **그곳은** 없다" 같은 역설). 두 경우 모두, 비록 어떤 의미에서는 그런 것이 없다는 것을 보도록 지시하더라도, 거기에는 지시하는 바가 있다. 그것이 무엇이건, 우리(이후 훨씬 많은 "우리")가 그 대상을 판단하는 표준에 의해서는 고려되지 않는 것이 있음을 지적한다. "그것임it-ness"이 액면 가치대로 취급되지 않는다. 즉, 셰익스피어와 스타인은 더 높은 존재론적 표준을 촉구하고 있다. 혼란스럽거나 다량의 것으로 간주해야 하는 것에 정합성의 권위를 부여하라는 것이 아니다. 무질서하고 다량의 것은 지시될 수 있다. 그것은 역설적으로만 명명될 수 있다. 즉, 그렇게 하는 것은 충분히 진정으로 점유하지 못한 해석 관점을 채택한 것이다(서바이너 로비본드 Sabina Lovibond(1983)의 용어로는 소위 반어적으로 말하는 것이다). 진정한 사랑이나 샌프란시스코가 "실재"인 이유는 거짓된 사랑과 오클랜드가 결여한 내적 정합성 때문이 아니다. 각각을 정합적, 복합적 대상으로 보도록 하는 유형이 우리가 진정으로 위치한 곳에서 현저하기 때문이다.

....

5. 모든 복합적 정신 상태에 관해서는 Scheman의 몇몇 논문(1993)과 미발간 원고인 "Types, Tokens, and Conjuring Tricks"에서 더 충실하게 주장되어 있다.

변한 사랑이 (진정으로) 사랑임을 거부한 것에 대한 반응으로, "만약 그것이 사랑이 아니면, 그것은 무엇인가?"라고 물을 수 있다. 나는 "그것"은 아무것도 아니라고 생각한다. 아무것도 진행되지 않는 것은 아니다. 오히려, 진행되고 있는 모든 것(모든 감정, 모든 행위)은 결국 어떤 뜻도 없을 것이다. 그리고 우리가 명명할 만큼 중요하게 인식하는 유형과 결합되지도 않을 것이다. 마치 솔로 댄스 안무에 착수하여 목적 없이 가볍게 몸을 흔들고 스텝을 밟으면서 지루하게 돌아다니는 것과 같다. 그것에 충실했다면 그 댄스는 "어떤 것"이 된다. 즉, 댄스가 완성되기 전에 우리는 혼란스러운 동작을 했을 뿐이다. 현재, 이전, 이후의 동작들은 존재론적으로 구분되지 않는다. 심리철학에는 소위 개인주의적 가정이라는 것이 있다. 명명할 정도로 중요하게 발견한 모든 것(자신과 타인의 설명에서 사용할 정도로 현저한 모든 감정과 행동 유형)은 개별 유기체의 기능에 관한 이론의(예를 들어, 신경 생리학) 관점에서 복합적 사건, 상태, 혹은 과정을 추출해야 한다는 것이다. 단지 가장 강한 환원주의적 기획만이 그러한 가정을 지지할 것이다. 정확한 형태type/형태 확인을 가정하기 때문이다.

셰익스피어 단시의 사랑에 관한 설명에서 특별히 두 가지에 주목해야 한다. 첫째, 그것은 분명히 규범적인 것으로 의도된 것이다. 즉, 변했을 때 변하는 것을 사랑으로 간주하지 말 것을 촉구하고 있다. (특히 자신의 감정이라면, 그것을 사랑으로 보지 않기는 어려울 것이다. 자신의 사랑을 파괴하고, 자신이 느낀 가치의 의미를 빼앗겼다고 집착하게 했던 모든 "변화"에 상처받거나 배신감을 느낄 것이다. 마찬가지로 "사랑이 아닌 사랑"의 대상이라면, 자신이 젊고 아름다웠을 때 진정으로 진실된 사랑을 받았다는 생각에 집착할 것이다.)

둘째, 규범적 설명이기 때문에, 그것은 잠재적으로 그리고 예측 불가능하게 소급적이다. 즉, 오늘 사랑으로 간주된 것이 사랑이 아닌 것으로 판정될 수 있다. 내일 일어날 수 있는 것, 혹은 어떤 의미에서 오늘 잠재될 필요가 없었던 것 때문이다. 변화에 직면하여 일관성이 없기 때문에, 감정과 행위 체계에서 경의를 표하는 명칭을 철회하도록 촉구된다(사랑의 진정성을 구성하는 다른 요소가 있듯이, 일관성이 신뢰성 있는 지표였던 검사를 통과하지 못한 사랑이 사랑일 수 없다는 것은 아니다). 비트겐슈타인은 이러한 종류의 규범성에 관심을 갖도록 한다. 즉, "사랑은 감정이 아니다. 사랑은 시험하는 것이지, 고통이 아니다. '그것은 진정한 고통이 아니었거나 혹은 그렇게 빨리 사라지지 말았어야 했다' 라고 하지 않는다"(Wittgenstein 1967, sec. 504). 쟁점은, "그것" 의 본질이라기보다는 우리의 본질, 관심, 가치, 명예, 일시적인 격정에 흔들리는 것에 대한 거부이다. 그리고 그렇게 흔들릴 위험에 처해야만 우리는 이 말을 이해할 수 있다.[6]

나는 추가 사례를 고려하고자 한다. 특정 시간에 특정인에게서 발견할 수 있는 상태라기보다는 상황적으로 현저하고, 사회적으로 의미 있는 사고, 감정, 행위 유형으로 정서를 보도록 설득하기 위해서다. 요점은, 무질서하거나 다량이 아닌 복합적 대상으로서 정서의 구성 요소들을 들어맞게 하는 것은 바로 그러한 유형이다(예를 들어, 생리적인 인과적 연결이 아닌). 그리고 일반적 유형 지각처럼, 정서의 확인은 관련 유형들이 현저한 맥락에서 도출될 수는 없다.

첫 번째 사례는 영화 〈금지된 습관*Torch Song Trilogy*〉에서 가져왔다. 특히, 주인공 아놀드가 어머니와 공동묘지에 있는 장면이다. 아놀드는 동성애자다. 실제로, 그는 공개적인 여장 호모이다. 그는 다른 남자인 앨런을 사랑하고, 그와 관계를 갖는다. 앨런은 그들의 아파트 아래 길거리에서 동성애자를 공격하는 사람들에 의해 살해당한다. 아놀드는 그의 부모가 제공한 (아마 부모가 원했던 아놀드의 아내를 위한) 공동묘지의 한 구역에 앨런을 묻는다. 아놀드는 앨런의 묘지를 방문하기 위해 어머니와 공동묘지에 간다. 어머니는 남편, 즉 아놀드 아버지의 무덤을 찾아간다. 어머니는 사랑하는 사람의 무덤 앞에서 죽은 자를 위한 유대인 기도문을 암송하는 아놀드를 본다. 그리고 어머니는 아놀드에게 무엇을 하고 있는지 묻는다. 아놀드는 어머니와 같은 것을 하고 있다고 답한다. 그러나 어머니는 아니라고, 그렇지 않다고 격하게 대답한다. 즉, 그녀는 죽은 자를 위한 기도문Kaddish을 암송하고 있지만, 아들은 종교를 모독하고 있다는 것이다. 어머니는 자신이 슬픔을 느끼는 것처럼 아들도 슬픔을 느끼고 있다

---

6. 이 단시에 대한 나의 읽기를 깊게 해준 대니얼 허위츠Daniel Hurwitz에게 감사한다. 구체적으로 그 관점은 "그것" 이 단순히 사랑이 아닐 수는 없다고 주장하도록 했다.

고 간주하는 것, 그녀가 남편에게 사랑을 느꼈던 것처럼 아들이 앨런에게 사랑을 느끼는 것은 터무니없다고 생각한다.

즉, 어머니는 아놀드의 삶의 맥락에서 그가 느끼는 것을 보면서도, 자기 삶의 맥락에서 느꼈던 것과 매우 다르게 본다. 분명히 그녀는 아들이 이러한 몸짓을 취하고, 이러한 말을 하고, 이러한 상심과 고통을 느낀다고 생각한다. 하지만 적절한 결혼의 맥락에서 이루어졌을 때와 동일한 것을 부가하지 않거나, 그것에 들어맞거나 상응하지 않는다고 생각한다. (그가 한 말이 죽은 자를 위한 기도문을 암송한 것이 아니듯, 그의 감정은 슬픔이 아니다. 그녀에게 그것은 의미 없는 무질서와 같은 것이다.) 그러나 아놀드는 그의 감정과 어머니의 감정을 보면서, 그 유형을 어머니와는 다른 방식으로 지각한다. 즉, 그는 자신과 어머니의 삶의 맥락에서 유사성과 차이에 상이한 비중을 둔다. 그리고 결국 사랑과 슬픔이라는 동일한 감정을 본다. 특별히 이성애적 관점을 가진 관객에게, 그 영화는 부담스럽다. 아놀드의 지각 양식 유형을 수용하도록 설득하기 때문이다. 그리고 어머니가 자신에게서 찾은 것과 동일한 가치를 가진 정합성을 아들의 행위와 감정에서도 찾기를 거절한 것에 대해, 편협하고 이성애적인 것으로 거부하도록 설득하기 때문이다.[7]

두 번째 사례는 수많은 대중가요에서 가져왔다. 연인은 격렬한 질투심을 가지고 서로 사랑한다. 적어도 40대에게 인기 있었던 노래로 돌아가 보자. 〈누군가 잘못했지somebody done somebody wrong〉라는 노래에서처럼, 아주 흔한 주제 중 하나는 사랑에 보답해야 한다는 생각이다. 특히 남자가 여자에게 느끼는 사랑이 그렇다. 여자는 사랑에 보답하는 것 외에 다른 선택은 없다. 그리고 남자가 느끼는 것이 사랑이기 때문에, 여자가 다른 곳에 애정을 쏟는 것을 남자가 허락할 가능성은 없다. 실제로, 여자가 남자의 사랑에 전혀 보답하지 않는 것은 남자가 여자에게 했던 것을 "잘못" 받은 것이다.

이와 같은 노래를 생각해 보는 것은 흥미 있고 중요하다. 특히 오늘날 소위

---

7. 나는 이러한 사례를 Scheman(근간)에서 더 충실히 논의한다.

갱스터 랩의 가사에 대한 논란 때문이다. 대중가요 가사의 영향력을 심각하게 생각한다면, 적어도 하류층에서 나온 것으로 주류 방송을 채운 것에 주목해야 한다. 특히 그러한 대중가요에서 복합적 정서를 사랑이라 부를 때, 도대체 우리는 무엇을 하고 있는 것인가? 대신 우리는 이러한 감정과 태도와 행동의 복합체를 병리화할 수 있다. 그것을 "소유 치매possession dementia" 같은 것이라고 부르고, 『정신 질환의 증상과 통계 매뉴얼Dignostic and Statistical Manual of Mental Disorders』 개정판에 추가할 수 있다. 혹은 단순히 거기서 "그것"을 전혀 보지 못할 수도 있다. 단지 우리의 관심과 무관하게 존재하는 어떤 것(정서 혹은 질병)을 가리키고 있을 뿐이라고 어느 정도나 믿든, 가치 정하기와 병리화하기는 모두 정합성을 부여하는 방식이다. 아마 무익한 "사랑" 인식을 선호하여 해석 활동을 생략한 결과는 당연히 참담할 것이다. 그로 인해 허용되는 남성의 행동 때문이다. 그리고 그러한 집적(集積, congeries)을 사랑이라 믿고, 그것을 가치 있고 영예롭다고 믿는 여성에게 순종을 강요하기 때문이다.

마리아 루고네스María Lugones의 주장처럼(1987, 1991), 정서에 관한 사회적 구성주의의 설명에 근거하여, 적어도 명료도 지표를 정한다면, 우리는 "서로를 구성한다." 우리는 어떤 형태의 감정과 행위를 사랑, 슬픔, 분노 등으로 간주할지 결정한다. 또한 새로운 유형이나 특이한 유형을 볼 때 서로 돕거나 방해하는 것처럼, 우리는 보다 개인적으로 그리고 직접적으로 서로를 구성한다. 예를 들어, 나의 글에서(Scheman 1980) 주인공 앨리스는 의식향상 모임에서 다른 구성원의 도움을 받았다. 우울, 성급함과 불쾌의 이상 분출, 그리고 정의할 수 없는 막연한 불안의 유형을 분노로 보도록 도움을 받았다. 여러 종류의 저항이나 두려움에 직면할 때, 우리는 서로의 유형 지각을 분명히 할 수 있다.

이 경우처럼, 흔히 우리는 특정 유형(앨리스의 분노)에 주목할 것이다. 놀랍게도 일단 그렇게 보면, 완전히 실재론자의 어휘가 되기 쉽다(그녀는 자신이 화났다는 것을 **발견했다**). 이런 방식으로 언급하는 것은 이면에 해석 활동을 두고, 그것을 당연한 것으로 받아들이고, 상식의 일부로 간주하는 것이다. 물론, 이렇게 할 타당한 이유가 있듯이, 이에 도전할 타당한 이유도 있다. 그 도전이 단지

여기에 서서 **이런** 렌즈로 보면, 앨리스의 분노를 그렇게 볼 수 있다는 것을 지적할 뿐이라면, 그 도전은 성공할 수 없다. 이를 주목하는 것이 중요하다. 그에 대한 반응은, "그래요, 당연하지요. 그리고 분노라고 다른가요? 여기에 서서 이러한 렌즈로 보는 데 문제가 있나요?"이다. 그 질문에 대한 답은 긍정이 될 것이다. 즉, 우리는 이러저러한 근거에 터하지 않고 판단할 수 없다. 혹은 렌즈 없이 볼 수 없다(비록 오직 우리 눈이라는 렌즈라 하더라도). 그러나 누군가 문제를 제기하기 전까지 선택이라는 인식조차 못했더라도, 구체적으로 도전 받으면 우리가 한 선택이 옳다고 주장해야 한다.

예를 들어, 내가 말한 이야기에서, 그 모임의 다른 여자들은 앨리스의 분노와는 다른 맥락에서 자신의 분노를 언급했다. 그리고 정치적 의식이 발달하면서, 앨리스는 자신을 화난 것처럼 볼 수 있게 했던 것과 다른 배경을 만들려고 했던 도덕적 괴물 혹은 거친 불한당으로 그들을 간주하지 않는다. 일종의 구체화가 이루어진 것으로 서술될 수 있다. 물론, 인식되지 않는 정서와 인식된 정서의 세계는 전혀 다르다. 일단 감정과 행위에서 중요한 유형을 인식하면, 우리는 상이하게 행위할 수 있는 입장에 있다. 또한 분노의 발견과 그것의 생산도 세상에서는 큰 차이가 있다. 특히 앨리스가 여성주의자의 반가정적 기치에 세뇌되었다고 주장하는 사람이 있듯이, 분노의 부적절한 생산일 때 그렇다.[8] 나는 그러한 차이가 있다는 것을 부인하지는 않는다. 그러나 거기에 해당하는 것을 판단하는 토대가 되는 형식적 근거(여성주의보다 논란이 되지 않는 근거)는 없다.

반면, 감정을 정당하게 선택하여 부인할 가능성도 있다. 예를 들어, 부적절하다고 판단하여 사랑이라는 감정보다는 열병으로 간주할 수 있다. 도덕적 존재 혹은 세상에 사회적으로 정치된 존재로 자신을 생각하는 방식에서, 그것을

---

8. 감정 확인에서 내가 다른 사람에게 주는 역할에 대해 훨씬 더 미묘한 반론(그리고 불완전함에 대한 진지한 관심을 위한 설득력 있는 논증)은 Sue Campbell의 토론토 대학(University of Toronto 1993) 철학 박사학위 논문에서 탐구된다. 내가 이해한 재해석은 책으로 근간될 것이다.

갖지 않는 것이 더 좋다고 생각할 수 있다. 혹은 그러한 감정이 우리 스스로 가장 기본적으로 함께 해야 한다고 간주하는 사람들과 양립할 수 없다고 생각함으로써, 편견의 두려움과 혐오를 극복하려고 할 수 있다. 우리는 단순히 자신에게 그러한 감정이 없다고 간주하지는 않는다. 오히려, 그것을 재규정한다. 첫 번째 경우(사랑을 열병으로 재규정하는), "극복"하려고 시도하는 사람과 관련지어 그 모든 것을 결합하기보다는, 우리가 느끼고 있는 것이 "그것임"을 경시하고, 우리의 반응을 분해하고, 그 상황의 다양한 특성에 그것을 부속시킬 것이다. 후자의 경우(판단을 공포증으로 전환하는), 상황이 아니라 우리의 역사에서 찾을 수 있는 모든 정합성에 초점을 맞출 것이다. 상황에 따라 상이한 반응으로 간주하려고 했던 것을 일관된, 인과적 병리로 보는 것을 선택할 것이다. 판단 대상이 아니라 우리 자신에게 설명적 정합성을 설정하는 것은, 예를 들면 인종적 편견이나 동성애 혐오 등을 확인하는 핵심적인 부분이다.

유형 지각에서 이 모든 전환 방식은 해석의 자원, 주위 사람의 격려와 낙담에 크게 의존한다. 핵심적으로, 그것은 "우리"로(삶의 형식을 공유하는 사람, 그 사람의 반응이 자신의 반응과 일치하거나 혹은 초석이 되기를 바라는 사람으로) 취급하는 사람에 달려 있다. 그러므로 공감과 감정이입(함께 느끼는 감정과 서로를 위한 감정)은 단지 독립적으로 주어진 정서적 실제에 반응하는 문제만은 아니다. 오히려 그것은 경험의 맥락과 해석의 맥락을 바꾼다. 그렇게 할 때, 그것은 정서 자체를 바꾼다. 행위나 즉각적으로 느껴진 경험에 어떤 변화를 일으켰을 때 흔히 작용하는 방식은 아니다. 소위 그러한 변화는 소급적일 수 있다. 예를 들어, 헨리 제임스Henry James의 장편 및 단편 소설에서 특징적인 주제는 후속 사건이 누군가 느끼고 행한 것의 의미를 완전히 바꾸는 방식이다(예를 들어, 이전에는 사랑하지 않은 것처럼 보인 것을 사랑한 것으로 보이도록 할 수 있다). (나는 특히 『황금의 잔The Golden Bowl』, 『비둘기의 날개Wings of the Dove』, 그리고 「정글의 야수The Beast in the Jungle」를 염두에 두고 있다.)

II

두 번째 논증은 도덕 판단에서 정서의 필요성에 관한 것이다. 필요한 이유 중 하나는 도덕 판단에서 도덕적 지각의 중요성과 관련된다(즉, 도덕 판단의 많은 작용은 상황을 어떻게 지각하고, 무엇을 도덕적으로 관련되거나 문제되는 것으로 보는가로 이루어진다). 아마도 그러한 지각을 가장 분명하게 핵심적으로 본 도덕 이론가는 아리스토텔레스일 것이다. 그에게 실천적 지혜는 대체로 상황의 현저한 특징을 지각하는 이러한 능력으로 구성된다. 그러나, 덜 명백하긴 하지만, 칸트에게도 마찬가지로 적절한 준칙이 무엇인지를 결정하기 위해서는 현저성의 지각이 필요하다. 즉, 정언명법의 요구에 대한 검사를 위해 필요한 것을 결정하기 위해서이다. 고려하고 있는 행위를 서술하는 모든 방식 중에서, 어떤 서술이 도덕적으로 문제가 된 것을 가장 잘 포착하는가? (어떤 사람을 기분 좋게 하기 위해 즐거운 것을 말하는 것이 허용되는지, 혹은 어떤 사람을 기분 좋게 하기 위해 거짓말이 허용되는지를 묻는가?) 또한 도덕적 지각은 공리주의자에게도 매우 중요할 것이다. 즉, 내가 하는 모든 것은 자신과 타인의 쾌락 및 고통에 잠재적으로 영향을 미칠 수 있다. 그러나 내가 하는 모든 것이 행복의 계산에 적절하게 적용되는 것은 아니다. 가용한 공리주의 도덕 이론은 도덕적으로 문제가 있는 행위와 그렇지 않은 행위를 구별할 것이다. 그리고 그 행위가 누군가에게 충분한 근거가 될 수 없는 쾌락과 고통의 결과를 구별할 것이다. 하지만 아마 충분한 근거일 수 있는 그들의 고통과 쾌락에 핵심적으로 관련될 것이다. 어떤 상황에서 도덕적으로 현저한 것을 정확히 서술할 때, 우리는 자신과 타인의 정서와 가능한 행위 관계에 민감해야 한다.

적절한 도덕적 지각에 이르도록 돕는 정서는 도덕 인식론에서 여러 역할을 한다. 첫째, 정서는 부분적으로 도덕 인식론의 주제를 구성한다. 즉, 흔히 나와 타인이 느끼는 방식은 그 상황을 도덕적으로 관련지어 서술하는 부분이다. 나아가, 그러한 서술은 항상 정서적 연루라는 관점에서 제시된다. 나의 첫 번째 논증과 관련된 이유에서, 이것은 무관심적 지각이 아니다. 오히려, 최소한 그것은 서술되고 있는 정서가 가진 현저성에 일부 상반된 배경을 가진 사람의 지각이다.

도덕 인식론에서 정서의 두 번째 역할은 정서가 인식론적 자원이라는 것이다. 이 관점에 관한 가장 명료한 진술은 앨리슨 재거Alison Jaggar(1989)의 소위 "박탈된 정서outlaw emotions"에 관한 논의이다. 즉, 지배적 관점에 따르면, 그 상황에서 느끼지 않는 것으로 가정되는 정서이다. 예를 들어, 여성이 길거리를 걸어갈 때, 호각이나 휘파람 소리에 화를 내는 것으로 **가정되지** 않는다. 오히려 그 때문에 우쭐하게 느끼는 것으로 가정한다. 특정 사회적 설정에서 특정 종류의 농담에(성적, 인종적 등) 화를 낼 것으로 **가정되지** 않는다. 재거는 갖지 않는 것으로 가정되는 이러한 감정은 흔히 도덕적으로 혹은 정치적으로 문제적인 상황에서 진행중인 뭔가가 있다는, 가장 좋은 신호라고 주장한다.

박탈된 정서는 영향력 행사라는 현상phenomenon of gaslighting에 반하여 상당히 효과적으로 작용할 수 있다. 그 현상은 시인이자 수필가인 에이드리엔 리치Adrienne Rich(1979)가 서술한 것이다. 그로 인해 우리는 자신과 타인의 지각을 훼손한다. 우리에게 박탈된 정서(예를 들어, 역겹고 불편하게 느껴지는 직장에서의 성적 관심이나 성적 농담)를 느끼도록 유도하기도 한다. 우리는 지나치게 민감하고, 얌전빼고 있다고 자신에게 말하는 것을 듣고 그렇게 말하도록 배울 수도 있다. 거기서 그러한 정서에 결정적 위험이 있을 가능성을 도려낸다. 영향력 행사에 반대하는 방식은 박탈된 정서를 진지하게 취급하는 것이다. 우리에게 중요한, 흔히 도덕적으로 중요한 지각 방향을 지시하는 인식론적 자원으로 취급하는 것이다.

이 점은 비정서적 지각이 문제가 될 만큼 편향적인 것으로, 특히 박탈된 지각을 포함하지 못한 것으로 설정될 수 있다. 우리의 정서적 반응을 무시하거나 괄호 치면, 그 결과 흔히 중요한 결정적 관점에 주목하고 배우지 못하도록 우리 자신에게 영향을 미칠 것이다. 그리고 단지 지배적 시각에 따라서만 지각할 것이다. (그 문제는 우리가 발견의 맥락으로 생각해야 하는 것에 한정되지 않는다. 단지 잘못된 것에 주목하지 못하도록 하는 것이 아니다. 관련된 박탈된 정서에 의해 단일하게 지각함으로써, 그것이 우리에게 지적되었을 때조차 그것을 인식하지 못할 것이다. 그것은 상대방의 영향력과 관련된다. 즉, 발견과 정당화 모두의 맥락에서 체계적 편향성과 관련된다.)

재거가 주목하듯이, 모든 정서적 반응, 모든 박탈된 정서적 반응이 이 방식에서 가치 있는 것은 아니다. 단어 선택을 포함하여 그들의 행동이 사회적 복종 형식에 기여한다는 지적을 접할 때, 일부 사람들이 느끼는 불쾌감에서 배울 것은 없을 것이다. 그러한 반응을 "박탈된 것"으로 만드는 것(즉, 사람들이 어떻게 느끼는지 "가정"하지 않기)의 방어 가능성은 부분적으로 그것을 진지하게 취급하는 것에서 배울 것이 없다는 것에 근거한다. 그리고 거부된 특권에 저항하는 것에 관해 이미 다 알고 있다는 것에 근거한다. 물론, 사람들이 이러한 방식으로 느낀다는 사실로부터 많은 것을 배울 수 있다. 그러나 그 감정 자체가 가치 있는 인식론적 렌즈는 아니다.

오늘날 "정치적 정당성"에 관한 많은 논쟁은 어떤 반응이 **박탈된** 것으로(즉, 이해는 하지만, 부적절하고 인식론적으로 신뢰할 수 없다고 간주된다면, 박탈된 것은 아니다) 보는 것이 타당한지에 관한 논쟁으로 볼 수 있다. 나의 첫 번째 논증에서 정서에 관한 언급은 깊이 그리고 광범위하게 규범적이라는 것이 도출된다. 그래서 그 적절함의 판단을 회피하거나, 우리가 내린 판단의 정치적으로 편향된 본질을 우회할 방법은 없다. 특히 정서적으로 안내된 지각에 어떤 인식론적 가중치를 두어야 하는가라는 문제를 해결할 때, 구체적 사례의 특수성에 관심을 갖는 것이 가장 간단하다. 또한, 논점은 적절한 "우리"의 정체성이다. 그리고 아마 문제가 있거나 일부 문제가 있는, 자주 비판적인, 때때로 역설적인 우리 자신의 정체성이다. 예를 들어, 우리가 전적으로 승인한 가치와 관련해서도, 박탈된 정서는 우리의 관심을 지나친 완고함과 순수를 위한 열정이라는 위험으로 이끌 수 있다. (물론, 그것이 "정치적 정당성"이라는 용어의 본래 의도였다.)

III

내가 주장한 것은 (1) 정서의 서술적 설명은, 규범적인 것을 포함하여, 반드시 사회적이다(즉, 일반적 사례와 구체적 사례 모두 도덕 판단에는 정서의 서술적 설명이 들어 있다). 그리고 (2) 상황 및 서로에 대한 정서적 반응은 반드시 우리가 내린 도덕 판단을 전한다. 여기서 나는 이 순환성은 양호하며, 도덕 판단의 객관성(그리고 여기서 이 문제에 관해 도덕 판단에 초점을 맞추겠지만, 정서의 귀속에 관한 객관성)의 가능성을 침식하기보다는 촉진한다고 본다.

이 주장을 위해서는, 내가 의미하는 객관성을 설명할 필요가 있다. 나는 이 설명을 위한 모토로 비트겐슈타인(1953, sec. 108)을 인용하고자 한다. 즉, "검토의 준거 축은 전환되어야 하지만, 우리의 진정한 욕구를 선회 축으로 해야 한다." 객관성의 관점에서 "진정한 욕구"란 무엇인가? 특히 도덕 판단의 객관성이라는 관점에서, 나는 그 욕구란 도덕적 지식에서 "공유 가능한," 즉 최대한 다양한 관점들을 일관하여 안정적으로 공유할 수 있는 것이다. 이러한 의미에서 도덕적 지식은 객관적일 수 있는가(대신 (도덕적 의견과 대비되는) 도덕적 지식은 가능한가라고 질문할 수 있다)? 그렇게 되어서는 안 될 이유를 찾을 수 없지만, 가능성의 조건을 고려할 필요는 있다(즉, 우리가 믿을 좋은 이유를 가진 도덕 판단의 가능성 조건은 최대한 다양한 관점을 일관하여 안정적인 것이다. 그 상황이 지금까지 알려진 관점들과는 다른 관점에서 보일 때, 지속되고 전복되지 않는 것이다).

흔히 객관성과 관련된 문제(즉, 그 가능성을 믿는 사람들이 획득하기 어렵다고 생각하는 이유)는 편향되게 규정되는 편파성 문제로 생각된다. 그 문제를 이런 식으로 보는 것은 이상적 관찰자 이론으로 이끈다. 혹은 무지의 바람직한 형식이라는 관점으로 표현되는 이론으로 이끈다. 사실적 지식이 최대화될 필요는 있다. 하지만, 특히 정서에 관한 경험주의의 지배적 인식론을 따르면(정서를 가능하면 괄호 치는 것이 필요하다고 간주하는), 매우 인색한 인식론을 강조한다. "문제 있는"이 실제로 "의견의 다양성을 산출할 것 같은"을 의미하는 곳에서, 문제 있는으로 간주되는 정서의 영향을 고려 대상 밖에 둘 필요가 있다는 것이다.

그러나 우리는 그 문제를 편향된 것이 아니라 불완전하게 규정된 편견 중 하나로 볼 수 있다. 즉, 우리가 내린 판단은 우리에게 수용 가능하지만, 그 문으로 걸어간 사람이 "그것은 나에게 틀린 것 같다"고 말할 수도 있다(그리고 그 문제에 직면하여, 우리는 즉시 그들의 주장이 합의에 반한 것이라는 점에 일치할 수 있다. 그렇지 않으면 그것 혹은 그것들에 대한 우리의 최초 평가를 미친, 무지한, 낭만적, 유치한 등으로 실제로 변경하도록 설득될 수 있다). 이것이 그 문제를 생각하는 방식이라면, 우리는 매우 인색한 인식론이 아니라, 반대 가능성에 미리 대비하는 후한 인식론이 필요하다.[9] "우리"의 판단과 비판적 입력이 해당 지식을 형성하도록 "우리"의 구성을 확장할 필요가 있다.

객관성이라는 관점에서 우리의 "실제 욕구"를 언급하는 한 가지 방식이 있다. 안다고 생각한 것이 미처 예상하지 못한 관점에서 제기된 비평에 흔들리지 않을 것이라고 믿어야 하는 이유를 묻는 것이다. 최선의 답은 그렇게 믿을 이유가 없다는 것이다. 우리가 요청하는 객관성은 정확히 실천에서 그러한 비판이 실제로 가능한 정도에 달려 있다. (그것을 예상하고 제거하기 위해서 방법론적으로 다루었기 때문에) 어떤 효과적 비평이 제시될 수 없다고 미리 주장하지 않는 것이다. 그보다는 실제적, 구체적 비평을 접했던 기록 및 앞으로도 그럴 것이라고 믿는 기록에 근거해서 정당성, 즉 객관성에 대한 요청을 설정하는 것이다. 객관적 판단은 어느 정도 파기할 수 있는 것이다. 그것을 (소위, 연구 가설보다는) 지식으로 간주할 수 있는 까닭은 충분히 민주적인 인식 공동체의 비판적 연구에서 도출되었고 그것에 지배받아 왔기 때문이다.

그러나 후함이 전부는 아니다. 모든 목소리가 동등하거나 동등해야 하는 것은 아니다. 모든 관점이 유익하게 구별되는 좋은 위치를 제공하는 것은 아니다. 모든 비평이 우리의 마음을 바꾸도록 하는 것은 아니다. 적절한 믿음과 그

---

9. 여기서 객관성을 이론 혹은 이론 실천의 결과보다는 과학적 실천의 주요한 특징으로 설명한 것은 Longino(1990)에 빚지고 있다. 가치에 의해 수행된 본질적 역할을 고려하기 위해, 효과적 비판 조건을 구체화하는 경우 실천은 객관적이다. 아마 아무도 도덕적 지식이 가치중립적이라고 주장하지 않겠지만, 다양성에 직면하여 객관성을 특징짓는 문제도 마찬가지다.

렇지 않은 믿음에 대한 영향을 선험적으로 식별하는 데 기여하는 방역선cordon sanitaire을 구축하기 위해 형식적이고 일반적인 배제의 원리를 신뢰한 것은 경험주의 인식론(매우 인색한 인식론)의 실수이다. 인간의 번영과 해악을 고려하는 다른 지식처럼, 분명히 도덕적 지식 영역에서 그러한 믿음은 오도된 것이다(과학이나 다른 분야의 여성주의 철학자들은 그것이 "엄격한hard" 과학에서조차 오도된 것이라고 주장한다. 나는 그것이 설득력 있다고 믿는다. 예를 들어, Longino 1990 참조). (미친과 합리적인, 편협한 지지자와 열렬한 지지자, 아량 없는과 강직한, 사소한 오차와 어이없는 지식의) 구별은 필요하며 불가피하다. 그러나 그 구별을 위해서는 논란이 된 문제에, 우리의 실질적 차이에, 다양한 "우리"들이 구성되는 구체적 방식에 아주 복잡하게 참여해야 한다. 이 방식보다 덜 실제적이고, 덜 정치적이고, 덜 논쟁적인 것이 결정해야 할 논점을 회피하지 않고 그것을 구별할 수는 없다. 특히, 정서가 편향적 산만함이 될 때는 가치 없는 인식 자원이 될 수 있다. 그 경우, 형식적으로 결정할 방법은 없다.

　나는 도덕적 객관성을 성취할 때 정서의 구체적 역할 하나를 간단히 논의하고자 한다. 실제로 객관성의 도달에 주요한 장벽은 권력이다. 즉, 지배적인 사회적 위치가 구성되어 다른 사람들이 부수적으로 되거나, 침묵하게 되거나, 왜곡되는 방식이다. 권위와 특권의 위치를 차지한 사람들의 생각은 문제가 있으며, 체계적으로 편협한 것이다. 도덕적이든 사실적이든 우리가 생산한 지식이 요청하는 것은 종속자의 관점에서 비판적 검토가 필요하다는 것이다. 그 비판의 이유는 이념에 관한 마르크스의 논의에서 분명히 되며, 여성주의적 관점의 이론가들에 의해 발전되었다(이 연구에 관한 전체적이고 비판적인 논의를 위해서는 Harding 1986, 1991 참조). 특권이라는 관점에서 세상을 보는 것은 왜곡된 렌즈를 통해서 세상을 보는 것이다. 왜곡된 렌즈는 문제된 특권을 자연스럽게 하거나 그렇지 않으면 정당화한다. 특권적 사람들이 애초부터 오직 그 렌즈를 통해서만 세상을 보도록 되어 있는 것은 아니다. 하지만 적어도 다른 곳에 위치한 사람들로부터 듣고 배운 경험(의식적인 노력이 없다면 가능하지 않은 경험)이 없다면, 다르게 보도록 배우는 것은 일어나지 않을 것이다. 그러한 다른 목소리를 선점하거나 오도하는 것은 특권적 이념의 핵심 전략이다. 즉, 다른 사람이 말할 것을 이미 알고 있다고 생각하거나, 혹은 말하는 것이 가치 있을 가능성을 미리 거부하기 위한 이유를 가지고 있다고 생각한다.

(미네소타 대학에서 이루어진 대화에서) 마리아 루고네스María Lugones는 의지와 행위의 직접적 결합을 포함하는, 주관성의 단일성과 의지의 단일성으로 정의되는 도덕적 덕의 통합성을 살펴보았다. 이때 이러한 종류의 비판에 매우 흥미 있는 사례를 제시했다(관련된 논의는 Lugones 1990 참조). 종속자의 관점에는 두 가지 분명한 것이 있다. 하나는 다양한 사회구조에 의해 제공되는 비가시적 편리의 가시성이다. 그 사회구조는 곧장, 직접, 중재되지 않은 형태로 수행된 것처럼 보이는 행위에서 특권자의 의도를 진전시키고 제기하도록 한다. 매럴린 프라이Marilyn Frye(1983)는 보이지 않는 무대 담당(여자)의 비가시적 노동 덕분에 진행되는 연극과의 유비를 통해 가부장제를 보자고 제안하면서, 이 현상의 분명한 사례를 제시한다. 여성이 연극과 배우 보기를 멈추고 서로를 보기 시작할 때, 가부장제라는 연극은 붕괴된다(하나의 연극으로 드러난다).

루고네스의 설명에 근거하면, 종속자의 관점에는 두 번째 분명한 것이 있다. 그것은 사회구조에 의해 특권자에게 제공된 비가시적 편리를 종속자의 편에서 보상하는 다양한 특별 장치가 필요하다는 것이다. 예를 들어, 대개 특권자가 뜻하는 바를 곧장 직접적으로 말하도록 하는 언어 방식을 고려해 보자. 흔히 편견 없는 언어 개혁 시도를 조롱하는 일부 이유는, 비록 유전적이라 하더라도, 남성적 사용을 회피하는 것이 정말로 어색하고 품위 없다는 것이다. 이러한 발견에서 배워야 하는 것이 있다. 우리 언어에서 그 편향이 얼마나 널리 퍼져 있으며, 퍼져서 쇠약하게 만드는가 하는 것이다. 다른 사람들은 자존심을 위해 날카로운 폭력에 체계적으로 허물어지거나, 그것을 피하기 위해서 계속해서 맞바람을 맞으며 갈지자로 나아간다. 반면, 특권자들은 얼마나 부드럽게 나아가면서 어떤 것을 이루어 가는가.

유사한 상황이 행위 영역에서도 발생한다. 특권자는 (표면적으로) 그들이 의도한 것을 직접적으로 곧장 할 수 있을 것 같다("표면적으로"라고 한 이유는, 그들이 받고 있는 도움, 그들이 가고자 하는 곳에 가도록 포장도로가 놓인 길을 모두 알아채는 것으로 가정하지 않기 때문이다). 종속자는 다양한 루브 골드버그Rube Goldberg 장치[10]를 (논의 및 표현 영역에서, 행위 및 조작 영역에서)를 구성하도록 유도된다. 즉, 그들이 발생시키려 한 모든 것, 모든 조각과 단편들은 임시적 형태로 미봉되면서, 역력히 드러난다. 그것은 "우회적"이며, "직접적"이지 않다. 혹은 특권의 관점에서 그럴 것이다.

그러한 비판적 지각의 정교화 및 그것이 특권자의 도덕적 대화에 들어가기 위해서는 루고네스(1987)가 언급한 "세계 여행" 및 그에 영향을 미치는 여러 가지가 요구된다. 먼저 신뢰 관계의 함양이다. 그리고 특권자에 대한 다른 사람들의 관점을 포함하여, 그들의 관점을 인정하려는 특권자의 의향이다. 또한 박탈된 정서의 환기와 정교화, 그것을 인식론적 자원으로 인정하는 것이다. 그리고 끝으로 우리가 특히 특권의 경계를 넘어 서로를 구성하는 방식, 그리고 서로 다른 사람의 삶에서 의미 있음의 가능성을 낳는 방식에 대한 관심이다.

그러한 인식론적 작업의 결정적 부분은 종속자의 측면에서 경멸적 냉소주의와 분노를 비판과 전환으로 바꾸는 것이다. 도덕적 대화의 절차가 사실상 배제되었다고 느낀다면, 반응을 하더라도 포괄적 냉소주의와 불완전한 분노이기 쉽다. 전환 가능성이 있는, 초점 있고, 상세하고, 지적인 비판에 비해 너무 쉽게 묵살된다. 이 정교화가 발생할 수 있는 맥락을 조성하는 작업은 부분적으로 특권층의 과제이다. 그 문제를 설정한 것이 특권적 구조이기 때문이다. 그리고 종속자의 종속으로부터 계속 이익을 얻는 사람들에 대한 교정 교육을 종속 받는 사람들에게만 시행할 수는 없기 때문이다.

그러므로 도덕적 객관성을 향한 진보는 나선형이다. 즉, 정서적 자원, 특히 관점이 종속된 사람들의 정서적 자원이 분명히 언급되어야 한다. 그리고 상대적 특권층뿐 아니라 그들 자신에 의해서도 진지하게 취급되도록 정서적 참여 형식이 개선되어야 한다. 이때, 우리의 정서적 삶을 서술하는 장치의 관점은

---

10. 복잡한 기계 장치로 단순한 일을 실행하는 것을 의미함: 옮긴이

변한다. 그렇게 되면 정서적으로 안내된 지각 반응 등을 훨씬 더 명료화할 수 있다. 문제가 있어 보이는 순환은 실제로 나선적이다. 그리고 효과적 비판을 받아 왔으며, 앞으로 더 많은 비판의 가능성을 허용하는 맥락에서 존재한다고 믿을 좋은 이유가 있는 것으로(즉, 광범위한 차이가 있는 관점에서 안정적이라고 믿을 좋은 이유를 가진 판단, 그리고 변경되더라도 변덕스럽지 않고 지성적으로 변경되는 판단으로) 객관적 판단을 규정해 보자. 그러면 정서의 사회적 구성됨constructed-ness과 도덕 판단에서 배제할 수 없는 정서의 역할은 도덕적 객관성의 가능성을 제공하기 위해 함께 작용한다.

참고 문헌

Campbell, Susan. 1993. *Expression and the Individuation of Feeling.* Ph.D dissertation, University of Toronto.

Frye, Marilyn. 1983. *Philosophy and Feminist Theory.* Minneapolis: University of Minnesota Press.

Harding, Sandra. 1986. *The Science Question in Feminism.* Ithaca: Cornell University Press.

Harding, Sandra. 1991. *Whose Science? Whose Knowledge?* Ithaca: Cornell University Press.

Jaggar, Alison M. 1989. "Love and Knowledge: Emotion in Feminist Epistemology." In *Women, Knowledge, and Reality: Explorations in Feminist Epistemology.* Edited by An Garry and Marilyn Pearsall. Boston: Unwin Hyman.

Longino, Helen. 1990. *Science as Social Knowledge: Values and Objectivity in Scientific Inquiry.* Princeton: Princeton University Press.

Lovibond, Sabina. 1983. *Realism and Imagination in Ethics.* Minneapolis: University of Minnesota Press.

Lugones, María, 1987. "Playfulness, 'World' -Travel, and Loving Perception." *Hypatia* 2: 3-19.

Lugones, María, 1990. "Hispaneando y Lesbiando: On Sarah Hoagland's Lesbian Ethics." *Hypatia* 5: 138-46.

Lugones, María. 1991. "On the Logic of Pluralist Feminism." In *Feminist Ethics*. Edited by Claudia Card. Lawrence: University of Kansas Press.

Rich, Adrienne. 1979. "Women and Honor: Notes on Lying." In *On Lies, Secrets, and Silence*. New York: Norton.

Scheman, Naomi. 1980. "Anger and the Politics of Naming." In *Women and Language in Literature and Society*. Edited by Sally McConnell-Ginet, Ruth Borker, and Nellie Furman. Westport, Conn.: Praeger.

Scheman, Naomi. 1983. "Individualism and the Objects of Psychology." In *Discovering Reality: Feminist Perspectives on Epistemology, Metaphysis, Methodology, and the Philosophy of Science*. Edited by Sandra Harding and Merrill B. Hintikka. Dordrecht: Reidel.

Scheman, Naomi. 1993. *Engenderings: Constructions of Knowledge, Authority, and Privilege*. New York: Routledge.

Scheman, Naomi. Forthcoming. "Forms of Life: Mapping the Rough Ground." In *The Cambridge Companion to Wittgenstein*. Edited by Hans Sluga and David Stern. Cambridge: Cambridge University Press.

Wittgenstein, Ludwig. 1953. *Philosophical Investigations*. New York: Macmillan.

Zita, Jacquelyn. 1988. "The Premenstrual Syndrome: 'Dis-easing' the Female Cycle." *Hypatia* 3: 77-99.

제Ⅳ부

행위와 책임

13. 도덕성의 정당화와 인지과학의 도전

제임스 스터바

도덕성이 합리성에 의해 요구됨을 보임으로써 도덕성을 정당화하려는 시도는 많은 현대 철학자들이 스스로 설정한 과제는 아니다. 분명 현대 철학자들 대부분은 도덕성이란 합리적으로 요구되는 것이지 단지 합리적으로 허용될 수 있는 것은 아니라는 것을 보여 주는 논증을 하고 싶어 한다. 도덕성이 단지 합리적으로 허용될 수 있다면, 이기주의와 부도덕 역시 합리적으로 허용될 수 있기 때문이다. 그러나 지난 역사에서 도덕성이 합리적으로 요구된다는 확실한 논증을 제시하는 데 실패했다. 그래서 현대 철학자들 대부분은 이 방식으로 도덕성을 옹호하려는 희망을 쉽게 포기했다. 이 장에서는 도덕성이 합리적으로 요구됨을 보여 주는 논증을 제시한 후, 최근 인지과학의 발전이 이러한 도덕적 논증 형식에 제기하는 도전을 고려한다.

도덕성의 정당화

우리가 행위를 위해 어떤 종류의 이유를 수용해야 하는지 숙고하는 특정 사회의 구성원이라고 상상해 보자. 각자 이기적 이유와 도덕적 이유 모두에 근거하여 생각하고 행위할 수 있다고 가정해 보자. 그리고 어떤 종류의 이유를 수용하는 것이 합리적인가라는 질문의 답을 찾고 있다고 가정해 보자.[1] 이 질문은 우리가 공적으로 지지해야 하는 종류의 이유에 관한 것은 아니다. 사람들은 기꺼이 근거하여 행위하는 이유와는 전혀 다른 이유를 공적으로 지지하는 경우도 있기 때문이다. 그보다는 우리가 가장 깊은 수준에서(마음속에서) 수용한다면 합리적일 수 있는 이유에 관한 질문이다.

물론, 도덕적 이유에 근거하여 행위할 수 없는 사람도 있다. 그런 사람에게 도덕적으로 혹은 이타적으로 행위하기 위해 요구되는 것은 전혀 문제가 되지 않는다. 그러나 관심 있는 철학적 문제는 그런 사람에 관한 것이 아니라, 우리 같은 사람에 관한 것이다. 우리 같은 사람은 이기적으로 혹은 도덕적으로 행위할 수 있으며, 구체적 행위 과정에 대한 합리적 정당화를 먼저 추구한다.

어떻게 행위해야 하는지를 결정하려고 할 때, 우리는 합리적 이기주의를 회피하지 않는 도덕성 논증이 구성되기를 바랄 것이다. 여기서 문제는 각자가 최고로서 채택해야 하는 이유이다. 따라서 출발부터 단순히 도덕적 이유를 최고로서 채택해야 하는 이유라고 가정하고 그 문제에 답한다면, 합리적 이기주의를 회피하게 된다. 그러나 또한 출발부터 단순히 이기적인 이유를 최고로서 채택해야 하는 이유라고 가정하여 그 문제에 답한다면, 마찬가지로 도덕성을 회피하게 된다. 물론, 이것은 최고로 채택해야 하는 이유에 관한 문제를 단순히 이기주의라는 일반 원리(각자는 전체 자기 이익에 가장 잘 기여하는 것을 해야 한다)를 가정하여 답할 수 없음을 의미한다. 합리적 선택에서 단순히 이기적 이유의 관련성을 거부하고, 순수 이타주의라는 후속 원리(개인은 다른 사람의 전체적 이익에 가장 잘 기여할 수 있는 것을 해야 한다)를 가정하여 그것을 주장할 수 없다. 이와 마찬가지로, 단순히 합리적 선택에서 도덕적 이유의 관련성을 부인하고 이기주의를 주장할 수는 없다. 결과적으로, 모든 것을 고려하면, 이기주의나 이타주의 중 하나를 회피하지 않기 위해서는 합리적 선택에서 이기적 이유와 도덕적 이유 모두의 직관적 관련성을 인정해야 한다. 그런 후에 행위 근거로 어떤 이유가 합리적으로 요구되는지를 결정하는 시도 외의 다른 대안은 없다.

---

1. 여기서 "해야 한다"는 "할 수 있다"를 전제한다. 만약 그 사회의 구성원들이 행위를 위해 이기적 이유와 도덕적 이유 모두를 생각하거나 따를 수 있는 능력이 없다면, 그들이 그렇게 해야 하는지 아니면 해서는 안 되는지를 묻는 것은 무의미하다.

여기서 이타주의를 넘어선 이기주의까지는 아니더라도, 도덕적 이유를 넘어선 이기적 이유 선호가 당연한 근거를 가진다는 것은 거부된다. 자신과 타인을 관찰하면, 세상에 이타적으로 경향화된 사람보다 이기적으로 경향화된 사람이 더 많은 것 같다는 사실에 의해 증명되듯이, 도덕적 이유보다 이기적 이유가 더 좋은 동인이라는 것을 발견하지 않는가? 이러한 동기화 능력의 차이로, 이기적 이유와 도덕적 이유 모두 합리적 선택에 자명하게 관련된 것으로 간주되어서는 안 된다고 주장할 수도 있다.

그러나 정말로 동기화 능력에 이런 차이가 있는가? 정말로 인간은 도덕적 혹은 이타적 행위보다 이기적 행위 능력을 더 많이 가지고 있는가? 여성의 행위에 초점을 맞춰보자. 특히 가족에 대한 배려라는 관점에서,[2] 나는 여성에게 이기주의보다 상당히 많은 이타주의를 관찰할 것이라고 생각한다. 물론, 남성을 살펴본다면, 우세한 가부장적 사회 구조 때문에, 이타주의보다는 더 많은 이기주의를 발견할 것이다.[3] 그러나 이 점에서 남성과 여성 사이에 존재하는 차이는 주로 지배적 사회화 유형에 기인한다(본성보다는 양육에 기인한다).[4] 어쨌든, 분명히 우리 인간은 이기적 행위와 이타적 행위 모두를 할 수 있다. 그리고 이러한 능력을 가지고 있기 때문에, 어떤 능력이 우선권을 가져야 하는지를 묻는 것은 합리적이다.

우리는 자신을 이기주의에서 순수 이타주의에 걸친 연속선 위에서 움직이는 능력을 가진 사람으로 보는 상황에 있다. 우리는 자신을 순수 이타주의 패러다임을 대표하는 캘커타의 테레사Teresa 수녀 같은 사람으로도, 이기주의 패러다임을 대표하는 플라톤의 『국가Republic』에 나오는 트라시마쿠스Thrasymachus 같은 사람으로도 본다. 분명히, 이 연속선 위에서 움직이는 능력은

2. Nell Noddings, *Caring: A Feminine Approach to Ethics and Moral Education* (Berkeley: University of California Press, 1984); Joyce Tribilcot, ed., *Mothering* (Totowa, N.J.: Rowman and Littlefield, 1983); Susan Brownmiller, *Femininity* (New York: Linden Press, 1984).

3. James Doyle, *The Male Experience* (Dubuque, 1983); Marie Richmond-Abbot, ed., *Masculine and Feminine*, 2d ed. (New York: McGraw-Hill, 1991).

4. Victor Seidler, *Rediscovering Masculinity* (New York: Routledge, 1989); Larry May and Robert Strikwerda, *Rethinking Masculinity* (Lanham, Md.: Rowman and Littlefield, 1922).

우리의 출발점, 습관의 힘, 그리고 살고 있는 사회적 상황에 달려 있다. 그러나 출발에서는, 이러한 개인적 편차를 배제하는 것이 합리적이다. 그리고 단순하게, 이기적인 이유와 도덕적인 이유라는, 실제로 우리 모두가 근거해서 행위하는 일반 능력에 초점을 맞춘다. 여기서 두 종류의 이유 모두 합리적 선택과 관련된 것으로 설정하고, 어떤 이유가 우선성을 가져야 하는지 물어야 한다. 이 문제에 답함으로써, 우리는 추후 특정 개인과 집단을 위해 기대와 요구를 조정하는 개인차 및 사회화의 영향을 설명할 수 있다. 하지만 처음에는 합리적 선택에서 이기적 이유와 이타적 이유의 관련성을 모두 인식할 필요가 있다. 이와 관련해서 반드시 고려해야 하는 두 가지 종류의 사례가 있다. 즉, 관련된 이기적 이유와 도덕적 이유 사이에서 갈등이 있는 사례와 그러한 갈등이 없는 사례이다.[5]

어떠한 갈등도 없고, 두 이유 모두 결정적인 경우, 분명히 두 이유 모두 행위 근거가 된다. 그 맥락에서는 도덕성과 이기적인 것 모두에 의해 선호되는 것을 행위해야 한다.

다음 사례를 고려해 보자. 당신이 저개발국에서 분유 판매 일을 맡았다고 가정해 보자. 저개발국에서는 그 분유가 부적절하게 사용되어 유아 사망률을 높이고 있다.[6] 당신이 선진국에서도 동일한 분유를 판매하면서 똑같은 매력과

---

5. 사람들이 획득할 수 있거나 획득할 수 있었던 모든 이유가 행동의 합당성 평가와 관련되는 것은 아니다. 첫째, 분명히 일부 논리적으로만 가능한 일련의 기회에서 소환될 수 있는 이유는 관련되지 않는다. 사람들이 실제로 가질 수 있었던 기회에서 이유가 소환되어야 한다. 둘째, 극히 특이한 사람들이 획득할 수 있었던 이유 또한 관련되지 않는다. 대신 사람들이 계발한 정체성의 급격한 변화 없이도 획득할 수 있는 이유가 관련된다. 셋째, 일부 이유들은 행위의 합리적 평가와 관련될 만큼 중요하지 않다. 예를 들어, 내가 가질 수 있는 이유가, 지금 내가 하고 있는 것보다 아주 미미하게 자신의 이익이나 친구의 이익 증진을 조장한다고 해보자. 그것이 내 행위의 합당성 평가와 관련되기 어렵다. 분명 그런 이유를 획득하지 못했다고 비합리적이라고 판단할 수는 없다. 그보다는, 자신(혹은 타인)에 대한 중요한 해를 피하거나, 혹은 자신(혹은 타인)이 수용 가능한 대가로 자신(혹은 타인)에게 중요한 이익을 확보하게 한 이유가 관련된다.

실제로 특정 개인이 해야 하는 것을 결정하는 것에 관련된 모든 이유를 반성하지 않을 수 있음도 주목할 가치가 있다. 이미 누군가 관련된 모든 이유를 습득했다면, 그럴 수 있다. 하지만, 이상적으로 이성적 행위란 해야 할 것을 결정하는 것에 관련된 모든 이유의 합리적 가중치에 의해 결정된다. 그래서 모든 이유의 합리적 가중치에 따르지 않는 것은 이성과 상반되게 행위하는 것이다.

보상이 있는 일을 맡을 수 있다고 상상해 보자. 선진국에서는 오용이 발생하지 않는다. 그렇다면 관련된 이기적 이유의 합리적 가중치만으로는 이 일 중 하나의 수용을 선호하게 하지는 않을 것이다.[7] 동시에, 분명히 첫 번째 직업의 수용을 비난하는 도덕적 이유(아마 당신이 획득할 수 있거나 획득할 수 있었던 이유)가 있다. 나아가 이 사례를 가정하면, 도덕적 이유는 관련된 이기적 이유와 상충하지 않는다. 관련된 이기적 이유가 침묵하는 곳에서 도덕적 이유는 쉽게 권고한다. 결과적으로, 이 경우 모든 관련된 이유의 합리적 가중치는 관련된 도덕적 이유를 따르는 행위를 선호하도록 한다.[8]

당연히, 합리적 이기주의의 옹호자는 이 결과에 당황할 것이다. 그 결과는, 적어도 자기이익을 추구하는 동등하게 좋은 두 가지 방식이 있을 때, 합리적 이기주의에 따른 행위 중 하나만 도덕성의 기본 요구에 부합하는 이유와 상반되기 때문이다. 도덕성의 기본 요구를 충족하는 동등하게 좋은 두 가지 방식이 있는 경우, 그중 하나만 어떤 사람의 전체 자기이익에 부합하는 사례를 살펴보자. 이 경우, 전체 자기이익에 부합하는 방식을 선택하는 것이 합리적으로 요구됨을 인정하는 도덕성 옹호자를 전혀 당황스럽게 하지 않는다. 그렇지만, 이유가 상충하는 경우, 도덕적 이유가 이기적 이유보다 우선성을 가짐을 보이는 것이 가능하지 않다고 해보자. 그러면, 도덕적 이유와 이기적 이유가 상충하지 않는 사례에서 이처럼 합리적 이기주의의 결함을 드러낸 것은 단지 도덕성 옹호자의 작은 승리일 뿐이다.

그러한 갈등 사례에서 관련 이유를 합리적으로 평가할 때, 이기적 이유와 도덕적 이유보다는, 대신 이기적 이유와 이타적 이유 사이의 갈등을 설정하는 것

---

6. 여기에 포함된 인과적 관련성에 관한 논의는, *Marketing and Promotion of Infant Formula in Developing Countries*, 전에 들은 the Subcommittee of International Economic Police and Trade of The Committee of Foreign Affairs, U.S. House of Representatives, 1980 참조. 또한 Maggie McComas et al., *The Dilemma of Third World Nutrition* (1983) 참조.
7. 두 직업이 다른 사람의 이익에 동일한 유익한 결과를 갖는다고 가정하자.
8. 나는 이유에 반하여 행동하는 것은 이유의 요청이라는 관점에서 심각한 실패라고 생각한다. 그리고 이유에 반하여 행동을 구성하지 않는 이유에 (완전히) 부합되게 행동하지 않는 방식은 여러 가지라고 생각한다.

이 가장 좋다.[9] 그렇게 보면, 세 가지 해결책이 가능하다. 첫째, 항상 이기적 이유가 상충하는 이타적 이유보다 우선성을 가진다고 말할 수 있다. 둘째, 정반대로, 항상 이타적 이유가 상충하는 이기적 이유보다 우선성을 갖는다고 말할 수 있다. 셋째, 어떤 종류의 절충이 합리적으로 요구된다고 말할 수 있다. 이 절충에서는 경우에 따라 이기적 이유가 이타적 이유보다 우선성을 갖기도 하고, 이타적 이유가 이기적 이유보다 우선성을 갖기도 한다.

일단 그 갈등이 이런 식으로 서술되면, 세 번째 해결책이 합리적으로 요구되는 것으로 보인다. 그 이유는, 첫 번째와 두 번째 해결책은 다른 것에 비해 관련된 이유의 한 부류에 배타적 우선권을 부여하기 때문이다. 더불어 단지 전적으로 논점을 회피하는 정당화만이 그 배타적 우선성을 부여할 수 있기 때문이다. 오직 세 번째 해결책만이, 어느 때는 이기적 이유에 우선성을 부여하고, 어느 때는 이타적 이유에 우선성을 부여함으로써, 전적으로 논점을 회피하는 해결책을 피할 수 있다.

다음 사례를 고려해 보자. 당신이 쓰레기 처리 사업을 한다고 가정해 보자. 그리고 당신이 비용은 절감되지만 미래 세대에게 상당한 피해를 초래할 수 있는 방식으로 유독한 쓰레기를 처리하기로 결정했다고 해보자. 비록 비용 효율성은 조금 떨어지더라도, 미래 세대에게 어떤 심각한 해도 초래하지 않는 대안적 방법이 있다고 상상해 보자.[10] 이 경우, 당신은 미래 세대의 심각한 피해를 피하는 것을 선호하는 관련된 이타적 이유보다 유해한 쓰레기의 비용을 최대한 절감하는 처리를 선호하는 이기적 이유에 가중치를 둘 것이다. 만약 당신 자신의 예측되는 이익 손실은 아주 미미하고, 미래 세대에게 예측되는 피해는

---

9. 내가 주장하게 될 것처럼, 그 이유는 이미 도덕성 자체가 이기주의와 이타주의 사이의 절충을 나타내기 때문이다. 결과적으로, 도덕적 이유가 이기적 이유보다 중시되는지를 묻는 것은 이기적 이유를 두 번 계산하는 것이다. 즉, 이기주의와 이타주의가 한 번 절충되고, 도덕적 이유가 이기적 이유보다 중시될 때 다시 절충된다. 그러나 분명 이기적 이유를 두 번 고려하는 것은 반대할 수 있다.

10. 쓰레기를 처리하는 이 방법들 모두가 대체로 다른 사람의 이익에 동일한 정도의 유익한 결과를 가지는 것으로 가정하자.

너무 크다고 가정해 보자. 그러면 이 경우 관련된 이기적 이유와 이타적 이유 사이의 비임의적 절충은 이타적 이유를 선호할 것이다. 그래서 합리성이라는 당연한 기준으로 판단하면, 당신이 쓰레기를 처리하는 방식은 관련된 이유와 상반된다.

또한 이러한 합리성의 기준이 관련된 이기적 이유와 이타적 이유 사이의 모든 절충을 지원하지는 않는다는 것에 주목해야 한다. 그 절충은 비임의적인 것이어야 한다. 그렇지 않으면 상반된 이기적 관점과 이타적 관점에 관련된 문제를 회피하기 때문이다. 그러한 절충에서 이기적 관점과 이타적 관점이 각각 부여한 이기적 이유와 이타적 이유의 순위를 존중해야 할 것이다. 각 개인에게는 나름의 관련된 이기적 이유와 이타적 이유의 순위가 있다. 따라서 가장 중요한 이유에서부터 가장 덜 중요한 이유까지 다음과 같은 순서로 나타낼 수 있다.

개인 A		개인 B	
이기적 이유	이타적 이유	이기적 이유	이타적 이유
1	1	1	1
2	2	2	2
3	3	3	3
.	.	.	.
.	.	.	.

따라서 이기주의나 이타주의의 문제를 회피하지 않으려면, 그 이유들 사이에서 비임의적 절충은 각 범주에서 최상위를 차지하는 이유에 우선성을 부여해야 할 것이다. 다른 조건이 같다면, 최상위의 이타적 이유나 이기적 이유에 우선성을 부여하지 않는 것은 이성에 상반될 것이다.

물론, 당신의 최상위 이유와 상반된 것을 하도록 요구받는 것을 피하는 유일한 방법은 다른 사람에게 그의 최상위 이유와 상반된 것을 하도록 요구하는 것이다. 이러한 사례 중 일부는 "구명보트 사례"가 될 것이다. 그러나 비록 그 사례들이 해결되기는 어렵겠지만(아마 단지 우연한 기제만이 합리적 해결책을 제공할 수 있을 것 같다), 분명 그것은 관련된 이기적 이유와 이타적 이유 사이에서 우리가 획득할 수 있거나 획득할 수 있었던 전형적 갈등을 반영하지는 않는다. 전형적으로 상충하는 이유들은 그중 어느 하나가 각 척도에서 더 높은 순위를 차지해서, 분명한 해결책이 가능하기 때문이다.

이기적 이유와 이타적 이유 사이에서 도덕성이 어떻게 그러한 비임의적 절충으로 간주되는지를 살펴보는 것이 중요하다. 첫째, 어느 정도의 자기애self-regard는 도덕적으로 요구되거나, 적어도 도덕적으로 수용할 수 있다. 이 경우, 상위의 이기적 이유는 하위의 이타적 이유에 비해 우선성을 갖는다. 둘째, 도덕성은 분명히 자기이익을 추구하는 정도에 한계를 설정한다. 이 경우에, 상위의 이타적 이유는 하위의 이기적 이유에 비해 우선성을 가진다. 이런 식으로, 도덕성은 이기적 이유와 이타적 이유 사이에서의 비임의적 절충으로 볼 수 있다. 그리고 그 절충을 구성하는 "도덕적 이유"는 그와 상충하는 이기적 혹은 이타적 이유에 비해 절대적 우선성을 가지는 것으로 볼 수 있다.

여기서 이기적 관점과 이타적 관점이 문제 회피라고 인정하더라도, 절충적 관점도 마찬가지이며, 그래서 다른 관점보다 선호할 수 없다는 것은 거부될 것이다. 이에 대해, 나는 절충적 관점을 이기적 관점 및 이타적 관점과 비교할 때 그것이 동등하게 문제를 회피한다는 것은 거부한다. 반면, 그 관점이 문제를 보다 덜 회피하는 관점이라는 것은 인정한다. 전혀 문제를 회피하지 않는 관점은 논쟁의 모든 편에서 수용할 수 있는 가정을 가지고 출발하기 때문이다. 그러나 최상위의 이타적 이유가 상충하는 하위의 이기적 이유보다 우선성을 갖는다는 절충적 관점의 가정은 이기적 관점에서는 수용할 수 없다. 또한 최상위의 이기적 이유가 상충하는 하위의 이타적 이유에 비해 우선성을 가진다는 절충적 관점은 이타적 관점에서 수용할 수 없다. 그래서 이유의 우선성에 관한 절충적 관점의 일부 가정은 이기적 관점에서 수용할 수 없다. 다른 부분은 이타적 관점에서 수용할 수 없다. 그래서 절충적 관점은 각 관점에 대해 어느 정도는 문제를 회피한다. 그렇지만, 이기주의가 이유의 우선성을 가정하는 전부는 이타적 관점에서 수용할 수 없다. 그리고 이타주의가 이유의 우선성을 가정하는 전부는 이기주의적 관점에서 수용할 수 없다. 그래서 이 관점들 각각은 절충적 관점이 각 관점에 대해서 문제를 회피하는 것보다 훨씬 더 심하게 서로 문제를 회피한다. 결과적으로, 최소한의 문제 회피라는 근거에서, 절충적 관점만이 이기주의와 이타주의 사이의 상충에 대한 비임의적 해결책이다.

또한, 도덕성에 관한 이러한 옹호는 합리적 이기주의가 도덕성을 합리적으로 선호할 수 있다는 관점뿐 아니라, 합리적 이기주의는 오직 합리적으로 도덕성과 동등하다는 관점에 대해서도 성공한다는 것에 주목하자. "더 약한 관점"에서는 우리 모두가 이기주의자가 되어야 한다고 주장하지 않는다. 오히려 우리가 순수한 이타주의자 혹은 그 사이의 어떤 것이 되어야 하는 타당한 이유가 있듯이, 이기주의자가 되어야 하는 타당한 이유도 있다고 주장한다. 이러한 관점을 카이 닐슨이 요약한 바와 같이, "이성이 도덕적 관점을 요구한다거나 혹은 정말로 합리적인 사람은 개인적 이기주의자가 되지 않는다는 것을 보일 수는 없다. 여기서는 이성이 결정하지 않는다."[11] 그러나 위의 도덕성에 관한 옹호는 이기적 이유와 이타적 이유 사이에서 갈등의 유일한 비임의적 해결책이 될 수 있는 도덕성을 제시한다. 그러므로 도덕성을 승인할 좋은 이유가 있는 것과 마찬가지로 합리적 이기주의나 순수한 이타주의를 승인할 수 있는 것은 아니다. 그러므로 위의 도덕성에 관한 옹호는 합리적 이기주의의 강한 해석뿐만 아니라 약한 해석에 대해서도 성공한다.

이기주의, 이타주의, 도덕성에 관한 논의에서, 이 관점 중 하나를 당연히 옹호하려는 시도를 포기하면, 도덕성에 관한 옹호가 약화될 수 있다는 것은 거부된다. 그러나 이를 합리적으로 할 수는 없다. 이기적으로 행동할 수 있는 사람, 이타적으로 행동할 수 있는 사람, 도덕적으로 행동할 수 있는 사람으로서 이 논쟁에 참여하기 때문이다. 그리고 이러한 행위 방식 중 어떤 것이 합리적으로 정당화될 수 있는지를 발견하려고 시도하기 때문이다. 이 문제를 합리적으로

---

11. Kai Nielson, "Why Should I be Moral? Revisited," *American Philosophical Quarterly* (1984): 90.

해결하기 위해서는, 가능한 논점을 피하지 않는 방식으로 숙고해야 한다. 지금까지 내가 말한 바와 같이, 도덕성이 이기주의와 이타주의를 넘어 논점을 회피하지 않는 옹호를 받을 수 있다는 결론에 도달하게 된다.

도덕성을 옹호하는 이러한 접근은 일반적으로 이전 도덕 이론가들에 의해 무시되었다. 그 이론가들은 합리적 이기주의가 가진 갈등을 도덕성과 이기적임 사이에서 제시하려고 했기 때문이다. 예를 들어, 커트 바이어Kurt Baier에 따르면, "도덕성의 존재 이유는 모든 사람이 자기이익을 따르는 것이 모든 사람에게 해가 될 수 있을 때, 바로 그 경우에 이기적 이유를 다스리는 이유를 낳으려는 것이다."[12] 이러한 관점에서 보면, 그 도덕성의 옹호자가 절충적 관점을 지지하는 것은 가능하지 않을 것이다. 도덕성과 자기이익이 상충할 때, 그 옹호자가 어떻게 자기이익을 위해 도덕성이 희생되어야 한다고 말할 수 있을까? 그러나 이전 이론가들은 도덕적 이유가 이기적 이유를 위해 절충될 수 없다는 것을 옳게 이해했지만, 반면에 도덕적 이유들은 이미 이기적 이유와 이타적 이유 사이에 비임의적 절충의 결과라는 것을 인식하지는 못했다. 그러므로 어떻게 도덕성이 절충적 해결책으로 제시될 수 있는지 볼 수 없었기 때문에, 일반적으로 이전 이론가들은 도덕성을 옹호하는 이러한 접근을 인식하지 못했다.

이처럼 도덕성은 이기적 이유와 이타적 이유 사이의 절충으로 나타낼 수 있다. 이것을 인식하지 못한 것에서, 토머스 네이글이 공정한 제도의 고안 문제에 대해 해결책을 찾을 수 없었던 것을 설명할 수 있다.[13] 네이글에 따르면, 공정한 제도의 고안 문제를 해결하기 위해서는, 개인적 관점과 비개인적 관점 사이의 갈등에서 도덕적으로 수용할 수 있는 해결책이 필요하다. 네이글은 그것을 획득할 수 없다고 생각한다. 그러나 네이글이 이 두 관점 사이의 갈등에서 도덕적으로 해결할 수 있는 해결책이 획득될 수 없다고 본 것은 옳았다. 하지만 그 이유는, 이 두 관점들이 이미 자기와 타인 사이의 상이한 갈등에 관한 상이한 해결책을 나타내기 때문이다. 개인적 관점은 이 갈등에 관해 개인적으로

---

12. Kurt Baier, *The Moral Point of View*, abridged ed. (New York: Random House, 1965)
13. Thomas Nagel, *Equality and Partiality* (Oxford: Oxford University Press, 1991).

선택된 해결책을 나타낸다. 반면 비개인적 관점은 이 갈등에 관해 전적으로 공평한 해결책을 나타내며, 개인적으로 선택된 해결책과 동일하지 않을 것이다. 이러한 관점들 각각은 이미 자기와 타인 사이의 갈등 해결책을 나타낸다. 따라서 두 관점 사이에서 더 진전된 갈등의 해결책은 자기 혹은 타인을 너무 많이 혹은 불충분하게 선호함으로써 이전 해결책을 위반할 것이다. 그래서 두 관점 사이에서 수용할 수 있는 해결책을 획득할 수 없다는 것은 놀라운 것이 아니다. 반면, 내가 제안한 것처럼 이기주의와 이타주의 사이의 갈등이라는 관점으로 자신과 타인 사이의 근원적 갈등을 재설정하면, 다행히 논점을 회피하지 않는 해결책이 제시될 수 있을 것이다.

인지과학의 도전

이제 이러한 형식의 도덕적 논증에 대한 인지과학의 도전을 고려해 보자. 마크 존슨은 그의 최근 저서 『도덕적 상상력*Moral Imagination*』에서 다음과 같이 서술한다.

> 심리학자, 언어학자, 그리고 인류학자들은 사람들이 실제로 사용하는 대부분의 범주화를 특성 목록으로 정의할 수 없음을 발견했다. 그 대신, 범주의 어떤 원형적 구성원(예, 울새)을 확인하여 범주(예, 새)를 정의하는 경향이 있다. 그리고 원형적 구성원과 여러 방식에서 차이가 있는 비원형적 구성원(예, 닭, 타조, 펭귄)을 인식한다. 범주의 모든 구성원에 의해 소유되는 필요충분 특성의 집합이 있는 경우는 드물다. 이처럼 우리의 일상 개념들은 단일하게 혹은 동종으로 구성되지 않는다.[14]

존슨과 스티븐 스티치Stephen Stich에 따르면, 이러한 경험적 연구는 전통적 도덕철학 및 현대 도덕 이론의 표준적 가정과 상충한다.[15]

---

14. Mark Johnson, *Moral Imagination* (Chicago: University of Chicago Press, 1993), pp. 8-9.
15. Stephen Stich, "Moral Philosophy and Mental Representation," in *The Origin of Values*, ed.

스티치는 두 가지 예를 분석하여 이러한 가정을 도출한다.[16] 첫 번째 예로는 플라톤의 『에우튀프론*Euthyphro*』이다.

소크라테스. 나는 자네에게 경건과 불경의 본질을 말해 달라고 하진 않겠네. 그것은 자네가 아주 잘 안다고 말한 것일세. 살인, 그리고 신들에 대한 다른 공격이라고 했네. 그러면 무엇인가? 경건이 아닌 모든 행위는 항상 동일한 것인가?

에우튀프론. 바로 그렇지요. 소크라테스.

소크라테스. 그러면 경건이란 무엇이고, 불경이란 무엇인가? … 나에게 이 이데아의 본질을 말해 주게. 그러면 나는 내가 보게 될 기준을 가질 것일세. 그 기준에 의해 나는 자네나 다른 사람들의 행위가 해당하는지 측정할 수 있을 것일세. 그러면 나는 이러저러한 행위들은 경건한 것이고, 다른 행위들은 불경한 것이라고 말할 수 있을 것일세.

에우튀프론. 당신이 원한다면, 말해 드리지요…. 경건은… 신들을 기쁘게 하는 것이고, 불경은 신들을 기쁘게 하지 않는 것이지요.

소크라테스. 아주 훌륭하군, 에우튀프론. 이제 자네는 내가 원하는 답을 해주었네. 하지만 그 답이 옳은지 옳지 않은지를 나로서는 아직 말할 수 없네….

고귀한 에우튀프론, 신들의 싸움이 일어난다면, 신들의 싸움은 (인간의 싸움과) 본질적으로 같은 것이네… 신들은 선과 악, 공정과 불공정, 존경할 만한 것과 그렇지 않은 것에 의견 차이가 있네….

에우튀프론. 물론입니다.

소크라테스. 그렇다면, 나의 친구여. 자네는 내가 질문한 문제에 답하지 않은 셈일세. 나는 분명히 어떤 행동이 경건한 동시에 불경한지 말해 달라고 자네에게 묻지 않았기 때문이네. 하지만 이제 신들에 의해 사랑받는 것이 신들에 의해 미움을 받을 수도 있는 것이 된 것 같네.

Michael Hechter (New York: Aldine De Gruyter, 1993), pp. 215-28 참조.
16. Ibid., pp. 216-22.

스티치에 따르면, 이 인용문에서 전통적인 도덕 이론의 표준적 가정을 끌어낼 수 있다. 즉, 옳은 정의는 정의되고 있는 개념을 적용하기 위해서 개별적으로 필요조건이고, 결합적으로 충분조건을 제공해야 한다.

두 번째 예로, 스티치는 학생들에게 "식량을 위해 소, 돼지, 그리고 다른 흔한 가축을 기르는 것은 잘못이 아니다"라고 생각하는 이유를 명백히 하려고 노력한 것을 보고한다. 스티치는 학생들에게 일단의 매우 부유한 미식가들이 가끔 사람 고기로 식사하는 것이 즐거울 것이라고 결정했다고 가정해 보도록 한다. 이 목적을 달성하기 위해, 미식가들은 그들의 식탁을 위해 수확될 유아를 기꺼이 낳으려는 몇 쌍의 남녀를 고용한다. 학생들은 인간의 유아는 자격이 충분한 인간 성인이 될 수 있는 잠재성을 가진다는 이유로 반대했다. 이때, 스티치는 여자들이 오직 심각한 결함이 있는 유아를 낳는 정액에 의해 임신되었다고 사례를 변경한다. 그리고 학생들은 그 유아가 인간이었다는 이유로 여전히 반대한다. 이때, 스티치는 상이한 종이 될 정도로 유전적으로 우리와 매우 다른 일단의 섬사람들을 고려하도록 한다. 그리고 그들을 먹는 데 반대하는지 묻는다. 스티치는 교실에서 인간 아기를 수확하는 것과 비인간을 수확하는 것 사이에 도덕적으로 관련된 차이를 찾으려는 노력은 정의를 찾으려는 플라톤적 노력과 유사하다고 주장한다. 왜냐하면 두 가지 노력은 모두 필요충분조건에 의해 범주 사용을 상세화하려고 하기 때문이다.

반면, 스티치는 인지과학의 연구에서 배워야 하는 관련 교훈을 주장한다. 그것은 "개념은 범주의 가장 좋은 '원형적' 구성원들을 특징짓는 일련의 현저한 특성 혹은 속성으로 구성된다. 물론, 이러한 원형적 표상은 그 범주의 몇몇 구성원에게 결여된 다양한 속성을 포함할 것이다…. 개념에 관한 원형적 관점에서, 만약 대상이 원형과 충분히 유사하면, 대상은 어떤 범주의 구성원으로 분류된다(즉, 만약 그 원형적 표상에서 상세화된 충분한 수의 속성을 가진다면)."[17] 그러나 개념의 사용 방식에 관한 이러한 이해가 어떻게 에우튀프론과 소크라테스

---

17. Ibid., p. 223.

의 토의에서, 그리고 학생들과 스티치의 토의에서 진행된 것에 더 좋은 설명을 제공한다고 가정할 수 있는가? 에우튀프론과 소크라테스의 토의에서, 신에 의해 사랑받는 것을 경건의 원형적 사례로 간주해야 하는가? 그러나 에우튀프론과 소크라테스의 토의에서, 만약 어떤 신에 의해서 사랑받는 것과 다른 신에 의해서 미움 받는 것을 다루고 있다면 어떤가? 이것이 경건의 원형적 사례인가? 아마 아닐 것이다.

그러면, 무엇이 경건의 원형적 보기인가? 아마도, 소크라테스의 논의에서, 그것은 몇몇 신에 의해 사랑받고 그리고 다른 신에 의해서 미움 받지 않는 것이다. 그리고 아마도 경건의 원형적 속성은 몇몇 신에 의해서 사랑받고 다른 신에 의해서 미움 받지 않는 속성이다. 이것은 소크라테스의 논의에 관해 수용할 수 있는 해석일 것이다. 그러나 왜 원형적 보기와 원형적 속성이라는 용어를 채택하지 않고 동일한 관점을 이룬 것으로 플라톤을 해석할 수 없는가? 정의나 기준을 필요충분조건으로 표현할 수 있어야 한다고 가정하지 않고 경건에 관한 더 나은 정의나 기준을 탐구한 것으로 에우튀프론과 소크라테스의 논의를 왜 해석할 수 없는가? 공정한 국가와의 유비에 의해 공정한 사람을 파악하려는 『국가』에서 소크라테스의 시도는 분명히 필요충분조건을 통해 공정을 정의하려는 시도로 보이지 않는다.

이제 스티치와 학생들의 토론 사례로 돌아가 보자. 이 사례에서, 무엇이 먹을 수 있는 것과 먹을 수 없는 것의 원형적 사례인가? 돼지는 먹을 수 있는 원형적 사례이고 정상적인 인간의 아기는 먹을 수 없는 원형적 사례라는 것은 분명한가? 스티치에 따르면, 원형적 사례는 어떤 범주의 단지 최고의 원형적 구성원들을 특징짓는 현저한 특성 혹은 속성을 갖는다. 그러나 이 특성이란 무엇인가? 정상적인 성인의 경우, 그 특성은 사람됨 및 실제로 그리고 잠재적으로 높은 수준의 지성과 자기의식을 갖는다. 정상적인 인간 아기의 경우, 아마도 인간됨 및 잠재적으로 높은 수준의 지성과 자의식을 갖는다. 심각한 결함이 있는 인간 아기의 경우, 단지 인간됨이라는 특성을 갖는다. 그리고 스티치의 가상적 섬사람의 경우, 실제로 인간됨이 없이 높은 수준의 지성과 자의식을 갖는다. 돼지와 다른 비인간적 동물들은 이 원형적 특성이 전혀 없다.

이것이 대체로 우리가 먹을 수 없는 것에 관해 실제로 개념을 채택하는 방식이라고 인정하더라도, 이것을 아는 것이 동물권에 관한 논의에 어떤 도움이 되는가? 분명히, 먹을 수 없는 것에 관한 개념을 사용하는 방식을 아는 것이, 우리가 도덕적으로 옹호할 수 있는 관점을 가지고자 한다면, 이 개념을 어떻게 사용해야 하는지를 말하지 않는다. 도덕적으로 옹호할 수 있는 관점을 갖기 위해 그 개념을 사용해야 하는 방식을 결정하려면, 우리는 먹을 수 없는 것의 원형적 사례가 되어야 하는 것을 고려해야 한다. 이때, 그 범주에 돼지와 다른 비인간적 동물을 포함시켜야 하는지는 해결되지 않은 문제가 된다. 왜냐하면 그것들의 지성의 실제 수준 때문이거나 우리가 식량으로 다른 비유정적 자원을 이용할 수 있기 때문이다. 동물권에 관한 스티치의 논의는 (우리가 개념을 어떻게 사용하는가가 아닌 우리가 그것을 어떻게 사용해야 하는가에서) 첫 번째가 전부였던 것 같다.

물론, 스티치는 그의 논의에 대한 이러한 특성화를 수용할 것이다. 그렇지만 그러한 개념을 어떻게 사용해야 하는지를 발견하려는 모든 시도는 대개 필요충분조건을 발견하려는 시도로 생각된다고 주장할 것이다. 그러나 이러한 추구가 왜 그렇게 해석되어야 하는가? 어떤 지적인 비인간을 포함시키기 위해, 혹은 생존을 위해서 먹을 필요가 없는 살아 있는 것을 포함시키기 위해, 먹을 수 없는 대상의 개념을 수정했다고 가정해 보자. 비록 그것이 필요충분조건이라는 관점으로 표현할 수 없다 하더라도, 동물권의 옹호자는 이러한 개념 수정에 만족하지 않겠는가? 나는 동물권의 옹호자가 관심을 가지고 있는 것은 오직 먹을 수 없는 것의 부류를 확장하려는 것이라고 생각한다. 따라서 그들은 그 부류에 포함되는 항목들의 도덕적으로 옹호할 수 있는 원형적 구조를 거부하지 않는다.

마크 존슨은 그의 최근 저서에서, 전통적 도덕 이론과 현대 도덕 이론(소위 "통속적 도덕률 이론")에 대해 유사한 논증을 시도한다. 존슨이 말한 통속적 도덕률 이론이란, 단지 주어진 사례에서 "해야 할 옳은 것"을 상세화한 도덕률 혹은 규칙 아래 실제 사례를 소환하는 것으로 도덕 추론이 구성된다고 간주하는 관점을 의미한다.[18] 나아가 존슨은, 통속적 도덕률 이론에 따르면, 실제 상황에 도덕률이나 규칙을 적용하는 것은 "단지 이러한 법칙에 포함된 개념을 담아내는 필요충분조건이 실제로 실천에 담겨 있는지 결정하는 문제"라고 주장한다.[19] 존슨은 칸트의 윤리 이론을 통속적 도덕률 이론의 전통적 정교화로 간주하고, 앨런 도너건Alan Donagan의 윤리 이론을 그 이론의 현대적 정교화로 간주한다.

그러나 칸트의 윤리 이론이 존슨의 통속적 도덕률 이론 모형에 적합한지는 분명하지 않다. 먼저, 칸트는 통속적 도덕률 이론이 허용하는 것보다 훨씬 더 많은 것을 하는 데 관심이 있었다. 예를 들어, 칸트는 실천(도덕) 이성에 관한 추정을 정교화하고자 했다. 그리고 어떻게 이 추정이 가능한지를 보이려 했다. 하지만 존슨이 통속적 도덕률 이론을 특징지을 때, 이는 그 의제에 포함되지 않았다. 또한, 칸트는 그러한 법칙과 규칙을 의식하는 사람에게조차도, 일상생활에서 도덕률과 규칙 적용이 쉬운 방식이라고 생각하지는 않았다.

존슨은 칸트의 『순수이성비판』에서 다음 문장을 인용한다. "가능한 행위의 모든 사례들은 단지 경험적인 것이고, 경험과 자연에 속한 것이다. 그래서 감각계에서 사례를 찾고 나서, 자연의 법칙 속에서 드러내기를 바라는 것은 불합리할 것이다. 이는 그것에 자유의 법칙 적용을 인정하는 것이고, 거기에 우리는 도덕적으로 좋음이라는 초감각적인 도덕적 이상을 적용할 수 있다. 그래서 후자는 구체적으로 나타날 수 있다."[20] 그러나 존슨은 이 진술에서 칸트에게 도덕률과 규칙의 적용은 보편적 법칙으로부터 특정한 도덕적 요구의 직접적 연역이 아니며, 그래서 존슨이 옹호하고자 한 설명과 유사한 도덕 추론에 관한 설명을 나타낸다고 결론짓지 않는다. 오히려 존슨은 이 진술에서 "만약 칸트가 어떻게 순수한 형식적 원리가 경험에 적용될 수 있는지 제시할 수 없다면,

---

18. Johnson, *Moral Imagination*, p. 4.
19. Ibid., p. 81.
20. Ibid., p. 70.

순수 합리적 도덕성에 관한 그의 전체 과업은 붕괴될 것이다"라고 결론짓는
다.[21] 이를 반대로 보면, 칸트의 관점은 보편적 법칙에서 구체적 요구의 직접적
연역을 포함해야 한다고 말한 것과 같다.

실제로, 실천을 위해 일반 법칙 및 규칙 적용이 상당히 어려울 수 있다는 결
론이 이러한 칸트의 진술을 더 잘 이해한 것이다. 그리고 또한 칸트가 다른 곳
에서 말한 것, 즉 판단의 기능은 본보기(실제 사례에 적용되고 있는 역할 사례)의 사
용을 통해 개선될 수 있다고 말한 것을 더 잘 이해한 것이다. 칸트에 따르면,
"그러므로 본보기는 판단의 손수레이다. 그리고 (규칙을 적용하는) 일반적 재능
을 결여한 사람은 그것을 생략할 수 없다."[22]

아마도 존슨은 통속적 도덕률 이론가의 패러다임으로 칸트를 특징지은 것
에는 어느 정도 오해가 있음을 인정할 것이다. 이것은 존슨이 앨런 도너건에
관한 논의로 이동하는 이유를 설명한다. 존슨은 그것을 "규칙(도덕률) 이론에
서 가장 대표적이고, 잘 주장되고 정교화된 해석"으로 고려한다.[23]

도너건 이론의 기본 원리는 "합리적 존재로서, 자신과 타인, 모든 인간 존재
를 존중하지 않는 것은 허용될 수 없다"는 것이다. 도너건의 관점에 대한 존슨
의 비판은 어떻게 이 원리가 해석되고 적용될 수 있는가에 초점을 맞춘다. 첫
째, 존슨은 그 원리 자체로 이해될 수 있다는 도너건의 주장을 비판한다. 나아
가, 존슨에 따르면, 그 원리는 "문화의 공유된 전개 경험과 사회적 상호작용에
관련될 때만 그 의미를 가진다."[24] 둘째, 존슨은 도너건의 기본 도덕원리의 핵
심인 사람의 개념은 원형적 구조를 가진 복합적 개념이라고 주장한다. 존슨에
따르면, 이 개념은 비원형적 사례(예를 들어, 여성, 유색인, 아이, 노쇠하고 늙은 그리
고 정신적으로 무능한)에 둘러싸인 원형적 사례(예를 들어, 정신이 온전한, 성인, 백
인, 이성애 남성)를 갖는다. 또한 존슨은 사람의 개념을 비인간인 동물과 지구의
생태계까지 포함하는 확장 가능성을 고려한다.[25] 도너건의 이론에 관한 이러

21. Ibid., p. 70.
22. Immanuel Kant, *Critique of Pure Reason*, 1781 (=A), 134, 그리고 1787 (=B) 174.
23. Johnson, *Moral Imagination*, p. 84.
24. Ibid., p. 90.

한 비판을 순서대로 하나씩 고려해 보자.

도너건에 관한 존슨의 첫 번째 비판은 유지될 수 없다. 이 비판을 제기하기 바로 전에 존슨이 도너건의 연구에서 인용한 문장에서 분명히 했듯이, 도너건은 도덕 규칙의 적용에 관해 실제로 존슨 자신이 채택한 관점과 사실상 같은 주장을 하기 때문이다. 90쪽에서, 존슨은 핵심 도덕 개념은 그 자체로 이해될 수 없고, "단지 문화의 공유된 경험, 발달한 경험 및 사회적 상호작용과 관련해서만 이해될 수 있다"고 한다. 그러나 89쪽에서, 존슨은 도너건의 다음과 같은 말을 인용한다. "모든 인간을 합리적 존재로서 존중한다는 기본 개념은 경계가 불분명하다. 표면적 의미에서는 사례에 따라 그 적용이 논란이 될 수 있다. 그러나 유대-기독교적 도덕 전통이 수용된 문화적 삶을 공유하는 사람들 사이에서, 대체로 그 개념은 그 자체로 이해된다." 존슨과 도너건 모두 핵심 도덕 개념이 문화적 설정 내에서 이해된다고 확신했기 때문에, 여기서 존슨과 도너건의 관점에서는 어떤 차이도 찾을 수 없다.

도너건 이론에 대한 존슨의 두 번째 비판과 관련해서, 일단 두 저자 모두 핵심 도덕 개념의 이해는 우리가 살고 있는 문화 전통에서 도출됨을 인정한다. 그러면 사람에 관한 개념이 원형적 구조를 가진다는 존슨의 생각을 도너건이 거부할 이유는 없다. 실제로, 그의 책 『도덕성 이론*The Theory of Morality*』에서, 도너건의 다음과 같은 주장을 찾을 수 있다. "첫 번째 사례에서, 존경은 그들이 처한 상태 때문에 존재에게 빚진 것으로 인식된다. 즉, 소위 합리적 행위이다. 만약 정상적으로 양육되어, 그 종족의 정상적 구성원에게 자연스러운 발달 과정을 거쳐 그 상태에 도달한 존재가 있다면, 그들이 그 상태에 도달했든 안 했든, 존경이 그들에게 논리적으로 부여되지 않겠는가?"[26] 그러므로 도너건은 존슨이 주장한 사람의 개념에 대한 동일한 원형적 구조 같은 뭔가를 여기서 승인한 것으로 볼 수 있다.

물론, 내가 앞에서 한 것처럼, 우리가 실제로 사람의 개념을 사용하는 방식

---

25. Ibid., pp. 97-8.
26. Alan Donagan, *The Theory of Morality* (Chicago: University of Chicago, 1977), p. 171.

과 우리가 그 개념을 사용해야 하는 방식을 구별할 필요가 있다. 여기서, 우리는 존슨에 동의할 수 있다. 즉, 실제로 그 개념을 사용할 때, 그것은 여성, 동성애자, 유색인, 아이, 노쇠하고 나이 든, 그리고 정신적으로 무기력한 비원형적인 사례에 둘러싸인 사람의 원형적 사례로서 정신이 온전한, 성인, 백인, 이성애 남성으로 그가 기술한 원형적 구조를 분명히 가진다.[27] 그러나 우리가 이 개념을 어떻게 사용해야 하는지에 관한 문제는 남아 있다. 그리고 여기서 모든 인간 존재뿐만 아니라 가능한 모든 살아 있는 존재도 포함하기 위해 그 자체로 목적인 사람 혹은, 좀 더 포괄적으로 대상의 원형적 사례의 부류를 확장하는 데, 좋은 이유가 있는 것 같다. 이 모든 것에 존슨은 아마도 동의할 것이다. 그러나 내가 말할 수 있는 한, 도너건의 관점에서도 역시 그가 동의하는 것을 막는 것은 없다.

보다 최근에, 폴 처치랜드는 특히 강력한 방식으로 전통적 도덕철학과 현대 도덕철학에 대한 인지과학의 도전을 제시했다.[28] 처치랜드에 따르면, 인지과학의 발달은 사람의 도덕적 능력에서 규칙 적용이 특정하게 학습된 원형의 적합성 인식에 비해서 관계가 적다는 것을 제시한다. 그는 임신 3개월 이내 태아의 낙태 사례로 그 관점을 설명한다. 처치랜드의 주장에 따르면, 한편에서는 낙태 논쟁에서 초기 태아 상태를 고려하면서 무고한 사람에 관한 도덕적 원형을 소환한다. 반면, 다른 한편에서는 같은 상황을 언급하고 원하지 않는 신체 성장이라는 원형을 소환한다. 그래서 처치랜드에 따르면, 낙태에 관한 도덕적 논쟁은 이러한 경쟁하는 원형 중 어느 하나의 적합성에 관한 논쟁으로 볼 수 있다.

그러나 낙태 문제를 이러한 방식으로 보는 것과 "무고한 사람을 보호하라"

---

27. 동성애자는 존슨의 비원형적 인간의 목록에서 생략되어 있지만, 분명히 그들이 생략되어서는 안 된다.

28. 윤리학과 인지과학에 관한 회의(Conference on Ethics and Cognitive Science, Washington University, St. Louis, April 8-10, 1994)에서 폴 처치랜드에 의해 발표된 논문. 그 논문은 처치랜드의 *The Engine of Reason, the Seat of the Soul: A Philosophical Essay on the Brain* (Cambridge Mass.: MIT Press, 1995)의 6장과 10장에서 상세하게 기술되어 있다.

는 규칙이나 "원하지 않는 신체적 생장이 있으면 당신이 원하는 대로 하라"는 규칙이 이 맥락에서 합당하게 적용될 수 있는지를 결정하려는 시도는 정확히 어떤 차이가 있는가? 왜 우리는 도덕적 문제를 생각할 때 적절한 원형을 인식하는 것과 적절한 규칙을 적용하는 것 중에서 한 가지 관점을 선택해야 하는가? 왜 두 가지 모두는 안 되는가?

처치랜드는 이러한 결론을 거부한다. 그가 도덕적 능력의 실행을 정상적 지각과 유사하게 보기 때문이다. 처치랜드에 따르면, 도덕적 능력을 실행하지 못하는 것은 정상인이 보는 것처럼 대상을 보지 못하는 것이다. 그는 다음과 같이 서술한다.

> 어떤 사람도 완벽하지 않다. 그러나 우리가 아는 바와 같이, 어떤 사람은 정상인에 비해 더 완벽하지 못하다. 그리고 그들의 실패는 체계적이다. 실제로, 어떤 사람들은 생각 없는 얼간이, 상습적인 말썽꾸러기, 불치의 자기애자, 가치 없는 쓰레기, 믿을 수 없는 음흉한 사람으로 타당하게 판단될 수 있다. 물론 악한, 강도, 사악한 사디스트도 있다. 그렇다면 이 유감스러운 실패는 어디서 나오는가?
>
> 분명히 많은 근원이 있다. 하지만 우선 단지 정상 범위의 도덕적 **지각**과 사회적 **기술** 발달에 실패한 것이 여기서 많은 것을 설명할 것이라고 옳게 주목할 수 있다(강조는 저자 표시).[29]

여기서 처치랜드가 쓴 것처럼, 대부분의 사람들이 그 문제를 생각하는 방식과 도덕성을 결합할 때, 분명 특정 도덕적 논제에 대해 대부분의 사람들이 틀릴 수 있다는 문제가 있다. 실제로, 대부분의 사람들은 많은 도덕적 논제에 관해 틀릴 수 있다. 도덕성에 대한 접근에서 처치랜드는 도덕성을 관습적 도덕성으로 생각한다. (대부분의) 사람들이 도덕적으로 정당화된다고 생각하는 것이 도덕적으로 정당화된다. 분명 인지과학은 관습적 도덕성의 지식을 증진하기

---

29. Ibid.

위해 매우 유용한 도구임을 입증할 것이다. 이는 그에게 동의하는 도덕가들이 "대체로 경험적 현장에서" 시간을 보낼 것이라고 제안할 때, 처치랜드가 염두에 둔 것 같다.[30] 그러나 대부분의 사람들이 생각하는 것이 도덕이라는 것을 분명히 하는 것은 단지 도덕의 본질을 결정하는 과업의 일부일 뿐이다. 더불어, 사람들이 어떤 것이 도덕적이라고 생각하는 이유, 그 문제에 관해 잘 알고 있는지의 여부, 그리고 대안적 관점을 검토하면서 어느 정도나 그 논제를 진지하게 반성했는지 평가할 필요가 있다. 이 모든 것을 실행하기는 상당히 어려울 것이다. 만약 어떤 사람이 진정으로 도덕적인 것에 관심이 있다면, 특정 문제에 관한 관습적 도덕이 무엇인지 주목하는 것은 나쁜 출발점은 아닐 것이다. 하지만, 처치랜드는 그것을 마치 종착점으로 생각한 것 같다. 그러나 도덕성과 관습적 도덕성이 같다고 생각하는 것은 단지 완벽한 도덕적 사회에서만 이해될 수 있다. 그리고 분명 현재 우리가 살고 있는 사회는 그렇지 않다. 그리고 내가 생각하듯이, 그러한 도덕성의 요구가 상당히 지나치다고 가정한다면, 아마 미래에 우리가 살고자 하는 사회에서도 합리적으로 기대할 수 없을 것이다. 그 경우, 이기적 이유를 위해 그들이 생각한 것이 도덕의 요구라고 스스로를 속이는 사람들은 항상 있을 것이다. 어떤 논제에 대해서는 대다수가 그럴 것이다.

이것은 이 장의 전반부에서 제시한 도덕성에 대한 나의 정당화가 어떻게 후반부에서 제기한 인지과학의 도전에 부합하는지를 평가하는 과제를 부여한다. 특히, 도덕성에 대한 나의 정당화에서 그 도덕성의 핵심 개념이 필요충분조건이라는 관점에서 정의될 수 있다는 가정, 혹은 그렇게 정당화된 도덕성에서 상세한 도덕적 요구로 연역적으로 이동할 수 있다는 가정을 바탕으로 전개되는지를 결정할 필요가 있다. 두 문제에 대해서 그렇지 않다는 것이 내가 할 수 있는 답이다.

먼저, 나의 진술에 토대가 된 도덕성의 특성 분석이라는 관점에서, 완전한 도덕성의 정의는 전제되지 않는다. 도덕성의 정당화에 착수할 때, 도덕성에 대

---

30. Ibid.

한 정당화가 적절하거나 필요하다는 맥락을 전제한다. 그 맥락에서, 도덕적으로 되어야 하는 이유라는 문제가 제기된다. 그리고 도덕성에 대한 성공적 정당화는 도덕적으로 되기 위한 적합한 이유를 자신이나 타인에게 제공함으로써 이 문제에 대처한다. 대개 이기적으로 되기보다는 도덕적으로 되기 위한 이유가 제시되기 때문에, 정당화되고 있는 도덕성의 부분은 이기적임과 상충한다. 이를 해소하는 한 가지 방법은, 도덕성 안에서 상충하는 이기적 이유보다 우선성을 가진 이타적 이유에서 설정된 도덕성 부분에 초점을 맞추는 것이다. 그리고 그 우선성에 대한 당연한 정당화를 제시하는 것이다. 이것은 결코 도덕성의 완전한 특징 분석은 아니다. 그리고 도덕성의 완전한 특성 분석이 필요충분조건이라는 관점에서 제시될 수 있다고 확신하는 것도 아니다.

더욱이, 이기주의와 이타주의 사이의 절충으로 도덕성을 특징짓는 것이 정확히 어떻게 이러한 절충이 수행되어야 하는지를 분명히 하지는 않는다. 그렇게 특징지어진 도덕성에서 상세한 도덕적 요구로 연역적으로 이동할 수 있다는 가정은 없다. 그래서 자유라는 도덕적 이상을 가진 자유의지주의자, 공정이라는 도덕적 이상을 가진 복지적 자유주의자, 공동선이라는 도덕적 이상을 가지는 공동체주의자, 양성구유(兩性具有, androgyny)라는 도덕적 이상을 가지는 여성주의자, 평등이라는 도덕적 이상을 가지는 사회주의자는 모두 선호하는 서로 다른 실천적 요구를 갖는다. 이러한 상이한 도덕적 이상들이 옳게 해석될 때, 그 모두는 같은 실천적 요구를 이끈다는 것이 나의 관점이다. 그것은 대개 복지, 자유, 도덕적 이상(복지에 대한 권리와 평등한 기회에 대한 권리)과 연합되어 발생한다.[31] 하지만 이에 관해 내가 옳다 하더라도, 어떻게 복지에 대한 권리와 평등한 기회에 대한 권리가 상세화되어야 하는지에는 상당한 논란이 있을 수 있다. 어쨌든, 이기주의와 이타주의 사이의 절충으로 특징지어지는 도덕성에서 상세한 도덕적 요구로 연역적으로 이동할 수 있다는 가정은 없다.

그렇다면 전통적 도덕철학과 현대적 도덕철학 그리고 내가 제시한 도덕성

---

31. 나는 이러한 결론을 *How to Make People Just*에서 주장했다(Totowa, N. J.: Rowman and Littlefield, 1988).

의 정당화에 대한 인지과학의 도전을 어떻게 생각해야 하는가? 나는 여성주의
와 평화 연구에서 시사 받은 의견을 제시하는 것으로 결론 내린다. 철학하기가
한바탕 싸우기나 전쟁하기로 모형화되는 것은 너무도 흔한 일이다. 논증은 공
격받고, 제안은 죽고, 입장은 패배한다. 이러한 철학하기 모형이 가정된다면,
인지심리학의 발견이 철학과 관련될 때, 그 발견 역시 신봉되는 어떤 철학적
관점을 퇴각시키거나 혹은 전복시킬 수 있어야 적합할 것이다. 그래서 이 철학
하기의 모형에 따라, 인지과학의 주창자들은 전통적인 철학적 관점과 현대적
인 철학적 관점을 패배시키는 방법을 찾는다. 그러나 왜 철학하기의 모형이 전
쟁하기가 되어야 하는가? 그 대신 왜 더 평화롭고 협동적인 모형을 가질 수 없
는가? 왜 동의할 수 없는 해석을 찾기보다는 다른 사람의 연구에서 가장 선호
하는 해석을 도출하려고 노력할 수 없는가? 왜 다른 사람의 연구를 파괴하여
새로운 것을 수립하려고 시도하기보다는 동의하는 관점을 찾고 다른 사람의
연구에 근거하여 새로운 것을 수립하려고 시도할 수 없는가? 나는 전통적 도
덕철학과 현대적 도덕철학에 인지과학의 발견을 관련시키기 위해 이러한 접
근법을 권한다. 그것은 많은 것을 권고한다. 적어도, 다른 사람이 당신에게 동
의하기를 원한다면, 가능한 곳에서, 광범위하게, 이미 다른 사람이 당신에게
동의하고 당신이 그들에게 동의한 방식으로, 그들의 연구를 보려 해야 한다.

14. 도덕적 합리성

수전 킨 조우

도덕적 합리성이란 무엇인가? 도덕성은 실천을 규제한다. 이 사실에도 불구하고, 현재 실천철학에서 가장 유행하는 답은 법칙적-연역적nomological-deductive (N-D) 모형에 근거한 사변적 합리성에 도덕을 제휴시킨다. 즉, **이론**theoria과의 제휴이다. 이 설명에서 도덕적 합리성은 도덕적 경험에서 도출된, 예를 들면 구체적 사례에 관한 도덕적 직관에서 도출된 일반적 도덕원리에 따른 도덕 판단으로 구성된다. 이는 일반적 법칙에 구체적 현상을 포섭시키는 과학적 혹은 이론적 추론과 흡사하다. 단지 이 과정을 전환해서 일반적 원리에서 구체적 도덕 판단을 연역하여, 해야 할 옳은 것을 식별하는 것이 실천적 도덕 추론이다 (실천철학의 저술에서 이 설명에 관한 진전된 사례는, Glover 1982, 2장; Beauchamp and Childress 1989, 1, 2장 참조).

그렇게 고려된 합리성의 척도는 일관성이다. 그러나 잘 알려진 것처럼, 과학 법칙은 동시에 별개로 지지할 수 있다. 이와 달리, 동시에 별개로 지지할 수 있는 도덕원리는 구체적 사례에서 일관성 없는 판단을 낳을 것이다. 하지만 도덕원리를 일반성 및 추상성의 위계로 체계화하면 그 불일치를 줄일 수 있다. 원리가 상충하는 경우에 도덕적 결정 절차를 산출함으로써 줄일 수 있다. 즉, 보다 낮은 위계 수준에서의 상충은 보다 높은 수준에서 더 포괄적인 일반적 원리를 참조하여 해소될 수 있다. 이러한 체계화와 결정 절차는 도덕성에 관한 일부 철학 이론의 목적이기도 하다. 그 관점에서는 도덕적 합리성을 체계성과 그에 따른 판단의 일관성 증진으로 주장한다. 도덕 이론의 안내에 판단을 종속시키면 체계성과 일관성이 증진될 수 있다는 것이다.

체계적 도덕 이론, 결정 절차에 근거한 도덕 이론은 철학계로부터 공격을 받아 왔다. 그러나 그 이론이 공격받은 것은 도덕성에 관한 설명 때문이지, (내포된) 도덕적 합리성에 관한 설명 때문은 아니다. 도덕적 체계성을 비판하는 사람들조차 도덕적 합리론(이성이 도덕성의 핵심이라는 관점)을 반대할 수 있는 한 측면이나 부분으로 보려는 경향이 있다. 예를 들어, 도덕적인 내용과 동기를 훼손시켜 형식의 문제라는 잘못된 선입관을 유도한다는 것이다. 덕에 관한 철학적 설명 형식에서는 바로 여기에 철학적 관심의 초점을 맞춘다. 따라서 체계성에 대한 이러한 반론은 합리성의 설명으로 N-D 모형을 수용하는 것과 일치한다. 곧 논란이 되는 철학적 관점은 합리성이 도덕성에서 얼마나 핵심적인지, 혹은 도덕성에 어느 정도나 적용 가능한지이다. 이는 이성-감정, 형식-내용, 행위-동기의 양극화라는 철학적 견해를 낳는다. 즉, 도덕성에 관한 깊이 있는 질문의 핵심은 이성과 감정, 형식과 내용, 행위와 동기의 설명에서 철학적 선택을 강제하는 것처럼 느껴진다. 하지만 그러한 선택을 강제하는 것이 도덕성의 본질인가? 아니면 그러한 선택은 합리성의 개념에 의해 강제되는가?

다른 영역에서 나타나는 유사한 양극화는 두 번째 물음을 시사한다. 여성주의는 흥미로운 사례이다. 거기서 이성-감정의 양극화는 자유주의적 합리성과 급진적 본질주의 사이의 깊은 이념적 구분을 나타낸다. 그것은 여성성의 근거(사회적 구성인가 생물학적인가?) 및 근거가 있다면 무엇이 여성주의 담론을 구성해야 하는지에 관해 정치적·이론적 갈등을 낳는다. 그 담론 자체가 합리적 논증에 국한되는가? 아니면 예를 들어, 엘렌 식수스Hélène Cixous에 의해 주장되듯(Cixous and Cléement 1987), 보다 산만하고, 수사적이고, 정서적으로 촉발된 여성적 글쓰기écriture feminine가 되어야 하는가? 그러한 논쟁은 이성-감정 이분법이 남성적-여성적 이분법과 제휴됨으로써 더 격렬해진다. 그래서 급진적 본질주의자의 극단에 이끌린 여성주의자는 자유주의적 합리주의자를 남성적 가치 수용(남성적인 것으로 지각된 이성, 여성적인 것으로서 감정)에 타협한 것으로 생각한다. 한 극단에 이끌린 사람들은 다른 극단에 이끌린 사람들을 불가피하게 불신하거나 경멸하기 때문에, 극단적 갈등이 해소되기는 어려울 것이다.

합리적으로 해결할 수 없는 문제를 제기하는 합리성 개념에는 뭔가 부족한 점이 있다. 그 영역에서 합리적으로 해결할 수 없는 근본적인 문제가 제기된다면, 거기에는 중대한 결함이 있다고 믿을 수 있다. 아마 여성주의도 해당될 것이며, 도덕철학은 분명히 해당된다. 두 경우 모두 극단적으로 문제가 된 것에는 잘못된 노선이 포함된다. 모두 한 극단과 다른 극단 사이에서 이론적으로 받아들이기 힘든 강요된 선택, 혹은 관련된 일련의 강요된 선택들에 직면하기 때문이다. 대부분은 두 극단의 매력을 어느 정도 인정하기 때문에 그 선택을 받아들이기 어렵다. 어쨌든 두 가지 극단적인 철학적 견해는 존재한다. 그리고 두 극단을 매력 있게 만든 것이 무엇이건 두 극단은 지속적이고 뿌리 깊다. 이는 여기서 선택을 강요하는 것이 잘못임을 시사한다. 의견이 극단화된 이유는 양 극단을 형성하는 강한 철학적 토대가 있기 때문이다(그래서 도덕성에 관한 철학적 불일치 및 여성주의 안에서 정치적 불일치 모두 분명 불가피하다). 그 경우, 무엇이 극단들 사이에서 선택을 강요하는지, 무엇이 문제가 된 극단화를 낳았는지를 분석할 수 없다면, 이 중 어디서도 합의를 위한 진전을 기대할 수 없다.

이하에서 나는 도덕성에서 해결할 수 없는 철학적 문제의 주된 근원이 지나치게 협소한 이성의 개념이라고 주장할 것이다. 문제를 악화시킨 것은 바로 이것이다. 즉, 이성의 개념이 잘못된 질문을 하도록 했기 때문에, 우리 스스로 합리적으로 해결할 수 없는 문제에 직면한 것이다. 이 곤경에서 벗어나는 방법은 문제가 된 것을 거부하는 것이며, 이를 위해 곤경을 낳은 극단화를 해체하는 것이다. 도덕의 극단화와 여성주의적 영역은 깊이 관련되므로, 이 점에서 여성주의적 비판은 계몽적이었다. 두 극단 사이의 선택을 불필요하게 만든 이성을 재고하는 것이 전진하는 길이다. 거기서는 이성과 감정, 형식과 내용, 행위와 동기를 분리하기보다는 통합한다.

이 과제가 보기보다 그리 야심찬 것은 아니다. 정확히 이를 함께 소환하는 익숙한 추론 형식이 있기 때문이다. 즉, 실천적 추론이다(무엇을 해야 하는가에 관한 추론). 도덕적 추론은 실천적 추론의 한 종이다. 도덕성은 도덕 문제를 변경하여, 최소한 현재 해결할 수 없는 문제를 해결 가능한 문제로 대치한다. 따라서 그 과제는 단지 도덕성과 관련지어 실천이성을 재고하고 재설정하는 것이다. 내 생각에 실천이성은 사변적 혹은 이론적 이성(무엇이 참인가에 대한 추론)에 비해 훨씬 적게 이해되기 때문에, 재고할 필요가 있다. 일반적으로 사변적 혹은 이론적 이성이 더 앞선 설명으로 보인다. 그래서 실천이성의 과정에 관한 이해는 이론 이성(예, 게임 이론, 결정 이론, 개연성 이론, 의무 논리학 등을 거친)에 의지하여 탐구된다. 우리는 실천이성이 무엇을 하는지는(목적을 위한 수단의 고안) 충분히 알고 있지만, 흔히 어떻게 하는지는 잘 모른다. 따라서 합리적 실천은 이론의 도입과 동일시된다. 즉, 합리적 의학은 과학적 의학이며, 질병에 관한 과학적 이해에 의해 유도된 치료이다. 이러한 예에서 합리적 실천이라는 개념은 이론에 근거한 공학으로 일반화된다. 도덕적 합리성에 관한 N-D 모형도 해당한다.

　나는 도덕적 합리성에 관한 이 모형 자체의 관점만으로는 합리성의 설명으로 부족하다고 주장할 것이다. 그리고 칸트적 토대가 제공되더라도, 도덕성에서 이성의 중심성을 설명할 때 만만치 않은 경쟁자가 있음을 주장할 것이다. 합리성 모형으로서 N-D 모형의 오류는 이론적 설명의 우선성을 가정한 것이다. 도덕성에서 이성의 중심성에 관한 설명의 오류는 도덕 발달에 관해 설득력 없는 설명을 이끈다. 재차 여성주의와 연결된다. 특히 관념에 관한 여성주의 역사는 도덕성에서 실천적 합리성을 넘어선 이론적 설명의 우선성이 역사적으로 조건화되었으며 성과 관련됨을 보여 준다. 실천이성을 이해하는 과제의 발견법으로 이 우선성의 가정을 포기하는 것은 합리성의 척도로 일관성을 폐위시킨다. 이것은 현저히 다른, 지금까지 고려되지 않았던 실천이성의 특징을 낳는다. 그로 인해 이론적인 것과 실천적인 것 사이의 익숙한 설명적 관계를 뒤엎고, 도덕성에 관해 설명할 수 없는 문제를 설명할 수 있는 새로운 문제로 (적어도 직관적으로) 대치한다. 더불어 철학, 여성주의, 인지과학 안에서 그리고 그들 사이에서 답에 관한 의견 차이보다는 협력의 희망을 제공한다.

N-D 모형의 도덕적 합리성에 대한 반론

이 모형이 도덕성에 적용될 때, 일반적인 반론은 자체의 합리성 기준을 충족하지 못한다는 것이다. N-D 모형에서 도덕적 합리성은 두 가지 형식을 취한다. 하위 수준에서는, 구체적 판단이 일반 원리에 포섭되는 것으로, 연역적 이성의 실행으로 인식한다. 상위 수준에서는, 일반 원리, 자명한 이론 수립의 실행, 연역적 추론의 더 복잡한 형식을 체계화한다. 연역적 이성의 척도는 일관성이다. 즉, 연역적 기준에 의해, 판단이 일관되어야 합리적이다. 그러나 이 기준을 실천적 도덕성에 적용하면, 결과적으로 그 충족이 불가능한 것으로 드러난다. 이를 도덕적 의사 결정이 본질적으로 혹은 전적으로 합리적이지 않음을 보여주는 것으로 읽을 수도 있다. 반면, 일관성은 적용을 위한 옳은 기준이 아니며, 도덕적 합리성이 오인되고 있는 것으로도 볼 수 있다.

일관성을 실천적인 도덕적 합리성의 척도로 만든 결과는 다음과 같다.

1. 특정 도덕 판단은 두 가지 이상의 일반 원리들이 특정 사례에서 상충하지 않는 경우에만 합리적일 수 있다. 어떤 원리에 따라 이루어진 상충하는 특정 도덕 판단이 다른 원리에 따라 이루어진 이전 판단과 불일치할 수 있기 때문이다(물론, 원리들이 특별한 면책 조항들을 축적하지 않는다면). 하지만 그러면 원리가 판단에 따라 이루어진 것이지, 원리에 따라 판단이 이루어진 것은 아니다. 그리고 체계화되지 않은 일반 원리들은 대개 구체적 사례에서 상충한다. 실제로, 시간과 도덕적 경험이 확장되면서 상충은 증가하고 있다. 그러므로 도덕 판단이 N-D 모형의 하위 수준에 머문다면, 경험이 확장될수록 점점 덜 합리적으로 될 것이다. 일단 상충이 발생하면, 도덕 판단이 합리적이기 위해서는 체계화가 필수적이다.

2. 내적 일관성은 체계화에 의해 유지될 것이다. 하지만 갈등을 낳는 일련의 일반 원리들은 대개 몇몇 상이하며 양립할 수 없는 방식으로 조리 있게 체계화될 것이다. 그렇다면 체계화의 선택을 결정하는 것은 무엇인가? 선택이 임의적일 수는 없다. 선택을 비합리적으로 만들기 때문이다. 그리고 비합리적으로

선택된 체계는 그에 의존한 판단에 비합리성을 전할 것이다. 이 점에서 N-D 모형의 옹호자들은 보통 순수 형식적, 수학적 패러다임(공리적 기하학)에서 경험과학, 대개 물리학에서 도출된 패러다임으로 전환한다(Glover 1982 참조). 그 패러다임이 도덕성에 적용되면, 도덕적 경험에 가장 적합한 체계화를 선택해야 한다. 체계화의 선택은 과학 이론의 평가와 같은 방식에서 합리적이다. 즉, 합리성은 도덕 이론과 도덕 현상의 적합함을 평가할 때 실행된다. 그리고 특정 행위의 판단은 공학 형식이 된다(실천에 대한 이론의 적용). 적합한 이론에 관한 판단은 상이하지만, 이것이 도덕적 경험의 본질이다. 실제로 합리적으로 정당화할 수 있는 도덕적 불일치를 제거할 수 없기 때문이다(실제로, 도덕 원리들은 상충하고 상이한 방식으로 체계화될 수 있기 때문이다). 분명히 이는 이론의 자유로운 선택(도덕적 자율성)을 불가피하게 한다. 그래서 합리적인 도덕적 자율성은 적합한 이론의 합리적 평가와 동일시된다.

이러한 합리적 자율성에 관한 해석에는 일관성이 없다. 상이한 이론이 동등하게 옹호될 수 있을 때만, 이론의 자율적 선택의 여지가 있다. 그렇지 않으면, 이성은 가장 지지받는 이론을 선택해야 하기 때문에 자율적 선택은 문제될 수 없다. 그러나 이때 이론의 자율적 선택은 증거보다는 다른 어떤 것에 근거한 선택을 의미한다. 모든 후보 이론들이 동등하게 옹호될 수 있다고 가정되기 때문이다. 즉, 증거에 의해 동등하게 잘 지지될 수 있기 때문이다. 이러한 근거에서 이론을 넘어 배제할 수 없고, 합리적으로 정당화되는 도덕적 불일치의 존재를 인정하는 것은 전체적으로 그 증거가 어떤 하나의 이론도 수립하지 못한다는 것을 인정하는 것이다. 그 경우, 이론의 자율적 선택은 과학적 패러다임의 기준에서는 전혀 합리적이지 않다. 이것은 공학으로서 합리적 도덕 실천의 개념을 붕괴시킨다. 왜냐하면, 공학은 증거를 배경으로 한 이론만을 신뢰할 수 있기 때문이다. 특히 이 경우처럼 그 이론이 매우 의심스러울 때 공학이 적용되면, 빈약하게 정립된 이론적 배경을 가진 공학을 채택하는 것은 (실제로) 비합리적이다. 도덕적 체계화의 관점이 상충하는(즉, 논란의 여지가 있는) 사례와 관련되기 때문이다.

3. 실천적으로 정향되고 이론적으로 중립적인 도덕철학의 소비자들은 모든 이론을 비축해 둔다. 그리고 때에 따라 상이한 이론을 언급하여 특정한 판단을 정당화함으로써 그들의 불관여를 표현한다(모든 이론들이 그들에게 언급될 수 있는 무언가를 갖는다는 분명히 현명한 근거에서). 그러나 이 역시 N-D 모형에 근거하면 비합리적이다. 경쟁하는 이론들은 서로를 배제하기 위해 수립된 것이기 때문이다. 그러므로 그러한 실천은 다수의 모순을 유입한다.

4. 또한 상이한 도덕적 직관의 형식에서 이론을 상이한 도덕적 현상에 끼워 맞출 때, 적합한 이론에 관한 상이한 판단을 설명할 수 없다. 이는 도덕 판단을 궁극적으로 주관적인 것으로 만들기 때문이다. 그렇다면, 어떤 관점에서 도덕 판단을 합리적으로 만들 수 있는가? 합리적 방법은 비합리적 방법에 비해 더 옳은 답을 낳을 수 있기 때문에 가치 있다. 그러나 도덕성이 주관적이라면, "옳은 답"은 "상호 모순 없는 답"을 의미할 뿐이다. 하지만 불일치는 두 가지 양립할 수 없는 명제이기 때문에 혐오된다. 하나는 반드시 틀려야 한다. 그러나 도덕성이 주관적이라면, "참인" 도덕 판단은 직관에 따른 것을 의미할 것이다. 그리고 도덕원리들이 상충할 때, 분명히 "일치하지 않는" 직관을 가질 수 있다. 환언하면, 무모순의 법칙은 도덕적 직관을 지지할 수 없다. 그렇다면, 도덕적 불일치를 합리적으로 반대하도록 하는 것은 무엇인가?

5. 칸트를 계승한다고 주장하는 N-D 모형 옹호자에게 제시할 수 있는 다른 개인적인 반대가 있다. 그들은 아마 칸트적 토대에서 자신을 도덕적 합리주의자로 간주하는 것 같다. 그 경우, 도덕적 직관에 의해 확신되거나 불신되는 것으로, 체계화된 도덕원리나 도덕 이론을 해석하는 것은 자기모순이다. 칸트적인 도덕적 합리주의를 경험주의적 도덕 인식론과 결합시키기 때문이다. 더욱이, 칸트는 도덕철학에서 그의 과업을 흄에 대한 반대로 규정했다. 그 두 사람은 이성 그리고 경험 혹은 감정(정념) 사이에 있는 18세기 극단적 도덕철학의 축도이다. 이 점에서 그들 사이의 문제는 도덕 심리학에 관한 것으로 볼 수 있다. 즉, 흄은 정념에 의해 도움 받지 않는 이성이 행위를 동기화시킬 수 있음을 거부했다. 칸트는 그것이 가능할 뿐 아니라 그렇게 해야 한다고 제시했다.

이를 위해 칸트는 실천이성의 전통적 개념을 변경했다. 무도덕적 이성은 욕구와 수단이라는 관점에서 행위를 설명한다. 전통적 개념이 말하듯, 무도덕적 행위의 목적은 욕구의 만족이다. 하지만 도덕적 행위는 욕구의 만족에 의해 동기화되지 않는다. 그래서 실천적 도덕 이성의 구조는 달라야 한다. 즉, 그것은 "순수"해야 한다. 그것은 욕구에 의존해서는 안 된다. 여기서 칸트의 시각에서 적은 『인간 본성론Treatise』에 담긴 흄의 자극적 진술이다. 즉, 이성은 정념의 노예이며, 오직 그래야 한다. 그리고 이성은 정념에 봉사하고 복종하는 것을 제외한 다른 임무를 갖지 않는다는 것이다. 칸트는 욕구가 아니라 법칙에 대한 복종의 인식에 의한 행위 동기화라는 관점에서 실천적 합리성을 재고한다. 이를 통해 이러한 운명에서 도덕 이성을 구하려고 한다. 여기서 실제 인간의 법칙이 아닌 자연의 법칙을 유비로 사용한다. 실제 인간의 법칙과 달리 자연의 법칙 같은 도덕법칙은 보편적이기 때문이다. 그것은 예외 없이 모든 합리적 존재에게 적용된다.

그러므로 N-D 모형이 도덕 판단에서 합리성의 표시로 개인적 도덕 직관에 따른 일치와 결합된 내적 일관성을 받아들인다면, 그것은 칸트를 우롱하는 것이다. 이것은 흄의 도덕 심리학을 선호하여 칸트의 새로운 합리주의적 도덕 심리학을 회피하는 것이다. 궁극적으로 도덕 행위를 설명하고 산출하는 것은, 개인적인 도덕적 직관 형식에서, 더 이상 이성이 아니라 감정이기 때문이다. 이는 빤히 위장된 시인과 혐오라는 흄의 정서가 아니면 무엇인가? 결과적으로, 이성은 다시 한 번 정념의 노예가 되어, 실제로 정념에 봉사하고 복종하는 것을 제외한 다른 임무를 갖지 않는다. 이성의 노력은 우연히 갖게 된 모든 도덕적 감정(그리고 실제로, 완전 집합complete set까지는 아니라도, 인지적 부조화를 피하고 가장 고상하게 체계화될 수 있는 모든 부분집합subset["반성적 평형"과 무엇이 다른가?])을 정당화하는 데 바쳐지기 때문이다. 그러므로 "합리적" 도덕 판단은 추론의 산물이 아니라 합리화 및 일종의 지적 유미주의의 산물이 된다. 그러한 도덕성은 분명히 보편성을 주장할 수 없다. 기껏해야 도덕적 감정과 지적 편애를 가진 사람에게만 적용될 수 있다.

그러므로 도덕적 합리성에 관한 N-D 모형은 합리성의 설명으로는 우울하게 실패한다. 소위 합리적 도덕 판단은, 그 자체의 법칙적-연역적 기준에 의해 비합리적으로 판명되기 때문이다(그리고 칸트적 기준에 의해 도덕적이지 않다). 나처럼 엄격하게 연역적 기준을 적용하는 것은 그 모형을 너무 문자적으로 취급한 것이며, 도덕 추론은 다르다고(동종이 아니라 법칙적-연역적 추론의 유비라고) 반론할 수 있다. 나는 도덕 추론이 다르다는 것에 동의한다. 이것은 분명히 나의 반론에서 제시한 것이다. 그렇더라도 법칙적-연역적 유비 사례는 다룰 필요가 있다. 비록 N-D 모형을 글자 그대로 취급하지 않더라도, 그것은 여전히 사리에 맞지 않는다. 도덕적 합리성에 관한 설명이 답해야 하는 전반적 문제를 제기하지만 답변할 수는 없기 때문이다. 예를 들면, 어떻게 원리의 상충이 합리적으로 해결되어야 하는가? 무엇이 체계화 사이의 합리적 선택인가? 어떻게 합리적으로 정당화된 도덕적 불일치가 가능하며, 어떻게 그것이 합리적으로 해결될 수 있는가? 무엇이 도덕 이론의 실천적 적용을 합리적으로 만드는가? 왜 도덕 판단을 합리적으로 하려고 노력해야 하는가?

N-D 모형과 이성 중심의 도덕성

위의 반론 5는 칸트의 도덕적 합리성 설명에 대한 N-D 모형의 경험주의적 해석과 관련된 문제를 제기한다. 비록 이 반론이 성공하더라도(실제로 다른 모든 반론이 성공하더라도) 이 모형에는 여전히 도덕적 합리성에 관해 옳은 것이 있을 수 있다. 그리고 다음과 같이 칸트적 노선에서 옹호될 수 있을 것이다.

나의 반론에서는 N-D 모형을 도덕적 성공이라는 관점에서 도덕 판단을 합리적으로 만든 설명으로 평가한다. 즉, 단지 이성은 도덕 문제에서 옳은 답을 얻기 위한 내용-중립적 도구 같은 것으로 평가한다. 그리고 (연역은 참을 목적으로 하기 때문에) 이는 그 모형 자체가 제시한 것으로 평가한다. 하지만 이성을 참인 답이나 옳은 답의 성공적 산출로 판단하는 것은 사실상 사변적 기준으로 판단한 것이 아니다. 내가 주장하고 있듯이, 도구적 실천이성이라는 기준으로 판단한 것이다. 이는 불일치를 무시한 것에 관해 내가 질문한 것이다. 그러나 칸트는 『도덕 형이상학 정초』에서, 도덕 이성은 실천적이지만 도구일 수 없다고 했다. 이성은 옳은 답을 산출하는 단순한 기계라기보다는 도덕성에서 훨씬 더 핵심적이라는 것이다. 즉, 이성은 도덕적 행위를 구성하며, 일관성이 이성의 중심이라는 것이다.

이 반론은 문제의 핵심을 지적한다. 이에 대한 나의 답은 두 부분으로 나뉜다. 첫 번째는 주로 칸트와 N-D 모형의 관계에 관련되며, 두 번째는 칸트에 대한 나의 반응과 관련된다.

첫째, 나는 일관성에 관해 예비적인 개인적 관점을 제안한다. 즉, 반론 4의 일관성에 관한 언급에서 나는 실천적 기준으로 사변적 무시를 판단하고 있음을 인정한다. 그러나 그 선택이 단지 도덕적 가치를 전하고 설명하는 형식적 불일치를 본래적으로 무시한 것이라면, 그것은 칸트 자신에게서 비롯된 논점이다. 오노라 오닐Onora O'Neill은 칸트의 명백하게 합리주의적인 도덕철학과 『순수이성비판』(O'Neill 1989, 2장)의 매우 반합리주의적 형이상학을 분리하지 말라고 촉구한다. 『순수이성비판』에서 칸트는 보다 기하학적인more geometirco 철학하기의 불가능함을 주장한다. 즉, "철학에서 기하학자는 그의 방법을 사용하여 카드로 수많은 집을 세울 수 있을 뿐이다"(Kant 1933, A727/B/755: O'Neill 1989, p. 15에서 인용).[1] 이것은 데카르트뿐만 아니라, N-D 모형에 근거한 도덕 추론에도 적용될 수 있다. 또한 그녀는 『실천이성비판』에서 칸트가 사변보다 실천의 우위성을 주장했다고 지적한다. 즉, "그러므로 인식의 순수 실천이성과 순수 사변의 결합에서, 이러한 조합이 우연적이고 임의적인 것이 아니라 선험적이라면, 순수 실천이성은 이성 그 자체에 근거한다. 그래서 필수적이라는 근거에서 우선성을 가진다… 우리는 그 순서를 바꿀 수도 없고 사변적 이성에 종속하는 실천이성을 기대할 수도 없다. 왜냐하면 단지 조건적이고 실천적인 사용에서만 완전함에 이르는 사변적 이성에서조차, 모든 관심은 궁극적으로

---

1. 다음의 논의는 오닐에 크게 의존한다. 그는 내가 아는 칸트의 도덕철학을 위한 최선의 사례이다.

실천적이기 때문이다"(Kant 1977, 120-2, O'Neill 1989, 3에서 재인용).

하지만, 이제 칸트의 반합리주의는 N-D 모형에 대한 나의 연역적 반론의 힘을 약화시킬 수 있을 것 같다. **보다 기하학적으로** 수행된 철학에 대한 칸트의 혹평에도 불구하고, 칸트가 그러한 기학학적 방법을 반대한 것은 없다. 단지 데카르트의 사유에서 가능했던 만큼 증명하지 못했을 뿐이다. **보다 기하학적인** 도덕 추론도 마찬가지다. 나의 연역적 반론은 정확히 이를 상기시킨다. (반드시 헛된) 도덕적 확실성의 탐구에서 경험주의적 경향을 택하려는 유혹을 피하는 것이 중요한 것이다. N-D 모형의 다원론적인 전개에서 분명히 권고되듯, 그 한계를 알고 있는 한 기하학적인 도덕 추론을 반대할 수 없다. 상이한 상황에서 상이한 이론에 호소하려고 의욕함이 자기-모순이 될 필요는 없다. 그것은 현명한 자질 드러내기가 될 수 있다. 그러므로 칸트의 이론은 반대할 수 있더라도, 그는 우리에게 옳은 길을 놓아 준 것 같다.『실천이성비판』의 인용에서 우선성이 부여된 것은 순수 실천이성이다. 그리고 순수 실천이성의 최고 원리는 정언적 명령이다. 그것의 모든 이론적 토대를 수용하지 않고도 받아들일 수 있다. 정언적 명령이 상이한 체계화에서 사용된 원리에 대한 검토로 전개된다면, N-D 모형은 구제될 수 있다. 이론적 불확실성 때문에 도덕적 확실성을 가질 수는 없지만, 도덕적 객관성을 가질 수는 있을 것이다. 그래서 수용할 수 없는 체계화에서 수용 가능한 체계화를 말할 수 있게 될 것이다.

더욱이, 일관성에 관한 나의 질문은 그 점을 간과한다. 일관성이 순수 실천이성의 요구라는 것은 참이다. 보편적 법칙으로 의욕될 수 있는 것과 없는 것의 판단은 일관성의 판단이다. 그러나 칸트의 예에서 분명하듯, 이는 단지 형식적 일관성이 아니다. 일관성의 요점은 도덕적 확실성을 성취하는 것이 아니다. 그렇게 가정한 것이 데카르트의 실수이다. 정언적 명령의 검사를 통과한 대안적 체계화가 가능하더라도, 불가피하게 도덕적 불일치는 남아 있을 것이다. 일관성은 정언적 명령의 실천적으로 합리적인 요구이기 때문에, 이성이 도덕성의 핵심이라는 것이 요점이다. 그러므로 정언적 명령에 의해 보충된 N-D 모형은 도덕적 대답을 찍어내는 주요한 기계가 아니라, 도덕성에서 이성이 중심이라는 생각을 발전시킨 것이다. 그것은 정언적 명령이 언급하지 않은 원리의 상충을 극복하기 위해 필요한 것이다.

이것은 문제의 핵심으로 되돌아가도록 한다. 그리고 이 반론의 노선에서 두 번째이자 더 급진적인 반응으로 돌아가게 한다. 나는 칸트의 설명에 대해 도덕적 합리성의 대안적 설명을 제시한다. 그러나 직접적인 철학적 논증으로 칸트와 의견을 다투지는 않을 것이다. 그 이유를 설명하는 것이 중요하다.

나의 답에서 두 번째 부분은 도덕에서 일관성과 이성의 중심성 문제를 고려한다. 그것은 칸트적 해설이라는 곤란한 문제를 제기한다. 하지만 그것은 내가 칸트의 관점 자체와 논전을 벌이면서 다룰 수 있는 문제는 아니다. 칸트와 나 사이에는 증명의 부담이 누구에게 있는지가 제기되기 때문이다(다행스럽게도, 이것은 내가 대부분의 해설 문제에서 벗어날 수 있음을 의미한다). 왜냐하면 (1) 나는 이성이 도덕성에서 핵심이며, 그것이 도덕적 행위를 구성한다는 칸트에 동의한다. 나는 그렇게 핵심적이고 구성적이기 위해, 이성이 도구적으로 되는 것을 멈춰야 한다는 것을 거부한다. 즉, 욕구에 의지하지 않는 것으로 재고되어야 한다는 것을 거부한다. (2) 따라서 이성이 도덕성에 핵심적이라는 것, 혹은 도덕적 행위를 구성한다는 것이 의미하는 바, 혹은 그렇게 간주되는 바에 관해 칸트와 나는 불일치한다. (3)이것은 각자의 설명을 동기화하는 것, 그 설명이 대답해야 하는 것에 관한 문제를 제기한다. 만약 칸트와 내가 도덕적 이성에 관한 설명이 같은 것을 답해야 하는 것으로 본다면, 직접 칸트를 논박하려고 시도하는 관점만 있을 것이다. 그러나 우리는 그렇게 하지도 않았으며, 할 수도 없다. 내가 거부하는 것(행위에서 도덕적 이성과 무도덕적 이성 사이에는 근본적 구분이 있다는 것)을 칸트의 설명이 답해야 하기 때문이다. 만약 그 구분이 나타나지 않으면, 칸트는 자신의 설명에 대한 반론으로 간주할 것이다. 그러므로 두 설명에서 개별 진술을 직접 비교할 수는 없다. 그 설명의 비교(둘 사이에서 선택하려)는 전체적으로 다루어야 하고, 동기 비교를 포함해야 한다. 나는 이 장의 마지막 부분에서 칸트의 도덕 심리학을 동기화한 것을 해체하여 그의 도덕 심리학을 해체하려고 노력함으로써 이를 시도할 것이다.

도덕적 합리성에 관한 두 견해

그렇다면, 나의 설명은 무엇인가? 어떻게 도덕적 행위가 욕구에 의해 동기화될 수 있는가? 아주 간단히 답하면 객관적 좋음을 욕구함으로써 동기화된다. 칸트는 도덕적 객관성을 위해 도덕적 합리성을 살펴본다. 나는 도덕적 자연주의를 살펴본다(여기서 그 사례를 논의하지는 않겠지만, 발간 예정인 글에서는 논의했다). 그래서 나는 스콜라 철학(그중에서도 특히 아퀴나스)에 의해 발전되어 서구 문화에 깊이 정착된 실천이성의 전통적인 아리스토텔레스적 개념으로 복귀할 것을 제안한다.[2] (실제로 칸트는 보편화 가능한 법칙에 대한 복종의 인식으로 실천이성을 재개념화하려고 했다. 그 시도는 윤리와 물리 모두를 다루는 목적론적 자연 법칙이라는 스콜라적 개념의 메아리처럼 보인다. 칸트는 목적론을 사용하지 않고, 아리스토텔레스적인 과학 대신에 뉴턴적 과학의 관점에서 이러한 설명을 재고하려 했던 것 같다). 칸트의 관점과 내가 해석한 전통적 관점의 차이는 표 14.1에 제시되어 있다. 실천이성에 관한 이 두 설명의 비교는 동기의 비교를 요구한다. 따라서 여기서는 나의 해석을 철학적으로 옹호하는 것이 우선적 목적은 아니다. 나는 이 표에서 다양한 항목 모두를 상세히 해설하기보다는 필요한 것만 설명하고 예시할 것이다.

　나는 먼저 오른쪽 칸을 실천적 비일관성, 도구성, 욕구에 관한 앞의 논의와 연관시킨다. 거기에 나타나듯이, "욕구"와 "좋음"에 관한 다음 관점에 우선 주목해 보자.

- "좋음으로 지각된 것은 욕구된다"는 선험적 종합이다. 오른쪽 칸 Ⅴ에서 실천이성의 최고 원리는 일종의 자연적 필요성을 표현한다. 그것은 인간 본성의 구성에 필요한 진리이다.

---

2. 내가 전개했던 도덕 이성에 관한 관점과 아퀴나스의 관점의 일치를 지적해 준 존 홀데인John Haldane에게 감사한다. 이후의 견해(행동 수반 철학의 본질)는 Haldane(1989)을 참조하여 쉽게 요약한 것이다.

칸트	전통적 관점
I 도덕 이성은 실천적이지만 도구적이지 않다.	I 도덕 이성은 실천적이며 도구적이다.
II 도덕적 행동은 욕구에 의해서가 아니라, 이성에 의해 동기화되기 때문이다.	II 도덕적 행동은 객관적으로 좋음을 위한 욕구, 즉 덕에 의해 동기화되기 때문이다.
III 그래서 도덕 이성은 순수이성의 지각이다(순수이성의 표시는 보편성과 일관성이다). 즉, 행위의 원리가(=행위를 위한 준칙/이성) 보편적 법칙으로 의욕될 수 있다는 지각이다.	III 그래서 도덕 이성은 그러한 객관적 좋음의 지각이다(그리고 그러한 지각을 어떻게 얻는지의 설명은 경험적일 수 있다).
IV 도덕 추론은 행위의 근거가 된 원리가 도덕원리인지, 그리고 정언적 명령에 의해 그 원리를 검사하는 것으로 구성되는지에 관한 추론이다.	IV 도덕 추론은 객관적 좋음을 어떻게 실현할지, 즉 객관적으로 최선을 위해 무엇을 해야 하는지에 관한 추론이다.
V 실천적 추론의 최고 원리는 정언적 명령이다.	V 실천적 추론의 최고 원리는 도덕의식 *Synderesis*(Aquinas)[b]이다. 즉, 좋음은 수행되고 추구되어야 하며, 악은 회피되어야 한다.
VI 합리적 행위는 (자기-규제적 자율성으로서 자유의 개념을 거친) 이성의 지각에 의존한다.	VI 합리적 행위는 좋은 행위 목적에 관한 지각에 의존한다. 도덕적 행위는 객관적으로 좋음으로서 행위 목적에 관한 지각에 의존한다.
VII 도덕적 행위의 가능성이 합리적 행위의 조건이다.	VII 합리적 행위의 가능성이 도덕적 행위의 조건이다.
VIII (순수) 실천이성은 사변적 이성의 조건이다("정언적 명령은 이성의 최고의 원리이다").[a]	VIII 실천이성은 정언적 명령과 사변적 이성 모두의 (경험적) 조건이다.

표 14.1 도덕 이성에 관한 칸트적 개념과 전통적 개념

a. O'Neill (1989, 1)

b. Aquinas(1922, I a II ae, q. 94)의 도덕의식 *Synderesis*은 Haldane(1989)에서 명료하게(그리고 간단히) 설명된다.

- "X는 좋음으로 지각된다"에서, 동일자identicals가 X의 진리치 보존salva veritate으로 대치될 수 없다(예를 들어, 만약 밀리가 조의 아내이면서 여성 기구의 회장이라면, "조는 밀리가 구원받는 것을 좋음으로 지각한다"가 "조는 그의 아내가 구원받는 것을 좋음으로 지각한다" 혹은 "조는 여성 기구의 회장이 구원받는 것을 좋음으로 지각한다" 중 하나를 수반하지 않는다).
- 밀리에 관한 첫 번째 서술에서, 조는 밀리의 구원을 좋음으로, 두 번째 서술에서는 객관적 좋음으로, 세 번째 서술에서는 악으로 지각할 수 있다.

그러므로, 첫째, 이러한 관점에서 좋음의 지각/좋음에 대한 욕구는 개념의 소유를 전제하고, 동물의 욕구와 인간의 욕구를 구별한다. 언어의 발달은 보다 정교한 좋음의 지각을 가능하게 한다. 둘째, 욕구는 밀기가 아니라 당기기이다. 어떤 것을 좋음으로 생각하는 것(그래서 그것을 욕구하는 것)은 (비록 매우 낮은 우선권이라 하더라도) 추구하도록 마음을 내키게 하는 것이라는 의미에서 목적을 갖도록 한다. 인간 존재는 불가피하게 다양한 목적을(단지 식욕과 두려움을 가진 동물로서 음식, 안전, 자극을 위한) 가진다. 그리고 다양한 목적은 (동물이 투쟁-도주 곤경fight-or-flight predicament을 가진 것처럼) 경우에 따라 각기 다른 방식으로 획득할 수 있다. 인간을 다른 동물과 구별하는 "이성"은 인간에게 동물과 다른 방식으로 상충하는 목적을 다룰 수 있도록 하는 기능이다. 즉, 도구적 실천이 성이다.

그러므로 도덕원리는 도덕적 목적으로(객관적 좋음의 지각으로) 해석될 수 있다. 보통의 목적처럼, 도덕원리는 경우에 따라 각기 다른 방식을 취할 수 있다. 비록 이것이 실천이성에 심한 수고로움이 되기도 하지만, 이는 더 이상 논리적 장애가 아니다. 그렇더라도 그 문제는 무도덕적 목적 사이의 갈등처럼 동일한 인지적 수단에 의해 해결될 여지가 있다. 왜냐하면 거기서 우리는 케이크를 갖는 것과 먹는 것을 원하고, 성공적으로 그렇게 하기 위해서 필요한 기술은 도덕적 영역에서도 유용하기 때문이다. 오히려 도덕적 영역에서 그 기술이 더 필요하다. 우리의 지각은 그것을 한꺼번에 하는 방식 찾기를 제외한 어떤 선택지도 없다고 느끼기 때문이다(단순히 케이크를 가지는 대신 먹기로 결정하거나, 혹은 케이크를 먹는 대신 가지기로 결정하지 않을 것이다). (그것은 심리학적 서술이지, 철학적 서술이 아니다.)

여기서 나는 도덕적 케이크 갖기와 그것을 먹기가 흔히 믿는 것처럼 그렇게 어려운 것은 아니라고 생각한다. 그 문제가 오인되었기 때문에 어렵게 보인 것이다. 실천이성에 의해 언급된 표준적인 문제는 투쟁-도주 곤경에 처한 동물처럼 잘 정의된 양립할 수 없는 둘 이상의 대안에서 하나를 선택하는 것이 아니다. 우리는 대부분의 경우에 그러한 상황에 있지 않기 때문이다. 보통 우리는 이미 정의된 행동에서 선택해야 하는 것은 아니다. 우리는 도덕적 지각과 다른 지각에 의해 제한 받지만, 계책의 여지가 있는 행위 공간에서 작용하는 것으로 자신을 규정한다. 그러므로 실천이성을 위한 과업의 표준적인 형식은 그 제한에 의해 규정된 공간에서 잘 맞는 행위를 (창안하다의 본래 의미에서) 발견하는 것이다. 사람들은 늘 그렇게 한다. 예를 들어, 판결할 때 판사는 몇몇 상충하는 좋음, 객관적 좋음(예를 들면, 정의, 자비, 공익 보호, 범죄자나 공적 도덕의 개선, 억제를 목적으로 한 본보기적 처벌, 공적 의견의 교육이나 복종)을 조정하려고 한다. 대개 판사는 이 모든 것의 이론적 관계를 반추하기보다는, 모든 좋음을 어느 정도 달성하는 행위 방식을 생각하여 판결한다. 예를 들어, 영국의 법정에서는 장기간 사용된 조항과 권고를 포함하며, 선고는 판사의 도덕적 훈계 전달을 포함한다.

이러한 옳음을 얻는 것(제재, 도덕 등에 의해 규정된 공간에 가장 적합한 행위를 발견하기)은 분명히 복잡한, 많은 다층적인, 고도의 기술이다. 애석하게도 그것에 해당하는 것을 알기가 어렵다. 그렇지만 한 가지는 분명하다. 창안이 요청되기 때문에, 옳은 행위를 발견하는 과정은 연역적 과정이 될 수 없다. 연역은 단지 이미 제시된 것을 드러낼 수 있기 때문이다. 그러므로 이론적 지식은 아마도 그 과정에 기여할 수 있지만 그 모형이 될 수는 없다. 분명히 경험으로부터의 학습은 (그것이 무엇이든) 공감적 상상과 마음의 유연성이 하는 역할을 수행한다. 이 모든 것이 인간 이성의 측면이다. 한편으로 느끼고, 한편으로 상상하는 이성에 대한 역사적 반대가 그렇게 생각하지 않도록 만든 것이다.

이러한 인지 기능의 전개는 대체로 의식 수준 아래에서 발생한다(그리고 그래야 하는 훌륭한 진화론적 이유를 찾을 수 있다). 그래서 인지 기능의 전개는 "판단"이라고 불리는 신비한 능력과 한 덩어리로 다루어진다(일단 철학이 적절하게 분류되면, 판단에 관한 조사는 인지과학에서 풍부하고 흥미로운 영역을 제공한다). (나는 그렇게 되었다고 생각하지 않는다.) 또한 애석하게도, 도덕 판단을 이해하는 것은 도덕철학자에 의해 도움을 받기보다는 미혹되었다. 도덕철학자들은 서로의 이론을 압박하려는 목적으로 "투쟁-도주" 형태의 도덕 사례를 서로에게 제시하고 논쟁하는 것을 즐겼다. 그러한 사례는 잘못된 문제를 낳는다. 왜냐하면 그 답은 아무 도움이 되지 않기 때문이다. 그 결과는 대개 이미 정밀하게 가공된 이론의 더 장식화된 정교화이다. 그것은 그 제작자와 공상을 기쁘게 할 수 있지만, 이해를 진전시키는 것은 거의 없다. 그리고 덕을 함양하고 객관적으로 좋은 삶을 살려고 노력하는 사람들에게 제공하는 것도 거의 없다. 곤란한 사례들은 나쁜 법칙을 만든다. 그러한 사례에 수반된 선입견은 이론에 잘못된 초점을 제시한다. 예외를 현저하게 만들어서 규칙의 이해를 왜곡한다.

이론과 동기

여기서 실천이성에 관한 두 설명을 동기화한 문제로 돌아가 보자. 지금까지 나는 (칸트적) N-D 모형과 실천이성에 관한 전통적 견해의 구별을 강조했다. 이제 나는 칸트의 견해와 전통적 견해가 얼마나 많은 공통점을 갖는지 관심을 기울이고자 한다. 표 14.1을 다시 보자. 양쪽 칸에서, 도덕 이성은 실천적이며, 도덕적 행위 결정에 본질적이다. 도덕적 가치는 객관적이다. 그리고 사변적 이성은 실천이성에 의존한다. 그러므로 모두 도덕성의 중심에 실천이성을 둔다. 이는 대체로 유사하게 동기화됨을 나타낸다. 이렇게 동기화한 것은 무엇인가? 환언하면, 도덕적 합리주의를 자연스럽고 설득력 있게 만든 것은 무엇인가?

이미 답에 힌트가 있다. 서구 문화와 지적 전통에서 동물의 본성과 구별되는

인간의 핵심은 이성이다. 도덕적 성숙과 인지적 성숙 모두에서 핵심이다. 그러
므로 법률에서, 범죄 책임은 "이성의 연령"에 이르기까지(영국 법률에서는 원래
간단한 산수를 할 수 있는 능력 같은 순수 인지적 검사로 결정했고, 10세 이하로 정했다)
부과되지 않았다. 이는 소위 전통적 도덕 심리학이라는 서구 문화적 전통에서
소중히 하는 이성, 동기, 도덕적 삶에 배경이 되는 믿음의 망을 나타낸다. 여기
서, 이성은 원인이 아니기 때문에, 마음의 철학에서 배제하려는 "통속 심리학"
과 혼동되지 않는다. 이성과 합리화의 (이성이 원인이라고 확신하는) 차이는 유효
함과 무효함의 차이가 아니라, 의도의 진정한 선언과 거짓된 선언의 차이다.
폴 처치랜드가 이성을 원인으로 만든 심리학을 배제하기 위해 신경과학을 원
한 것은 옳다. 하지만 그 이유는 심리학이란 정말로 통속 심리학이 아니기 때
문이라는 것이다. 통속 심리학은 인지과학에 의해 배제될 수 없다. 통속 심리
학이 의제를 정하기 때문이다.[3]

내 생각에 전통적 도덕 심리학은 (적어도) 다음을 가정한다.

1. 도덕적 책임은 이성의 특유한 능력(비록 이성의 특유한 능력에 대한 의견이 다
   양하더라도)의 발달 전에는 부과될 수 없다.
2. 이상적으로 도덕 발달은 전 생애를 통해 계속되고, 더 현명하고 더 좋아지
   는 것으로 구성된다. 도덕 발달은 도덕적 이해와 덕 모두의 발달로 이루어
   진다. 그것은 특정한 동기화 체제의 획득이다. 도덕적 이해와 덕은 상호
   의존적이고 경험 없이 발달할 수 없다.
3. 도덕적 이해와 덕은 경험에 대한 도덕적 반성에 의해 발달된다. 도덕적 반
   성은 이성의 실행이다.
4. 도덕적 성숙의 출발은 도덕 규칙에 복종하기보다는 스스로 해야 하는 것
   을 결정하는 것이다. 스스로 해야 하는 것을 결정하는 것은 도덕적 반성을
   요구한다.

---

3. 나는(1980) 인지생물학에 대한 Margaret Boden의 성급한 주장에 대해 유사한 관점을 논의
했다.

5. 도덕적 숙고는 이성의 더 진전된 실행이며, 난해한 사례에서만 요청된다. 어려운 사례의 온당한 해결이 도덕적 숙고의 목적이며, 잘못된 해결도 가능하다. 효과적인 숙고를 위한 능력은 도덕적 성숙의 표시이며, (극소수가 성취하는) 지혜의 소유를 나타낸다.

6. 지혜는 잘 수행된 삶, 폭넓은 도덕적 경험, 성숙한 반성의 열매이다. 그래서 어리거나 혹은 악한 사람에게 기대할 수는 없다.

도덕적 합리성에 관한 전통적 이론은 이 전통적 도덕 심리학을 일부 설명한다. 예를 들어, 위의 1에서 "필요한 이성의 능력"에 대한 분명한 후보는 객관적으로 좋음에 관한 지각의 획득이다. 혹은 아마도 단지 객관적으로 좋은 것으로 어떤 것을 지각하는 것이다(전통적인 "옳음과 그름 사이에 차이를 아는 것"과 비교해보자. 그것은 영국의 법에서 형사 책임의 지표로 취급되어 사용된다). 마찬가지로, 표 14.1의 IV에서 서술된 도덕 추론에서 실천은 더 좋은 것을 만든다. 그것은 더 현명하고 더 좋게 되는 것을 구성할 수 있다. 그리고 표의 II, III, IV는 무도덕적인 어린 시기로부터 (기대하는) 연령과 지혜의 충족에 이르는 생애 발달의 경로를 제안한다. 그것은 철학적 확충과 경험적 확충 모두를 요청한다. 여기서 그 주제를 전개할 공간이 없다. 그러나 이러한 전통적 도덕 심리학 및 도덕적 합리성에 관한 전통적 설명은 철학, 발달심리학, 신경과학에서 인간의 도덕성을 이해하려 할 때 협동을 위한 풍부한 가능성을 연합하여 제공한다. 그 두 설명은 더 많은 철학적 탐구와 경험적 탐구를 요청하는 많은 문제를 함께 제시한다. 여기에 몇 가지가 있다.

1. 우리는 객관적으로 좋은 것, 그리고 그러한 객관적으로 좋음에 관한 지각을 어떻게 획득하는가? 그것은 언어에 의해 어느 정도 중재되는가?[4] 이 중재란 무엇인가? (만약 그렇다면) 왜 도덕적 책임은 이것에 달려 있는가?

---

4. 아마 상태-공간 도덕성에서 언어의 위치에 관한 6장의 Andy Clark의 제안이 여기서 도움을 줄 것이다

2. 덕을 산출하는 "이성" 이란 무엇인가, 그리고 어떻게 그렇게 하는가? 이것은 이전의 것과 같은 질문인가? 이에 관해 심리학과 철학은 아리스토텔레스를 해석하고 발전시키기 위해 서로 도울 수 있는가? (예를 들어, 『니코마코스 윤리학Nicomachean Ethics』 II.5에서 아리스토텔레스의 언급을 고려해 보자. 공정하고 온화하게 되기 위해서는, 단순히 공정하고 온화한 사람이 한 것을 하는 것이 아니라, 그가 한 것**처럼** 해야 한다. 이것은 철학자를 감동시키지는 않지만, 아마 철학적 분석에 상응하는 실천적 충고일 것이다. 전통적인 교육적 실천과 비교해 보자. 르네상스 시대의 왕자들은 스스로 고대의 본보기를 모델링하여 덕을 획득하도록 촉구되었다. 자신을 그 본보기라고 상상하고 자신의 상황에서 그 본보기가 할 것을 봄으로써 그렇게 한다. 환언하면, 단지 그들이 한 것을 하는 것이 아니라, 그들이 한 것**처럼** 하는 것이다. 이것은 최근 심리학이 이론화한 가상 체험이다.)

3. "도덕적 경험" 이란 무엇인가? 단순히 도덕에 관한 경험은 아닌 것 같다. 도덕 이성과 도덕적 경험은 어떤 관계를 갖는가? (여기 모성적 지혜로부터의 제안이 있다. 청소년기에, 나의 어머니는 자식들이 완전히 행복한 삶을 살기 원하지 않는다고 말씀하셨다. 그렇게 되면, 자식들은 사람이 배워야 하는 것을 배울 수 없을 것이고, 본질적인 도덕적 경험을 결여할 것이라고 말씀하셨다. 이제 나는 어머니의 뜻을 알 것 같다. 아이를 버릇없게 만드는 것과 비교해 보라.)

4. 도덕적 반성의 목적은 무엇인가(그것은 정확히 무엇을 성취하는가)? 그것의 본질/구조는 무엇인가(어떻게 그것을 성취하는가)? 그 방법(그 내용/구조)과 목적(그것이 성취하는 것) 사이에는 어떤 종류의 관계가 있는가?

5. 질문 4에서 "반성" 을 "숙고" 로 대치해 보라.

6. 지혜란 무엇인가?

7. 도구적 실천이성은 그 일을 어떻게 하는가? (예를 들어, 다음에 서술된, 형태 전환으로 일반화할 수 있는 은유적 변형 같은 인지 책략을 사용하는가? 여기서 연결주의적 모형이 도움을 줄 수 있는가?)

8. 왜 도덕적 불일치는 불가피한가? 그것은 실천이성의 과업 구조와 관련되는가?

여기서, 칸트적 이론과 비교하면 어떤가? 그것은 전통적 도덕 심리학을 얼마나 잘 설명하는가? 이러한 문제에 착수하기 전에, 선행하는 문제를 고려할 필요가 있다. 즉, 그것을 해야 하는가? 표 14.1의 왼쪽 칸과 전통적 도덕 심리학 사이에는 분명 일치하는 것이 있다. 어느 정도 전통적 동기화를 제안한다. 그러나 나는 앞에서 칸트적 이론의 의도 부분이 **새로운** 도덕 심리학을 수립했다고 했다. 그럴 수도 있다고 생각하기 위해서는, 사례에 적용할 필요가 있다. 여기 도덕적으로 가치 있는 행위를 (조건에 의해) 예시하는 실례가 있다.

제브뤼헤Zeebrugge 연락선 참사의 생존자가 그 사건이 일어난 후에 라디오 인터뷰에서 그 경험을 회상하기 위해 초대되었다. 그는 난파선(당시 배의 측면이 크게 침수된) 밖으로 아내와 아이가 빠져나오도록 어떻게 노력했는지 설명했다. 그들이 어둠 속에서 더듬거리고 있을 때, 그들처럼 출구를 찾고 있던 다른 사람들이 합류했다. 복도 벽(이제는 바닥)을 따라 나가다가, 그들은 열려 있는 문에 이르렀다. 하지만 뛰어넘기에는 너무 넓었다. 시체가 떠 있는 물이 아래서 소용돌이 치고 있었다. 아내와 아이를 구하기 위해, 그 생존자는 단단한 발판이 될 것을 찾을 때까지 틈을 더듬거렸다. 그런 다음 그는 자신을 틈 사이에 놓고 그의 아내와 아이가 그를 다리/디딤돌로 사용할 수 있도록 받침대가 되었다. 함께 온 다른 사람들도 같은 방식으로 그를 이용했다. 생존자의 이야기는 이 지점에서, 다음과 같은 취지의 인터뷰 진행자의 말에 의해 중단되었다. "왜 당신은 그렇게 하도록 했나요? 결국, 당신의 아내와 아이가 안전하게 건넜는데, 왜 다른 사람을 위해 계속 있었나요?" 그 생존자는 이 질문에 조금 당황한 것 같았다. 잠시 후, 그는 가볍게 웃으며 말했다. "음, 말장난 같지만, 우리는 모두 같은 배에 있었어요."

나는 이 사례에 대한 칸트적 설명을 다음과 같이 제안한다. 아내와 아이를 구할 때, 그 남자는 그들을 구하려는 욕구에 의해 동기화되었다. 즉, 그 남자는 아내와 아이가 그 틈을 건너기를 원했다. 그래서 그들을 위한 다리로 행동한 것은 욕구에 의해 유발되었다. 그래서 (도덕률을 따랐다 하더라도) 도덕적 가치는 없다. 그러나 다른 사람을 위한 다리로 남았을 때, 그는 같은 방식으로 욕구에 의해 강제되지 않았다. 오히려 그는 "다른 사람이 필요로 할 때, 그들을 도와주라"라는 준칙에 따라 행동했다. 그것은 그가 실천을 위한 지침으로서 이전에 자유롭게 채택한 것이다. 그는 자연의 보편 법칙으로 그것을 의욕할 수 있다고 지각했기 때문이다. 즉, 합리적 존재로서 바로 그 지각이 그 준칙에 따라 행동하도록 동기화했다. 말하자면, 그것은 잠재적으로 동기화하는 힘으로서(안에서 사는, 자유롭게 선택된 법칙 부여자로서) 그의 마음에서 준칙을 수용했다. 그래서 그는 다른 사람에게 필요한 것을 보았을 때, 그들을 도왔다(그의 말은 다른 사람의 요구가 아내나 아이의 요구와 같은 것이라는 것을 인식했음을 가리킨다). 이 모든 것으로 인해, 그가 다른 사람을 도운 것은 도덕적 가치를 갖는다.

먼저 도덕적 합리성에 관한 전통적 이론이 주관적 좋음과 객관적 좋음의 지각 차이로 제시한 것에 주목해 보자. 두 지각은 모두 반드시 지각에 대한 욕구를 낳는다. 칸트적 설명은 욕구와 이성의 차이로서 제시한다. 욕구와 이성 모두 의지를 결정함으로써 행위를 유발할 수 있다. 그러므로 칸트적 설명에서, 욕구는 밀기이지 당기기가 아니다. 전통적 설명에서처럼, 욕구는 좋음으로 보이는 대상을 향하여 끌어당겨지는 것으로 구성된다. 반면 칸트에게, 도덕 심리학의 경험적 영역에 있는 욕구는 비합리적 밀기이다. 정당하게 검사된 도덕원리는 합리적 밀기인 반면, 의도하는 대상은 주변부가 될 것이다. 객관적으로 좋음의 매력은 합리적 충동 형식으로 바뀐다. 즉, 정언적 명령은 논리가 강제하는 신념으로 합리적 의지를 결정한다. 실제로 그 설명은 사랑이 중심 유비이고, 행위를 대상에게 접근하는 것으로 만들고, 행위의 명료도가 동기화의 명료도와 분리할 수 없도록 하는 콤플렉스 도덕 심리학을 대치한다. 그것을 메마른 물리주의와 강제적인 것이 대신한다. 거기서 행위는 심리적 충동에 의해 전해진 움직임으로 간주되며, 행위의 명료도는 동기화의 명료도와 분리된다. 즉, 여기서 지배적 유비는 제거적 유물론에 길을 열어준 뉴턴의 당구공이다.

나는 칸트가 흄의 도덕 심리학을 거부했다고 했다. 그러나 이제 철학적으로 더 근본적인 수준에서, 칸트는 흄의 도덕 심리학을 공유한 것 같다. 적어도 행위의 철학은 같은 것으로 보이며, 아마 경험적 도덕 심리학의 구조 역시 그럴 것이다. 칸트는 이제 흄에게서 많은 것을 인정할 수 있다. 칸트에게 경험적 세계는 도덕성이 거주하는 곳이 아니기 때문이다. 경험계에서 우리는 자유롭기보다는 결정되기 때문이다.

만약 이것이 옳다면, 칸트적 도덕 발달을 경험적으로 조사한 콜버그적 시도는 터무니없는 것이다. 그들이 조사한 것이 무엇이든, 그것은 칸트적 도덕 발달이 아니다. 그러한 것이 가능한지조차 불확실하다. 칸트적인 도덕적 가치는 전부 혹은 전무, 예측불허의 일과 같기 때문이다. 즉, 법칙에 대한 존경에서 행위하는 사람도 있고 그렇지 않은 사람도 있기 때문이다. 그러므로 도덕적 삶은 (순간적으로) 도덕적 행위자가 되려고 분투하는 문제, 아마 특별한 도덕적 시도에 점수를 매기는 문제가 된다. 어떤 사람이 지속할지 알 수 없으며, 그리고 더좋은 분명한 행위 방식이 불분명한 문제가 된다. 만약 이러한 도덕 심리학이 경험적 영역에 있는 어떤 것을 설명한다면, 그것은 죄 의식이었던 루터적 양심이 될 것이다. 그것이 예정적으로 결정된 것인지 선택된 것인지도 불확실하다. 그러나 칸트에 따르면, 도덕성의 집은 그곳이 아니다. 도덕적 가치는 이성에 거주하며, 경험적 조사의 범위를 넘는다. 단지 인지적 능력이 아니라 인지, 의지, 행위 사이에서 경험적으로 접근할 수 없는 관계로 구성되기 때문이다. 바로 그것이 칸트가 인정하고 수용한 난해한 의미에서 진정으로 도덕적 행위를 만드는 것이다.

도덕성과 성

이처럼 경험적 도덕성으로부터 급진적 퇴각을 유발한 것은 무엇인가? 분명 대부분의 답은 관념의 역사, 철학의 인식론적 전환, 그리고 칸트 자신의 비판철학에 의해 만들어진 특별한 문제에 있다. 그러나 나는 칸트의 도덕적 사고에는 잘 인식되지 않은 또 다른 영향이 있다고 생각한다. 즉, 18세기의 성적 연관성이다.[5]

나는 앞에서 이성과 감정 사이에서 이루어진 18세기 도덕철학의 양극화를 다루었다. 많은 여성주의 저자들은(Lloyd 1984; Jordanova 1980) 철학에서 인간성-동물성, 오성-감각, 추상-구체, 특수-일반, 성숙-미숙, 이론-실천(그리고 물론 남성성-여성성)에 관련된 양극에 주목했다. 루드밀라 조다노바Ludmilla Jordanova(1980)는 한 이분법에서 다른 이분법으로의 일련의 은유적 변형을 통해 (사고의 구조를) 조직하면서, 그러한 이분법은 사고 구조로 수립된다고 주장한다.

> 우리의 전체 철학 체계는 자연 현상과 사회 현상을 상반된 특성으로 서술한다. 각 극단은 자체의 역사를 갖지만, 또한 다른 이분법과 관련된 의미로 전개된다. 예를 들어, 교회와 국가, 도시와 지방이라는 쌍은 성적 차이, 그리고 자연과 문화에 대한 암시도 포함한다. 이분법의 설정에는 늘 변형이 일어난다. 그러므로 남성/여성은 단지 공유된 행렬의 한 쌍일 뿐이다. 그리고 이는 이분법을 고립되거나 자발적인 것으로 볼 수 없다는 관점을 강화한다.[6]

여기서 조다노바는 성적 이분법을 나머지 다른 이분법과 같은 수준으로 간주하는 것 같다. 그러나 혹시 그렇지 않다면, 왜 전체 구조는 전적으로 이분법인가? 아마 생물학적으로 거의 보편적인 이분법(즉, 성적 차이)의 중력 때문일 것이다.

조다노바는 이러한 이분법적인 은유적 연합 형성에 영향을 미친 18세기 의학을 조사한다. 그것은 성적 차이와 많이 관련된다. 그녀에 따르면, 부드러움(여성성의 핵심적 특성)은 문자적으로는 신체적 약함을 설명하기 위해 여성 신체의 체질에 적용되었고, 비유적으로는 민감한 감성 및 "과민성과 망상으로부터의 고통" 같은 전형적인 여성의 특성 표시로서 여성의 신경 체계에 적용되었다. 그리고 은유적으로는 지적 열등과 사회적 의존의 상징으로 적용되었다.

칸트의 초기작인 『미와 숭고의 감정에 관한 고찰』에서 여성에 할당된 동일한 설정을 발견할 수 있다. 널리 알려졌듯이, 루소는 『에밀*Emile*』에서 교육 원

---

5. 이 주제에 관한 더 확장된 논의는 Khin Zaw(1992)에 있다.
6. Jordanova(1980, 43).

리로 성에 의한 차별을 공표한다. 마찬가지로 칸트도 철저히 18세기의 관습적 노선에 따라 남성과 여성의 지성을 구분한다.

여성은 남성만큼이나 지성을 갖추고 있다. 그렇지만 그것은 단지 **아름다운 지성**일 따름이다. 반면에 남성의 지성은 **심오한 지성**임이 분명하다. 그것은 숭고함과 동일한 의미를 지닌 표현이다. 특히 행위가 용이함 자체를 보여 주고 또 그 어떤 고뇌 없이도 행위가 이루어지는 듯 보인다는 것은 모든 행위의 아름다움에 속한다. 이에 반해 수고로움과 과중한 어려움은 감탄을 자아내며 이는 숭고함에 속한다…. 아름다운 지성은 세련된 감정과 유사한 모든 것을 자신의 대상으로 삼으며, 유용하지만 무미건조한 추상적 사변이나 지식을 지속적이고도 근원적이며 심오한 지성에 양도한다. 그러므로 여성은 기하학을 배울 수 없을 것이다…. 여성의 아름다운 본성을 더욱 북돋아주기 위해 그들에게 기회를 주려는 매 순간마다… 사람들은 여성에게 기억력이 아닌 그들의 모든 도덕 감정이 확장될 수 있게끔 해주고자 한다. 더욱이 이런 노력은 보편적인 규칙에 의해서보다는 그들 자신이 스스로에 관해 살펴볼 때 얻을 수 있는 몇몇 판단들에 의해 이루어질 것이다…. 차갑고도 사변적인 앎이 아니라 언제나 느낌, 더욱이 여성의 성별적 관계와 긴밀한 것일 수 있는 느낌이다…. 당위로부터의 그 어떤 것도, 강제로부터의 그 어떤 것도, 그리고 채무로부터의 그 어떤 것도 이와는 다른 것이다…. 그들은 단지 자신들의 마음에 든다는 이유만으로 행위하며, 좋다고 여겨지는 그것을 그들의 마음에 들게 하는 데서 예술은 성립한다…. 나는 여성이 원리들을 만들어 낼 수 있다고는 믿지 않는데, 이에 대해 그들이 불쾌하게 여기지 않기를 바란다. 왜냐하면 남성에게서는 이런 특성들이 거의 드러나지 않기 때문이다. 그러나 섭리는 이미 여성들의 품에 선량하고도 상냥한 느낌과 단정함을 위한 세련된 감정, 그리고 정중한 영혼을 가져다주었다.[7]

여기서 칸트는 루소와 버크Burke를 따라, 의학자에 의해 구성된 신체적 영역에

7. Kant(1960, 78-81).

서 조다노바가 찾은 동일한 이분법과 은유적 변형을 도덕적 영역과 지적 영역으로 전환한다. 칸트에게 "아름다움"은 의학에서 "부드러움"이 수행하는 역할을 한다. 루소 역시 남성과 여성의 지적 능력을 구분한다.

추상적이고 사색적인 진리, 원리, 과학적 이치, 관념의 일반화에 속하는 모든 요구는 여성의 능력 밖에 있다. 여성의 공부는 전적으로 실천적인 것과 관계되어야 한다. 그 것은 남성에 의해 수립된 원리를 적용하는 것이고, 남성이 원리를 수립하는 것을 관찰하는 것이다…. 나약하며 세상 밖의 것을 전혀 보지 못하는 여성은 그들의 나약함을 지원하도록 하는 동력을 이해하고 평가한다. 이 동력은 남성의 열정이다.[8]

나아가, 루소는 도덕성의 내용조차 성별로 구분되어야 한다고 생각했다. 즉, 엄격한 성실은 에밀에게 함양되어야 한다. 그러나 여자아이는 드러내놓고 무시할 수 없는 규칙을 빠져나가는 충분한 교활함을 갖도록 조장되어야 한다.[9] 이것은 칸트에게 다른 방법으로 아마도 더 급진적인 것을 성취하는 방식을 제시한 것 같다. 진 그림쇼Jean Grimshaw는 이렇게 지적한다. 칸트는 『도덕 형이상학 정초』이후 진정한 도덕적 가치(이성, 보편적 법칙, 원리)와 연합한 특성을 남성에게 할당한다. 그리고 여성에게는 진정한 도덕적 가치가 아닌 것(친절한 감성, 동료애, 좋은 감정)을 할당한다.[10] 그러나, 나는 조금 다르게 제시하고자한다. 칸트의 후기 저작에서는 그가 초기 저작에서 남성에게 할당한 특성을 도덕적 가치로 할당한다. 그리고 초기에 여성에게 할당한 특성을 도덕적 가치의 결여로 할당한다. 도덕철학은 상징적으로 관련된 일련의 이분법에 비중을 두게 된다.

또한 여성의 도덕교육은 실천적인 도덕적 합리성에 관한 전통적 설명에 의해 권고된 노선을 따랐다는 것에 주목해야 한다. 그에 따라 정확히 덕을 스며

---

8. Rousseau(1951, bk. 5, 488; 나의 번역).

9. Rousseau(1951, bk. 2, 93ff., 462-4).

10. Grimshaw(1986, 49).

들게 하는 예술은 "즐거운 것을 만드는 예술… 그것이 선이다"로 구성된다. 만약 이것이 도덕원리의 여성적 해석이라면, 그 이분법은 남성적 해석을 심오한, 추상적인, 사색적인 난관과 힘든 고생을 극복하는 영역으로 이동시킬 것이다(그것은 칸트의 순수 실천이성 읽기에 관한 상당히 좋은 서술이다). 반면, 여기에 여성의 실천이성에 관한 루소의 서술이 있다.

> 만약 당신이 곤란함에 처한 사람을 보고 싶다면, 비밀스러운 관계를 가진 두 여자 사이에 한 남자를 두어보라. 그런 다음 그 남자가 얼마나 바보 같은 지를 관찰하라. 같은 상황에서 두 남자 사이에 한 여자를 두어보라. 어찌 봐도 흔한 사건이다. 당신은 그녀가 두 남자의 추적을 피하면서 서로 웃게 만드는 기술에 놀랄 것이다…. 그래서 남자들은 그의 몫을 가졌다고 행복해하고, 그녀가 항상 자신에게 관심 있다고 생각한다. 하지만, 실제로 그녀는 단지 자신에게만 관심이 있을 뿐이다…. 만약 그것이 빈틈없이 처리되지 못하면, 변덕이 물리칠 것이다. 그리고 그것은 그녀가 기술적으로 조제한 변덕이다. 그 기술은 그녀의 노예들을 묶어 놓기 위해 더 강하게 족쇄를 채우는 기술이다. 매 순간 남자의 심정에서 일어나는 것을 보기 위해 자세히 지속적으로 관찰한다. 그리고 그녀의 입장에서 그것을 멈추거나 서두르도록 하는 힘이라고 감지한 모든 은밀한 동요에 적용하기 위해 자세히 지속적으로 관찰을 한다. 이것이 아니라면, 이 모든 기술은 어디에서 왔는가? 여기서, 이것은 학습된 기술인가? 아니다. 여자는 그것을 타고나며, 늘 가지고 있다. 그리고 남자는 결코 그 정도로 가질 수 없다. 그것은 성의 두드러진 특성 중 하나이다. 마음의 냉정, 간파, 상세한 관찰은 여성의 과학이다. 그것을 사용하는 기술은 여성의 재능이다.[11]

사람들은 도덕 추론을 그러한 전개로부터 거리를 두고자 하는 욕구(칸트의?)에 공감할 것이다. 그러나 아마도 성적 연관성과 메마른 물리주의적 심리학은 도구적 추론 역시 그 영광을 가진다는 것을 그에게 숨긴다. 이제 다른 사례를 비

---

11. Rousseau(1951, 485-6; 나의 번역).

교해 보자. 여기 실천이성의 최고의 전형적 인물을 기술하는 투키디데스가 있다. 즉, 위대한 아테네의 장군 투키디데스.

> 투키디데스는 오해의 여지 없이 타고난 천부적 재능을 보여 준 사람이었다. 이 측면에서 그는 상당히 예외적이었고, 감탄을 받을 만한 다른 모든 사람을 능가했다. 주제를 미리 공부하거나 나중에 숙고하지 않고, 단지 타고난 지성만을 사용하여, 긴 토의 없이 즉석에서 해결해야 할 문제에 대한 옳은 결론을 내리는 능력을 가졌다. 그리고 발생할 수 있었을 것 같은 것을 평가할 때, 미래에 관한 그의 예측은 항상 다른 사람의 예측보다 더 신뢰할 수 있었다. 그는 익숙한 모든 주제를 완벽하게 잘 설명할 수 있다. 그리고 자신의 분야를 벗어나도 그는 뛰어난 견해를 제시할 수 있었다. 특히 그는 미래를 보는 데 뛰어났고, 거기에 감춰진 선 혹은 악의 숨겨진 가능성을 보는 데 뛰어났다. 그를 몇 마디로 요약하자면, 천부적 재능을 통해, 그리고 행위의 신속함을 통해, 정확히 옳은 순간에 정확히 옳은 것을 하는 데 최고였던 사람이라고 말할 수 있다.[12]

위대한 장군이 루소가 말한 파리의 요부와 얼마나 많은 특성을 공유하는지에 주목해 보자. 그녀 역시 정확히 옳은 순간에 정확히 옳은 것을 하는 데 있어 최고이다(물론, 그녀의 목적 달성을 위해 옳은 것이지만, 장군 역시 마찬가지다). 그리고 그녀는 미리 그 주제를 연구하거나 혹은 나중에 그것을 숙고하지 않고도 즉시 그렇게 한다. 하지만 그녀와 관련된 문제(지금 여기서 두 남자와 행복을 유지하는 것)는 분명 긴 토의를 허용하지 않기 때문에, 오직 타고난 지성을 사용한다. 성공하기 위해, 이렇게 행동하고 저렇게 말한다면 발생할 것에 관한 그녀의 평가는 장군의 평가만큼 신뢰되어야 한다. 분명히 그녀 역시 친구들에게 익숙한 주제를 설명할 수 있고(남자들의 열정), 남자들의 열정에 대해 **빼어난** 견해를 제공할 수 있다. (특별한 남자의 열정을 인간의 열정으로 일반화하면, 여기에도 루소의 관점

---

12. Thucydides(1979, 117).

이 적용될 수 있음에 주목하자. 여성은 소설가로서 뛰어났다. 서구 문화에서 소설은 남성에 비해 여성이 열등하지 않은 것으로 가정하는 소수의 예술 중 하나이다. 실제로 여성들의 특별한 특성으로 간주된다.) 반대로, 그 장군이 전투가 한창일 때 올바른 명령을 내려야 한다면, 그는 마음의 냉정, 간파, 정확한 관찰 등을 지녀야 한다. 이는 그 요부와 마찬가지다. 그는 (싸우고 있는 남자의 마음을 포함하여) 전쟁의 한가운데서 무엇이 발생할지를 계속해서 보아야 하기 때문인데, 군대의 진퇴가 필요하다고 지각한 모든 초기 변화에 적용하는 방식으로 그렇게 해야 한다. 결국, 둘 다 천성적으로 타고난 힘과 신속한 행위로 그들이 한 것을 달성한 것으로 서술된다.

도구적 실천 추론에서 여성의 특별한 기질에 관한 루소의 언급이 옳다고 가정해 보자. 전통적 도덕 심리학과 전통적 실천 추론에 따르면, 이는 여성에게도 덕과 지혜를 성취할 수 있는 더 좋은 기회를 제공할 것이다. 이것이 최근의 이론에서 그 견해가 많이 나타나지 않는 이유가 될 수 있을까?

감사의 글

이 장은 세인트 앤드류 대학의 철학 및 공공문제 센터Centre for Philosophy and Public Affairs에서 연구하는 동안에 썼다. 이 논문을 완성할 수 있도록 연구 기간을 연장해 준 연구소장 존 홀데인 교수에게 특별히 감사를 표한다. 그리고 세인트 앤드류 대학 도덕철학과의 지적 자극, 격려, 그리고 관대한 환대에도 감사를 표한다.

참고 문헌

Aquinas, St. Thomas. 1922. *Summa Theologica*. Translated by the Fathers of the English Dominica Province. London: Burns, Oates and Washbourne.

Beauchamp, T. L., and J. F. Childress. 1989. *Principles of Biomedical Ethics*. Oxford: Oxford University Press.

Cixous, H., and Catherine Clément. 1987. *The Newly Born Woman*, Manchester: Manchester University Press.

Glover, Jonathan. 1982. *Causing Death and Saving Lives*. Harmondsworth: Penguin Books.

Grimshaw, Jean. 1986. *Feminist Philosophers*. Brighton: Wheatsheaf.

Haldane, John. 1989, "Metaphysics in the Philosophy of Education." *Journal of Philosophy of Education* 23. no. 2.

Hume, David. 1978. *A Treatise of Human Nature*. Edited by L. A. Selby-Bigge. Oxford: Oxford University Press.

Jordanova, Ludmilla J. 1980. "Natural Facts." In *Nature, Culture and Gender*. Edited by C. MacCormack and M. Strathen. Cambridge: Cambridge University Press.

Kant, Immanuel. 1933. *Critique of Pure Reason*. Translated by Norman Kemp Smith, London: Macmillan.

Kant, Immanuel. 1953. *Groundwork of the Metaphysics of Morals*. Translated by H. J. Paton, as *The Moral Law*. London: Hutchinson.

Kant, Immanuel. 1960. *Observations on the Feeling of the Beautiful and the Sublime*. Translated by John T. Goldthwaite. Berkeley and Los Angeles: University of California Press.

Kant, Immanuel. 1977. *Critique of Practical Reason*. Translated by L. W. Beck. Indianapolis: Bobbs-Merrill.

Khin Zaw, Susan. 1980. "The Case for a Cognitive Biology." (Commentary), *Proceedings of the Aristotelian Society*, supplementary volume.

Khin Zaw, Susan. 1992. "Love, Reason and Persons." *Personalist Forum* 8. no 1.

Khin Zaw, Susan. In press. "Locke and Multiculturalism: Toleration, Relativism and Reason." In *Multiculturalism and Public Education: Theory, Policy, Critique*. Edited by

A. Evenchik and R. Fullinwider. Cambridge University Press.

Lloyd, Genevieve. 1984. *The Man of Reason*. London: Methuen.

O'Neill, Onora. 1989. *Constructions of Reason*. Cambridge: Cambridge University Press.

Rousseau, Jean-Jacques. 1951. *Emile*. Paris: Classiques Garnier.

Thucydides. 1979. *The Peloponnesian War*. Translated by Rex Warner. Harmondsworth: Penguin Books.

15. 도덕적 행위와 책임

생물학이 전하는 이야기

헬렌 롱기노

I

인간 행위의 생물학적 측면에 관한 연구에는 광범위하고 다양한 프로그램들이 포함된다. 그 프로그램에서 설정한 가설에는 인간 본성에 관해 매우 다양한 개념들이 반영된다. 성적 차이, 공격성, 범죄, 윤리적 행위, 인지에 관한 문헌에는 인간 행위에 관한 개념 및 설명의 목적에서 현저한 불일치가 드러난다. 과학철학자로서 나는 행동 내분비학behavioral endocrinology과 발달 신경생리학developmental neurophysiology 연구를 이해하는 데 논의의 초점을 맞춰 탐구한다. 이 두 분야는 여러 가지 큰 차이가 있지만, 행위를 뇌의 역할로 특징짓는 공통의 관심이 있다. 1980년대 중반부터 후반에 걸친 많은 행동 내분비학 연구는 생물학자 루스 도엘Ruth Doell과 내가 선형 모형linear model이라 부른 것으로 특징지어진다. 이 설명의 틀에서 동물을 대상으로 하는 실험 연구는 인간에게 확대된다. 그리고 행위, 의도, 책임은 하드웨어에 내장된 신경조직으로 흡수된다(그리고 대치된다). 발달 신경생리학의 많은 프로그램 중에서 나는 신경 집단 선택neuronal group selection 이론에 큰 관심을 가지고 있다. 이 프로그램에서 의도성(혹은 의도성에 필요한 의식의 수준)의 설명은 타당성의 기준으로 간주된다.

나는 두 연구 프로그램을 충분히 제시할 것이다. 행위와 인성이라는 극히 상반된 개념이 이들 프로그램에서 어떻게 통합되는지를 보여 주기 위해서이다.

나의 궁극적 목적은 경험과학만이 실제 행동과 의도 문제를 결정할 수 있다는 가정을 의심하는 것만은 아니다. 이와 더불어 도덕철학자들이 그들에게 제시된 인지과학과 도덕 이론 사이의 화해 형식을 거부하는 이유도 제시할 것이다. 폴 처치랜드처럼, 나도 신경학 및 인지과학 자체가 전통적 도덕 이론의 적은 아니라고 생각한다. 그리고 달갑지 않은 유입으로 느껴지는 것에 대한 최선의 방어는 신경학이 제시하는 것을 더 많이 아는 것이라고 생각한다.

내가 논의하려는 두 프로그램을 실제로 관점별로 비교할 수는 없다. 두 프로그램은 행동에 대한 뇌의 역할과 기능에 관한 것이며, 발달의 국면을 밝히려는 측면이 있다. 그러나 행동 내분비학은 행동 복합체behavioral complexes의 발달을 이해하는 데 관심을 두는 반면, 발달 신경생리학은 신경 구조와 기능 발달에 관심을 둔다. 그러므로 정확한 연구 대상은 상당히 다르다. 즉, 행동 내분비학은 행동, 생리적 상태, (우선적으로 피하) 뇌 해부학 사이의 상호관계에 관심을 둔다. 발달 신경생리학은 신경 구조의 특징, 뇌 발달, 피질 기능 사이의 상호관계에 관심을 둔다. 이들 하위 영역에서 연구자들은 상이한 질문을 연구 주제로 설정한다. 이는 공유된 관심 영역 속에서 상이한 분야로 분리된다. 그렇지만 비교 연구도 가능하다. 나는 확고한 도덕 행위의 개념에는 의사 결정이나 의도 형성 같은 것이 포함된다고 본다. 의사 결정과 의도 형성은 우선 자신이 승인한 가치, 원리, 욕구, 신념에 근거한다. 그리고 결정, 혹은 의도 만족으로 서술된 행위를 낳는 데 효과적인 것에 근거한다. 이러한 행위에서 뇌의 역할에 관한 생물학적 설명이 그 개념들을 얼마나 지지할 수 있는가?[1] 이것은 비교 가능한 질문이다.

---

1. 다음 부분은 이 이론에 관한 Longino(1990)의 논의를 참조하여 확충한 것이다.

II

행동 신경내분비학behavioral neuroendocrinology에서 선형 모형은 뇌 조직을 통해 출생 이전의 생리적 상태가 출생 이후의 행동에 영향을 미친다는 모형이다.[2] 연구자들은 출생 이전 혹은 분만 전후의 내분비 상태와 그 이후 행위를 연관지으려 한다. 또한 뇌 조직의 특성을 내분비 상태와 관련시킨다. 그리고 뇌의 다양한 특성의 크기, 혹은 뇌의 다양한 영역에서 호르몬 수용체hormone receptors 분배에 따른 호르몬 노출exposures의 인과적 영향을 실험적으로 입증하려 한다. 이렇게 관찰된 호르몬 노출 효과는, 신경회로neuronal circuitry를 수립하거나 혹은 자극에 대한 반응의 신경역neuronal threshold 수준을 설정함으로써, 호르몬이 뇌를 조직한다는 증거로 간주된다. 여기서 (대개 그 자체가 유전적 구조인) 뇌 조직은 출생 이전 혹은 분만 전후의 호르몬 노출에 의해 시작된 고정적이고 환원 불가능한 순차적 과정의 산물로 생각된다. 그러므로 유기체는 특정 자극에 대해 제한된 범위에서 반응하도록 프로그램된다. 해당 범위에서 산출될 행위를 결정하기 위해 사회적 요인을 포함한 환경 요인들은 뇌 조직과 상호작용할 수 있다(그림 15. 1).

전형적인 연구에서, 테스토스테론testosterone(남성 호르몬의 일종)이 처치된 실험용 쥐는 우리cage에 들어온 낯선 쥐를 공격한다. 그 빈도는 조직의 결정적 시기 이전에 성선 절제(性腺切除, gonadectomized) 되었거나 내부에서 테스토스테론을 분비하지 않은 쥐보다. 훨씬 많다. 마찬가지로, 결정적 시기에 에스트로겐estrogen(난포 호르몬)에 노출되면, 다른 쥐가 나타났을 때 수용적인 성적 자세를 취한다는 가정으로 연결된다. 이러한 사회적 행동은 하드웨어에 내장된 뇌 조직과 환경이 상호작용한 산물이다. 환경은 자극 및 행위 조절자modulator로 작

---

2. 선형 모형에 대한 논평, 연구 보고, 가정들은 Goy and McEwen(1980) 그리고 DeVies et al. (1984)에서 찾을 수 있다. 행동 신경내분비학의 최근 연구는 Becker, Breedlove, Crews(1992)의 논문에서 재검토되었다. 이 자료에서 선형 모형의 적합성 정도는 저자에 따라 다양하게 나타난다.

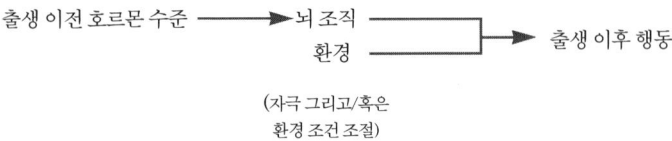

그림 15.1
출처: Longino, *Science as Social Knowledge*, Reprinted with the permission of Princeton University Press.

용한다. 특정 호르몬-행동 산출 계열hormone-behavior productive sequences은 종에 따라 매우 다양하게 수립된다. 이 접근에서 행위는 그 산물로 취급된다는 점이 중요하다. 그것은 행동주의의 분류 방법들을 생물학으로 통합한다. 그 이론이 인간에게 확장되면, 개인적 의도나 자아의식 같은 것에 호소하지 않고도 행위를 설명하는 방식을 제시한다. 그 이론이 인간 행위의 한 영역에 적용된 것이 성 역할 행위라고 추정할 수 있다(그림 15.2).

성 역할 행위 표현은 성적 차별성 유형의 일부로 나타난다. 성적 차별성은 염색체에서 출발하여 해부학과 생리학으로 확장된다. 그 차별성은 직접 생식에 필요한 구조적 요소뿐 아니라 뇌와 신경계도 포함한다. 공격적인 사람도 있고, 그렇지 않은 사람도 있다. 애정을 가지고 양육하는 사람도 있고, 그렇지 않은 사람도 있다. 트럭을 가지고 노는 아이도 있고, 인형을 가지고 노는 아이도 있다. 이것은 그들이 자신에 대해 어떻게 생각하는지 혹은 이러한 행동을 유도한 상황에 대해 무엇을 생각하는지의 문제가 아니다. 즉, 그것은 의도의 문제가 아니라, 그들이 통제할 수 없는 생리학적, 해부학적, 환경적 조건의 문제다.

이 설명의 기본 형식은 성 역할 행위에 한정되지 않는다. 실제로 성별, 혹은 성차 행위는 단지 평계일 수 있다. 성적으로 차별되는 행위 체계에 대한 생물학자(그리고 정신생물학자)의 관심은 이중biomodal 내분비 상태와 관련된 이중 행위 연구의 기회 제공에 있다. 이것은 일반적으로 호르몬의 인과적 영향을 연구하기 위한 이상적 모형이다. 성은 탐구의 우연적 대상이면서 본질적 대상이다. 동일한 형태의 상관관계를 나타내는 모든 체계가 그렇기에 우연적이다. 그러

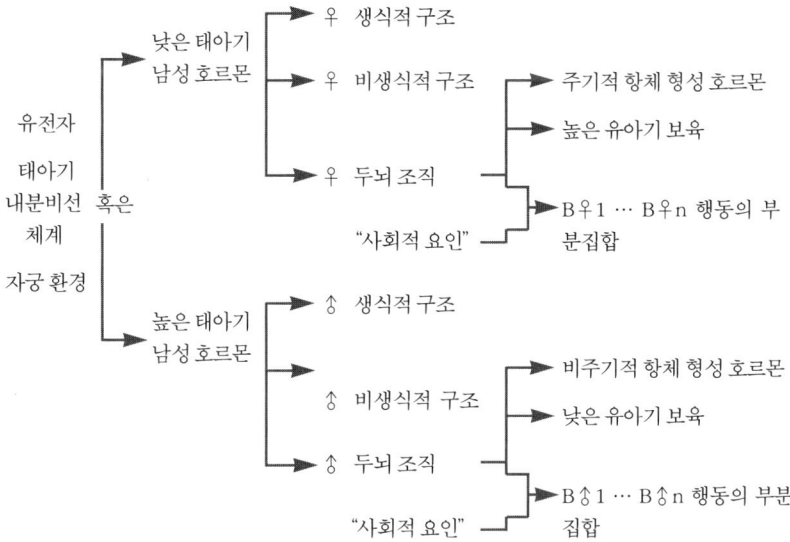

그림 15.2

From, Longino, *Science as Social Knowldge.* Reprinted with the permission of Princeton University Press.

한 체계가 필수적이기 때문에 본질적이다. 특히 생식 행위 같은 성적으로 동종 이형의 체계는 필수적 특징을 제공한다.

행동 내분비학에서 선형 모형은 성차 행위에 대해 가장 진전된 것이다. 하지만, 연구자들은 그 모형의 일반적 형식을 다른 영역으로 확장시키려고 했다. 다른 영역에는 윤리적 행위가 포함된다. 이제 쥐를 대상으로 한 에스트로겐 주기cycle에 관한 도널드 파프Donald Pfaff의 빼어난 연구(Pfaff 1980)는 표준이 되었다. 또한 그는 인간 가치의 신경생물학적 기원에 관해 과감한 의견을 제시했다 (Pfaff 1983). 이 논문에서 파프는 윤리적 행위의 예로 상호 협동reciprocal cooperation을 다루었다. 그는 상호 협동은 네 단위modules로 분석될 수 있다고 주장했다. 그리고 그가 주장한 단위는 매우 직접적인 신경생리학적 용어로 설명될 수 있다고 했다. 즉, (1) 행위를 표상하기, (2) 그 결과를 기억하기, (3) 자신과 그 결과를 연결하기, (4) 그 결과를 평가하기. 파프에 따르면, "그 실행을 위해 대뇌 신피질neocortex을 요구하는 신경 운동 활동motor acts이 포함된 장소를 제외하면, 윤리적 행위는 일련의 비교적 원시적 단계로 구성된다. 특히 긍정적 혹은 부정적 보상과의 연합에서, 대뇌변연계limbic system와 뇌간brainstem의 신경학적으로 원시적인 세포조직들이 결정적 역할을 한다"(Pfaff 1983, 149). 그러므로 그 구성 단계를 적절히 분해하면, 윤리적 행위는 생물학적 분석이 가능한 생식 행위와 유사하다.

각 단위의 토대가 되는 신경 체계에 관한 파프의 독특한 주장은 논란의 여지가 있다. 그러나 그의 설명이 행위의 재개념화를 제시한 것은 중요하다.[3] 상호 협동 사례는 일련의 생리학적 단계의 결과이다. 행동으로 분석하면, 결과적으로 상호 협동은 다른 유기체의 움직임에 대해 특정 관계를 나타내는 일련의 움직임이다. 상호 협동으로 분류될 수 있는 것은 그 관계를 나타내며, 따라서 협동의 규칙에 의해 서술될 수 있기 때문이다. 하지만 개인의 행위가 그 규칙을 따르거나 상호 이익이나 상호 행위를 유도하려고 의도하기 때문에 그렇게 분류되는 것은 아니다. 파프의 기술에서, 규칙(그가 보편적 윤리로 분류하는 "다른 사람이 당신에게 하기를 바라는 것처럼 다른 사람에게 하라"는 규칙)을 따른다는 생각은 설명에서 배제된다. 하지만 비트겐슈타인 등이 알려주었듯이, 규칙으로서 가치 있는 규칙은 따를 수도 있고 따르지 않을 수도 있는 것이고, 파기될 수도 있는 것이다. 여기서는 유기체가 그 규칙을 따를 것인지 결정하거나, 혹은 주어진 상황에서 어떤 규칙을 적용할지 결정하거나, 혹은 상충하는 도덕적 요구를 분류하는 것은 전혀 문제가 되지 않는다. 만약 어떤 쥐의 행동이 다른 쥐의 행동과 필요한 관계를 나타내면, 쥐도 사람처럼 도덕적일 수 있다.

생물학자만 도덕적 행위의 본능적 특성에 관한 이야기를 할 수 있는 것은 아니다. 사회 행동학자인 제임스 윌슨James Q. Wilson 및 고故 리처드 헤른스타인 Richard Herrnstein은 개별적으로 그리고 공동으로 범죄 행위와 도덕적 행위에 관한 이론을 제시하기 위해 다양한 사회생물학적 연구 결과를 통합했다. 『범죄

---

3. 예를 들어, 기억에서 대뇌변연계의 역할 정도는 여전히 조사 중이며, 파프가 할당한 가중치를 포함하는 것 같지 않다.

와 인간 본성*Crime and Human Nature*』(Wilson and Hermstein 1985)에서, 그들은 범죄 행위에서 구조적 요인과 유전적 요인의 영향을 주장한다. 그들은 범죄 성향의 높은 유전율heritability을 보여 주는 쌍둥이와 입양아 연구 자료와 더불어, 신체 유형, 인성, 비행과 관련된 자료를 인용한다. 그들은 유전율을 사회적인 것이 아니라 유전적인 것으로 간주한다. 더불어, 남자들이 폭력 범죄의 다수를 차지한다는 사실은 범죄 행위의 경향성이 생물학적 근거에 있다는 생각을 지지하는 데 사용된다.

　나아가 윌슨은 이러한 개념들을 범죄와의 관계가 아니라 소위 "도덕감moral sense"이라는 동정, 의무, 공정, 자율에 대한 일련의 생득적 성향과 연관지으려 한다(Wilson 1993). 첫 번째 책에서, 범죄 행위의 경향성은 기본적 충동을 생리학적 방식으로 통제할 수 없었던 것이라고 강하게 제안했다. 반대로 도덕감을 구성하는 성향은 그 토대인 "친사회적" 본능에 근거한다. 윌슨은 정상적인 경우 사람들은 자기 본위의 충동을 억제할 수 있다고 한다. 범죄와 도덕감은 모두 (파프가 동일한 체계로 인용한) 대뇌변연계라는 동일한 뇌 영역에서 발생하기 때문이다. 그는 이 의견을 지지하는 폴 매클린Paul MacLean의 가정을 인용한다. 매클린은 띠 모양의 뇌회(腦回, gyrus)에는 사회성을 유도하는 감정 상태가 포함된다고 추정한다(MacLean 1985).

　파프처럼, 윌슨도 도덕적 행위의 원인을 탐구한다. 특히 대뇌 신피질에 근거하는 보다 고차적 인지 상태를 우회하는 원인을 탐구한다. 파프와 윌슨 모두 숙고를 비교적 낮은 수준의 과정으로 환원시키는 설명의 틀을 개발한다. 그 대부분은 피질 하에서 수행될 수 있다. 그러므로 대뇌변연계에서 실현되는 단순 욕구의 패러다임 속에 포섭된다. 윤리적 행위는 원리에서 선택된 행위, 혹은 옳음과 좋음이나 개인에게 승인된 다른 목적을 실현하는 행위라는 지위를 상실한다. 즉, 행위로서의 지위를 상실한다. 대신 그것은 옳음과 그름에 관한 저자 혹은 저자가 속한 문화의 취향에 따른 행위가 된다. 윤리적 행위를 이해하는 문제는 욕구된 행동을 산출하는 문제(어떤 간섭이 그 빈도를 증가시킬 것인지를 아는 문제)가 된다. 행위와 책임의 개념에 관해 함의하는 바는 분명하다. 그것은

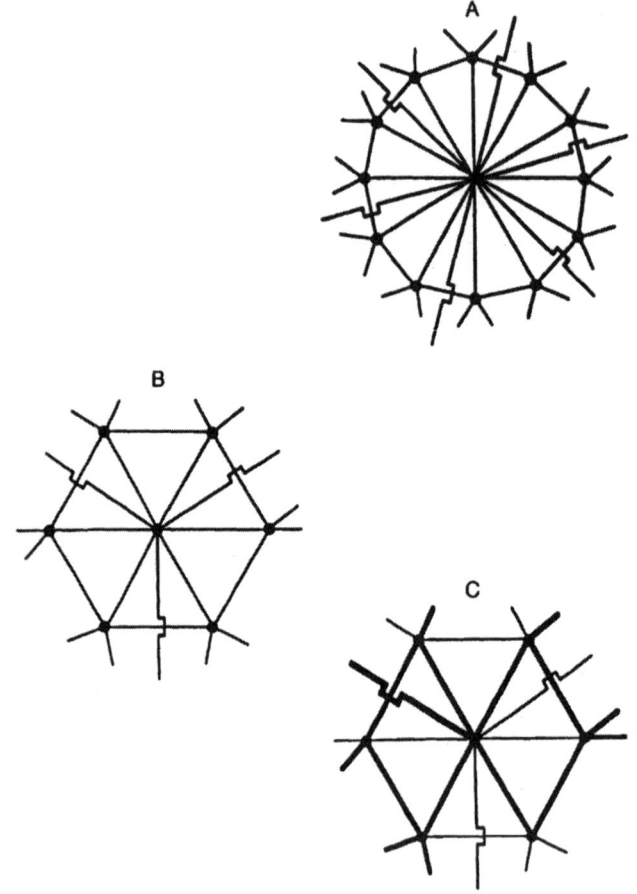

그림 15.3

From Longino, *Science and Social Knowledge*. Reprinted with the permission of princeton University Press.

전통적 이해처럼 더 이상 인간의 행위로 특징지어지지 않는다. 결정은 개인의 신경계에서 비롯된다. 그러나 의식적 추론, 평가, 숙고를 포함하는 고차적 인지 처리 과정이 실현되는 신경계 부분은 아니다. 오히려 그것은 자궁에서 결정되는 기능적 구조 부분에서 비롯된다. 그리고 개인의 성숙 과정에서도 고착된다. 그러므로 의사 결정은 의식적 숙고와 반성에 의해 지배되지 않는다. 이러한 전환의 결과로 인해 책임과 행위는 동작으로 축소된다. 고차적 수준의 인지 현상은 기껏해야 부수적 현상이며, 최악의 경우에는 행위를 초래하는 신경 처리 과정과 관련된 착각이다.

매우 상이한 접근이 최근 발달 신경생물학에서 수행된 다른 연구 프로그램에서 수립되었다. 신경 집단 선택 이론theory of neuronal group selection(TNGS)은 외피질cortical 발달에 관한 것이다. 특히 인간을 특징짓는 고차적 수준의 인지 작용을 설명하거나 계산하려는 관점으로 전개된다.[4] 이 이론에는 구조적 측면과 기능적 측면이 모두 포함된다. 주된 구조적 주장은 다음과 같다. 외피질 뉴런(신경단위)은 집단(신경해부학자에 의해 확인된 피질원주cortical column)으로 조직된다. 이 집단의 내적 시냅스(신경세포의 자극전달부) 결합 유형은 집단별로 상이하다. 그리고 외적인 집단 간 결합 형태는 유사하지만 동일하지는 않다. 그리고 결합 형태는 여러 집단들이 일정한 전달 집단으로부터 동일한 신호를 받는 것을 보장한다. 그 집단들 사이에서 내적 결합과 외적 결합의 차이는 그 신호를 상이하게 사용함을 의미한다.

기능적으로, 그 이론은 두 가지 기본 과정을 가정한다. 즉, 선택과 재입력력reentrant 신호화이다. 선택은 집단 간 결합성을 발달시키는 기제이다. 뇌가 형성될 때, 그 집단들은 서로 조밀하지만 약하게 연결된다. 내적·외적 집단 간 결합성은 이러한 기존의 연결로부터 선택된다. 그림 15.3은 하나의 세포 집단과 다른 집단과의 결합성 발달 단계를 매우 개략적으로 나타낸 것이다.

첫 번째 단계(15.3a)는 초기 세포 집단들이 유전적으로 결정된 체계를 나타낸다. 이 단계는 결합 및 세포 집단들의 수에서 광범위한 중복성redundancy을 특징으로 한다. 두 번째 단계(15.3b)에서는 에델만Edelman이 일차 목록primary repertoire이라 부른 구성이 나타난다. 이 표현은 시행착오 과정에 의해 신경계가 "연결되어" 특정 시냅스 결합은 강화되는 반면, 다른 결합들은 쓸모없어져

---

4. 그 이론을 가장 지지하는 연구자는 Jean-Pierre Changeux(1985)와 Gerald Edelman(1987, 1989; Edelman and Mountcastle 1978)이다. 인지심리학으로의 결합은 Johnson(1993)의 몇몇 논문에서 전개된다. 여기서의 논의는 에델만의 연구에 근거한다.

서 무용하게 기능하기 시작한다. 선택되지 않은 세포 집단들과 시냅스 결합들은 체계에서 사라진다. 세 번째 단계(15.3c)는 이차 목록secondary repertoire이라 부른 기능적 결합 형성을 나타낸다. 이 수준의 결합은 일차 목록에 대한 이차 선택 과정의 결과에 의해 경험 과정에서 발생한다. 이 과정은 시냅스나 세포 집단들의 제거보다는 한 세포 집단에 의해 주어진 신호 형태에 대한 반응의 증폭이나 억제로 구성된다. 이차 목록은 인지과학의 결합론에서 가정되는 그물망에 상응한다. 그리고 그 형성 과정도 유사한 것으로 가정된다.

  이차 목록은 수행에서 변화한다. 인간에게 충실히 기능하는 신경 체계는 생후 처음 2년 동안 지속적으로 발달한다. 어떤 결합은 계속해서 반복적으로 제공된 강화를 통해 매우 안정적으로 된다. 반면 일부는 변화하는 경험에 반응해서 지속적으로 형성되고 재형성된다. 이차 목록에서 지속되는 풍부한 중복성은, 세포 집단들의 상이한 조합에서 동일인이 상이한 시간에 동일한 신호 형태로 반응할 것을 의미한다. 그리고 상이한 세포 집단들과 망 활성화 유형은 상이한 개인의 뇌에서 동일한 인식 기능의 수행을 의미한다. 더불어 에델만은 적절히 기능하는 이차 목록의 형성 후에도 이차 목록의 추가 발달을 위해 많은 일차 목록이 계속 남아 있다고 가정한다. 특히 이는 추가 학습을 위한 많은 유연성과 기회를 의미한다. 기능적 결합은 기회주의적으로 발달하기 때문에, 기억 및 뇌의 다른 작용은 특정 뇌 영역에 정치되거나 할당되기보다는 분배되는 것으로 생각된다.

  의식 혹은 인식은 에델만이 "위상 재등록phasic reentry"이라 부른 작용이다. 각 신경 단위neuronal 집단은 신호를 받고 전달하는 처리 단위이다. 집단은 시상 신경핵thalamic nuclei 같은 비외피질noncortical 영역과 다른 외피질 집단으로부터 신호를 받는다. 재입력 신호화는 집단 그리고 집단들의 (지도maps로 알려진) 집단에서 발생한다. 이것은 원래 신호가 수용 집단에 의해서 처리되고, 이후 들어오는 신호와 함께 원래 수용자에게 재입력되거나 재전달된다. 이 과정은 시간적으로 연속적인 신호들과 다양한 감각 양상들의 연합과 수평적 통합을 가능하게 한다. 그리고 하위수준(혹은 덜 처리된) 신호와 고차 수준(즉, 더 처리된)

신호의 수직적 통합을 가능케 한다. 이 신경단위 집단의 지속적인 다단계화된 재입력 신호화는 자신의 환경 특성을 범주화하고, 자아와 비자아를 구분할 수 있게 한다. 그리고 궁극적으로는 더 높은 수준의 의식을 출현시킨다.

선형 모형 틀 속에서 전개되는 다른 이론과 달리, 신경 집단 선택 이론 (TNGS)은 구체적 행위를 설명하지 않는다. 그리고 그러한 설명이 그 이론의 목적도 아니다. 논점은 문제된 행위를 산출하는 생리학적 충분조건의 이해가 아니다. 논점은 일반적인 방식으로 지적, 반성적, 자의식적인 창조적 행위에 필요한 신경생리학적 과정을 이해하는 것이다. 그렇지만 신경 집단 선택 이론으로 가능한 설명 형식을 반성할 수는 있다. 그 이론은 비반사성 행동nonreflex behavior(자아, 행위, 세계, 자신에 대한 행위 결과의 표상을 포함한 의도적 행동)과 우선적으로 관련된다. 그 행동 사례들은 외피질에서 신경단위 상호작용의 복합체계 출력으로 이해될 수 있다. 그 이론은 경험과 행위 그리고 (재입력 부호화 기제를 거친) "자기 입력들self-inputs"의 역할에 반응하는 신경망의 계속적 변성 alteration을 가정한다. 그것은 외부 발생 신호에 대한 과거 연합(기억)뿐 아니라 행위 기원의 자아 표상도 나타낸다. 그러므로 (사회적 경험을 포함한) 경험과 자아 이미지에는 고도로 발달된 외피질을 가진 종들의 행동에 관한 생물학적 설명 구조 안에서 주요한 역할이 주어진다.

더 고차적인 뇌 기능에 집중한 이론가들은 인간 종에게만 고유한 것으로 알려진 행위에 초점을 맞춘다. 그 복잡한 인지 활동에는 서사시와 소설에서 긴 서사의 구성, 교향곡의 작곡, 논증 불가능한 수학적 공리의 구성이 포함된다. 이 목록에는 도덕적 반성과 비판에 참여하는 것도 포함될 것이다. 인지 및 의도의 위치는 경험과 상호작용하여 고유한 혹은 개인적으로 상이한 특성으로 발달하기 때문에, 제한이나 결정보다는 다형잠재성multipotentiality이 행동에 대한 생리학적 기여 특성으로 나타난다. 행동을 매개하는 뇌의 역할을 이해하기 위한 이 접근에서는 행위와 책임을 모두 그 사람에게 돌린다. 환경에 대한 뇌의 가소성과 반응성 강조는 처리된 사회적 영향의 역할을 허용한다. 뇌를 생리학적, 환경적, 기억, 그리고 자기 입력을 통합한 것으로 이해한다. 그래서 생리학적, 환경적, 기억, 벡터의 선형적 합계보다는 그 통합의 결과로서 의사 결정과 행위를 이해한다. 이것은 의식의 생물학적 본성이나 자아 형성에서 사회적 상호작용의 역할을 부인하지 않으면서 행위의 통제를 개인적 배경으로 둔다.

III

나는 이러한 이야기에서 어떤 주의점을 도출하려고 하는가? 경험과학이 도덕 이론과 무관하다는 것은 분명 아니다. 도덕철학자들이 (예를 들어, 실제 도덕 추론의 형식 혹은 도덕 개념의 발달 과정에 관한) 경험적 전제, 가정, 혹은 주장을 하는 경우, 인지과학과 신경과학은 차별되는 방식으로 정보를 제공하거나 교정할 것이다. 신경과학자들은 판단 능력, 기제, 습관에 관한 우리의 이해에 도전하거나 확장할 것이다. 하지만 전제의 검토는 상호적 활동이다. 철학자들은 신경과학자의 철학적 전제를 검토하는 역할을 지속적으로 수행한다. 나는 선형 호르몬 모형과 신경 집단 선택 이론이 전개되는 한, 도덕적 행위가 나타나는 정도는 그 개입 정도라는 것을 제안했다. 암시적이든 명시적이든, 인간 행위의 본질에 관해 극단적으로 상반된 전제는 나름의 설명을 형성해 왔다. 즉, 전제 없는 경험적 탐구 결과로는 나타나지 않는다. 그러므로 첫째, 나는 해당 분야에서 탐구 프로그램의 다양성을 적절히 검토하지 않고 철학적 문제에 경험과학의 결론을 적용하는 것을 경고한다. 철학적 탐구와 과학의 관계는 하나로 다른 하나를 무비판적으로 전유하기에는 너무도 복잡하다.

둘째, 철학자들이 과학에서 발생한 문제로부터 구성한 이론의 용도는 해당 영역에서 가지고 있던 문제와 상당한 차이가 있다. 뿐만 아니라, 과학 내에서도 차이가 있다는 것을 경고한다. 설명의 관심에 따른 이 불일치는 전통적 도덕철학자들과 이 학회에 참여한 과학에 정향된 철학자들 사이에 주된 긴장을 불러일으킨다.

행동 신경내분비학의 선형 이론과 발달 신경생리학의 집단 선택 이론은 기본적으로 그 설명 목적이 다르다. 선형 모형에서 설명 대상은 행동이나 개인의 행동 성향이다. 그리고 유전적으로 결정된 생리학적 사건에 의해 조직된 뇌의 특정 영역에 (전형적인 신경운동 출력으로 서술되는) 특정 행동이 의존한다는 주장과 연결되는 인과법칙의 전개가 목적이다. 성차로 추정되는 행동의 경우, (대개) 뇌의 기능적 구조는 유전적으로 결정된 상이한 호르몬 노출을 기록한다(첫 번째 법칙). 그리고 그 구조를 사용하여 아동과 성인 행동에서 출생 전 호르몬 수준의 영향을 전달하는 구조 매체를 기록한다(두 번째 법칙). 도덕적 행위의 영역에 적용될 때, (모형의 지지자에게) 이 모형은 뇌의 특정 영역에 도덕적이거나 비도덕적인 것으로 확인된 특정 행동이 의존하는 것으로 가정된다. 이 영역들은 유전적으로 결정된 생리적 사건에 의해 특정 방식으로 특정 자극에 반응하여 조직된다. 이 모형은 왜 한 집단의 사람들은 도덕적으로 행동하는 반면에 다른 집단은 그렇지 않은가 하는 문제에 답하려고 한다. 이 문제에 대한 답은 원하지 않는 행동을 감소시키고 원하는 행동을 증가시키는 조정 기술의 발달에 유익하고, 실제로 필요하다. 하지만, 그것이 도덕성을 설명하지는 않는다고 불평할 권리를 도덕철학자들은 당연히 가질 것이다. 그것은 옳음과 좋음의 개념에 관한 체계적 반성과 비판을 대신하지도 않는다. 경험과학이 그렇게 할 수 있다고 가정하는 것은 단지 과학주의의 오류를 범하는 것이다.

단지 사람들이 무엇을 하는지가 도덕성의 영역은 아니다. 사람들은 그들이 한 것을 어떻게 생각하는지, 그리고 선형 이론가들이 설명하고 있는 행동이 어떻게 도덕적이거나 비도덕적으로 불리게 되었는지, 그것이 우리에게 무엇을 의미하지, (선, 덕스러운, 충성스러운이라는) 명칭이나 어원이 구체적 행위 과정에 참여하거나 참여하는 것을 금지하는 개인이나 집단의 결정과 어떻게 관계되거나 관계되어야 하는지 등에 관한 것이다. 그리고 일부 도덕 이론가들에게는 "도덕"이 의미하는 것이 상세화되어, 도덕적 행위를 구성하는 것을 분명히 하는 것도 포함된다. 도덕적 행위 수행의 일부인 이러한 현상들은 고차적 수준의 인지적 처리 과정을 포함한다. 그 처리 과정은 분명히 신경 집단 선택 이론 혹은 그 이론이 속한 이론 집단에서 (인지적 처리 과정의 특정 부분만이 아니라, 그러한 과정을 사용하는 능력 자체를) 설명하려고 시도하는 것이다. 도덕적 행위의 구성 능력 같은 능력들의 생물학적 기질은 어떻게 작용하는가라는 질문에 답하는 것이 신경 집단 선택 이론이 설명하려는 목표이다. 이러한 생물학 이론들은 거기에 모든 철학적 문제를 남겨둔다. 또한 왜 어떤 사람들은 특정 방식으로 행동하고(예를 들어, 이기적으로), 다른 사람들은 다른 방식으로(예를 들어, 비이기적으로) 행동하는지 그 이유에 관한 인과적 문제를 남겨둔다. 만약 인간이 확고한 의미에서 도덕적 행위자라면, 그 이론이 생물학적 기질에 관하여 말한 것은 그 문제에 대해 법칙 같은 생물학적 답을 제시할 수 없음을 함의한다. 혹은, 적어도 출생 이전의 생화학적 사건에 호소하지 않음을 함의한다.[5]

분명하든 아니든, 각 이론적 접근은 인간 행위에 관한 어떤 개념을 밝히는 탐구 프로그램을 형성한다. 이 개념은 특정한 종류의 질문은 허용하지만 다른 것은 배제한다. 초기 구성에 따라, 연구와 실험은 그 밑그림을 충족하기 위해 설계될 수 있다. 선형 모형이 도덕 영역으로 확장되는 방식은 도덕성을 이해하기 위한 철학적 탐구와 무관하다는 것을 함의한다. 해석적 탐구와 분석적 탐구라는 전제를 부인하기 때문이다. 반면, 신경 집단 선택 이론은 전통적인 철학적 접근의 전제를 일부 공유한다. 그러나 숙고, 의도, 행위의 기제에 보다 미묘한 차이가 있는 이해를 제공해야 할 것이다. 그것이 철학적 문제를 논의하는 언어를 변화시키고 확장시킬 수는 있지만, 철학적 문제를 제기하지는 않는다.[6]

과학은 해당 주제에 접근하는 다양한 방식을 제공한다. 그래서 우리는 처음으로 직면한 생물학 이론이 우리의 철학적 자본을 위태롭게 하지 않을까 염려하게 될 것이다. 특히 신경과학의 초기 발달 단계에서는, 적어도 처음에는 우리의 확신을 충분히 잠식할 수 있는 다른 이론이 임박한 것 같기 때문이다. "인지과학"에서 "과학"에 비중을 두는 경우도 마찬가지라고 할 수 있다. 과학주의에 대한 최선의 방어는 과학의 거부가 아니라 더 과학적으로 되는 것이다.

---

5. 물론 그 이론은 의도성의 정도 확인, 그리고 전부는 아니라도 일부 생물학적 정도 차이에 대한 설명에 의미를 부여하는 방식으로 전개될 것이다. 그러나 이것은 다른 설명의 문제이다.
6. 물론 전통적인 철학적 관심에 대해 이 이론들이 우호적인지 비우호적인지가 그 이론의 참이나 거짓에 대한 논증은 아니다. 그러나 나의 관점에서 보면, 그 범위에서 이론의 평가는 단순히 가설 검증의 철학적 모형이 제안하는 것보다는 더 복잡하다.

참고 문헌

Becker, Jill, S. Marc Breedlove, and David Crews, eds. 1992. *Behavioral Endocrinology.* Cambridge, Mass.: MIT Press.

Changeux, Jean-Pierre. 1985. *Neuronal Man: The Biology of Mind.* New York: Pantheon.

DeVries, G. J., J. P. C. DeBruin, H. B. M. Uylings, and M. A. Corner, eds. 1984. *Progress in Brain Research*, vol. 61: *Sex Differences in the Brain.* Amsterdam: Elsevier Press.

Edelman, Gerald. 1987. *Neural Darwinism*, New York: Basic Books.

——. 1989. *The Remembered Present.* New York: Basic Books.

——. and Vernon Mountcastle. 1978. *The Mindful Brain.* Cambridge, Mass.: MIT press.

Goy, Robert, and Bruce McEwen. 1980. *Sexual Differentiation of the Brain.* Cambridge, Mass.: MIT Press.

Johnson, Mark H. ed. 1993. *Brain Development and Cognition.* Oxford: Basil Blackwell.

Longino, Helen E. 1990. *Science as Social Knowledge.* Princeton: Princeton University Press.

MacLean, Paul D. 1985. "Brain Evolution Relating to Family, Play, and the Separation Gall." *Archives of General Psychiatry* 42: 405-17.

Pfaff, Donald. 1980. *Estrogens and Brain Function.* New York: Springer-Verlag.

——. 1983. "The Neurobiological Origins of Human Values." In *Ethical Questions in Brain and Behavior: Problems and Opportunities.* Edited by Donald Pfaff. New York: Springer-Verlag.

Wilson, James Q. 1993. *The Moral Sense.* New York: Free Press.

——, and Richard Herrnstein 1985. *Crime and Human Nature*, New York: Simon and Schuster.

16. 계획하기와 유혹

마이클 브래트먼

I

우리는 많은 행위를 조직한다. 그 행위는 행위자의 삶 속에서 시간의 흐름에 따라 조직되며, 사람들 사이에서 조직된다. 오늘 아침 나는 자전거를 수리하기 위해 차고에서 연장을 챙기기 시작했다. 내일 아들과 자전거 여행을 가려고 계획했으므로 먼저 자전거 수리가 필요하다는 것을 알았기 때문이다. 연장을 챙기기 직전에, 나는 다음 주에 있을 필라델피아 여행을 위해 전화로 표를 주문했다. 다음 주에 필라델피아에서 친구와 만나기로 계획하고 있었기 때문이다. 별일 없다면, 이 행동들은 별도로 조정되고 조직된 연쇄적 행동들의 일부가 될 것이다. 각 연쇄에는 나와 다른 사람이 조정한 행동들이 포함될 것이다. 또한 이러한 연쇄들 역시 서로 조정될 필요가 있다. 이처럼 (동일 행위자의 여러 행동들 사이에서, 그리고 여러 행위자들의 행동들 사이에서) 행동 조정은 삶의 핵심이다.

우리는 어떻게 이 조직에 도달하는가? 계획하기에 관한 상식적인 생각에서 어느 정도 설득력 있는 답을 찾을 수 있을 것이다. 우리가 계획하는 행위자라는 것은 자아에 관한 상식적 개념 중 하나이다(Bratman 1983, 1987). 우리는 장래에 해야 할 일을 결정함으로써 부분적으로 (개인적 그리고 사회적) 조정에 도달한다. 그러한 결정을 통해, 더 먼 미래에 하려고 결정한 것을 적절히 지원하는 방식으로 보다 가까운 미래의 행동을 형성하려고 한다. 대개 계획하기를 통해 그렇게 한다.

예를 들어, 나는 다음 주에 필라델피아에 가기로 결정한다. 그 결정은 내게 가려는 의도를 부여하며, 그 의도는 상세히 계획하는 문제를 제기한다. 즉, 어떻게 그곳에 도착할 수 있을까? 나의 선행 의도는 상세한 계획을 짜는 데 도움을 준다. 즉, (비록 그곳에 도달하는 여러 방법에만 관련된 선택지이지만) 선행 의도는 관련성을 검토하고, 계획하기에서 고려된 선택지들을 걸러낸다. 예를 들면, 대신 시카고로 가는 선택지를 배제한다. 의도가 충분히 안정적이어서 재고되지 않는다면, 적어도 이것은 나의 의도가 작용하는 방식이다. 이렇게 작용할 때, 선행 의도는 특정 선택지들은 포함하지만 다른 선택지들은 고려에서 배제하는 이유를 설명하는 데 도움을 준다.

우리는 왜 조정을 위해 안정된 의도와 계획을 필요로 하는가? 우리는 왜 단순히 행동할 때마다 계산하지 않는가? 현재 특정 방식으로 행동한다면, 미래에 우리와 다른 사람이 할 행동을 잘 예측하도록 하는 것은 무엇인가? 이에 관한 답이 허버트 사이먼Herbert Simon의 연구(1983)에 반영되어 있다. 즉, 우리는 추론과 계산을 위해 적절하게 쓸 수 있는 시간과 주의라는 자원에 중대한 한계를 가진 행위자이다. 이러한 자원의 한계로 인해 (실천적 문제를 해결할 때 이전 결정을 다루지 않고) 항상 처음부터 다시 시작하는 전략은 분명 난관에 부딪힌다. 두 번째, 관련된 답으로는 조정은 예측 가능성을 요구하고, 계획하는 행위자의 행동은 더 쉽게 예측된다는 것이다.[1]

다음 주에 필라델피아에서 만나려면, 친구는 내가 그때 그곳에 있을 것이라고 예측할 필요가 있다. 내가 그때 그곳에 있으려고 계획하고 있다는 사실이 그렇게 예측하도록 한다. 다음 주에 내가 필라델피아에 있을 것이라는 친구의 예측은 나의 심오한 가치에 대한 상세한 지식에 근거할 필요는 없다. 또는 내가 방금 전 출발했으리라고 복잡하게 계산한 예측에 의존할 필요도 없다. 친구는 지금 내가 가려고 계획하고 있고, 그 계획이 나의 행동을 정상적으로 통제

---

1. Velleman(1989, 225ff.)도 유사한 관점을 제시한다.

할 것을 알고 있다. 그것은 정상적인 상황에서 친구의 예측을 지지하기에 충분할 것이다.

단지 나는 친구나 아들과의 조정만을 필요로 하는 것은 아니다. 시간의 경과에 따라 나 자신의 활동을 조정할 필요도 있다. 여기에는 흔히 나중에 특정 방식으로 행동할 것이라는 가정에 근거하여, 현재 특정 방식으로 행동하는 것이 포함된다. 내가 연장을 다시 사용할 것이라고 확신하지 않는다면, 차고에서 그 연장을 아무렇게나 사용할 것이다. 내가 행위를 계획하는 것이 다른 사람이 나를 더 잘 예측할 수 있도록 하는 것과 마찬가지로, 그것은 또한 나 자신을 더 잘 예측하도록 한다. 그래서 시간의 경과 속에서 나의 여러 행동들을 조정하도록 한다.

나는 이러한 계획하기를 의도라는 현상의 핵심으로 본다. 이것을 의도의 계획하기 이론planning theory of intention이라 부른다.[2] 여기서 나는 의도와 계획하기에 관한 이 관점 및 최근의 (경우에 따라 굴복하기도 하고 극복하기도 하는 현상인) 유혹에 관한 심리 이론의 관계를 탐구한다. 특별히, 나는 정신병리학자 조지 에인슬리George Ainsli의 연구에 관심이 있다. 특히 중요한 그의 최근 저서(Ainslie 1992)에 관심이 있다. 그는 소위 "의지력을 위한 기제mechanism for willpower"(144)를 서술하고자 한다. 그의 논의는 매력적이며 설득력 있지만, 결국 의도와 계획을 충분히 진지하게 다루지는 못했다.

II

내가 밤마다 클럽에서 피아노를 연주하는 사람이라고 해보자. 나는 매일 밤 공연 전에 포도주를 좋아하는 친구와 저녁 식사를 한다. 그 친구는 매일 밤 저녁

---

2. 나는 단순한 처방전으로서의 계획과 "하려고 계획하기"라는 의미에서의 계획을 구별한다. 첫 번째 의미에서 나는 양고기 요리를 위한 계획을 가질 수 있지만, 요리하기를 전혀 의도하지 않을 수도 있다. 두 번째 의미에서 계획은 의도를 포함한다. 즉, 어떤 것을 하려고 계획한다면, 나는 그것을 하려고 의도하는 것이다.

식사에서 내게 좋은 포도주를 권한다. 그리고 (나 역시 좋은 포도주를 사랑하기 때문에) 매일 밤 포도주를 마시고 싶은 유혹을 느낀다. 그러나 나는 음주 후 피아노 연주가 힘들다는 것을 알고 있다. 차분히 생각하면, 저녁 공연에서 수준 높은 피아노 연주가 저녁 식사에서 포도주를 즐기는 것보다 분명히 더 중요하다.[3] 실제로, 매일 아침 그날 겪게 될 시험을 생각하면, 분명히 포도주의 거절을 선호한다. 그러나 친구와 저녁 식사를 하는 매일 초저녁에는, 자신이 포도주 쪽으로 기우는 것을 발견한다. 그래서 포도주를 마신다면, 나의 행위는 유혹에 넘어간 사례이다.

오스틴Austin은 "자아 통제력을 잃고 유혹에 굴복하여 파멸"하지 말라고 경고했다(1961, 146). 대체로 에인슬리도 동의할 것이다. 그의 관점에서 보면, 유혹에 넘어갔을 때 행동 통제력을 상실한 것은 아니다. 행동할 당시 자신의 선호에 따라 행동을 통제한 것이다. 그러나 이 선호는 다른 시간에 자신의 중심적 선호와는 부합하지 않는다. 나는 이 이야기를 개괄적으로 제시하고자 한다.

흔히 우리가 단지 미래에 있다는 이유로 좋은 것을 경시한다는 생각에서 시작해 보자. 경쟁 대상과 비교된 좋음의 선호 척도로서, 특정 시간 특정 좋음의 유용성을 생각해 보자. 시간적 감소에서, 내일 확실히 얻게 될 좋음이 갖는 오늘 나에 대한 유용성은 분명 내일 갖게 될 유용성보다는 적다. 그리고 이 유용성의 차이는 오직 시간적 차이에서만 비롯된다. 예를 들어, 지금 빌은 아이스크림보다 케이크를 선호한다. 그러나 내일의 케이크보다는 지금의 아이스크림을 선호한다. 빌이 케이크를 선택한다면, 이 선호 변화가 내일 케이크를 얻

---

3. 에인슬리는 더 좋은 피아노 연주의 보상이 포도주를 마시는 보상보다 크다는 말로 이 점을 제시한다. 거기서 보상은 쾌락주의적인 것으로 이해된다. 그러나 여기서 핵심 논제는 그러한 쾌락주의적 접근에 달려 있지 않기 때문에, 나는 그것을 피하고자 한다.

이전 혹은 이후의 날에 포도주를 마시려는 유혹에 저항하든 아니든, 특정한 저녁에 더 좋은 피아노 연주의 "보상"이 저녁 식사에서 포도주를 마시는 보상보다 더 크다는 에인슬리의 말에도 주목해야 한다. 다른 날 밤에는 서툴게 연주하더라도, 단 하루 특정한 날 저녁에 피아노를 잘 연주하는 것이 헛수고는 아니다. 이러한 특성은 대부분 에인슬리 사례에 관한 논의에서 성립한다(예를 들어, 그의 책 3장의 표 3.3~3.5 참조). 그리고 나의 논의에서는 그것을 당연한 것으로 받아들인다.

게 될지에 관한 불확실성에서 비롯된 것이 아니라 후식을 얻게 되는 시간의 차이에서만 비롯된 것이라고 해보자. 그러면 빌의 사례는 시간적 감소의 한 사례이다.

그 경우, 우리는 감소율(미래 좋음의 유용성이 오직 미래에 있다는 지각에 의해 감소되는 비율)을 언급할 수 있다. 그러한 시간적 감소는 비합리적일 것이다.[4] 하지만 에인슬리를 포함한 많은 사람들은 그것이 널리 퍼져 있다고 본다. 그렇다면 우리가 유혹에 넘어가는 특정 사례를 예상할 수 있다. 예를 들어, 감소율이 매우 가파르면, 저녁 식사에서 그날 밤 연주를 잘하는 유용성은 실제로 식사 후의 그날 밤 유용성으로 축소될 것이다. 저녁 식사에서 포도주를 마시는 유용성은 이후 밤 연주를 잘하는 유용성 이상이 될 수 있다. 저녁 식사에서의 행동이 그러한 선호에 따라 결정된다면, 나는 포도주를 마실 것이다.

이 이야기는 유혹에 넘어가는 사례를 제시한다. 그러나 그 이전 낮에는 포도주가 아니라 분명히 훌륭한 연주를 선호한 이유를 설명하지는 못한다. 에인슬리에 따라, 그 감소율이 선형적이든 지수적이든 포도주에 대한 감소율이 피아노 연주에 대한 감소율과 같다고 해보자. 저녁 식사에서 포도주를 마시는 것을 정말로 선호한다고 해보자. 그러면 나는 저녁에 포도주를 마시는 것을 아침에도 선호할 것이다. 단지 시간적 감소에만 호소하면, 저녁 식사 전에 선호의 시간적 반전을 설명하지 못 한다.

에인슬리는 (특정 사건의 유용성을 그 사건 이전의 시간 함수의 곡선으로 표현한) 감소함수가 선형함수나 지수함수가 아니라, 충분히 휘어져서 유용성 곡선이 앞의 사건 이전에 교차한다면 그 선호 반전을 설명할 수 있다고 주장한다.[5] 포도주에 대한 감소율이 피아노 연주와 같다고 해보자.[6] 그리고 나의 감소율은 크

---

4. Lewis(1946, 493), Rawls(1971, 420) 참조. Parfit (1984, 158ff) 참조.
5. 어떤 의미에서 이것이 선호 반전을 설명하는지 질문할 수 있다. 그러나 여기서 그 문제는 논외로 한다.
6. 에인슬리가 분석했지만 불명확한 가정이다. 그러나 Green and Meyerson(1993, 40)은 "만약 감소율 변수 값이 양에 반비례한다면, 기하급수적 모형은 선호 반전을 예측할 것이다"라고 기술한다.

게 휘어 있는 감소함수라고 해보자. (에인슬리의 해석은 헤른스타인(1961)의 "정합률matching law"에 근거한 쌍곡선 감소함수이다.) 그러면 다음과 같이 예상할 수 있다. 즉, 시간적으로 멀면, 저녁 식사의 포도주보다 훌륭한 피아노 연주를 선호한다. 그러나 저녁 식사에 앞서 그 유용성 곡선은 교차할 것이다. 즉, 선호 반전이 있다. 그러나 이 반전은 일시적이다. 저녁 식사 후에는, 다시 포도주보다 훌륭한 피아노 연주를 선호한다.[7] 포도주를 마신다면, 후회할 것이다. 에인슬리는 그렇게 크게 휘어진 감소함수가 널리 퍼져 있고, 그것은 (일시적 선호 반전으로 이해되는) 유혹이 삶의 공통적 특징인 이유를 설명한다고 주장한다.[8]

그래서 에인슬리는 합리적 행위자가 이처럼 크게 휘어진 감소함수에 의해 예측되는 유혹을 극복하는 방법을 묻는다. 유혹에 저항하기 위해 이용할 수 있는 합리적 전략은 무엇인가?[9]

저녁 식사에서 나의 선호가 포도주로 기울 것이라는 오늘 아침의 앎에 대처하기 위해 시도할 수 있는 몇 가지 방법이 있다. 예를 들어, 포도주를 거절할 것이라는 가벼운 내기를 할 수 있다. 그러면 거절할 새로운 이유가 생기고, 그 이유가 선호 반전을 막을 것이다. 하지만 공적인 가벼운 내기 없이 포도주를 선호하는 유혹을 이겨내도록 저녁 식사 상황을 생각하는 방식이 활용될 수도 있다.

저녁 식사에서 (a) 지금 포도주를 마시는 것과 (b) 지금 포도주를 마시지 않

---

7. 저녁 식사를 한 다음에 이후 피아노 연주를 잘하는 것과 포도주를 마셨던 것을 비교할 수 있다고 해보자. 두 시간 사이에서, 지금 선호하는 것이 어떤 것인지를 물어볼 수 있다. 에인슬리는 이 방식을 언급하지 않았다. 그가 선호를 지속되는 선택에 결부된 것으로 보았기 때문인 것 같다. 하지만 이 방식으로 언급할 필요가 있는 것 같다.

8. 실제로, 에인슬리는 아주 광범위한 현상이 쌍곡선 감소함수와 연관된 선호 반전 사례로 볼 수 있다고 주장한다. 이 모형 적용이 가정된 것 중에서 일부는(예, 심리적 강박에 관한 특정 사례, Ainslie 1992, 225-7 참조) 문제가 있어 보인다. 에인슬리는 플라톤이 유혹에 굴복하는 것을 자아통제의 상실로 잘못 강등시켰다고 주장했다. 나는 에인슬리가 통제의 상실을 유혹에의 굴복으로 잘못 강등시키지 않았는가 하는 의문이 든다.

9. 나는 그 질문을 이런 식으로 설정한 것은 적절하다고 생각한다. 그러나 에인슬리는 그가 비합리성 형식을 포함하지만 여전히 특정 유혹에 저항하도록 돕는 전략에도 관심을 가졌다는 것에는 반대할 것이다. 이는 소위 합리적 비합리성의 사례가 될 것이다. 하지만 나의 논의는 비합리성을 포함하지 않는 "의지력을 위한 기제"를 탐구한다.

음으로써 이후 저녁 연주를 잘하는 것을 비교할 때, 나는 (a)를 선호한다. 그러나 나는 미래의 많은 경우(말하자면 30일)에 유사한 상황에 있을 수 있다는 것을 알기 때문에, 현재와 미래에 이어질 행동 연쇄를 비교할 수도 있다. 즉, (c) 다음 30일에 포도주를 마시는 것과 (d) 다음 30일에 음주를 참는 것이다.

자연스러운 가정으로 1일째 저녁 식사에서, 나는 (c) (연속적인 음주)보다 (d) (연속적인 금주)를 선호할 것이다. 그리고 저녁식사에서 (b) (지금 마시지 않기)보다 (a) (지금 마시기)를 선호하면서도 (d)를 선호할 것이다. 1일째 저녁식사 때, 포도주 대 피아노의 선호에서 포도주보다 피아노 연주를 상위에 둔 이후 29일의 저녁 식사는 멀리 떨어져 있기 때문이다. 만약 금주 연쇄인 (d)를 선택하고, 그 선택이 나의 행동을 통제할 수 있다면, 매일 밤 포도주의 유혹에 저항하며 연쇄적 선호에 도달할 수 있다.

에인슬리는 이 접근을 유혹 극복을 위한 "개인적 규칙" 전략이라 부른다.[10] 이 전략은 어떤 의미에서는 행위자가 "전체 연속적 보상을 한꺼번에 선택" 할 수 있는 것에 달려 있다(147). 나는 이것이 중요한 전략이라는 에인슬리에 동의한다. 그러나 이 전략에 포함된 것을 이해하기 위해서는 미래 보상이나 행동과 관련된 현재 선택이나 의도란 무엇인지를 물어볼 필요가 있다.

합리적 행동에 관한 표준 기대효용 모형standard expected-utility model에서는 미래 행동을 위해 그렇게 할 여지는 분명하지 않은 것 같다. 이 모형에서, 행위자는 현재 혹은 미래의 선택이나 좋음과 관련하여 유용성 관점으로 나타나는 선호를 갖는다. 행위자는 (현재 선택을 조건으로 하면서, 미래 선호와 특별히 관련된) 미래에 대한 다양한 기대를 가질 것이다. 행위자는 지금 무엇을 할지 선택한다. 하지만 더 이상 행위자의 차별된 상태, 즉 (단지 행위자의 선호가 아닌) 미래 행동에 관한 행위자의 현재 선택이나 의도는 없다. 엄격히 말해서, 선택과 의도는 항상 현재의 행위이다.[11] 그래서 (d)를 선호하는 선택 혹은 의도를 생각한다는

---

10. 하지만 "개인적 정책personal policies" 전략이라고 부르는 것이 더 적절한 것 같다. Bratman(1989) 참조.

11. 이 유력한 생각은 기대효용 이론에 제한되지 않는다. 19세기의 존 오스틴John Austin을 고려

것이 어떤 의미인가라는 물음에 직면하게 된다.

표준적 모형의 제약을 포기하고, 미래 지향적 의도가 합리적 행위자에게 작용하는 방식을 분석하려는 시도가 하나의 답이 될 수 있다. 그것이 의도의 계획하기 이론이라는 전략이다. 나는 그것을 다룰 것이다. 더 보수적 전략에서는 기대효용 모형 내에서 대체물을 찾으려 한다. 이것이 에인슬리의 접근이라고 생각한다.[12] 나는 보수적인 그의 해석을 개괄한 후에 상반된 주장을 전개할 것이다.

III

1일째 저녁 식사에서, 나는 (a) 오늘 저녁 식사에서 포도주를 마시거나 혹은 (b) 오늘 저녁 식사에서 포도주를 마시지 않고, 그 결과 저녁 식사 후 밤에 더 좋은 연주를 하는 것 사이에서 선택해야 한다. 저녁 식사에서의 선호는 (a)이다. 그러나 지금 나는 이후 29일의 밤에 어떻게 할지를 고민한다. 즉, 그때도 술을 마실 것인가 아닌가? 이 문제에 답하려고 할 때, 지금 술을 마실 것인가라는 현재의 선택을 "선례"로 보는 것은 당연하다. 즉, 오늘 밤 술을 마신다면, 나머지 29일 밤에도 술을 마시게 될 것이다. 만약 마시지 않는다면, 다른 날도 마시지 않을 것이다. 즉, (i) 만약 (a)를 선택한다면, 30일 밤 내내 술을 마실 것이고, (ii) 만약 (b)를 선택한다면, 30일 밤 내내 술을 마시지 않을 것이라고 믿는다.

(i)에서 나의 믿음은 (c) 연쇄적인 30일간의 음주에서 예상되는 유용성을 택하기 위해서 (a)를 허용한다. 그리고 (ii)에서 나의 믿음은 (d) 연쇄적인 30일간의 금주에서 예상되는 유용성을 택하기 위해서 (b)를 허용한다. 그리고 이러한 연쇄에 대한 지금의 선호는 연쇄적 음주인 (c)보다는 연쇄적 금주인 (d)이다.

해 보라. 즉, "'결정하기,' '해결하기,' '결심하기'와 같은 표현은 엄격히 '의욕volitions'에만 적용될 수 있다. 즉, 그 대상에 즉시 수반되는 욕구에만" 적용될 수 있다(1873, 451).
12. 그의 핵심적 논의는 pp. 147-62 참조.

이렇게 본다면, 나는 (a)보다는 (b)를 선호할 것이다. 그래서 오늘밤 술을 마시지 않는다. 에인슬리는 그것이 유혹을 극복하기 위해 개인적 규칙을 사용하는 방식이라고 가정한다. "전체적으로 연속된 보상을 한꺼번에 선택한다." 그것을 선택한다면, 상응하는 일련의 미래 선택이 될 것이라는 기대 때문에 부분적으로 현재의 선택을 한다는 의미이다. (ii)는 "각 개인의 선택이 위태로울 때 부가적 보상을 설정함으로써 기능할 것이다"(Ainslie 1992, 153)라고 믿는다.

이 장면에는 현재 행동의 선택이 있다. 그 선택은 현재 행동이 이후 초래될 선택과 연결된다는 믿음에 일부 근거한다. 그러나 엄격히 말해, 이후 30일 밤마다 술을 마시는 것을 막는 1일째의 선택이나 의도는 없다. 혹은 그러한 선택이 있다 하더라도, 그것은 그 선택을 이후의 선택(소위, (ii)의 믿음)과 연결하는 믿음을 수반하는 현재 행동(소위, (b)) 선택으로 귀결된다. 그러한 믿음이 지금 술을 마시려는 유혹을 극복하도록 한다. 에인슬리는 "의지는 미래에 유사한 선택을 위한 선례로서 충동 관련 선택에 관한 지각에 의해 만들어진다"(161)고 한다. 유혹의 극복에 관한 이 이야기는 보수적이다. 그것은 표준 모형의 한계로 남는다. 그것이 지지하는 선택과 의도는 엄격히 말해 현재의 행동에 한정된다. 일련의 미래 선택(예측하려고 노력하는 일련의 것)이 있을 수 있지만, 엄격히 말해 미래의 연속에 관한 선택은 아니다.[13]

---

13. 어쨌든 이것은 에인슬리가 언급한 대부분을 가장 자연스럽게 읽은 것이다. 예를 들어 고려해 보자. "그러나 어떻게 일련의 전체 보상을 위해 한꺼번에 선택을 조정하는가? 사실, 물질적으로 분명히 할 수는 없다. 대안적인 일련의 보상 가치들은… 그것을 얻는 기대에 의존한다. 가능한 선택에서 예상되는 물질적 산출에 정통하다고 확신할 때, 불확실성의 주요 요소는 실제로 스스로가 선택한 것이 될 것이다. 일시적 선호가 그럴 것 같은 상황에서, 자신의 미래 선택에서 초래될 것을 진짜로는 모르기 쉽다. 최선의 정보는 유사한 상황에서의 과거 행동에 관한 지식이다. 아마 가장 많은 정보를 준 가장 최근 사례들을 사용한 지식이다"(147, 150).

여기서 에인슬리는 일련의 선택을 미래 행위 혹은 보상에 관한 현재 선택으로서가 아니라, 분명히 일련의 미래 선택으로 이해한다. 일련의 미래 선택은 과거 선택에 관한 지식에 근거해서 예측하려고 시도할 것이다. "즉시 일련의 전체 보상을 선택하기 위해 조정하는 것"은 일련의 미래 선택이 될 수 있는 것을 조정하는 것이다.

IV

나는 이 설명에 문제가 있다고 생각한다.

내가 (b)를 선택한다면 30일 밤마다 금주할 것이지만, 대신 (a)를 선택한다면 30일 밤마다 음주할 것이라는 믿음을 고려해 보자. 이는 (b)라는 선택의 인과적 효력에 대한 믿음인가(즉, (b)의 선택이 이후 금주 행동을 인과적으로 이끌 것이라는 믿음)? 혹은 그보다는 단지 (b)의 선택으로 내가 금주 선택을 지속하는 부류의 사람이라는(금주자라는) 좋은 증거가 된다는 믿음인가?[14]

단순히 (b)의 선택이 이후 유사한 선택의 예측자가 된다는 믿음을 가정해 보자.[15] 이 믿음이 정말로 (b)를 선택할 이유를 제시하는가? 여기서 그 문제는 뉴콤Newcomb의 문제에 관한 논의와 연관된다.[16] 그 믿음에 관한 이러한 해석에서, (b)를 선호하는 선택을 위해 이 믿음에서 추론한다면, 소위 한 상자 선택자처럼 생각하는 것이다. 즉, 이 믿음이 (b)를 선택할 이유를 부여하는 것으로 취급할 때, (b)를 선택하는 것은 이 선택이 원하는 결과를 낳기 때문은 아니다. 단

---

14. 에인슬리의 관점에 관한 최근 논의에서, 로버트 노직Robert Nozick은 유사한 질문을 하지만, 다르게 답한다(Nozick 1993, 19).

15. 에인슬리가 p. 152의 상단에서 제시한 것과 같다. 또한 p. 203의 언급을 참조해 보라. 거기서 그는 뉴콤의 문제와의 관련성에 주목한다.

16. 이 문제는 노직에 의해 처음으로 서술되었다(1969). 이 논문은 Campbell and Sowden (1985)에 의해 그 주제에 대한 몇 편의 다른 유익한 논문과 함께 재발간된다. 노직에 의해 논의된 원래 사례에서, 수라는 사람은 두 상자 사이의 선택에 직면한다. 첫 번째 상자에는 1,000달러가 들어 있다. 두 번째 상자에는 1,000,000달러가 들어 있거나 아무것도 없다. 수는 두 번째 상자만 선택하거나 두 상자 모두를 선택할 수 있다. 수는 그녀의 상황에 관해 다음과 같은 것을 잘 알고 있다. 첫째, 수가 선택하게 될 것을 아주 확실하게 예측할 수 있는 예측자가 있다. 둘째, 만약 그녀가 두 번째 상자만을 선택할 것이라고 예측한다면, 그 예측자는 그 상자에 돈을 넣는다. 셋째, 만약 그녀가 두 상자 모두를 선택할 것이라고 예측한다면, 그 예언자는 두 번째 상자에 돈을 넣지 않는다. 그러나 넷째, 그 예언자가 어떻게 하든 이미 넣어 두었다. 즉, 수가 선택해야 할 시간이 되었을 때, 그 돈은 이미 거기에 있거나 혹은 없다. 오직 두 번째 상자의 선택만이 1,000,000이 거기에 있다는 좋은 증거이다. 그러나 그것이 거기에 돈이 있게 하지는 않는다. 수에게 합리적 선택은 오직 두 번째 상자를 선택하는 것이라고 가정하는 사람은 "한 상자 선택자 one boxer"라는 이름을 붙였다. 최근 노직(1993, 2장)은 이 문제를 재론했다. 나는 여기서 이 문제에 대한 노직의 새로운 접근을 논의하지는 않을 것이다.

지 이 선택은 다른 것, 즉 그 선택 자체에 영향을 받지 않는 어떤 증거이기 때문이다. (b)를 선택할 때, 이후 금주로 이끌 기초 특성의 증거를 자신에게 제시하는 것이지, 유발하는 것은 아니다. 그러한 추론이 정당한지를 논의한 많은 문헌들이 있다(예, Campbell and Sowden 1985). 정당하지 않다는 관점이 일반적이며, 나도 그 관점에 동의한다. 하지만 여기서 그것을 옹호하지는 않겠다. 적어도 합리적 "의지력"에 관한 설명이 그러한 한 상자 선택자 추론을 시인하도록 강요해서는 안 된다는 것만은 확실히 할 것이다. 기껏해야 한 상자 선택자 추론은 합리적 의지력이 되지 말아야 할 방식에서만 논란이 될 뿐이다.

에인슬리의 접근법이 적용되려면, 1일째에 금주하려는 선택을 이후 금주하려는 선택의 원인으로 보아야 하는 이유를 설명해야 한다. 나아가 합리적인 의지력 모형을 원하기 때문에, 1일에 금주하기로 한 선택이 어떻게 다음 날들의 선택 이유에 영향을 미치는지 설명할 필요가 있다. 그것은 다른 날에 나를 합리적으로 자제하도록 이끄는 방식이 되어야 한다.

여기서 "연속적 동기 상태의 전략적 상호작용strategic interaction of successive motivational states"이라는 주제가 작용할 수 있다.[17] 에인슬리는 의지력을 요구하는 한 사람 사례와 죄수의 딜레마에서 언급된 두 사람 사례 사이에 가정된 유사성을 활용하려고 한다. 에인슬리는 이렇게 서술한다. "언급된 죄수의 딜레마는 참여자에게 알려진 과거 행동에 근거해서 각자의 미래 행동을 예측하도록 한다… 다른 날 그 참여자들이 두 사람이든, 한 사람이든, 이것은 참이다… 각자가 반복해서 행동하는 한 그렇다. 월요일의 참여자가 화요일의 참여자와 다른 사람이든 아니든, 월요일의 행동은 화요일의 참여자에게 수요일의 행동과 그 이후의 행동에 대한 최선의 지표가 될 것이다"(161).

이러한 유비가 작용할 것으로 가정하는 방식을 살펴보자. 먼저 두 사람 사례를 고려해 보자. 존스와 스미스가 죄수의 딜레마 상황에 있다고 해보자. 각자

---

17. 노직은 "지금 그 행동을 하는 것은 심리학자의 '효과의 법칙'에 따라 반복 가능성에 사소한 영향을 미칠 것이다"라고 한다(1993, 19). 그러나 에인슬리의 관점은 이보다 더 중요한 인과적 영향을 필요로 한다. 그래서 개인 간 사례와의 유비가 이루어질 것으로 가정된다.

는 격일로 행동한다. 월요일에 협동적 선택을 수행함으로써, 존스는 스미스가 협력한다면 그도 매순간 협력할 것이라고 스미스에게 합리적으로 믿게 할 것이다. 그래서 존스는 스미스의 믿음(스미스가 협력한다면, 존스가 어떻게 행위할 것인지에 관한 믿음)에 영향을 미칠 것이다. 그래서 존스는 스미스에게 협력을 위한 새로운 이유를 제공한다. 그리고 화요일이 되어도 스미스에게는 마찬가지다. 이것은 이전 날 다른 사람이 협력하는 한 서로 협력하도록 합리적으로 이끌 것이다.[18]

이제 포도주 사례로 돌아가 보자. 에인슬리는 1일째에 음주하지 않기로 선택하고, 그래서 2일째 음주하지 않는다면(그러나 오직 그 경우에만), 그 결과 3일째에 음주하지 않을 것이라는 증거를 2일째의 자신에게 제시하는 것으로 생각한다. 1일째에 스스로 약속을 지키려고 노력한다면, 유익한 협동적 도식에서 2일째도 그렇다. 1일째의 나는 월요일의 존스와 같다. 2일째의 나는 화요일의 스미스와 같다. 1일째의 나는 되갚아 주는 사람tit-for-tatter(상응하는 사람)이라고 믿기 위해서 2일째의 내가 되려고 노력한다. 1일째에 금주하기로 한 선택은, 2일째에 금주한다면, 그 결과 3일째에도 금주할 것이라고 믿도록 (나에게 적절한 증거를 제공함으로써) 2일째의 나에게 원인을 제공한다. 그리고 그 믿음은 2일째에 금주하는 선택을 위한 실천적 이유를 제공한다. 그래서 1일째에 음주하지 않기로 한 선택은 2일째의 합리적 선택의 원인이지, 2일째에 그 선택을 할 것이라는 단순한 증거는 아니다. 어쨌든, 이것은 가정된 유비이다. 이러한 유비를 사용하여 에인슬리는 "거래에 관한 연구는 신체내적intraphysic 갈등에 적용하기 위해 행동심리학을 채택하는 데 필요한 개념을 제공한다"고 주장한다(xiii).

존스와 스미스가 합리적 행위자로 간주되는 것에 주목해 보자. 그들의 문제는 보상 구조와 합리성이 제시될 때 어떻게 협력하는가이다. 마찬가지로, 매일 나는 합리적 행위자로 간주되고 있다. 문제는 합리성에 부합하도록, 어떻게 시

---

18. 이 사례와 한 사람 사례 모두에서, 나는 그날 이후 더 이상의 어떠한 협력 사례도 없었다고, 특별한 마지막 날에 알려진 사실에(사실이라면) 의해 제기되는 문제는 배제한다.

간적 선호 반전의 유혹을 극복할 수 있는가이다. 에인슬리의 답은, 개인내적인 경우의 해결책은 그 "딜레마"가 반복되는 것으로 알려질 때 개인 간 경우에 이용할 수 있는 것으로 가정된 해결책과 유사하다는 것이다.

나는 개인 간의 전략적 상호작용과 개인내적 의지력 사이에 유익한 유비가 있다는 에인슬리에 동의한다. 존스와 스미스는 아무도 협력하지 않는 것보다는 모두가 협력하는 상황을 선호한다. 마찬가지로, 30일 내내 음주하는 것보다는 포도주를 마시지 않는 상황을 선호한다. 그러나 에인슬리가 바라듯 이 유비가 항상 그렇게 작용할 수 있는지는 의문이다. 의지력에 의해 성취되어야 하는 것을 설명하는 것과, 그것이 합리적으로 성취되는 방식을 설명하는 것은 별개의 문제이다. 그것이 후자를 설명할 수 있을 때, 한 사람의 경우와 두 사람의 경우 사이에 유비가 분석될 것이다. 여기서는 이 정도로만 논의하고자 한다.

여기서 필요한 것을 분명히 하는 것이 중요하다. 1일째에 금주하기로 한 선택은 단지 미래에 유사한 선택을 하는 기초적 경향성 증거가 아니라, 미래에 그러한 선택의 원인이라는 것을 제시할 필요가 있다. 에인슬리는 1일째의 선택을 2일째도 유지되어야 하는 믿음을 위한 증거, 그리고 믿음의 원인임을 보임으로써 이렇게 하려고 시도한다. 2일째의 이 믿음은 두 가지 요구를 만족해야 한다. 즉, 그것은 2일째에 금주하려는 선택을 위한 실천적 이유의 일부로 기능할 수 있다는 믿음이어야 한다. 그리고 1일째에 금주하려는 선택에 의해 어느 정도 확신되는 믿음이어야 한다. 1일째에 금주하려는 선택에 의해 어느 정도 확인될 수 있는 2일째의 믿음은 금주를 의도한다는 믿음이다. 그러나 그것은 2일째에 금주하기로 선택하기 위한 실천적 이유를 2일째에 정상적으로 부여하는 믿음은 아니다. 2일째에 그렇게 한다면 2일째에 금주할 이유를 부여할 것이라는 믿음은, 2일째에 금주한다면, 결과적으로 계속 금주할 것이라는 믿음이다. 문제는 왜 그 믿음이 1일째의 선택에 의해 확인되는지를 말하는 것이다.

이 문제에 대해 에인슬리가 주장하는 해결책은 두 사람 사례와의 유비에 의존한다. 존스는 월요일에 협동적 선택을 수행하면서, 그의 지속적 협력은 스미스의 협력에 따라 조건적이라는 것을 지적할 수 있다. 즉, 존스는 조건적 협력자이지 단순히 무조건적 협력자가 아니라는 것을 지적할 수 있다. 그리고 비록 존스가 명시적으로 이것을 지적하지 않더라도, 그 이익 분배 구조로 인해 이것이 참이라는 것은 스미스에게 분명하다. 즉, 스미스와 존스는 서로에게 본래적 고려가 없는 두 명의 무관심한 행위자이기 때문이다. 그리고 스미스는 존스가 그의 선택을 기다린다는 것을 안다. 에인슬리에 의하면, 1일째에 금주하기로 한 선택은 월요일에 존스의 협력적 행동과 유사한 것으로 가정된다. 2일째에 결정할 때, 나는 화요일의 스미스로 가정된다. 1일째의 금주는 2일째에 금주하는 한 금주를 계속하려는 의지를 지시한다고 볼 수 있다. 이것은 월요일에 존스의 협력은 스미스가 화요일에 협력하는 한 협력을 지속하려는 의지를 지시하는 것으로 스미스가 볼 수 있는 것과 마찬가지다.

그러나 여기서 그 유비는 실패하는 것 같다. 2일째에 1일째 금주하기로 선택했던 것을 회상한다고 가정해 보자. 왜 1일째 선택한 사람이 2일째에 "상응할" 것이고, 그때에만 3일째에 "협력"을 지속할 것이라고 보는 것에 머물러 있다고 가정해야 하는가? 두 사람의 사례와 달리, 여기에 다른 사람은 없다. 오직 나만 있다. 단지 3일째에 무엇을 할지 결정하기 전에, 2일째에 한 것을 보는 것에 머물러 있다고 가정해 보자. 왜 금주하기로 한 이전의 선택이 금주하려는 이후의 선택에 이유를 부여하는지가 문제이다. 당신이 원한다면, 1일째 금주하기로 결정한 이전 "인간-단계"를 언급하고, 그 단계를 현재 2일째 단계와 구분할 수 있다. 그러나 이전 인간-단계는 더 이상 없으며, 2일째 하는 것을 보기 위해 기다리지 않는다.[19] 따라서 1일째에 금주하기로 한 현재의 선택을 미래의 합리적 절제의 원인으로 타당하게 보아야 하는 이유를 여전히 설명하지 못한다.

2일째에 금주하지 않는다면, 내가 금주자라고 믿지 않게 된 것을 2일째에 알게 된 것이라고 답할 수 있다. 그러나 이것이 참이라 하더라도, 어떻게 그럴

19. 이 문장에서 나는 Döring(근간)에게서 도움을 받았다. E. F. McClennen의 연구를 논의할 때 유사한 관점을 제시한다.

수 있는지는 분명하지 않다. 내가 금주자라는 2일째 믿음이 2일째에 금주하려는 선택을 위한 실천적 이유를 주지는 않는다. 이것은, 2일째에 금주하지 않기로 선택한다면, 이 믿음을 갖지 않을 것이라는 사실에(비록 그것이 사실이라도) 의해 변하지 않는다. 내가 금주자라는 믿음의 지속성 자체가 2일째에 금주를 선택하는 것에 인과적으로 의존한다는 것이, 내가 정말로 이후에 금주하는 것은 지금 금주를 선택하는 것에 인과적으로 의존한다고 믿었음을 보여 주지 않는다. 인과적으로 의존한다는 믿음 자체가 반드시 인과적으로 의존하는 믿음이 되는 것은 아니다.

마지막 답을 고려해 보자. 즉, 포도주를 마시기로 선택하였다면, 2일째에 나는 금주자가 아니라고 믿는다는 것을 1일째에 안다. 이것은 2일째 금주 가능성에 낙담하도록 할 것이다. 그로 인해 금주하지 않는 쪽으로 기울게 할 것이다. 이런 식으로 1일째 선택을 이후의 유사한 선택에 인과적으로 영향을 미치는 것으로 볼 것이다.[20]

이 대답에서 첫 번째로 주목해야 하는 것은 두 사람 사례와의 유비를 포함하지 않는다는 것이다. 더 이상 이후의 자신에게 일종의 상응하는 사람이라고 확신시키려고 노력하는 것으로 보이지 않는다. 오히려, 단지 내 선택의 나에 대한 심리학적 영향을 1일째 설명하고 있는 것이다. 두 번째로, 초점을 맞추고 있는 (비관적이거나 낙담하게 되는) 영향이 2일째에 음주하는 새로운 실천적 이유를 제공하는 것으로 보이지 않는다는 관점과 관련된다.[21] 정말로 이것은 두

---

20. 에인슬리는 pp.150과 203에서 이 대답을 제시한다. Nozick(1993, 19)도 참조. 예를 들어, 에인슬리는 이렇게 쓴다. "의지력에 지배되는 행위는 분명 진단적이고 인과적이다. 지나친 음주는 통제할 수 없는 알코올 중독 진단의 조건이다. 그러나 통제력이 없는 것으로 자신을 진단하는 데 그것을 사용해서, 그 주체가 절주하려는 노력을 단념하게 되면, 더욱 통제할 수 없는 음주를 유발한다"(203).

21. 앨프리드 멜레는 나에게 이것이 참이 아닌 사례가 있음을 보도록 도와주었다. 유혹 저항의 가치는 대부분 시간 유혹에 저항하는 것에 달려 있는 경우가 될 것이다. 멜레의 사례에서, 특정한 때 금연의 "보상"은 일반적으로 금연하는 것에 달려 있을 것이다. 그렇지 않으면 그것은 헛수고가 될 것이다. 그 경우, 이후 내가 특정 유혹에 저항할 수 있을지 회의적이라면, 한 순간의 이 저항을 헛수고라고 타당하게 볼 것이다. 그러나 위의 주석 3에서 서술했듯이, 이것은 에인슬리가 초점을 맞춘 사례의 구조는 아니다. 어쨌든 그러한 사례에서, 개인 간 사례와의 유비에

사람의 사례와 유사하지 않다. 두 사람의 사례에서 이전 선택에 관한 정보는 이후 선택을 위한 합리적 근거를 제공하는 것으로 가정된다. 반면, 1일째에 염려하고 있는 것은 2일째 음주를 위한 이유가 아니라 심리학적 원인의 결과로 술을 마시게 될 것이라는 점이다. 그러나 어떻게 합리적 행위자가 선호의 시간적 반전에 의해 생긴 유혹을 극복하는지를 설명하는 것이 과제이다.[22] 이전에 포도주를 자제하지 못한 것이 다시 실패할 것이라는 증거는 될 수 있지만, 다시 실패할 정상적인 실천적 이유는 아니다.[23] 이전 실패를 불가피하게 이후 실패로 이끄는 것으로 본 것은 합리적 행위자로 기능하고 있다기보다는 일종의 "불성실bad faith"에 관한 죄의식이 될 것이다. 그래서 이 마지막 대답은 우리가 원하는 것에 도달하지 못한다.

나는 에인슬리의 "의지력을 위한 기제"에 회의적이다. 개인내적 사례와 개인 간의 사례 사이의 유비는 이득의 병행 구조를 조명한다. 그리고 종종 선택을 "미래의 유사한 사례를 위한 전례"라는 의미로 취급한다(Ainslie 1992, 161). 그러나 의지력에 의해 성취되는 것을 설명하는 것과 그것이 합리적으로 성취되는 방식을 설명하는 것은 별개의 문제이다. 논란이 된 추론 형식에 호소하지 않기 때문에, 에인슬리의 모형은 그러한 합리적 기제를 제공하지 않는 것 같다.

V

1일째에 직면한 선택으로 돌아가 보자. 엄격히 말하자면, 에인슬리는 (a)와 (b) 중에서 선택해야 한다고 가정한다. 이 가정은 "의지력을 위한 기제"에 관

관한 정교한 이야기는 불필요하다.

22. 어쨌든, 이것은 나의 과제이다. 앞의 p. 203에서 인용된 언급처럼, 에인슬리가 그것을 그의 과제로 인식하는지는 종종 불명확한 것 같다(위 주석 20 참조). 그러나 나는 이것이 그의 과제의 개념이라고 생각한다. 그의 과제의 개념은 "거래의 연구는 개인내적 심리 갈등에 적용하기 위한 행동주의 심리학을 채택하는 데 필요한 개념을 제공한다"는 그의 우선적 생각과 일치한다(viii).

23. 그러나 주석 21 참조.

해 문제가 있는 이야기를 이끈다. 이는 우리에게 선택과 의도의 적절한 대상이 현재 선택지에 한정된다는 가정을 재고할 것을 제시한다. 왜 실제로 (c)와 (d) 에서 인용된 연쇄들이나 정책들 중에서 선택할 수 있다는(의도의 계획 이론에 의해 지지되는) 생각을 보다 진지하게 채택하지 않는가? (c)보다 (d)를 분명히 선호하기 때문에, 나는 (d)를 선택하고 의도한다.[24] (iii) 만약 (c)를 선택하면, 결과적으로 나는 30일 밤 매일 음주할 것이고, (iv) 만약 (d)를 선택하면, 결과적으로 나는 30일 밤 매일 금주할 것이라고 믿으며 이 선택을 한다. (d)를 선호하는 나의 의도는 보통 1일째부터 계속 합리적으로 금주하도록 한다. 그것이 바로 의도가 정상적으로 작용하는 방식이다. 이 의도는 관련된 합리적 기제의 기본적인 부분이며, 그 기제는 계획하기 능력의 일부이다.

에인슬리는 "의지는 미래의 유사한 선택을 위한 선례로 충동과 관련된 선택을 지각함으로써 만들어질 것이다"라고 한다(161). 대안적인 계획하기 이론에 근거하면, "의지will"는 단지 미래 선택을 위한 선례로서, 현재 선택지의 선택에 관한 지각만이 아니라 미래 선택지(그리고 관련된 의도)의 선택에서도 표현된다. 그러한 선택과 의도를 위한 우선적 토대는 미래 선택지들의 바람직함이다. 계획하는 행위자로서, 미래에 대한 선택과 의도는 삶에 깊이 스며 있다. 즉, 선택과 의도는 조정의 이익을 얻기 위해 우리가 의존하는 계획하기를 구성하도록 한다.

에인슬리와 나는 전체적인 일련의 즉각적 보상 선택의 중요성에 동의한다. 그러한 선택을 모형화하는 방식이 문제다. 나는 세 가지 다른 모형을 검토했다. 모형 1에서, 선택된 것은 엄격히 말해 현재의 선택지이다. 하지만 이 선택은 유사하게 선택하는 일반적 경향성의 증거로 보인다. 이 모형에서는 의지력

---

24. 여기에 중요한 복잡성이 있다. 1일째 저녁 식사에서, 선호 반전 이후, 나는 연쇄 (d)를 위해 오늘밤 음주하고 나머지 밤에 금주하는 것으로 구성된 연쇄(그것을 연쇄 (d′)라고 부르자)를 선호한다(Ainslie, p. 161, 표 5.2 참조). 그러나 선호 반전에 앞서, 나는 (d′)보다 (d)를 선호한다. 그래서 다른 조건이 같다면, 내가 선택하는 것은 그 선택을 하는 때에 달려 있을 것이다. 그러나 일단 내가 그 선택을 하면, 나는 이후 행위를 형성하는 데 도움을 주는 새로운 의도 혹은 정책을 갖는다. (여기서 나는 William Talbot과의 논의에 도움을 받았다.)

을 가진 사람을 한 상자 선택자로 본다. 에인슬리가 선호하는 모형으로 취급된 모형 2에서도, 여전히 현재의 선택지를 선택하는 것에 제한된다. 그러나 그 선택(예를 들어, 지금 금주하기)이 이후의 믿음을 발생시키는 것으로 볼 수 있다. 그래서 그것은 이후 유사한 선택에 토대가 된다. 마지막으로, 계획하기 이론으로 제시된 모형 3에서는, 특정한 경우 특정 방식으로 행위하기 위해 가치 있는 미래 행위의 연쇄 혹은 가치 있는 정책을 선호하여 현재의 선택을 할 수 있다. 그러한 선택은 미래 행위에 관한 의도에서 제기되고, 보통 이러한 의도는 특별한 미래 행위에 인과적으로 책임이 있다.

일단 미래 지향적 의도를 심리학의 기본 요소로 진지하게 채택하면, 우리는 일단의 문제에 직면한다. 우리와 같은 지적인 행위자의 실천적 추론에서 그러한 의도의 작용방식에 관한 일반적 설명이 필요하다. 언제 지적인 행위자가 숙고하여 미래를 위한 특정 의도를 설정할 것인지, 그리고 언제 그러한 이전의 의도를 추후 재고할 것인지의 설명이 필요하다. 여기서 후자는 의도의 안정성에 관한 설명이 될 것이다(Bratman 1987, chap. 5; 1992). 의도의 안정성을 설명하는 부분은 관련 특징과 문제 발견 기제에 초점이 맞추어질 것이다. 왜냐하면 제한적 행위자인 우리는 진지하게 이전 의도를 재고할지 끊임없이 반성하기를 원하지 않기 때문이다. 결국, 이러한 (실천적 추론과 의도 안정성의) 설명은 연결된다. 즉; 나의 행동을 합리적으로 통제하기 바라는 상황에서, 현재의 숙고에 근거하여 나중의 A를 합리적으로 결정하려 한다고 해보자. 합리적이라면, A를 위한 시간과 상황에 이르렀을 때, A의 대안을 수행하려는 의도를 선호하여 앞의 의도를 포기할 것이라고 가정해서는 안 된다(이것을 연결 원리라고 부르자).

의도의 안정성을 간단히 반성해 보자. 우리는 시간의 경과에서 사회적 조정과 개인내적 조정을 매우 필요로 하는 행위자이다. 그리고 우리는 제한된 지적 능력 및 계획하기와 추론에 바칠 수 있는 제한된 자원을 가진 행위자이다. 이러한 필요와 한계에서, 이전 계획의 재고에 관한 전략, 습관 그리고/혹은 기제는 무엇이어야 하는가?

우리는 비판할 수 있는 극단들이 있음에 주목하며 시작할 수 있다. 한 극단에는 아무리 사소하더라도 어떤 새로운 정보에 직면할 때마다 이전 계획을 항상 진지하게 재고하는 사람이 있다. 그러한 사람은 끊임없이 출발점부터 시작할 것이고, 계획의 많은 이익을 얻을 것 같지는 않다. 다른 극단은 지나치게 확고한 계획자(중요한 새로운 정보에 접하더라도 거의 재고하지 않는 사람)이다. 물론 우리 대부분은 이 두 극단 사이의 중간 어딘가에 있다. 그렇기 때문에 부분적으로 계획하기의 이득을 얻을 수 있다.

의도 안정성의 이론은 우리같이 도구적으로 합리적이지만 제한된 계획자가 중간의 어디쯤에 있어야 하는지에 관해 더 언급할 필요가 있다. 이것은 큰 과제이다. 그러나 상세히 논의하지 않고도, 나는 한시적 선호 변화 사례에 관해 타당하게 추측할 수 있다고 생각한다. 도덕적으로 합리적인 계획자는 t에서 A에 대한 대안을 일시적으로 선호하는 자신을 발견할 때마다, t에서 A에 대한 이전 의도를 항상 재고하는 전략이나 습관을 승인하지 않을 것이라는 추측이다. 결국, 그러한 습관 혹은 전략은 개인내적 조정의 가치 있는 유형을 자주 무너뜨릴 것이다. 그리고 단지 일시적 선호에만 기여할 것이다. 도구적으로 합리적인 계획자는 단지 일시적 선호 변화에 직면하여 이전 의도를 재고하는 것을 종종 방지하는 재고 기제와 전략을 가질 것이다(이것이 항상 모든 일시적 유혹에 저항한다고 말하는 것은 아니다).[25] 이는 이전 의도와 계획이 합리적 동기에서 독립적 역할을 할 수 있음을 의미한다. 즉, 상반된 일시적 선호 변화에 직면할 때도, 그것들은 일단 종종 합리적으로 행위를 통제할 수 있는 위치에 있다. (그러나 일시적 선호 변화에 직면하여 계획에 따라 진행하고 행동한다면, 거기에는 그렇게 하기를 선호한다는 의미도 있을 것이다. 그러나 "선호하다prefer"라는 의미가 행동 설명에 도달할 필요는 없다.)

계획적 행위 모형은 무계획적 행위자(아마도 쥐)의 행위 모형과 기본적으로 구별될 것이다. 우리는 목적적 행위자라는 유적 특성을 쥐와 공유할 것이다.

---

25. 나에게 도움을 준 David Gauthier의 관점을 고맙게 여긴다.

그것은 주요한 공통성이다. 그러나 우리는 특별한 종류의 목적적 행위자이기도 하다. 즉, 계획하는 행위자이다. 이는 시간의 경과에서 조직과 조정의 복잡한 형식을 달성하는 핵심 능력이다. 목적적 행위는, 도덕적 칭찬과 비난의 문제를 반성할 때, 우리가 염려하는 책임 있는 행위 종류를 보장하지 않는다. 이는 자유의지에 관한 논의에서 잘 알려진 관점이다. 그 점은 여기서 관련된다. 즉, 목적적 행위가 계획적 행위를 보장하지 않는다.[26] 우리가 신념과 욕구를 가지고 있다고 가정하는 것처럼 의도와 계획을 가지고 있다고 가정할 충분한 이유가 있다. 그래서 우리와 무계획적인 목적적 행위자의 차이를 무시하는 행위 모형을 설정하려는 유혹에 저항해야 한다.[27]

나는 지금까지 에인슬리의 안내에 따라 일시적 선호 반전 사례에 초점을 맞추었다.[28] 하지만 계획하기에 관한 완전한 이야기는 자신의 선택에 관한 선호와 평가가 일관되고 안정적인 사례를 고려할 필요도 있다. 이러한 상이한 종류의 사례에 상이하게 반응하기 위해서 이전 의도를 (비)재고하는 이성적 전략을 기대할 수 있다.

보다 일반적으로, 합리적 의도 안정성의 두 측면을 구분할 수 있다(Bratman 1991; 1996; Dehelian and McClennen 1993도 참조). 첫째, 조정의 필요와 우리의 한계 때문에, 원하고 가치 있는 것을 성취하려는 노력을 장기간 안정적으로 조장

---

26. 이것은 계획하는 행위와 도덕적으로 책임 있는 행위의 관계를 어떻게 이해해야 하는가라는 일반적 문제를 제기한다. 행위의 시간적 전개를 강조할 때, 계획하기 능력의 고려는 일차적 욕구와 이차적 욕구의 특성 고려와 대비된다(Frankfurt 1971). 그래서 계획하기의 초점은 시간의 경과 속에서 행위의 통일성과 관련된 이해에 유익할 것이다(Frankfurt 1988, 175에서 유사한 관점을 제시한다).

27. 소위, 일종의 종별 시샘genus-envy 방향의 유혹.

28. 그것이 저항 받는다면 선호 변화는 일시적이지만, 저항 받지 않는다면 영속적인 사례도 있다. 나는 지금 다음 주에 내가 기대한 것을 제공하는 일을 받아들이지 않기로 결정할 수 있다. 그러나 그것이 제공될 때, 나는 유혹 받고 선호 변화를 경험할 것이라는 것을 알고 있다. 그 변화는 일시적인가? 그것은 내가 하는 것에 달려 있다. 만약 그 제안에 저항하고 거절한다면, 곧 나는 그렇게 한 것을 기뻐할 것이다. 그러나 내가 그 제안을 수용한다면, 그 일 자체는 내가 수용한 것을 기뻐하는 방식으로 영향을 미칠 것이다. 그래서 그 경우에, 나의 선호 변화는 단지 조건적으로 일시적이다(즉, 내가 저항할 경우에만 일시적이다). 율리시스Ulysses와 세이렌Sirens 이야기의 일부 해석도 이 구조를 갖는다. 나는 여기서 그 사례를 논의하지는 않을 것이다.

하는 재고 기제와 전략을 원한다. 하지만 둘째, 특별한 경우에 (재고, 재계획, 평판 결과 등의 비용을 포함하여) 모든 것을 고려할 때, 이전 의도를 포기함으로써 장기적이고 일관되고 안정적인 욕구와 가치라는 관점에서 더 좋다는 것이 행위자에게 명백하다면, 그렇게 해야 한다. 만약 (비)재고의 일반적 규칙 유용성에 호소하는 것이 그 경우에도 재고를 막는다면, 반성적 행위자가 받아들이기 어려운 일종의 계획 숭배를 인가하게 될 것이다.[29] 의도 안정성의 첫 번째 측면은 에인슬리가 강조하는 종류의 일시적 선호 변화에 이성적 계획자가 저항하는 이유를 설명한다. 두 번째 측면은 계획자가 지나치게 확고할 필요가 없음을 확실히 한다.

이는 단지 일시적 욕구와 선호보다는 장기간, 일관성 있는, 안정적 욕구와 가치가 합리적 재고에서 특별한 역할을 합당하게 수행할 것이라고 가정한다. 여기서 이를 입증할 수 없지만, 나에게는 타당한 가정이며, 에인슬리도 공유하기를 바라는 것이다. 분명한, 안정적인, 장기간의, 일관된 균형 잡힌 선호 및 평가와 상반된 것에 직면하여 이전 계획을 고수하는 것은 지나치게 엄격한 것 같다. 그러나 그 계획과 상충하는 것이 단지 일시적 선호, 일시적 선호 반전의 결과라면, 엄격함을 비난하는 것은 힘을 잃을 것이다. 그 경우에 계획을 유지하는 일반적 전략을 선호하는 실용적 논증이 설득력 있게 될 것이다.

그러므로 합리적 비재고는 부분적으로 선호 변화의 일시성temporariness에 좌우될 수 있다. 반면, 카브카의 독소 사례를 고려해 보자(Kavka 1983). 만약 수요일에 역겹지만 치명적이지 않은 독소를 마시려는 의도를 월요일에 형성한다면, 백만장자는 화요일에 나에게 많은 돈을 줄 것이다. 돈을 받기 위해서, 내가 독소를 마실 필요는 없다. 단지 월요일에 독소를 마시려는 의도가 필요할 뿐이다. 그러나 (가벼운 내기 같이) 어떤 외적 기제 혹은 자아혼동self-obfuscation 형식을 이용하지 않고 이 의도를 형성해야 한다. 연결 원리에 따르면, 나는 합리적으로 이 의도를 형성할 수 있다. 즉, 내가 합리적이라면, 나는 마셔야 할 때에 이

---

29. 이러한 용어는 "규칙 숭배"를 인가하는 잠재적 결점으로 규칙 공리주의에 관한 스마트J. J. C. Smart의 유명한 비판과 병행하여 조명하려는 목적을 갖고 있다.

르러 그 의도를 포기할 것이라고 가정하지 않을 때 그렇다. 그러나 나는 합리적으로 그 의도를 포기하게 될 것이다. 수요일에 나는 그 약물을 마셔야 할 타당한 이유가 없기 때문이다.[30] 그렇지만, 일부 철학자들은 합리적 재고에 대한 실용적 접근이 그 의도를 재고하지 않도록 하는 전략을 정당화할 수 있다고 제시했다. 즉, 결국 그 전략이 나를 부자가 되도록 할 것이라는 의도이다.[31] 그러나 나는 합리적 재고의 두 번째 측면이 이러한 진행을 막을 것이라고 생각한다. 내가 수요일에 독소와 직면하고, 상황을 명확히 파악한다고 해보자. 그러면 장기간의, 일관성 있고, 안정적인 순위는 독소를 마시지 않는 것을 압도적으로 지지한다는 것을 알게 될 것이다. 이것은 단순히 일시적 선호 반전이 아니다. 그러므로 나는 그러한 사례에서 재고하지 않는 정책에 이끌림에도 불구하고, 이전에 마시려는 의도를 재고하고 포기할 것이다. 이를 알기 때문에, 월요일에 나는 수요일이 되면 마시기로 합리적으로 결정하는 입장에 있지 않을 것이다. 그래서 이와 같은 사례와 에인슬리의 일시적 선호 반전 사례는 중요한 차이가 있다. 적합하게 이해된 계획적 행위는 받아들일 수 없는 엄격한 계획하기에 관여하지 않고, 일시적 선호 반전 사례를 위한 의지력 기제를 제공한다.

감사의 글

에인슬리의 책에 관한 이전의 간단한 논의는 1994년 4월에 그의 책에 관한 전미철학학회 태평양 분과 심포지엄에서 제시되었다. 거기서 나는 에인슬리 및 다른 발표자인 로널드 디소사Ronald De Sousa와 앨프리드 멜르Alfred Mele와의 논의에서 도움을 받았다. 이번 논문은 1994년 4월 '마음과 도덕에 관한 학회' 와 1994년 12월 '철학과 과학 방법 학회' 에서 발표되었다. 마거릿 길버트Margaret

---

30. 독소 사례라는 특별하고 과학적인 허구 상황에서조차, 월요일에 나의 단순한 의도 자체만으로 백만장자에게 독소를 마시는 책무를 촉구하는 종류의 보증에 해당되는 것은 아니다.

31. Gauthier(1994, 근간), DeHelian and McClennen (1993), McClennen(1990, 13장) 참조. 여기서 말한 것은 합리적, 개인 간 협력을 이해하기 위한 함의를 가질 수 있다. 그러나 나는 여기서 그 문제를 논의하지는 않을 것이다.

Gilbert는 두 번째 발표에 대해 유익한 논평을 해 주었다. 나는 이 두 학회의 논의에서 도움을 받았다. 나는 피터 갓프리-스미스Peter Godfrey-Smith와 앨프리드 멜르가 기고한 논평과, 길버트 하먼Gilbert Harman, 존 폴록John Pollock, 브라이언 스컴즈Bryan Skyrms와의 논의에서도 배웠다. 이 장에서 나의 연구는 '언어와 정보 연구소' 에서 일부 지원을 받았다.

참고 문헌

Ainslie, George. 1992, *Picoeconomics: The Strategic Interaction of Successive Motivational States within the Person*. New York: Cambridge University Press.

Austin, John. 1873. *Lecture on Jurisprudence*. Vol. 1. 4th ed. London: John Murry.

Austin, J. L. 1961. "A Plea for Excuses," In J. L. Austin, *Philosophical Papers*. Edited by J. O. Urmson and G. J. Warnock. Oxford University Press.

Bratman, Michael. 1983. "Taking Plans Seriously," *Social Theory and Practice* 9: 271-87.

Bratman, Michael. 1987. *Intention, Plans, and Practical Reason*. Cambridge, Mass.: Harvard University Press.

Bratman, Michael. 1989. "Intention and Personal Policies," *Philosophical Perspectives* 3 (1989): 443-69.

Bratman, Michael. 1992. "Planning and the Stability of Intention," *Minds and Machines* 2: 1-16.

Bratman, Michael. 1996. "Following through with One's Plans: Reply to David Gauthier," in Peter Danielson, ed., *Modeling Rational and Moral Agents*. Oxford: Oxford University Press.

Campbell, Richmond, and Sowden, Lanning, eds. 1985. *Paradoxes of Rationality and Cooperation*. Vancouver: University of British Columbia Press.

DeHelian, Laura, and McClennen, Edward. 1993. "Planning and the Stability of Intention:

A Comment," *Minds and Machines* 3.

Döring, Frank. Forthcoming. "Commentary on McClennen and Shafir and Tversky," *In Proceedings of the 1993 Cerisy Conference on "Limitations de la rationalité et constitution de collectif."*

Frankfurt, Harry. 1971. "Freedom of the Will and the Concept of a Person," *Journal of Philosophy* 68: 5-20.

Frankfurt, Harry. 1988. "Identification and Wholeheartedness," In Harry Frankfurt, *The Importance of What We Care About*, pp. 159-76. New York: Cambridge University Press.

Gauthier, David. 1994. "Assure and Threaten," *Ethics* 104: 690-712.

Gauthier, David. Forthcoming. "Intention and Deliberation," In Peter Danielson, ed., *Modeling Rational and Moral Agents*. Oxford: Oxford University Press.

Green, Leonard, and Myerson, Joel. 1993. "Alternative Frameworks for the Analysis of Self Control," *Behavior and Philosophy* 21: 37-47.

Herrnstein, Richard. 1961. "Relative and Absolute Strengths Response as a Function of Frequency of Reinforcement," *Journal of the Experimental Analysis of Behavior* 4: 267-72.

Kavka, Gregory, 1983. "The Toxin Puzzle," *Analysis* 43: 33-56.

Lewis, C. I. 1946. *An Analysis of Knowledge and Valuation*. La Salle, Ill.: Open Court Publishing Co.

McClennen, E. F. 1990. *Rationality and Dynamic Choice: Foundational Explorations*. Cambridge: Cambridge University Press.

Nozick, Robert. 1969. "Newcomb's Problem and Two Principles of Cohice." In Nicholas Rescher et al., eds., *Essay in Honor of Carl G. Hempel*. Dordrecht: Reidel.

Nozick, Robert. 1993. *The Nature of Rationality*. Princeton: Princeton University Press.

Parfit, Derek. 1984. *Reasons and Persons*. Oxford: Oxford University Press.

Rawls, John. 1971. *A Theory of Justice*. Cambridge, Mass.: Harvard University Press.

Simon, Herbert. 1983. *Reason in Human Affairs*. Stanford: Stanford University Press.

Smart, J. J. C. 1967. "Extreme and Restricted Utilitarianism." In Philippa Foot, ed.,
　　Theories of Ethics. Oxford: Oxford University Press.

Velleman, J. David. 1989. *Practical Reflection*. Princeton: Princeton University Press.

역자 후기

역자가 초등학교에서 도덕과 수업을 할 때의 일이다. 그때 나는 학생들에게 "여러분이라면 어떻게 하겠습니까?"라는 형식의 질문을 자주 하곤 하였다. 예를 들어, 초등학교 3학년 교실에서 학생들을 가르칠 때, 친구들과의 약속과 어머니의 부탁이 겹쳐 고민하는 이야기로 수업을 하였다. 그 수업은 "약속"이라는 덕목을 다루는 수업이었다. 내가 "여러분이 이 학생이라면 어떻게 하겠습니까?"라는 질문을 하였을 때, 대부분의 학생들은 "어머니께 사정을 말씀드리고 친구들과의 약속을 지킨다" 혹은 "친구들에게 사정을 말하고 어머니의 부탁을 들어 드린다"라고 답하였다. 한편, 초등학교 5학년 교실에서 학생들을 가르칠 때, 의사선생님이 아들의 진찰 결과에 충격을 받을 어머니를 염려해서 사실대로 진찰 결과를 말하지 않는 이야기로 수업을 하였다. 그 수업은 "정직"이라는 덕목을 다루는 수업이었다. 내가 "여러분이 의사라면 어떻게 하겠습니까?"라는 질문을 하였을 때, 대부분의 학생들은 "충격을 받지 않도록 진찰 결과를 말한다"라고 답하였다.

이러한 학생들의 대답은 내가 기대한 대답과는 차이가 있었다. 나는 학생들이 규범을 적용하여 하나의 옳은 판단을 할 것이라고 기대하면서 질문하였다. 반면 학생들은 자신의 입장에서 가장 이상적이라고 생각한 것을 답하였다. 이 답에는 판단뿐 아니라 바람이라는 측면이 담겨 있었다. 제시된 도덕적 문제 상황이 단일 규범이 적용되는 전형적인 도덕적 상황과 거리가 있는 경우에, 유사한 학생들의 반응을 자주 관찰할 수 있었다. 이러한 관찰을 통해서, 도덕적 문제 상황의 특성을 객관적으로 분석하고, 그 분석된 특성에 명제적 도덕원리를 적용하고, 이에 근거하여 판단할 것이라고 가정하고, 이에 터하여 수업을 진행하려 했던 나의 기대와 학생들의 반응에 차이가 있음을 알 수 있었다. 나는 그 차이를 이해하고 싶었고, 이 책(Larry May, Marilyn Friedman, Andy Clark(eds.), *Mind and Morals: Essays on Cognitive Science and Ethics*, Cambridge: The MIT Press, 1998)은 그 과정에서 만났다.

'도덕률의 적용을 강조하는 도덕 이론서는 도덕성을 어떻게 규정하며, 그 설명의 배경이 되는 윤리적·심리적 가정 및 그 문제점은 무엇인가? 그리고 인지에 관한 경험적 연구를 수렴하여 제시된 대안적 이론에서 도덕성을 어떻게 설명하며, 그 설명의 배경이 되는 경험적 사실 및 그 한계점은 무엇인가?'를 이해하기 위해서 이 책을 꼼꼼히 읽기 시작했다. 그리고 이 책을 꼼꼼히 읽으면서 내가 수업에서 경험한 학생의 반응과 교사로서 나의 의도 사이에 어떤 차이가 있었는지를 새롭게 이해할 수 있었다. 그리고 처음 이 책을 읽을 때 가졌던 문제와 더불어 도덕과 수업을 위해 필요한 내용에 대해서도 추가적으로 생각해 볼 수 있었다. 예를 들면, 도덕적 학습과 도덕적 지식의 특성, 도덕적 이해와 경험과의 관계, 도덕적 원리와 규범의 지위와 역할, 도덕적 앎의 발생과 전환, 도덕적 정서의 발생과 지위, 도덕적 정서와 도덕 판단과의 관계, 도덕성과 도덕적 행위의 개념 등이다. 이러한 문제에 대한 경험적 설명을 접하게 되었고, 동시에 그 경험적 설명의 한계를 볼 수 있었다. 이 책이 나에게 도덕과 수업을 위해서 필요한 내용들을 생각할 기회가 되었던 것은, 이 책에는 윤리학과 인지과학의 만남이 있었기 때문이다.

도덕과 수업은 도덕을 가르치는 일이며, 도덕을 가르친다는 것은 곧 윤리학과 인지과학이 함께 있어야 가능한 일이다. 그래서 도덕과 수업을 공부하는 사람들은 그 과정에서 도덕적 인지, 도덕적 정서, 도덕적 행동과 관련된 논의들을 접한다. 그 대부분은 윤리학을 거쳐 나온 도덕교육 내용과 관련된 자료이거나, 심리학을 거쳐 나온 도덕 심리학과 관련된 자료이다. 또는 그중 하나에 비중을 두고 논의된 자료들이다. 하지만 저자성 있는 도덕과 수업을 쓰기 위해서는 도덕교육 내용이나 도덕 심리학을 괄호치고, 윤리학과 인지과학의 만남을 직접 공부하고, 이에 터하여 도덕과 수업을 생각해 볼 필요가 있다. 도덕과 수업은 규범적인 것과 경험적인 것을 교류시키면서 통합적으로 접근해야 할 영역이다. 주로 도덕교육의 필요성, 중요성, 목표 등은 보다 규범적인 것과 밀접하게 관련된 영역이다. 도덕적 태도와 경향성을 어떻게 함양해야 하는지, 도덕적으로 최선의 결과를 어떻게 성취해야 하는지는 보다 사실적인 것과 밀접하게 관련된 영역이다. 도덕과 수업은 이 두 영역이 통합된 영역이며, 따라서 윤리학과 인지과학이 만나는 영역이라 할 수 있다. 교사가 이 두 영역을 직접 이해하고 이를 수업으로 표현한다면, 그 수업에는 교사의 이해와 표현을 더 풍부하고 깊이 있게 담을 수 있다. 그래서 교사는 자신이 이해한 도덕과 그 도덕적 지식이 형성되는 과정을 저자성 있는 수업으로 표현할 수 있을 것이다.

역자와 유사한 고민을 가진 분들과 이 책의 의미를 공부하려는 욕심에 번역을 시작했지만, 윤리학과 인지과학이 만난 글을 번역하는 일은 역자의 능력에서는 과욕임을 곧 깨달았다. 그것은 역자의 공부가 윤리학, 인지과학, 그리고 윤리학과 인지과학의 만남을 이해하기에는 너무도 부족했기 때문이다. 그럼에도 시작한 일을 마무리하고 싶어 일단 거친 번역을 책으로 엮어 보았다. 책으로 엮는 과정에서 오기를 조금이나마 줄일 수 있도록 도움을 주신 하미영 선생님과 안병웅 선생님께 감사의 인사를 전한다. 그리고 여러 어려움을 감추고 책으로 엮어 주신 도서출판 울력의 강동호 사장님께도 감사의 인사를 전한다. 역서의 부족한 부분은 계속 공부하고 지적을 들으며 보완하고자 한다.

서울교육대학교 인문관 연구실에서
역자 송영민

찾아보기

울력의 책들

교육 분야

MIPS 환경 교육
카롤린 데커 외 지음 | 남유선 외 옮김

구술 면접의 길잡이
황인표 지음

논리와 가치 교육
김재식 지음

도덕 교육과 통일 교육
황인표 지음

도덕 · 가치 교육을 위한 100가지 방법
하워드 커센바움 지음 | 정창우 외 옮김

배려 윤리와 도덕 교육
박병춘 지음

상상력을 활용하는 교수법
키런 이건 지음 | 송영민 옮김

윤리와 논술 I
정창우 지음

정보 윤리 교육론 문화관광부 선정 교양도서
추병완 지음

초등 도덕과 교육의 이해
김재식 지음

초등 도덕과 수업의 이해와 표현
송영민 지음